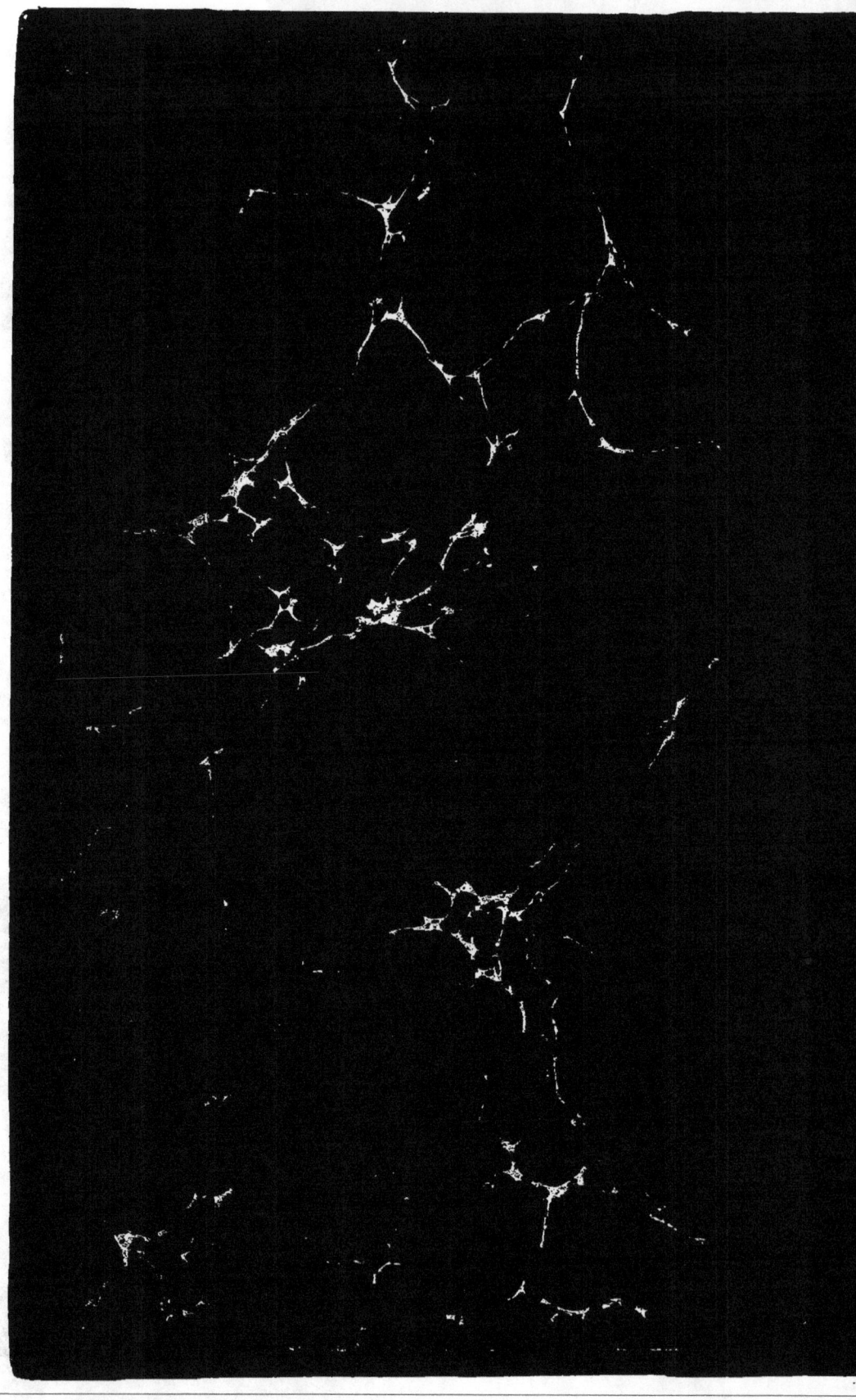

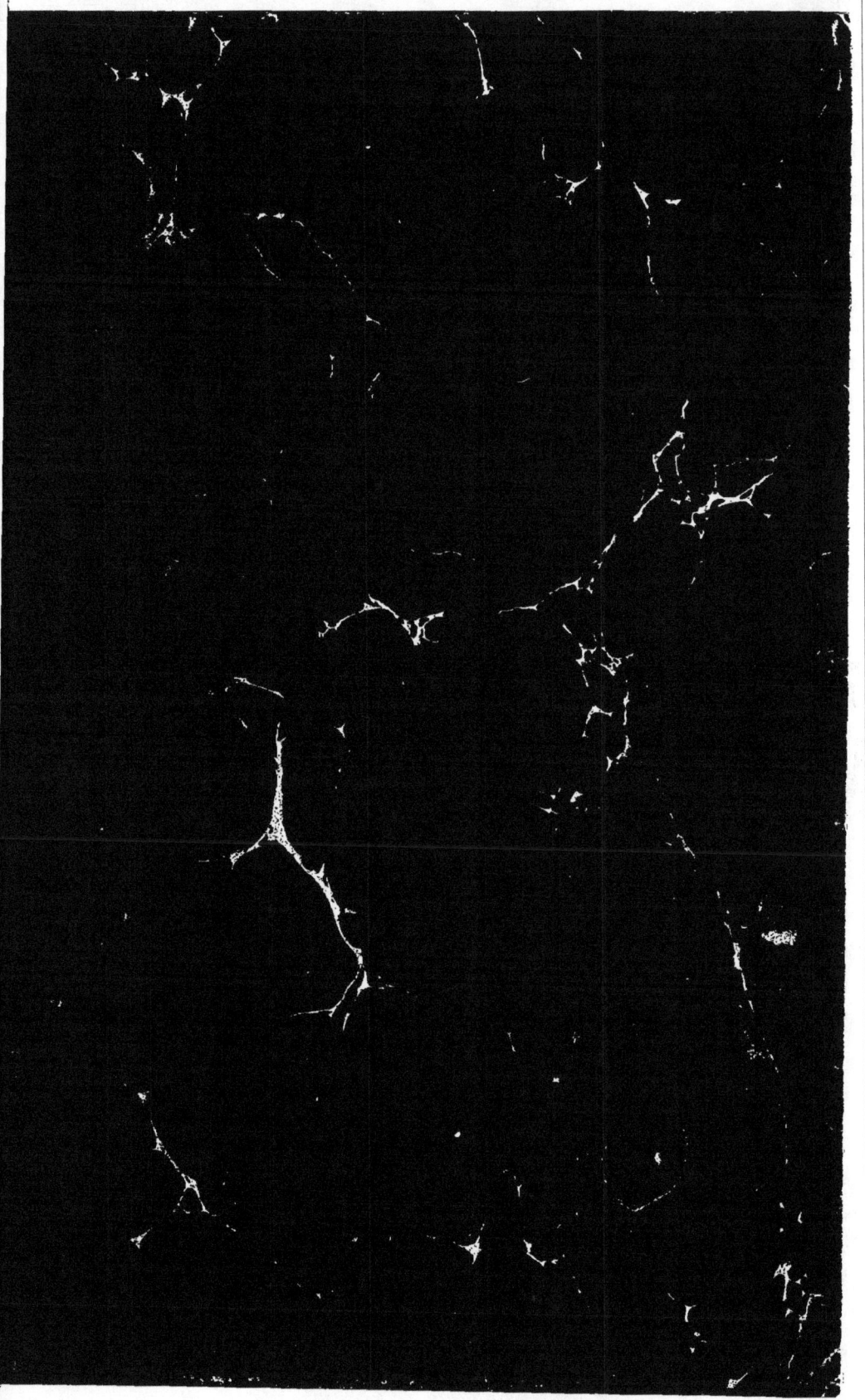

ŒUVRES POSTHUMES

ET

ŒUVRES INÉDITES

DE

VAUVENARGUES

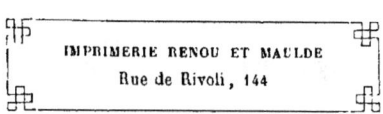

IMPRIMERIE RENOU ET MAULDE
Rue de Rivoli, 144

ŒUVRES POSTHUMES
ET
ŒUVRES INÉDITES
DE
VAUVENARGUES

AVEC NOTES ET COMMENTAIRES

PAR

D.-L. GILBERT

PROPRIÉTÉ DE L'ÉDITEUR

PARIS

FURNE ET CIE, ÉDITEURS

RUE SAINT-ANDRÉ-DES-ARTS, 45

1857

AVERTISSEMENT

SUR CE VOLUME.

Dans ce volume supplémentaire, qui complète les œuvres de Vauvenargues, la partie posthume, déjà publiée, se réduit aux *Dialogues* et à la *Correspondance avec Voltaire*. Je n'insisterai pas sur les Dialogues, que j'ai déjà signalés à l'attention [1] ; la forme en est imitée, mais le fond en est original ; non-seulement Vauvenargues y a déposé bien des confidences indirectes sur lui-même, mais il y a résumé, en quelque sorte, ses opinions littéraires et philosophiques. Je n'insisterai pas non plus sur la Correspondance avec Voltaire ; le nom des deux correspondants la recommande assez, et j'ai hâte, d'ailleurs, d'arriver à la partie inédite de ce volume. Elle se compose de quatre *Fragments*, de la *Critique de quelques Maximes du duc de La Rochefoucauld*, et de cent quinze *Lettres* échangées avec Mirabeau, *l'ami des hommes*, ou adressées au Président Saint-Vincens et à divers.

Les quatre *Fragments* sont tirés d'une mise au net, qui est écrite de la main de Vauvenargues, et qui est en ma possession. Les manuscrits du Louvre ne contiennent que trois de ces Fragments ; encore s'y trouvent-ils à l'état de brouillons ; cependant, je n'ai pas négligé de les consulter, pour contrôler le texte définitif que j'avais entre les mains.

Les manuscrits du Louvre m'ont fourni la *Critique de quelques Maximes du duc de La Rochefoucauld*, les quarante-deux *Lettres à Saint-Vincens*, et huit autres adressées au *Roi*, au ministre *Amelot*, et au duc *de Biron*. Le reste des Lettres est tiré de collections particulières. C'est ainsi que je dois les 75e, 86e, 98e et 103e à M. E. Dentu, libraire à Paris ; la 109e à M. Chambry, et la 121e à M. Victor Cousin. Je les prie d'en recevoir, de nouveau, mes remercîments.

[1] Voir l'*Éloge de Vauvenargues*.

Il est des secrets de sa vie que Vauvenargues a toujours réservés, même en écrivant à ses plus chers amis; de là vient que cette vie si touchante est si peu connue : ainsi Voltaire nous apprend que Vauvenargues *est mort en héros, mais sans que personne en ait rien su ;* il a été dévoré de cette *ambition ardente, qui exile les plaisirs dès la jeunesse, pour gouverner seule;* ses goûts, toujours au-dessus de sa fortune, l'ont toujours tenu dans la gêne, et quelquefois dans la misère : dans les écrits qu'il a donnés ou qu'il destinait au public, on soupçonne plutôt ces douleurs, qu'on ne les aperçoit; mais sa Correspondance change le soupçon en certitude. Quelles que fussent la constance et la discrétion de Vauvenargues, les coups dont la fortune le frappe sont si répétés, les blessures qu'elle lui fait sont si cruelles, que, parfois, la chair cède, et que le cri s'échappe.

Les *Lettres à Saint-Vincens* éclaireront un des points inconnus de la vie de Vauvenargues, je veux dire sa lutte contre la pauvreté; mais l'attention s'arrêtera, de préférence, sur la *Correspondance avec Mirabeau*, que M. Gabriel Lucas-Montigny a récemment découverte, au château de Mirabeau même, et mise à ma disposition. Les lecteurs les plus indifférents ne se sentiront pas moins obligés que moi envers M. Lucas-Montigny, et lui sauront gré du service qu'il a rendu aux lettres, en recueillant ces pages remarquables, et en me mettant à même de les publier [1].

Les lacunes de cette Correspondance sont, heureusement, peu considérables, et la suite n'en est pas sensiblement rompue. Elle se compose de cinquante-neuf lettres : toutes sont intéressantes, et quelques-unes, par leur sujet aussi bien que par leur étendue, sont de petits traités philosophiques. Les deux correspondants ont le même âge, vingt-deux ans; même instruction, moins variée peut-être dans Vauvenargues, mais aussi moins disséminée, et plus forte sur les objets qu'elle a touchés; enfin, même passion pour la gloire, bien qu'ils l'expriment, comme ils la sentent, d'une manière différente : long-temps dissimulée chez l'un, elle s'étale complaisamment chez l'autre. Inconnus encore, ils se montrent tels qu'ils sont; ils sont vrais tous deux, parce que l'un, Vauvenargues, n'a jamais cessé de l'être, et parce que l'autre, Mirabeau, n'a point encore de personnage pris qu'il faille soutenir.

---

[1] M. Lucas-Montigny les avait transcrites de sa main, dans le dessein de les publier lui-même; il avait même commencé à y joindre des notes que j'ai conservées précieusement, et que l'on trouvera sous son nom. Les archives du château de Mirabeau contiennent d'autres richesses encore, par exemple, la correspondance entre le marquis de Mirabeau et son frère le Bailli. La publication de cette correspondance serait véritablement un événement littéraire, et il serait à désirer que M. G. Lucas-Montigny, continuant l'œuvre de son père, se chargeât d'un soin dont personne ne s'acquitterait aussi bien que lui.

L'un a déjà toute l'élévation de soncœur, l'autre, toute la verve de son esprit ; l'un, sa tenue parfois trop discrète, l'autre, sa fougue toujours intempérante ; l'un, son air noble et grave, l'autre, son tour vif et amusant. Ce contraste entre deux hommes de valeur réelle, quoique inégale, ne peut manquer d'exciter vivement l'intérêt.

Dans mon travail d'annotation, je me suis attaché surtout à donner les renseignements nécessaires sur les noms et les faits que contient la Correspondance. J'ai puisé ces renseignements aux meilleures sources, et je me suis principalement aidé des *Mémoires de Mirabeau* et des *Rues d'Aix*, livre aussi intéressant qu'exact, auquel l'auteur, M. Roux-Alpheran, aurait pu donner un titre moins modeste. J'ai conservé, d'ailleurs, dans le reste du volume, les notes des éditions Suard et Brière, et j'y ai joint, comme je l'ai dit plus haut, celles de M. G. Lucas-Montigny. Enfin, le volume est terminé par un *Index alphabétique* donnant le résumé complet des matières contenues dans l'édition entière. Je puis parler avec éloge de ce dernier travail, car il ne m'appartient pas : je le dois à un ami de Vauvenargues et des lettres qui, à mon grand regret, ne m'a pas permis de le nommer.

En terminant ici mon rôle d'éditeur, et en me séparant d'une œuvre qui m'a occupé plus d'un an sans relâche, je n'ai qu'un vœu à former, c'est que le public en tire le fruit que j'en ai tiré pour moi-même. Ce n'est pas sans profit qu'on entre en commerce intime avec le plus attachant des moralistes, avec l'homme qui a dit et prouvé que *les grandes pensées viennent du cœur*

1ᵉʳ juillet 1857.

G.

DIALOGUES

DIALOGUES

1. — ALEXANDRE ET DESPRÉAUX.

ALEXANDRE.

Eh bien ! mon ami Despréaux, me voulez-vous toujours beaucoup de mal ? Vous parais-je toujours aussi fou que vous m'avez peint dans vos satires ?

DESPRÉAUX.

Point du tout, seigneur, je vous honore, et je vous ai toujours connu mille vertus : vous vous êtes laissé corrompre par la prospérité et par les flatteurs ; mais vous aviez un beau naturel et un génie élevé.

ALEXANDRE.

Pourquoi donc m'avez-vous traité de fou[1] et de ban-

---

[1] Ce n'est pas sans raison qu'Alexandre reproche à Boileau la manière dont celui-ci l'a traité dans sa huitième satire. Voici ce qu'il dit :

> Quoi donc ! à votre avis, fut-ce un fou qu'Alexandre ?
> — Qui ? cet écervelé qui mit l'Asie en cendre ?
> Ce fougueux l'Angeli, qui, de sang altéré [*],
> Maitre du monde entier, s'y trouvait trop serré [**] ?
> L'enragé qu'il était, né roi d'une province

[*] Desmarets et Pradon ne manquèrent pas de relever l'espèce d'inconvenance qu'il y avait à faire un fou, un *écervelé*, un *l'Angeli* enfin, du héros auquel on compare si noblement Louis XIV, dans le vers 250 du troisième chant de l'*Art poétique* :

> Qu'il soit tel que César, Alexandre, ou Louis.

C'est, à la vérité, une petite inadvertance que Boileau aurait dû corriger, mais que Louis XIV était trop grand pour apercevoir. — Charles XII, indigné, arracha, dit-on, ce feuillet des Œuvres de Boileau. Qu'eût-il donc fait à la lecture du vers de Pope (ép. IV, vers 220), qui ne met aucune différence entre le *fou de Macédoine* et celui de Suède ?

> *From Macedonia's madman to the Swede.* — B.

[**] Juvénal, dans son admirable satire X, vers 169, s'écrie, à propos du conquérant macédonien : « Il sue, il étouffe, le malheureux ! le monde est trop étroit pour lui. »

> *Æstuat infelix angusto in limine mundi.*

Vers bien autrement énergique que celui de Boileau, qui trouve, en général, un adversaire plus redoutable dans Juvénal que dans Horace, sous le rapport de la verve et de l'expression poétique. — B.

dit dans vos satires? Serait-il vrai que, vous autres poètes, vous ne réussissiez que dans les fictions?

DESPRÉAUX.

J'ai soutenu toute ma vie le contraire; et j'ai prouvé, je crois, dans mes écrits, que rien n'était beau, en aucun genre, que le vrai.

ALEXANDRE.

Vous avouez donc que vous aviez tort de me blâmer si aigrement?

DESPRÉAUX.

Je voulais avoir de l'esprit; je voulais dire quelque chose qui surprît les hommes; de plus, je voulais flatter un autre prince qui me protégeait : avec toutes ces intentions, vous voyez bien que je ne pouvais pas être sincère.

ALEXANDRE.

Vous l'êtes, du moins, pour reconnaître vos fautes, et cette espèce de sincérité est bien la plus rare; mais poussez-la jusqu'au bout : avouez que vous n'aviez peut-être pas bien senti ce que je valais, quand vous écriviez contre moi.

DESPRÉAUX.

Cela peut être. J'étais né avec quelque justesse dans l'esprit; mais les esprits justes, qui ne sont point élevés, sont quelquefois faux sur les choses de sentiment, et dont il faut juger par le cœur.

ALEXANDRE.

C'est, apparemment, par cette raison que beaucoup d'es-

> Qu'il pouvait gouverner en bon et sage prince,
> S'en alla follement, et pensant être Dieu,
> Courir comme un bandit qui n'a ni feu ni lieu;
> Et, traînant avec soi les horreurs de la guerre,
> De sa vaste folie emplir toute la terre :
> Heureux si, de son temps, pour cent bonnes raisons,
> La Macédoine eût eu des Petites-Maisons;
> Et qu'un sage tuteur l'eût en cette demeure,
> Par avis de parents, enfermé de bonne heure!

prits justes m'ont méprisé ; mais les grandes âmes m'ont estimé ; et votre Bossuet, votre Fénelon, qui avaient le génie élevé, ont rendu justice à mon caractère, en blâmant mes fautes et mes faibles.

DESPRÉAUX.

Il est vrai que ces écrivains paraissent avoir eu pour vous une extrême vénération ; mais ils l'ont poussée peut-être trop loin. Car enfin, malgré vos vertus, vous avez commis d'étranges fautes : comment vous excuser de la mort de Clitus [1], et de vous être fait adorer ?

ALEXANDRE.

J'ai tué Clitus dans un emportement que l'ivresse peut excuser. Combien de princes, mon cher Despréaux, ont fait mourir de sang-froid leurs enfants, leurs frères, ou leurs favoris, par une jalousie excessive de leur autorité ! La mienne était blessée par l'insolence de Clitus, et je l'en ai puni dans le premier mouvement de ma colère : je lui aurais pardonné dans un autre temps. Vous autres particuliers, mon cher Despréaux, qui n'avez nul droit sur la vie des hommes, combien de fois vous arrive-t-il de désirer secrètement leur mort, ou de vous en réjouir lorsqu'elle est arrivée ? et vous seriez surpris qu'un prince, qui peut tout avec impunité, et que la prospérité a enivré, se soit sacrifié dans sa colère un sujet insolent et ingrat !

---

[1] Clitus, frère d'Hellanice, nourrice d'Alexandre le Grand, se signala sous ce prince, et lui sauva la vie au passage du Granique, en coupant d'un coup de cimeterre le bras d'un satrape qui allait abattre de sa hache la tête du héros macédonien. Cette action lui gagna l'amitié d'Alexandre.
Dans un accès d'ivresse, ce roi se plaisait un jour à exalter ses exploits et à rabaisser ceux de Philippe son père ; Clitus osa relever les actions de Philippe aux dépens de celles d'Alexandre. *Tu as vaincu*, lui dit-il, *mais c'est avec les soldats de ton père*. Il alla même jusqu'à lui reprocher la mort de Philotas et de Parménion ; Alexandre, échauffé par le vin et la colère, suivit un premier mouvement, et le perça d'un javelot, en lui disant : *Va donc rejoindre Philippe, Parménion et Philotas*. Revenu à la raison, à la vue de son ami baigné de son sang, honteux et désespéré, il voulut se donner la mort ; mais les philosophes Callisthène et Anaxarque l'en empêchèrent. — B

DESPRÉAUX.

Il est vrai : nous jugeons très-mal des actions d'autrui ; nous ne nous mettons jamais à la place de ceux que nous blâmons. Si nous étions capables d'une réflexion sérieuse sur nous-mêmes et sur la faiblesse de l'esprit humain, nous excuserions plus de fautes ; et, contents de trouver quelques vertus dans les meilleurs hommes, nous saurions les estimer et les admirer, malgré leurs vices [1].

2. — FÉNELON ET BOSSUET.

BOSSUET.

Pardonnez-moi, aimable prélat ; j'ai combattu un peu vivement vos opinions, mais je n'ai jamais cessé de vous estimer.

FÉNELON.

Je méritais que vous eussiez quelque bonté pour moi : vous savez que j'ai toujours respecté votre génie et votre éloquence.

BOSSUET.

Et moi, j'ai estimé votre vertu jusqu'au point d'en être jaloux. Nous courions la même carrière ; je vous avais regardé d'abord comme mon disciple, parce que vous étiez plus jeune que moi ; votre modestie et votre douceur m'avaient charmé, et la beauté de votre esprit m'attachait à vous ; mais, lorsque votre réputation commença à balancer la mienne, je ne pus me défendre de quelque chagrin ; car vous m'aviez accoutumé à me regarder comme votre maître.

FÉNELON.

Vous étiez fait pour l'être à tous égards ; mais vous étiez ambitieux : je ne pouvais approuver vos maximes en ce point.

---

[1] Voir la 38ᵉ *Réflexion* (sur la Tolérance), et la *Maxime* 395ᵉ. — G.

BOSSUET.

Je n'approuvais pas non plus toutes les vôtres : il me semblait que vous poussiez trop loin la modération, la piété scrupuleuse, et l'ingénuité.

FÉNELON.

En jugez-vous encore ainsi ?

BOSSUET.

Mais, j'ai bien de la peine à m'en défendre. Il me semble que l'éducation que vous avez donnée au duc de Bourgogne[1] était un peu trop asservie à ces principes. Vous êtes l'homme du monde qui avez parlé aux princes avec le plus de vérité et de courage ; vous les avez instruits de leurs devoirs ; vous n'avez flatté ni leur mollesse, ni leur orgueil, ni leur dureté[2] ; personne ne leur a jamais parlé avec tant de candeur et de hardiesse ; mais vous avez peut-être poussé trop loin vos délicatesses sur la probité. Vous leur inspirez de la défiance et de la haine pour tous ceux qui ont de l'ambition ; vous exigez qu'ils les écartent, autant qu'ils pourront, des emplois : n'est-ce pas donner aux princes un

---

[1] Louis, dauphin, fils aîné du *Grand Dauphin* et petit-fils de Louis XIV, père de Louis XV, naquit à Versailles le 6 août 1682, et reçut en naissant le nom de *duc de Bourgogne*. Il eut le duc de Beauvilliers, un des plus honnêtes hommes de la cour, pour gouverneur, et Fénelon, qui était un des plus vertueux et des plus aimables, pour précepteur. Digne élève de tels maîtres, ce prince fut un modèle de vertus : il l'eût été des rois ! — B.

[2] Qu'il nous soit permis de confirmer le jugement de Vauvenargues par un trait que l'histoire nous a transmis. Le duc de Bourgogne était fort enclin à la colère ; voici un des moyens que Fénelon employa pour réprimer ce penchant : un jour que le prince avait battu son valet de chambre, il s'amusait à considérer les outils d'un menuisier qui travaillait dans son appartement. L'ouvrier, instruit par Fénelon, dit brutalement au prince de passer son chemin, et de le laisser travailler. Le prince se fâche, le menuisier redouble de brutalité, et s'emportant jusqu'à le menacer, lui dit : *Retirez-vous, mon prince ; quand je suis en colère je ne connais personne.* Le prince court se plaindre à son précepteur de ce qu'on a introduit chez lui le plus méchant des hommes. *C'est un très-bon ouvrier*, dit froidement Fénelon ; *son unique défaut est de se livrer à la colère.* Leçon admirable, et qui fit mieux comprendre au prince combien la colère est une chose hideuse, que ne l'auraient fait les discours les plus éloquents. — B.

conseil timide? Un grand roi ne craint point ses sujets, et n'en doit rien craindre [1].

FÉNELON.

J'ai suivi en cela mon tempérament, qui m'a peut-être poussé un peu au-delà de la vérité. J'étais né modéré et sincère; je n'aimais point les hommes ambitieux et artificieux : j'ai dit qu'il y avait des occasions où l'on devait s'en servir, mais qu'il fallait tâcher, peu à peu, de les rendre inutiles.

BOSSUET.

Vous vous êtes laissé emporter à l'esprit systématique. Parce que la modération, la simplicité, la droiture, la vérité, vous étaient chères, vous ne vous êtes pas contenté de relever l'avantage de ces vertus, vous avez voulu décrier les vices contraires. C'est ce même esprit qui vous a fait rejeter si sévèrement le luxe : vous avez exagéré ses inconvénients, et vous n'avez point prévu ceux qui pourraient se rencontrer dans la réforme et dans les règles étroites que vous proposiez [2].

FÉNELON.

Je suis tombé dans une autre erreur, dont vous ne parlez pas : je n'ai tâché qu'à inspirer de l'humanité aux hommes dans mes écrits; mais, par la rigidité des maximes que je leur ai données, je me suis écarté moi-même de cette humanité que je leur enseignais. J'ai trop voulu que les princes contraignissent les hommes à vivre dans la règle, et j'ai condamné trop sévèrement les vices [3]. Imposer aux hommes un tel joug, et réprimer leurs faiblesses par des lois sévères, dans le même temps qu'on leur recommande le support et la charité, c'est, en quelque sorte, se contredire ; c'est manquer à l'humanité qu'on veut établir.

---

[1] Voir la *Maxime* 368°, où la même pensée est exprimée presque en mêmes termes. — G.

[2] Voyez, dans ce volume, le 3° *Fragment* (Sur le luxe). — G.

Voir le 42° Caractère (*Clodius*). — G.

BOSSUET.

Vous êtes trop modeste et trop aimable dans votre sincérité ; car, malgré ces défauts que vous vous reprochez, personne, à tout prendre, n'était si propre que vous à former le cœur d'un jeune prince. Vous étiez né pour être le précepteur des maîtres de la terre.

FÉNELON.

Et vous, pour être un grand ministre sous un roi ambitieux [1].

BOSSUET.

La fortune dispose de tout. Je pouvais être né avec quelque génie pour le ministère, et j'étais instruit de toutes les connaissances nécessaires ; mais je m'étais appliqué, dès mon enfance, à la science des Écritures et à l'éloquence. Quand je suis venu à la cour, ma réputation était déjà faite par ces deux endroits : je me suis laissé amuser par cette ombre de gloire. Il m'était difficile de vaincre les obstacles qui m'éloignaient des grandes places, et rien ne m'empêchait de cultiver mon talent : je me laissai dominer par mon génie ; et je n'ai pas fait peut-être tout ce qu'un autre aurait entrepris pour sa fortune, quoique j'eusse de l'ambition et de la faveur.

FÉNELON.

Je comprends très-bien ce que vous dites. Si le cardinal de Richelieu avait eu vos talents et votre éloquence, il n'aurait peut-être jamais été ministre.

BOSSUET.

Le cardinal de Richelieu avait de la naissance [2] ; c'est, en France, un avantage que rien ne peut suppléer ; le mérite n'y met jamais les hommes au niveau des grands. Vous

---

[1] Voir la *Maxime* 373⁰. — G.
[2] Richelieu (Armand *Jean du Plessis*), né à Paris le 5 septembre 1586, sacré évêque de Luçon à l'âge de 22 ans, premier ministre de Louis XIII en novembre 1616, descendait d'une des plus anciennes familles du Poitou. Il mourut à Paris le 4 décembre 1642. — B.

aviez aussi de la naissance, mon cher Fénelon, et, par là, vous me primiez en quelque manière. Cela n'a pas peu contribué à me détacher de vous ; car j'étais peut-être incapable d'être jaloux du mérite d'un autre ; mais je ne pouvais souffrir que le hasard de la naissance prévalût sur tout ; et vous conviendrez que cela est dur.

FÉNELON.

Oui, très-dur ; et je vous pardonne les persécutions que vous m'avez suscitées par ce motif, car la nature ne m'avait pas fait pour vous dominer.

3. — DÉMOSTHÈNE ET ISOCRATE.

ISOCRATE [1].

Je vois avec joie le plus éloquent de tous les hommes. J'ai cultivé votre art toute ma vie, et votre nom et vos écrits me sont chers.

DÉMOSTHÈNE [2].

Vous ne me l'êtes pas moins, mon cher Isocrate, puisque vous aimez l'éloquence ; c'est un talent que j'ai idolâtré. Mais il y avait, de mon temps, des philosophes qui l'estimaient peu, et qui le rendaient méprisable au peuple.

ISOCRATE.

N'est-ce pas plutôt que, de votre temps, l'éloquence n'était point encore à sa perfection [3] ?

---

[1] Isocrate naquit à Athènes l'an 436 avant J. C. Il devint, dans l'école de Gorgias et de Prodicus, l'un des plus grands maîtres dans l'art de la parole. Sa voix était faible et sa timidité excessive : aussi il ne parla jamais en public dans les grandes affaires de l'État ; mais ses leçons lui procurèrent une fortune immense. — B.

[2] Le nom par lequel Isocrate désigne Démosthène, en l'appelant *le plus éloquent de tous les hommes,* est celui que la postérité a confirmé à ce célèbre orateur, qui naquit à Athènes l'an 381 avant Jésus-Christ. — B.

[3] Cette phrase donnerait à penser qu'Isocrate est postérieur à Démosthène ; or, quand Démosthène est né, Isocrate avait déjà 55 ans. — G.

DÉMOSTHÈNE.

Hélas! mon cher Isocrate, vous ne dites que trop vrai. Il y avait, de mon temps, beaucoup de déclamateurs et de sophistes, beaucoup d'écrivains ingénieux, harmonieux, fleuris, élégants, mais peu d'orateurs véritables; ces mauvais orateurs avaient accoutumé les hommes à regarder leur art comme un jeu d'esprit, sans utilité et sans consistance.

ISOCRATE.

Est-ce qu'ils ne tendaient pas tous, dans leurs discours, à persuader et à convaincre?

DÉMOSTHÈNE.

Non, ils ne pensaient à rien moins. Pour ménager notre délicatesse, ils ne voulaient rien prouver; pour ne pas blesser la raison, ils n'osaient rien passionner : ils substituaient, dans tous leurs écrits, la finesse à la véhémence, l'art au sentiment, et les traits aux grands mouvements; ils discutaient quelquefois ce qu'il fallait peindre, et ils effleuraient en badinant ce qu'ils auraient dû approfondir; ils fardaient les plus grandes vérités par des expressions affectées, des plaisanteries mal placées, et un langage précieux; leur mauvaise délicatesse leur faisait rejeter le style décisif, dans les endroits même où il est le plus nécessaire : aussi, laissaient-ils toujours l'esprit des écoutants dans une parfaite liberté, et dans une profonde indifférence. Je leur criais de toute ma force : celui qui est de sang-froid n'échauffe pas; celui qui doute ne persuade pas; ce n'est pas ainsi qu'ont parlé nos maîtres[1] ! Nous flatterions-nous de connaître plus parfaitement la vérité que ces grands hommes, parce que nous la traitons plus délicatement? C'est parce que nous ne la possédons pas comme eux, que nous ne savons pas lui conserver son autorité et sa force.

---

[1] Voir les Maximes 113e et 335e; voir aussi le 53e *Caractère* (Lysias). — G.

ISOCRATE.

Mon cher Démosthène, permettez-moi de vous interrompre : est-ce que vous pensez que l'éloquence soit l'art de mettre dans son jour la vérité ?

DÉMOSTHÈNE.

On peut s'en servir quelquefois pour insinuer un mensonge; mais c'est par une foule de vérités de détail qu'on parvient à faire illusion sur l'objet principal. Un discours, tissu de mensonges et de pensées fausses, fût-il plein d'esprit et d'imagination, serait faible, et ne persuaderait personne [1].

ISOCRATE.

Vous croyez donc, mon cher Démosthène, qu'il ne suffit point de peindre et de passionner, pour faire un discours éloquent ?

DÉMOSTHÈNE.

Je crois qu'on peint faiblement, quand on ne peint pas la vérité; je crois qu'on ne passionne point, quand on ne soutient point le pathétique de ses discours par la force de ses raisons; je crois que peindre et toucher sont des parties nécessaires de l'éloquence, mais qu'il y faut joindre, pour persuader et pour convaincre, une grande supériorité de raisonnement.

ISOCRATE.

On n'a donc, selon vous, qu'une faible éloquence, lorsqu'on n'a pas, en même temps, une égale supériorité de raison, d'imagination et de sentiment; lorsqu'on n'a pas une âme forte et pleine de lumières, qui domine de tous côtés les autres hommes ?

DÉMOSTHÈNE.

Je voudrais y ajouter encore l'élégance, la pureté et l'harmonie; car, quoique ce soient des choses moins essentielles, elles contribuent cependant beaucoup à l'illu-

---

[1] Voir la Maxime 276ᵉ. — G.

sion, et donnent une nouvelle force aux raisons et aux images [1].

ISOCRATE.

Ainsi vous voudriez qu'un orateur eût d'abord l'esprit profond et philosophique, pour parler avec solidité et avec ascendant; qu'il eût ensuite une grande imagination, pour étonner l'âme par ses images, et des passions véhémentes, pour entraîner les volontés. Est-il surprenant qu'il se trouve si peu d'orateurs, s'il faut tant de choses pour les former?

DÉMOSTHÈNE.

Non, il n'est point surprenant qu'il y ait si peu d'orateurs; mais il est extraordinaire que tant de gens se piquent de l'être. Adieu, je suis forcé de vous quitter; mais je vous rejoindrai bientôt, et nous reprendrons, si vous le voulez, notre sujet.

---

4. — DÉMOSTHÈNE ET ISOCRATE.

ISOCRATE.

Je vous retrouve avec plaisir, illustre orateur : vous m'avez presque persuadé que je ne connaissais guère l'éloquence; mais j'ai encore quelques questions à vous faire.

DÉMOSTHÈNE.

Parlez, ne perdons point de temps; je serais ravi de vous faire approuver mes maximes.

ISOCRATE.

Croyez-vous que tous les sujets soient susceptibles d'éloquence?

DÉMOSTHÈNE.

Je n'en doute pas; il y a toujours une manière de dire

---

[1] Rapprochez du 13ᵉ chap. de l'*Introduction à la Connaissance de l'esprit humain*. — G.

les choses, quelles qu'elles soient, plus insinuante, plus persuasive : le grand art est, je crois, de proportionner son discours à son sujet ; c'est avilir un grand sujet, lorsqu'on veut l'orner, l'embellir, le semer de fleurs et de traits. C'est encore une faute plus choquante, lorsqu'en excitant de petits intérêts, on veut exciter de grands mouvements, lorsqu'on emploie de grandes figures, des tours pathétiques : tout cela devient ridicule, lorsqu'il n'est point placé, et c'est le défaut de tous les déclamateurs, de tous les écrivains qui n'écrivent point de génie, mais par imitation.

ISOCRATE.

J'ai toujours été choqué, plus que personne, de ce défaut.

DÉMOSTHÈNE.

Ceux qui y tombent en sont choqués eux-mêmes, lorsqu'ils l'aperçoivent dans les autres. Il y a peu d'écrivains qui ne sachent les règles, mais il y en a peu qui puissent les pratiquer : on sait, par exemple, qu'il faut écrire simplement ; mais on ne pense pas des choses assez solides pour soutenir la simplicité ; on sait qu'il faut dire des choses vraies ; mais, comme on n'en imagine pas de telles, on en suppose de spécieuses et d'éblouissantes ; en un mot, on n'a pas le talent d'écrire, et on veut écrire[1].

ISOCRATE.

De là, non-seulement le mauvais style, mais le mauvais goût ; car, lorsqu'on s'est écarté des bons principes par faiblesse, on cherche à se justifier par vanité, et on se flatte d'autoriser les nouveautés les plus bizarres, en disant qu'il ne faut donner l'exclusion à aucun genre, comme si le faux, le frivole et l'insipide méritaient ce nom[2].

DÉMOSTHÈNE.

Il y a plus, mon cher Isocrate ; on ne se contente pas

---

[1] Voir le 9ᵉ *Fragment* (Sur les mauvais écrivains). — G.
[2] Voir la Maxime 272ᵉ. — G.

de dire des choses sensées, on veut dire des choses nouvelles.

ISOCRATE.

Mais ce soin serait-il blâmable? les hommes ont-ils besoin qu'on les entretienne de ce qu'ils savent?

DÉMOSTHÈNE.

Oui, très-grand besoin ; car il n'y a rien qu'ils ne puissent mieux posséder qu'ils ne le possèdent, et il n'y a rien non plus qu'un homme éloquent ne puisse rajeunir par ses expressions.

ISOCRATE.

Selon vous, rien n'est usé ni pour le peuple, ni pour ses maîtres [1] ?

DÉMOSTHÈNE.

Je dis plus, mon cher Isocrate ; l'éloquence ne doit guère s'exercer que sur les vérités les plus palpables et les plus connues. Le caractère des grandes vérités est l'antiquité ; l'éloquence qui ne roule que sur des pensées fines ou abstraites, dégénère en subtilité ; il faut que les grands écrivains imitent les pasteurs des peuples : ceux-ci n'annoncent point aux hommes une nouvelle doctrine et de nouvelles vérités. Il ne faut pas qu'un écrivain ait plus d'amour-propre ; s'il a en vue l'utilité des hommes, il doit s'oublier, et ne parler que pour enseigner des choses utiles.

ISOCRATE.

Je n'ai point suivi, mon cher maître, ces maximes. J'ai cherché, au contraire, avec beaucoup de soin à m'écarter des maximes vulgaires : j'ai voulu étonner les hommes, en leur présentant sous de nouvelles faces les choses qu'ils croyaient connaître ; j'ai dégradé ce qu'ils estimaient, j'ai loué ce qu'ils méprisaient; j'ai toujours pris le côté contraire des opinions reçues, sans m'embarrasser de la vérité ; je me suis moqué surtout de ce qu'on traitait sérieusement ;

---

[1] Voir les Maximes 398e-400e. — G.

les hommes ont été la dupe de ce dédain affecté ; ils m'ont cru supérieur aux choses que je méprisais. Je n'ai rien établi, mais j'ai tâché de détruire : cela m'a fait un grand nombre de partisans, car les hommes sont fort avides de nouveautés [1].

DÉMOSTHÈNE.

Vous aviez l'esprit fin, ingénieux, profond ; vous ne manquiez pas d'imagination ; vous saviez beaucoup ; vos ouvrages sont pleins d'esprit, de traits, d'élégance, d'érudition ; vous aviez un génie étendu, qui se portait également à beaucoup de choses : avec de si grands avantages, vous ne pouviez manquer d'imposer à votre siècle, dans lequel il y avait peu d'hommes qui vous égalassent.

ISOCRATE.

J'avais peut-être une partie des qualités que vous m'attribuez ; mais je manquais d'élévation dans le génie, de sensibilité, et de passion : ce défaut de sentiment a corrompu mon jugement sur beaucoup de choses ; car, lorsqu'on a un peu d'esprit, on croit être en droit de juger de tout.

DÉMOSTHÈNE.

Vous avouez là des défauts que je n'aurais jamais osé vous faire connaître.

ISOCRATE.

Je n'aurais pas pardonné, tant que j'ai vécu, à quiconque aurait eu la hardiesse de me les découvrir. Les hommes désirent souvent qu'on leur dise la vérité ; mais il y a beaucoup de vérités qui sont trop fortes pour eux, et qu'ils ne sauraient supporter ; il y en a même qu'on ne peut pas croire, parce qu'on n'est point capable de les sentir. Ainsi, on demande à ses amis qu'ils soient sincères ; et, lorsqu'ils le sont, on les croit injustes ou aveugles, et on s'éloigne d'eux [2] : mais, ici, on est guéri de toutes les vaines délicatesses, et

---

[1] Rapprochez du 52e *Caractère*. — G.
[2] Voyez la Maxime 175e, et l'*addition* qui s'y rapporte. — G.

la vérité ne blesse plus. Mais revenons à notre sujet : dites-moi quelles sont les qualités que vous exigeriez dans un orateur.

DÉMOSTHÈNE.

Je vous l'ai déjà dit : un grand génie, une forte imagination, une âme sublime. Je voudrais donc qu'un homme, qui est né avec cette supériorité de génie qui porte à vouloir régner sur les esprits, approfondît d'abord les grands principes de la morale ; car toutes les disputes des hommes ne roulent que sur le juste et l'injuste, sur le vrai et le faux ; et l'éloquence est la médiatrice des hommes, qui termine toutes ces disputes. Je voudrais qu'un homme éloquent fût en état de pousser toutes ses idées au-delà de l'attente de ceux qui l'écoutent, qu'il sortît des limites de leur jugement, et qu'il les maîtrisât par ses lumières, dans le même temps qu'il les domine par la force de son imagination, et par la véhémence de ses sentiments. Il faudrait qu'il fût grand et simple, énergique et clair, véhément sans déclamation, élevé sans ostentation, pathétique et fort sans enflure. J'aime encore qu'il soit hardi, et qu'il soit capable de prendre un grand essor ; mais je veux qu'on soit forcé de le suivre dans ses écarts, qu'il sorte naturellement de son sujet, et qu'il y rentre de même, sans le secours de ces transitions languissantes et méthodiques, qui refroidissent les meilleurs discours. Je veux qu'il n'ait jamais d'art, ou, du moins, que son art consiste à peindre la nature plus fidèlement, à mettre les choses à leur place, à ne dire que ce qu'il faut, et de la manière qu'il le faut. Tout ce qui s'écarte de la nature est d'autant plus défectueux qu'il s'en éloigne davantage : le sublime, la véhémence, le raisonnement, la magnificence, la simplicité, la hardiesse, toutes ces choses ensemble ne sont que l'image d'une nature forte et vigoureuse ; quiconque n'a point cette nature ne peut l'imiter. C'est pourquoi il vaut mieux écrire froidement, que de se guinder et de se tourmenter pour dire ou de grandes choses, ou des choses passionnées.

ISOCRATE.

Je pense bien comme vous, mon cher Démosthène ; mais, cela étant ainsi, les règles deviennent inutiles : les hommes sans génie ne peuvent les pratiquer, et les autres les trouvent dans leur propre fonds, d'où elles ont été tirées [1].

DÉMOSTHÈNE.

Quelque génie qu'on puisse avoir, on a besoin de l'exercer et de le corriger par la réflexion et par les règles, et les préceptes ne sont point inutiles.

ISOCRATE.

Quelle est donc la manière la plus courte de s'exercer à l'éloquence ?

DÉMOSTHÈNE.

La conversation, lorsque l'on s'y propose quelque objet.

ISOCRATE.

Ainsi, c'est en traitant de ses plaisirs et de ses affaires, en négociant journellement avec les hommes, qu'on peut s'instruire de cet art aimable ?

DÉMOSTHÈNE.

Oui, c'est dans ce commerce du monde qu'on puise ces tours naturels, ces insinuations, ce langage familier, cet art de se proportionner à tous les esprits, qui demande un génie si vaste : c'est là qu'on apprend, sans effort, à déployer les ressources de son esprit et de son âme [2] ; l'imagination s'échauffe par la contradiction ou par l'intérêt, et fournit un grand nombre de figures et de réflexions pour persuader.

ISOCRATE.

Cependant, mon cher Démosthène, je crois qu'il faut aussi un peu de solitude et d'habitude d'écrire dans son

---

[1] Voir la Maxime 366e. — G.

[2] Voir la 17e *Réflexion*, et le 4e *Conseil à un Jeune homme* ; voir aussi la Maxime 105e. — G.

cabinet : c'est dans le silence de la retraite que l'âme, plus à soi et plus recueillie, s'élève à ces grandes pensées et à cet enthousiasme naturel qui transportent l'esprit, mènent au sublime, et produisent tous ces grands mouvements que l'art n'a jamais excités. La lecture des grands poètes n'y est pas inutile; mais il faut avoir le génie poétique pour saisir leur esprit, et il faut, en même temps, avoir de la sagesse pour accorder leur style à la simplicité des sujets qu'on traite; ainsi, voilà bien des mérites à rassembler. Mais, après tout cela, mon cher Démosthène, on ne persuadera jamais au peuple que l'éloquence soit un art utile.

DÉMOSTHÈNE.

Je prétends qu'il n'en est aucun qui le soit davantage : il n'y a ni plaisir, ni affaire, ni conversation, ni intrigue, ni discours public, où l'éloquence n'ait de l'autorité; elle est nécessaire aux particuliers, dans tous les détails de la vie; elle est plus nécessaire aux gens en place, parce qu'elle leur sert à mener les esprits, à colorer leurs intentions, à gouverner les peuples, à négocier avec avantage vis-à-vis des étrangers; de plus, elle répand sur toute une nation un grand éclat, elle éternise la mémoire des grandes actions. Les étrangers sont obligés de chercher dans ses chefs-d'œuvre l'art de penser et de s'exprimer; elle élève et instruit, en même temps, l'esprit des hommes; elle fait passer peu à peu dans leurs pensées la hauteur et les sentiments qui lui sont propres. Des hommes qui pensent grandement et fortement sont toujours plus disposés que les autres à se conduire avec sagesse et avec courage.

ISOCRATE.

Je désire plus que personne que les hommes puissent vous croire.

DÉMOSTHÈNE.

Ils ne me croiront point, mon cher Isocrate; car il y a bien des raisons pour que l'éloquence ne se relève jamais. Mais la vérité est indépendante des opinions et des intérêts des hommes; et, enfin, le nombre de ceux qui peuvent goûter de certaines vérités est bien petit; mais il mérite qu'on ne le néglige pas, et c'est pour lui seul qu'il faut écrire.

---

5. — PASCAL ET FÉNELON.

FÉNELON.

Dites-moi, je vous prie, génie sublime, ce que vous pensez de mon style?

PASCAL.

Il est enchanteur, naturel, facile, insinuant. Vous avez peint les hommes avec vérité, avec feu et avec grâce [1] ; les caractères de votre *Télémaque* sont très-variés ; il y en a de grands et même de forts, quoique ce ne fût point votre étude de les faire tels. Vous ne vous êtes point piqué de rassembler en peu de mots tous les traits de vos caractères [2] ; vous avez laissé courir votre plume, et donné un libre essor à votre imagination vive et féconde.

FÉNELON.

J'ai cru qu'un portrait rapproché annonçait trop d'art. Il ne m'appartenait point d'être en même temps concis et naturel ; je me suis borné à imiter la naïveté d'une conversation facile où l'on présente, sous des images différentes, les mêmes pensées, pour les imprimer plus vivement dans l'esprit des hommes.

PASCAL.

Cela n'a pas empêché qu'on ne vous ait reproché quelques répétitions ; mais il est aisé de vous excuser [3]. Vous n'écriviez que pour porter les hommes à la vertu et à la piété ; vous ne croyiez point qu'on pût trop inculquer de

---

[1] Voir le 1ᵉʳ *Fragment* (Sur les orateurs). — G.
[2] Comme La Bruyère, par exemple. — G.
[3] Rapprochez du 3º *Fragment* (Sur Fénelon). — G.

telles vérités, et vous vous êtes trompé en cela : car la plupart des hommes ne lisent que par vanité et par curiosité ; ils n'ont aucune affection pour les meilleures choses, et il s'ennuient bientôt des plus sages instructions.

FÉNELON.

J'ai eu tort, sans doute, de plusieurs manières : j'avais fait un système de morale ; j'étais comme tous les esprits systématiques, qui ramènent sans cesse toutes choses à leurs principes.

PASCAL.

J'ai fait un système tout comme vous, et, en voulant ramener à ce système toutes choses, je me suis peut-être écarté quelquefois de la vérité, et on ne me l'a point pardonné.

FÉNELON.

Au moins, ne s'est-il trouvé encore personne qui n'ait rendu justice à votre style : vous aviez joint à la naïveté du vieux langage une énergie qui n'appartient qu'à vous, et une brièveté pleine de lumière ; vos images étaient fortes, grandes et pathétiques. Mais ce qu'il y a eu d'éminent en vous, ce en quoi vous avez surpassé tous les hommes, c'est dans [1] l'art de mettre chaque chose à sa place, de ne jamais rien dire d'inutile, de présenter la vérité dans le plus beau jour qu'elle pût recevoir, de donner à vos raisonnements une force invincible, d'épuiser, en quelque manière, vos sujets, sans être jamais trop long, et, enfin, de faire croître l'intérêt et la chaleur de vos discours jusqu'à la fin. Aussi Despréaux a-t-il dit que vous étiez également au-dessus des anciens et des modernes, et beaucoup de gens sensés sont persuadés que vous aviez plus de génie pour l'éloquence que Démosthène [2].

PASCAL.

Vous me surprenez beaucoup ; je n'ai vu encore per-

---

[1] Tel est le texte du manuscrit ; pour que la phrase fût correcte, il faudrait supprimer le mot *dans*. — G.
[2] Voir le 4ᵉ *Fragment* (Sur Pascal et Bossuet). — G.

sonne qui ait égalé les modernes aux anciens, pour l'éloquence.

FÉNELON.

Connaissez-vous la majesté et la magnificence de Bossuet? croyez-vous qu'il n'ait pas surpassé, au moins en imagination, en grandeur et en sublimité, tous les Romains et les Grecs? Vous êtes mort avant qu'il parût dans le monde ; et vous n'avez point vu ces *Oraisons funèbres* admirables, où il a égalé peut-être les plus grands poètes, et par cet enthousiasme singulier dont elles sont pleines, et par cette imagination toujours renaissante, qui n'a été donnée qu'à lui, et par les grands mouvements qu'il sait exciter, et, enfin, par la hardiesse de ses transitions, qui, plus naturelles que celles de nos odes, me paraissent aussi surprenantes, et plus sublimes.

PASCAL.

J'ai encore ouï parler ici avec estime de son *Discours sur l'histoire universelle.*

FÉNELON.

C'est peut-être le plus grand tableau qui soit sorti de la main des hommes ; mais il n'est pas aussi admirable dans tous ses ouvrages. Il a fait une *Histoire des Variations* qui est estimable ; mais, si vous aviez traité le même sujet, vous auriez réduit ses quatre volumes à un seul, et vous auriez combattu les hérésies avec plus de profondeur et plus d'ordre ; car ce grand homme ne peut vous être comparé du côté de la force du raisonnement, et des lumières de l'esprit : aussi a-t-il fait une foule d'autres ouvrages que vous n'auriez pas même daigné lire. C'est que les plus grands génies manquent tous par quelque endroit ; mais il n'y a que les petits esprits qui prennent droit de les mépriser pour leurs défauts.

PASCAL.

Tout ce que vous me dites me paraît vrai ; mais permettez-moi de vous demander ce que c'est qu'un certain évêque qu'on a égalé à Bossuet pour l'éloquence.

FÉNELON.

Vous voulez parler sans doute de Fléchier : c'est un rhéteur qui écrivait avec quelque élégance, qui a semé quelques fleurs dans ses écrits, et qui n'avait point de génie. Mais les hommes médiocres aiment leurs semblables, et les rhéteurs le soutiennent encore dans le déclin de sa réputation.

PASCAL.

N'y a-t-il point eu, sous le beau règne de Louis XIV, d'autre écrivain de prose, de génie [1] ?

FÉNELON.

C'est un mérite qu'on ne peut refuser à La Bruyère. Il n'avait ni votre profondeur, ni l'élévation de Bossuet, ni les grâces que vous me trouvez; mais il était un peintre admirable.

PASCAL.

En vérité, ce nombre est bien petit; mais le génie est rare, dans tous les temps et dans tous les genres : on a vu passer plusieurs siècles sans qu'il parût un seul homme d'un vrai génie.

---

6. — MONTAIGNE ET CHARRON.

CHARRON.

Expliquons-nous, mon cher Montaigne, puisque nous le pouvons présentement. Que vouliez-vous insinuer quand vous avez dit : *Plaisante justice qu'une rivière ou une montagne borne! Vérité au-delà des Pyrénées, erreur au-deçà* [2] ?

---

[1] Voir le 5e *Fragment* (Sur les Prosateurs du 17e siècle). — G.

[2] L'auteur cite ici les paroles de Pascal (voyez ses *Pensées*); Montaigne, de qui Pascal a emprunté cette idée, s'est servi des paroles suivantes : « *Quelle*

Avez-vous prétendu qu'il n'y eût pas une vérité et une justice réelles ?

MONTAIGNE.

J'ai prétendu, mon cher ami, que la plupart des lois étaient arbitraires, que le caprice des hommes les avait faites, ou que la violence les avait imposées : ainsi, elles se sont trouvées fort différentes selon les pays, et, quelquefois, très-peu conformes aux lois de l'équité naturelle. Mais, comme il n'est pas possible que l'égalité se maintienne parmi les hommes, je prétends que c'est justement qu'on soutient les lois de son pays, et que c'est à bon titre qu'on en fait dépendre la justice. Sans cela, il n'y aurait plus de règle dans la société, ce qui serait un plus grand mal que celui des particuliers lésés par les lois.

CHARRON.

Mais, dites-moi, parmi ces lois et ces coutumes différentes, croyez-vous qu'il s'en trouve quelques-unes de plus conformes à la raison et à l'équité naturelle que les autres ?

MONTAIGNE.

Oui, mon ami, je le crois ; et, cependant, je ne pense pas que ce fût un bien de changer celles qui paraissent moins justes ; car, en général, le genre humain souffre moins des lois injustes que du changement des lois ; mais il y a des occasions et des circonstances qui le demandent.

CHARRON.

Et quelles sont ces circonstances où l'on peut, justement et sagement, changer les lois ?

MONTAIGNE.

C'est sur quoi il est difficile de donner des règles générales : mais les bons esprits, lorsqu'ils sont instruits de

---

beauté est-ce que ie voyois hier en cresdit, et demain ne l'estre plus ? Quelle vérité est-ce que ces montagnes bornent ? Mensonge au monde qui se tient au-delà. » Essais, liv. II, chap. 2. — S.

l'état d'une nation, sentent ce que l'on peut et ce qu'on doit tenter ; ils connaissent le génie des peuples, leurs besoins, leurs vœux, leur puissance ; ils savent quel est l'intérêt général et dominant de l'État; ils règlent là-dessus leurs entreprises et leur conduite.

CHARRON.

Il faut avouer qu'il y a bien peu d'hommes assez habiles pour juger d'un si grand objet, peser les avantages et les inconvénients de leurs démarches, et embrasser d'un coup d'œil toutes les suites d'un gouvernement qui influe quelquefois sur plusieurs siècles, et qui est assujetti, pour son succès, à la disposition et au ministère des États voisins.

MONTAIGNE.

C'est ce qui fait, mon cher Charron, qu'il y a si peu de grands rois et de grands ministres.

CHARRON.

S'il vous fallait choisir entre les hommes qui ont gouverné l'Europe depuis quelques siècles, auquel donneriez-vous la préférence?

MONTAIGNE.

Je serais bien embarrassé. Charles-Quint, Louis XII, Louis XIV, le cardinal de Richelieu, le chancelier Oxenstiern, le duc d'Olivarez, Sixte-Quint, la reine Élisabeth, ont tous gouverné avec succès et avec gloire, mais avec des principes, des moyens, et une politique différente.

CHARRON.

C'est que l'état, la puissance, les mœurs, la religion, etc., des peuples qu'ils gouvernaient différaient aussi beaucoup, et qu'ils ne se sont point trouvés dans les mêmes circonstances.

MONTAIGNE.

Quand ils se seraient trouvés dans la même position, et auraient eu à gouverner, dans les mêmes circonstances, les mêmes peuples, il ne faut pas croire qu'ils eussent suivi les mêmes maximes, et formé les mêmes plans; car il ne faut pas croire qu'on soit assujetti à un seul plan, pour régner avec gloire : chacun, en suivant son génie particulier, peut exécuter de grandes choses. Le cardinal Ximenez n'aurait point gouverné la France comme celui de Richelieu [1], et l'aurait, vraisemblablement, bien gouvernée. Il y a plusieurs moyens d'arriver au même but; on peut même se proposer un but différent, et que [2] celui qu'on se propose et celui qu'on néglige soient accompagnés de biens et d'inconvénients égaux; car vous savez qu'il y a, en toutes choses, des inconvénients inévitables.

7. — UN AMÉRICAIN ET UN PORTUGAIS.

L'AMÉRICAIN.

Vous ne me persuaderez point : je suis très-convaincu que votre luxe, votre politesse et vos arts n'ont fait qu'augmenter nos besoins, corrompre nos mœurs, allumer davantage notre cupidité; en un mot, corrompre la nature, dont nous suivions les lois avant de vous connaître.

LE PORTUGAIS.

Mais qu'appelez-vous donc les lois de la nature? Suiviez-vous en toutes choses votre instinct? ne l'aviez-vous pas assujetti à de certaines règles, pour le bien de la société?

L'AMÉRICAIN.

Oui; mais ces règles étaient conformes à la raison.

LE PORTUGAIS.

Je vous demande encore ce que vous appelez la raison.

---

[1] *Comme celui de Richelieu.* Cette incorrection se trouve dans le manuscrit; il faudrait répéter *le cardinal*, ou dire *comme Richelieu*. — B.

[2] Phrase incorrecte : pour amener ici le *que*, il faudrait que le premier membre de phrase fût ainsi construit : *Il se peut même qu'on se propose un but différent.* — G.

Est-ce une lumière que tous les hommes apportent au monde en naissant? Cette lumière ne s'augmente-t-elle point par l'expérience, par l'application? n'est-elle pas plus vive dans quelques esprits que dans les autres? De plus, le concours des réflexions, et l'expérience d'un grand nombre d'hommes, ne donnent-ils pas plus d'étendue et plus de vivacité à cette lumière?

L'AMÉRICAIN.

Il y a quelque chose de vrai à ce que vous dites; cette lumière naturelle peut s'augmenter, et la raison, par conséquent, se perfectionner...

LE PORTUGAIS.

Si cela est ainsi, voilà la source de nouvelles lois, voilà de nouvelles règles prescrites à l'instinct, et, par conséquent, un changement avantageux dans la nature; je parle ici de la nature de l'homme, qui n'est autre chose que le concours de son instinct et de sa raison.

L'AMÉRICAIN.

Mais nous appelons la nature le sentiment, et non la raison [1].

LE PORTUGAIS.

Est-ce que la raison n'est pas naturelle à l'homme, comme le sentiment? N'est-il pas né pour réfléchir, comme pour sentir? et sa nature n'est-elle pas composée de ces deux qualités?

L'AMÉRICAIN.

Oui, j'en veux bien convenir; mais je crois qu'il y a un certain degré, au-delà duquel la raison s'égare lorsqu'elle veut pénétrer. Je crois que le genre humain est parvenu de bonne heure à ce point de lumière, qui est à la raison ce que la maturité est aux fruits.

[1] Il n'y a qu'à lire la Maxime 123e, et la note qui s'y rapporte, pour s'assurer que Vauvenargues est, ici, du côté de l'*Américain*. — G.

LE PORTUGAIS.

Vous comparez donc le génie du genre humain à un grand arbre qui n'a porté des fruits mûrs qu'avec le temps, mais qui, ensuite, a dégénéré, et a perdu sa fécondité avec sa force?

L'AMÉRICAIN.

Cette comparaison me paraît juste.

LE PORTUGAIS.

Mais qui vous a dit que vous eussiez atteint, en Amérique, ce point de maturité? qui vous a dit qu'après l'avoir acquis, vous ne l'aviez pas perdu? Ne pourrais-je pas comparer les arts, que nous vous avons apportés d'Europe, à la douce influence du printemps, qui ranime la terre languissante, et rend aux plantes leurs fleurs et leurs fruits? L'ignorance et la barbarie avaient ravagé la raison dans vos contrées, comme l'hiver désole les campagnes ; nous vous avons rapporté la lumière que la barbarie avait éteinte dans vos âmes.

L'AMÉRICAIN.

Je prétends, au contraire, que vous avez obscurci celle dont nous jouissions. Mais je sens que j'aurais de la peine à vous en convaincre ; il faudrait entrer dans de grands détails ; et, enfin, n'ayant point vécu dans les mêmes principes et dans les mêmes habitudes, nous aurions de la peine à nous accorder sur ce qu'on nomme la vérité, la raison et le bonheur.

LE PORTUGAIS.

Nous aurions moins de disputes là-dessus que vous ne pensez ; car je conviendrais de très-bonne foi que la coutume peut plus que la raison même pour le bien des hommes, et que la nature, le bonheur, la vérité même, dépendent infiniment d'elle[1]. Mais je suis content des principes que vous m'accordez : il me suffit que vous croyiez que la

[1] Voir la 2ᵉ Réflexion (*Sur la nature et la coutume*). — G.

nature humaine a pu recevoir du temps sa maturité et sa perfection, ainsi que tous les autres êtres de la terre ; car nous ne voyons rien qui n'ait sa croissance, sa maturité, ses changements, et son déclin. Mais il ne m'appartient point de déterminer si les arts et la politesse ont apporté le vrai bien aux hommes, et enfin si la nature humaine a attendu long-temps sa perfection, et en quel lieu, ou en quel siècle, elle y est parvenue [1].

8. — PHILIPPE II ET COMINES.

PHILIPPE II.

On dit que vous avez écrit l'histoire de votre maître [2]. Mais comment pouvez-vous le justifier de sa familiarité avec des gens de basse extraction ?

COMINES.

Le roi Louis XI était populaire et accessible. Il avait, à la vérité, de la hauteur, mais sans cette fierté sauvage qui fait mépriser aux princes tous les autres hommes. Le roi mon maître ne se bornait point à connaître sa cour et les grands du royaume : il connaissait le caractère et le génie des ministres et des princes étrangers ; il avait des correspondances dans tous les pays ; il avait continuellement les yeux ouverts sur le genre humain, sur toutes les affaires de l'Europe ; il recherchait le mérite dans les sujets les plus obscurs ; il savait vivre familièrement avec ses sujets, sans perdre rien de sa dignité, et sans rien relâcher de l'autorité de sa couronne. Les princes faibles et vains, comme vous,

---

[1] Dans son *Discours sur le Caractère des différents siècles*, Vauvenargues avait gardé, sur ce point, la même réserve ; quelques années plus tard, en 1750, J.-J. Rousseau se montrera plus décidé, dans son *Discours sur les Sciences et sur les Arts*, couronné par l'Académie de Dijon. — G.

[2] *Comines* (Philippe de la Clite de), d'autres écrivent à tort *Commines*, historien de Louis XI, naquit au château de ce nom, à quelques lieues de Lille, en 1445, et mourut en 1509, au château d'Argenton, le 17 août, suivant Swertius, le 17 octobre, suivant Vossius — B.

ne voient que ce qui les approche [1] ; ils ne connaissent jamais que l'extérieur des hommes, ils ne pénètrent jamais le fond de leur cœur ; et, comme ils ne les connaissent point assez, ils ne savent point s'en servir. Louis XI choisissait lui-même tous les gens qu'il employait dans les affaires, il avait une âme profonde, qui ne pouvait se contenter de connaître superficiellement les dehors des hommes, et de quelques hommes : il aimait à descendre dans les derniers replis du cœur ; il cherchait, dans tous les états, des gens d'esprit ; il démêlait leurs talents, il les employait : pour tout cela, vous sentez bien qu'il fallait se familiariser avec les hommes. C'était dans ce commerce familier, dans ces soupers qu'il faisait, à Paris, avec la bourgeoisie, dans les entretiens secrets qu'il avait avec des personnes de tous les états, qu'il apprenait à déployer toutes les ressources de son génie, qu'il tirait du fond du cœur de ses sujets la vérité, qu'on cache aux princes orgueilleux et impraticables. C'est ainsi qu'il avait cultivé ce génie souple et pénétrant qu'il avait reçu de la nature : aussi s'était-il rendu plus habile qu'aucun des ministres qu'il employait. Il était l'âme de tous ses conseils, savait tout ce qui se passait dans son État, avait un esprit vaste qui ne perdait point de vue les petits objets au milieu des grandes affaires, qui suivait tout, qui voyait tout, qui ne laissait rien échapper. C'était une âme qui, par son activité et son étendue, paraissait se multiplier pour suffire à tout ; qui jouissait véritablement de la royauté, parce qu'il [2] animait tous les ressorts de son empire, et qu'il suivait toutes choses jusqu'à leur racine. Un esprit borné et pesant ne voit que ce qui l'environne ; il ne regarde jamais ni le passé, ni l'avenir ; il voit disparaître autour de lui ses amis, ses supports, ses connaissances, presque sans s'en apercevoir ; son âme est toute concentrée sur elle-même ; elle ne sort point de la sphère étroite que

---

[1] Vauvenargues a déjà dit des *grands*, ce qu'il dit, ici, des *rois*. (Voir le 43ᵉ Caractère). — G.

[2] Phrase incorrecte, *âme* étant le sujet. — G.

la nature lui a prescrite ; elle s'appesantit sur elle-même ; tous les événements du monde passent devant elle comme des songes légers qui se perdent sans retour [1]. Une grande âme, au contraire, ne perd rien de vue ; le passé, le présent et l'avenir sont immobiles devant ses yeux ; elle porte sa vue loin d'elle ; elle embrasse cette distance énorme qui est entre les grands et le peuple, entre les affaires générales de l'univers et les intérêts des particuliers les plus obscurs ; elle incorpore à soi toutes les choses de la terre ; elle tient à tout ; tout la touche ; rien ne lui est étranger : ni la différence infinie des mœurs, ni celle des conditions, ni celle des pays, ni la distance des temps, ne l'empêchent de rapprocher toutes les choses humaines, de s'unir d'intérêt à tout. Les hommes de ce caractère ne font rien d'inutile, savent employer tout leur temps, ont un esprit vif qui rencontre d'abord le nœud et la source de chaque chose, qui marche légèrement et rapidement, *etc* [2].

[1] Voir le 26º Caractère (*L'homme pesant*). — G.
[2] Ce dernier mot indique assez que le morceau n'est pas terminé ; ce n'est qu'une ébauche ; mais la touche n'en est pas moins singulièrement ferme et vive, quoi qu'en dise Suard, dans la note qui suit. — G. — Il n'y a dans ce discours de Comines que quelques traits qui conviennent à Louis XI. Il était populaire et accessible, mais par nécessité, plutôt que par inclination. Dans la lutte qui s'était engagée entre le souverain et les grands vassaux de la couronne, ceux-ci commirent une faute dont les conséquences ont été funestes pour eux et pour la nation : ils séparèrent leurs intérêts de l'intérêt du peuple, et se crurent assez forts par eux-mêmes pour maintenir les prérogatives qu'ils avaient usurpées dans des temps d'anarchie, et sous des rois faibles. S'ils s'étaient appuyés du peuple, comme les barons d'Angleterre avaient fait dans des circonstances semblables, ils auraient pu conserver comme eux une influence directe sur le gouvernement, et la nation aurait joui de ses anciens priviléges ; l'équilibre se serait établi naturellement entre les divers ordres de l'État, et aurait prévenu les guerres et les révolutions qui depuis trois siècles ont tourmenté la France. Nos rois furent plus habiles que la haute noblesse ; ils se concilièrent l'amour et l'estime du tiers-état : ils accordèrent quelques priviléges aux communes, mais ils ne donnèrent pas au peuple toute la liberté et les droits dont il aurait dû jouir d'après les constitutions primitives de la monarchie. Toutefois, ces concessions les rendirent populaires, et, dans aucun pays de l'Europe, les souverains n'ont été plus aimés de leurs sujets qu'en France. Ce fut donc par des vues politiques que Louis XI se familiarisait avec les bourgeois de Paris, et ne dédaignait point de les admettre dans sa confiance [*]. Leur affection lui fut plus d'une fois utile dans les diffé-

[*] Vauvenargues ne dit pas autre chose. Dès que Suard accorde ce point, sa longue note est sans objet. — G.

9. — CÉSAR ET BRUTUS.

CÉSAR.

Mon ami, pourquoi me fuis-tu? n'as-tu pas éteint dans mon sang la haine que tu m'as portée?

BRUTUS.

César, je ne t'ai point haï : j'estimais ton génie et ton courage.

CÉSAR.

Mais je t'aimais tendrement, et tu m'as arraché la vie.

BRUTUS.

C'est une cruauté barbare où j'ai été poussé par l'erreur de la gloire, et par les principes d'une vertu fausse et farouche.

CÉSAR.

Tu étais né humain et compatissant : tu n'as été cruel que pour moi seul, qui t'aimais avec tendresse.

---

rentes guerres qu'il eut à soutenir; mais il les fit servir à ses projets, sans rien faire pour eux et pour la nation en général.

Quelques historiens, entre autres Duclos, ont cherché à nous donner une haute idée du génie politique de Louis XI : il est vrai qu'il réunit à la couronne plusieurs provinces, et qu'il abaissa l'orgueil des grands; mais il commit deux fautes capitales qui suffiraient pour faire douter s'il ne dut pas ses succès à la fortune plutôt qu'à sa prudence. La première fut de se livrer entre les mains de Charles-le-Téméraire, qui le força d'assister à la prise de la ville de Liége, dont il était l'allié et le protecteur; la seconde, plus grave encore, fut de ne pas prévenir le mariage de Marie de Bourgogne avec l'empereur Maximilien, union qui a été pour la France pendant plusieurs siècles une source de guerres et de calamités. Louis XI rapportait tout à son intérêt : l'amitié ni la reconnaissance n'entrèrent jamais dans son cœur. Fils ingrat, père dénaturé, maître cruel, roi sanguinaire et superstitieux, il ne fut vraiment habile que dans l'art de tromper. On le soupçonne d'avoir fait empoisonner son frère le duc de Berry. Il est le seul roi dans l'histoire qui, par le raffinement de sa cruauté, ait rendu la justice même odieuse. Enfin il vécut en tyran et mourut en lâche. Il aurait fallu un Tacite ou un Montesquieu pour écrire son histoire. On dit que ce dernier s'en était occupé, et que, par mégarde, son secrétaire avait jeté le manuscrit au feu. C'est une perte qui peut-être ne sera jamais réparée. — S.

BRUTUS.

D'où naissait dans ton cœur cette amitié que j'avais si peu méritée?

CÉSAR.

Ta jeunesse m'avait séduit, et ton âme fière et sensible avait touché la mienne.

BRUTUS.

J'ai fait ce que j'ai pu pour reconnaître ta bonté pour moi : je me reprochais mon ingratitude; je sentais que tu méritais d'être aimé; tu me faisais pitié lorsque je songeais à t'immoler à la liberté, et je me reprochais ma barbarie.

CÉSAR.

Et avec tout cela je n'ai jamais fléchi ton cœur!

BRUTUS.

Je n'ai jamais pu t'aimer : ton génie, ton âge, le mien, te donnaient sur moi trop d'ascendant. Je t'admirais, et je ne t'aimais point.

CÉSAR.

Est-ce que l'estime empêche l'amitié?

BRUTUS.

Non, mais le respect l'affaiblit; et peut-être qu'il y a un âge où l'on ne peut plus être aimé.

CÉSAR.

Tu dis vrai : le mérite inspire du respect; mais il n'y a que la jeunesse qui soit aimable. C'est une vérité affreuse. Il est horrible d'avoir un cœur sensible à l'amitié, et d'être privé des grâces qui l'inspirent.

BRUTUS.

Voilà la source de l'ingratitude des jeunes gens. L'amitié de leurs parents, de leurs bienfaiteurs, leur est souvent onéreuse [1]. Cependant, je crois que les belles âmes peu-

---

[1] Rapprochez de la Maxime 823e et de la note qui s'y rapporte. — G.

vent surmonter leur instinct, ou sortir, en ce point, des règles générales.

CÉSAR.

La tienne était haute et sensible, et cependant...

BRUTUS.

Je m'étais laissé imposer par les discours et la philosophie de Caton ; j'aimais ardemment la gloire ; cette passion étouffa en mon cœur toutes les autres. Mais daigne croire qu'il m'en a coûté pour trahir ce que je devais à ton amitié et à ton mérite.

CÉSAR.

Va, je t'ai pardonné, même en mourant. L'amitié va plus loin que la vertu, et passe en magnanimité la philosophie que tu as professée.

BRUTUS.

Tu parles de l'amitié des grandes âmes, telles que la tienne. Mais ce pardon généreux que tu m'accordes augmente mon repentir ; et je n'ai de regret à la vie que par l'impuissance où me met la mort de te témoigner ma reconnaissance [1].

---

10. — MOLIÈRE ET UN JEUNE HOMME.

LE JEUNE HOMME.

Je suis charmé de vous voir, divin Molière. Vous avez rempli toute l'Europe de votre nom, et la réputation de vos ouvrages augmente, de jour à autre, dans le monde.

MOLIÈRE.

Je ne suis point touché, mon cher ami, de cette gloire : j'ai mieux connu que vous, qui êtes jeune, ce qu'elle vaut.

---

[1] Voir, sur Brutus, une lettre éloquente de Vauvenargues à Mirabeau, datée de *Verdun, le* 11 *mars* 1740. — G.

LE JEUNE HOMME.

Seriez-vous mécontent de votre siècle, qui vous devait tant?

MOLIÈRE.

Quelques-uns de mes contemporains m'ont rendu justice : c'étaient même les meilleurs esprits; mais le plus grand nombre me regardait comme un comédien qui faisait des vers. Le prince me protégeait, quelques courtisans m'aimaient; cependant j'ai souffert d'étranges humiliations.

LE JEUNE HOMME.

Cela est-il possible? Je ne fais que de quitter le monde; on y fait très-peu de cas des talents; mais j'y ai ouï dire que ceux qui avaient ouvert la carrière avaient joui de plus de considération.

MOLIÈRE.

Ceux qui ont ouvert la carrière en méritaient peut-être davantage, et en ont obtenu, comme je vous l'ai dit, des esprits justes; mais elle n'a jamais été proportionnée à leur mérite, et elle a été contrepesée par de grands dégoûts.

LE JEUNE HOMME.

Sans doute, ils étaient traversés, persécutés, calomniés par leurs envieux; mais les gens en place et les grands ne leur rendaient-ils pas justice?

MOLIÈRE.

Les grands riaient des querelles des auteurs; plusieurs se laissaient prévenir par les gens de lettres subalternes qu'ils protégeaient; ils avaient la faiblesse d'épouser leurs passions et leur injustice contre les grands hommes qui étaient moins dans leur dépendance.

LE JEUNE HOMME.

C'est, au moins, une consolation que la postérité vous ait rendu justice.

MOLIÈRE.

La postérité ne me la rendra point telle que j'ai pu la mériter. Ne vois-je pas ici les plus grands hommes de l'antiquité, Homère, Virgile, Euripide, qui sont encore poursuivis dans le tombeau par ce même esprit de critique qui les a dégradés pendant leur vie? Dans le même temps qu'ils sont adorés de quelques personnes sensées dont ils enchantent l'imagination, ils sont méprisés et tournés en ridicule par les esprits médiocres qui manquent de goût[1]. Je voyais passer le Tasse, il y a quelques jours, suivi de quelques beaux esprits qui lui faisaient leur cour : plusieurs ombres de grands seigneurs qui étaient avec moi, me demandèrent qui c'était ; sur cela, le duc de Ferrare prit la parole, et répondit que c'était un poète auquel il avait fait donner des coups de bâton, pour châtier son insolence. Voilà comme les gens du monde et les grands savent honorer le génie.

LE JEUNE HOMME.

J'ai souvent ouï dans le monde de pareils discours, et j'en étais indigné. Car, enfin, qu'est-ce qu'un grand poète, sinon un grand génie, un homme qui domine les autres hommes par son imagination ; qui leur est supérieur en vivacité ; qui connaît, par un sentiment plein de lumière, les passions, les vices et l'esprit des hommes ; qui peint fidèlement la nature, parce qu'il la connaît parfaitement, et qu'il a des idées plus vives de toutes choses que les autres ; une âme qui est capable de s'élever ; un génie ardent, laborieux, éloquent, aimable, qui ne se borne point à faire des vers harmonieux, comme un charpentier fait des cadres et des tables dans son atelier, mais qui porte dans le commerce du monde son feu, sa vivacité, son pinceau et son esprit, et qui

---

[1] Allusion à La Motte qui, au 18ᵉ siècle, avait réveillé la querelle des anciens et des modernes, et avait pris parti contre les anciens. — Voir, sur cet intéressant sujet, le beau livre de M. Hippolyte Rigault, professeur suppléant au collège de France : *Histoire de la Querelle des Anciens et des Modernes.* Paris, Hachette, 1856. — G.

conserve, par conséquent, parmi les hommes, le même mérite qui le fait admirer dans son cabinet?

MOLIÈRE.

Les gens qui réfléchissent savent tout cela, mon cher ami ; mais ces gens-là sont en petit nombre.

LE JEUNE HOMME.

Hé ! pourquoi s'embarrasser des autres ?

MOLIÈRE.

Parce qu'on a besoin de tout le monde ; parce qu'ils sont les plus forts ; parce qu'on en souffre du mal, quand on n'en reçoit pas de bien ; enfin, parce qu'un homme qui a les vues un peu grandes voudrait régner, s'il pouvait, dans tous les esprits, et qu'on est toujours inconsolable de n'obtenir que la moindre partie de ce qu'on mérite [1].

[1] Dans le temps où Vauvenargues écrivait ce dialogue, il y avait encore en France beaucoup de ces esprits médiocres qui croyaient se distinguer de la foule en méprisant les plus beaux chefs-d'œuvre de l'antiquité, qu'ils étaient incapables de comprendre et de juger : ils s'imaginaient montrer de la force d'esprit et de la philosophie, en affectant de dédaigner ce qui avait été consacré par l'admiration des siècles. L'origine de cette manie ridicule remonte aux dernières années du dix-septième siècle ; elle se perpétua dans le dix-huitième par l'influence de La Motte, qui n'était point un écrivain sans mérite, mais dont la littérature était très-bornée, et surtout par l'influence de Fontenelle, qui fut pendant cinquante ans à la tête des hommes de lettres. Fontenelle était un homme extrêmement adroit, qui avait d'autres titres à la renommée que ses travaux purement littéraires, et qui, sentant ce qui lui manquait, aurait volontiers rabaissé les chefs-d'œuvre qu'il ne pouvait égaler. Il suffisait d'ailleurs que Boileau et Racine, contre lesquels il nourrit une inimitié séculaire, se fussent prononcés en faveur de la raison et des anciens, pour qu'il penchât du côté opposé. On peut rapporter à ce philosophe, si modéré en apparence, la plupart des hérésies littéraires qui ont obtenu quelque crédit dans le dernier siècle ; et peut-être même le goût se serait-il entièrement corrompu, si des hommes tels que Voltaire, Montesquieu, Buffon, Rousseau, n'eussent maintenu ses principes par leurs leçons et par leurs exemples. Les écrivains du dix-septième siècle n'étaient pas mieux traités par Fontenelle que les anciens. Il ne pardonna jamais à Racine et à Boileau les épigrammes qu'ils avaient lancées contre sa malheureuse tragédie d'Aspar. Il ne rendait pas au premier la justice qui lui était due, et refusait le génie à l'auteur de l'*Art poétique*. Il aurait même volontiers attaqué Voltaire, si la crainte des représailles n'eût un peu refroidi son ressentiment contre un homme qui avait tant de supériorité sur lui.

Nous sommes très-heureusement délivrés de ces opinions fausses et ridicules qui ont fait tant de mal dans le dernier siècle : on est revenu à l'étude et à

11. — RACINE ET BOSSUET.

BOSSUET.

Je récitais tout à l'heure, mon cher Racine, quelques-uns de vos vers que je n'ai pas oubliés. Je suis enchanté de la richesse de vos expressions, de la vérité de votre pinceau et de vos idées, de votre simplicité, de vos images, et même de vos caractères, qui sont si peu estimés, car je leur trouve un très-grand mérite, et le plus rare, celui d'être pris dans la nature. Vos personnages ne disent jamais que ce qu'ils doivent, parlent avec noblesse, et se caractérisent sans affectation. Cela est admirable [1].

RACINE.

Je ne suis pas surpris que vous m'aimiez un peu. Je vous ai toujours admiré; vous aviez le génie poétique et l'invention dans l'expression, qui est le talent que mes ennemis même sont obligés de m'accorder. Il y a plus d'impétuosité et de plus grands traits dans vos ouvrages que dans ceux des plus grands poètes [2].

l'admiration des anciens avec une ardeur qui promet à la littérature française une nouvelle époque de génie et de gloire. Je pourrais citer des traductions et des ouvrages originaux, où l'on retrouve les grâces et le charme du génie antique. On a banni de la prose cette pompe indigente de paroles, cette recherche puérile d'antithèses, cette affectation du bel esprit qui déshonorait, il n'y a pas encore longtemps, même les productions de quelques membres de l'Académie. On s'est également débarrassé de cette sécheresse que l'esprit d'analyse, porté à l'excès, avait introduite dans notre littérature. Il ne faut pas confondre cet abus de l'analyse avec l'esprit vraiment philosophique, dont aucun genre ne peut se passer : c'est lui seul qui peut donner de la force au raisonnement, de la justesse aux idées. Sans son secours, l'imagination ne produirait que des monstres semblables à celui que nous dépeint Horace dans les premiers vers de l'épître aux Pisons. Montaigne, Boileau, Molière, La Fontaine, Voltaire, Montesquieu, Rousseau, ont allié l'esprit philosophique à l'imagination, et l'on ne voit pas que l'un ait jamais nui à l'autre. On peut abuser de l'esprit philosophique comme on abuse de l'imagination et des meilleures choses; mais, après tout, il faudra toujours en revenir à cet axiome d'un poète philosophe : « *Le bien penser est la source du bien écrire.* » — S.

[1] Voir, dans les *Réflexions critiques sur quelques poètes*, le parallèle entre Corneille et Racine. — G.

[2] Voir la Maxime 350e. — G.

BOSSUET.

Hélas! mon ami, mes ouvrages ne sont presque plus connus que d'un très-petit nombre de gens de lettres et d'homme pieux : les matières que j'ai traitées ne sont nullement du goût des gens du monde.

RACINE.

Ils devraient, du moins, admirer vos *Oraisons funèbres*.

BOSSUET.

Ce titre seul les rebute ; on n'aime ni les louanges, ni les choses tristes.

RACINE.

Que dites-vous donc? je ne puis vous croire ; le genre dont nous parlons est le plus terrible, car les hommes ne sont effrayés que de la mort. Or, qu'est-ce que le sujet de vos oraisons funèbres, sinon la mort, c'est-à-dire, la seule chose qui inspire de la terreur à l'esprit humain? Se pourrait-il que les hommes ne fussent pas frappés par des discours qui ne s'exercent que sur le sujet le plus frappant et le plus intéressant pour l'humanité? J'avais cru que c'était le véritable champ du pathétique et du sublime.

BOSSUET.

La nation française est légère ; on aime mieux le conte du *Bélier*[1] ou celui de *Joconde*[2] que tout ce pathétique dont vous parlez.

RACINE.

Si cela est, Corneille et moi, nous ne devons pas nous flatter de conserver longtemps notre réputation.

BOSSUET.

Vous vous trompez ; les bons auteurs du théâtre ne mourront jamais, parce qu'on les fait revivre tous les ans, et on empêche le monde de les oublier : d'ailleurs, les poètes

---

[1] Conte d'Hamilton. — B.
[2] Conte de La Fontaine. — B.

se soutiennent toujours mieux que les orateurs, parce qu'il y a plus de gens qui font des vers, qu'il n'y en a qui écrivent en prose ; parce que les vers sont plus faciles à retenir, et plus difficiles à faire ; parce qu'enfin les poètes traitent des sujets toujours intéressants, au lieu que les orateurs, dont l'éloquence ne s'exerce ordinairement que sur de petits sujets, périssent avec la mémoire de ces sujets mêmes.

RACINE.

Les vrais orateurs comme vous devraient, du moins, se soutenir par les grandes pensées qu'ils ont semées dans leurs écrits, par la force et la solidité de leurs raisonnements ; car tout cela doit se trouver dans un ouvrage d'éloquence. Nous autres poètes, nous pouvons quelquefois manquer par le fond des choses ; si nous sommes harmonieux, si nous avons de l'imagination dans l'expression, il nous suffit, d'ailleurs, de penser juste sur les choses de sentiment, et on n'exige de nous ni sagacité ni profondeur : il faut être un grand peintre pour être un poète ; mais on peut être un grand peintre, sans avoir une grande étendue d'esprit et des vues fines.

BOSSUET.

On peut aussi avoir cette étendue d'esprit, cette finesse, cette sagesse, cet art qui est nécessaire aux orateurs, et y joindre le charme de l'harmonie et la vivacité du pinceau : vous êtes la preuve de ce que je dis.

RACINE.

De même un orateur peut avoir toutes les parties [1] d'un poète, et il n'y a même que l'harmonie qui en fasse la différence ; encore faut-il qu'il y ait une harmonie dans la bonne prose.

---

[1] Je sais gré à Vauvenargues d'avoir employé cette expression ; elle était bannie du langage depuis le siècle de Montaigne, qui s'en est souvent servi dans ses *Essais*, et toujours à propos. Je crois que Voltaire a réclamé en sa faveur en quelque endroit de ses ouvrages, et les Anglais, accoutumés depuis longtemps à vivre de pillage, l'ont empruntée de nos premiers écrivains, et

BOSSUET.

Je pense comme vous, et comme un grand poète qui vous a suivi [1], mon cher Racine : la poésie est *l'éloquence harmonieuse*.

RACINE.

L'auteur dont vous parlez est aussi éloquent en prose qu'en vers ; il a cet avantage sur tous les poètes, qui n'ont point su écrire en prose ; ainsi, on peut s'en rapporter à son jugement : c'est lui qui a dit de vous, que vous étiez *le seul écrivain français en prose qui fût éloquent*. Si ce grand homme ne s'est point trompé, il faudrait convenir que le génie de l'éloquence est plus rare que celui de la poésie [2].

BOSSUET.

Je ne crois pas qu'il soit moins commun, mais je crois qu'il l'est bien autant : les véritablement grands hommes dans tous les genres sont toujours très-rares.

RACINE.

Qu'appelez-vous, je vous prie, de grands hommes ?

BOSSUET.

Tous ceux qui surpassent les autres par le cœur et par l'esprit, qui ont la vue plus nette et plus fine, qui discernent mieux les choses humaines, qui jugent mieux, qui s'expriment mieux, qui ont l'imagination plus forte et le génie plus vaste.

RACINE.

Voilà, en effet, ce qui fait de très-grands hommes. De tels esprits sont faits pour s'estimer et pour s'aimer, malgré

---

l'ont soigneusement conservée. On trouverait dans Amyot et dans Montaigne d'autres expressions aussi énergiques, qu'on pourrait rajeunir avec succès. Nous ne connaissons pas toutes les ressources et toutes les richesses de notre langue, et, en général, on ne lit pas assez les écrivains du seizième siècle. — S. — On sait que, dans sa *Lettre à l'Académie*, Fénelon exprimait, un siècle plus tôt, le même regret. — G.

[1] Voltaire. — B. — Voir le 12ᵉ Fragment (*Sur la Poésie et l'Éloquence*). — G.

[2] Voir le 5ᵉ Fragment (*Sur les Prosateurs du 17ᵉ siècle*). — G.

la différence de leur travail et de leurs objets; c'est aux petits esprits à dégrader ou les uns ou les autres, selon le parti qu'ils ont pris[1] : comme ceux qui sont attachés à quelque faction décrient les chefs du parti contraire, tandis que ces mêmes chefs s'estiment et se craignent réciproquement.

12. — LE CARDINAL DE RICHELIEU ET LE GRAND CORNEILLE.

CORNEILLE.

Est-il vrai que Votre Éminence ait été jalouse de mes écrits?

RICHELIEU.

Pourquoi ne l'aurai-je pas été? un ministre de peu d'esprit aurait pu être assez ébloui de sa puissance pour mépriser vos talents; mais, pour moi, je connaissais le prix du génie, et j'étais jaloux d'une gloire où la fortune n'avait point de part. Avais-je donc tant de tort?

CORNEILLE.

Cette jalousie honorait Corneille, et ne devait pas nuire à la réputation de son protecteur; car vous daigniez l'être, et *vous récompensiez*, dit un auteur[2], *comme ministre, ce*

---

[1] Rapprochez de la Maxime 286ᵉ et de ses variantes. — G.

[2] Voltaire a dit, dans son *Commentaire sur Corneille*, au sujet du mot *bienfaits*, employé par l'auteur d'*Horace* dans l'Épitre dédicatoire de cette pièce au cardinal de Richelieu : « *Ce mot* bienfaits *fait voir que le cardinal de Richelieu savait récompenser en premier ministre, ce même talent qu'il avait persécuté dans l'auteur du Cid.* » — Voltaire a encore dit quelque chose d'analogue dans le *Temple du Goût*. Voyez les Variantes de ce poëme, t. X, p. 188, de l'édition de ses Œuvres complètes en 66 vol., Paris, Renouard, 1819. — B. — La phrase dont il s'agit ne se trouve ni dans le texte, ni dans les *Variantes du Temple du Goût*, et ce n'est pas, assurément, du *Commentaire sur Corneille* qu'elle a pu être extraite, car cet ouvrage est postérieur, de près de vingt ans, à la mort de Vauvenargues. Il faut supposer, ou que Voltaire s'en est servi dans quelqu'une de ses conversations avec son jeune ami, ou, plutôt, qu'il l'a ôtée de quelque ouvrage antérieur où Vauvenargues avait pu la lire, pour la placer dans le *Commentaire sur Corneille*. — G.

même génie dont vous étiez jaloux comme poète. La seule chose qui m'ait étonné, c'est que Votre Éminence ait favorisé des écrivains indignes de sa protection [1].

RICHELIEU.

Je suis venu dans un mauvais temps, mon cher Corneille; il y avait peu de gens de mérite pendant mon ministère, et je voulais encourager les hommes à travailler, en accordant une protection marquée à tous les arts; il est vrai que je ne vous ai pas assez distingué : en cela je suis très-blâmable.

CORNEILLE.

Moins que veut bien avouer Votre Éminence. Il est vrai que j'avais quelque génie; mais je n'étais pas courtisan : j'avais, naturellement, cette inflexibilité d'esprit que j'ai donnée si souvent à mes héros. Comme eux, j'avais une vertu dure, un esprit sans délicatesse et trop resserré dans les bornes de mon art; il n'est pas étonnant qu'un grand ministre, accoutumé aux devoirs et à la flatterie des plus puissants de l'État, ait négligé un homme de mon caractère.

RICHELIEU.

Ajoutez que je n'ai point connu tout ce que vous valiez. Mon esprit était peut-être resserré, comme le vôtre, dans les bornes de son talent; vous n'aviez pas l'esprit de la cour, et moi, je n'avais pour les lettres qu'un goût défectueux [2].

---

[1] On peut citer parmi ces écrivains Desmarets, Colletet, Faret et Chapelain. Il admit quelque temps le grand Corneille dans cette troupe; mais le mérite de Corneille se trouva incompatible avec ces poètes, et il fut aussitôt exclu. Richelieu faisait des vers, et ce fut même pour faire représenter la tragédie de *Mirame*, dont il avait donné le sujet, et dans laquelle il avait fait plus de cinq cents vers, qu'il fit bâtir la salle du Palais-Royal. — B.

[2] On veut absolument que le cardinal de Richelieu ait été jaloux des succès de Corneille : cela me paraît aussi vraisemblable que si Racine eût été jaloux des victoires du grand Condé. Boileau est le premier qui ait accrédité cette opinion en disant :

En vain contre le Cid un ministre se ligue;
Tout Paris pour Chimène a les yeux de Rodrigue.

On en conclut, ce qui n'était peut-être pas dans la pensée du poète, que Richelieu n'avait pu voir sans jalousie le triomphe de Corneille. Fontenelle

13. — RICHELIEU ET MAZARIN.

MAZARIN [1].

Est-il possible, mon illustre ami, que vous n'ayez jamais usé de tromperie dans votre ministère ?

a été plus loin que Boileau : il dit expressément que le cardinal fut aussi alarmé du succès prodigieux du *Cid* que s'il eût vu les Espagnols aux portes de Paris. Cette exagération de la part du petit-neveu de Corneille s'est généralement répandue, et elle prête tant à la déclamation, elle est si favorable à la vanité des auteurs, qu'il est difficile d'en douter sans soulever une foule d'esprits qui la regardent comme une vérité historique. Cela ne m'empêchera pas d'en dire mon sentiment, d'après l'opinion que j'ai conçue du cardinal de Richelieu et de l'esprit de son ministère, l'une des époques les plus intéressantes de notre histoire. Le souvenir des guerres civiles n'était pas encore effacé du cœur des Français ; la paix était rétablie dans l'État, mais il était aisé de voir qu'il existait dans les esprits une fermentation sourde, qui aurait éclaté sous une administration moins énergique que celle du cardinal de Richelieu. Ce ministre avait trop de lumières pour ne pas apercevoir cette agitation générale et les conséquences qui pouvaient en résulter. Il prit une résolution digne de son génie, se mit à la tête de l'opinion publique pour la diriger, et fournit un aliment à l'activité des esprits. Ce fut alors qu'il fonda l'Académie Française, qu'il encouragea les lettres, les sciences et les arts, protégea ceux qui les cultivaient, les appela autour de lui, leur donna de la considération, et fixa tous les regards sur la gloire littéraire et les travaux de la pensée. Cette impulsion donnée surpassa les espérances du cardinal. Les Français, accoutumés aux querelles de religion, s'occupèrent alors de débats et de discussions littéraires. Un sonnet, un madrigal, attiraient l'attention de la cour et de la ville. A cette époque parut le premier chef-d'œuvre de Corneille ; il excita un enthousiasme et une admiration générale. On ne s'entretenait que du *Cid*, on ne se lassait point de le voir. Tout fut oublié pour le *Cid*. Le ministre saisit cette occasion pour suivre son plan. Il fit faire la critique de cette tragédie, comme Alcibiade fit couper la queue de son chien, afin que les Athéniens, occupés de cette bizarrerie, ne cherchassent point à contrarier ses vues politiques*. Je ne vois dans la conduite du cardinal de Richelieu que beaucoup d'adresse, et point du tout un sentiment d'envie, indigne d'un grand ministre. Observez, de plus, qu'à cette époque même, Corneille jouissait d'une pension que lui faisait le cardinal. L'envie n'est pas si généreuse. Au reste, le mouvement imprimé aux esprits par la politique de Richelieu ne s'est pas arrêté : il a élevé la France à un haut degré de gloire littéraire, et c'est peut-être à cette conception politique que nous devons les chefs-d'œuvre qui ont illustré le règne de Louis XIV et celui de son successeur. — S.

[1] *Mazarin* (Jules), né à Piscina dans l'Abruzze, le 14 juillet 1602, de la famille des Martinozzi, mourut le 9 mars 1661. — B.

* Cette assertion de Suard, qui n'est pas présentée comme une simple conjecture, mais comme un fait hors de doute, peut paraître, au moins, hasardée, et plus charitable que juste. — G.

RICHELIEU.

Hé! croyez-vous vous-même, mon cher cardinal, qu'on puisse gouverner les hommes sans les tromper?

MAZARIN.

Je n'ai que trop montré, par ma conduite, que je ne le croyais pas; mais on m'en a fait un grand crime.

RICHELIEU.

C'est que vous poussiez un peu trop loin la tromperie ; c'est que vous trompiez par choix et par faiblesse, plus que par nécessité et par raison.

MAZARIN.

Je suivais en cela mon caractère timide et défiant. Je n'avais pas assez de fermeté pour résister en face aux courtisans; mais je reprenais ensuite, par ruse, ce que j'avais cédé par faiblesse.

RICHELIEU.

Vous étiez né avec un esprit souple, délié, profond, pénétrant; vous connaissiez tout ce qu'on peut tirer de la faiblesse des hommes, et vous avez été bien loin dans cette science.

MAZARIN.

Oui, mais on m'a reproché de n'avoir pas connu leur force.

RICHELIEU.

Très-injustement, mon ami. Vous la connaissiez, puisque vous la craigniez; mais vous ne l'estimiez point. Vous étiez vous-même trop faible pour vous en servir, ou pour la vaincre; et, ne pouvant la combattre de front, vous l'attaquiez par la finesse, et vous lui résistiez souvent avec succès.

MAZARIN.

Cela est assez singulier, que je la méprisasse, et que, cependant, je la craignisse.

RICHELIEU.

Rien n'est plus naturel, mon cher ami : les hommes n'estiment guère que les qualités qu'ils possèdent.

MAZARIN.

Après tout cela, que pensez-vous de mon ministère et de mon génie ?

RICHELIEU.

Votre ministère a souffert de justes reproches, parce que vous aviez de grands défauts. Mais vous aviez, en même temps, un esprit supérieur à ces défauts même ; vous joigniez à la vivacité de vos lumières une ambition vaste et invincible. Par là vous avez surmonté tous les obstacles de votre carrière, et vous avez exécuté de grandes choses.

MAZARIN.

Je ne laisse pas de reconnaître que vous aviez un génie supérieur au mien. Je vous surpassais, peut-être, en subtilité et en finesse ; mais vous m'avez primé par la hauteur et par la vigoureuse hardiesse de votre âme.

RICHELIEU.

Nous avons bien fait l'un et l'autre ; mais la fortune nous a bien servis.

MAZARIN.

Cela est vrai ; mais de moindres esprits n'auraient pas profité de leur fortune : la prospérité n'est qu'un écueil pour les âmes faibles.

---

14. — FÉNELON ET RICHELIEU.

FÉNELON.

Je n'ai qu'une seule chose à vous reprocher, votre ambition sans bornes et sans délicatesse.

RICHELIEU.

C'est cette ambition des grands hommes, aimable philosophe, qui fait la grandeur des États[1].

FÉNELON.

C'est elle aussi qui les détruit, et qui les abîme sans ressource.

RICHELIEU.

C'est-à-dire qu'elle fait toutes choses sur la terre; c'est elle qui domine partout, et qui gouverne l'univers.

FÉNELON.

Dites plutôt que c'est l'activité et le courage.

RICHELIEU.

Oui, l'activité et le courage; mais l'un et l'autre ne se trouvent guère qu'avec une grande ambition et avec l'amour de la gloire.

FÉNELON.

Eh quoi! Votre Éminence croirait-elle que la prudence et la vertu ne pourraient résister à l'ambition, gouverner sans elle, et l'assujettir?

RICHELIEU.

Cela n'est guère arrivé, mon cher ami; et il y a bien de l'apparence que ce qui n'arrive point ou [ce] qui n'arrive que rarement, n'est point selon les lois de la nature.

FÉNELON.

N'a-t-on pas vu des ministres et des princes sans ambition?

RICHELIEU.

Ces ministres et ces princes, mon aimable ami, ne gouvernaient point par eux-mêmes; les plus habiles avaient sous eux des esprits ambitieux, qui les conduisaient à leurs fins, sans qu'ils le sussent.

---

[1] Voir les Maximes 368ᵉ et 371ᵉ; voir aussi le 2ᵉ Dialogue. — G.

FÉNELON.

Je vous en nommerai plusieurs qui ont gouverné par eux-mêmes.

RICHELIEU.

Hé! qui vous a dit que ceux que vous me nommeriez n'avaient pas, dans le cœur, une ambition secrète qu'ils cachaient aux peuples? Les grandes affaires, l'autorité, élèvent les hommes les plus faibles, et fécondent ce germe d'ambition que tous les hommes apportent au monde avec la vie. Vous, qui vous êtes montré si ami de la modération dans vos écrits, ne vouliez-vous pas vous insinuer dans les esprits, faire prévaloir vos maximes? n'étiez-vous pas fâché qu'on les négligeât?

FÉNELON.

Il est vrai que j'étais zélé pour mes maximes; mais parce que je les croyais justes, et non parce qu'elles étaient miennes.

RICHELIEU.

Il est aisé, mon cher ami, de se faire illusion là-dessus. Si vous aviez eu un esprit faible, vous auriez laissé le soin à tout autre de redresser le genre humain; mais, parce que vous étiez né avec de la vertu et de l'activité, vous vouliez assujettir les hommes à votre génie particulier. Croyez-moi, c'est là de l'ambition.

FÉNELON.

Cela peut bien être. Mais cette ambition qui va, en tout, au bien des peuples, est bien différente de celle qui rapporte tout à soi, et que j'ai combattue.

RICHELIEU.

Ai-je prétendu le contraire, mon aimable ami? L'ambition est l'âme du monde; mais il faut qu'elle soit accompagnée de vertu, d'humanité, de prudence et de grandes vues, pour faire le bonheur des peuples, et assurer la gloire de ceux qui gouvernent.

15. — BRUTUS ET UN JEUNE ROMAIN[1].

LE JEUNE HOMME.

Ombre illustre, daignez m'aimer. Vous avez été mon modèle tant que j'ai vécu; j'étais ambitieux comme vous, je m'efforçais de suivre vos autres vertus : la fortune m'a été contraire; j'ai trompé sa haine; je me suis dérobé à sa rigueur, en me tuant.

BRUTUS.

Vous avez pris ce parti-là bien jeune, mon ami. Ne vous restait-il plus de ressources dans le monde?

LE JEUNE HOMME.

J'ai cru qu'il ne m'en restait d'autre que le hasard, et je n'ai pas daigné l'attendre.

BRUTUS.

A quel titre demandiez-vous de la fortune? Étiez-vous né d'un sang illustre?

LE JEUNE HOMME.

J'étais né dans l'obscurité; je voulais m'ennoblir par la vertu et par la gloire.

BRUTUS.

Quels moyens aviez-vous choisis pour vous élever? car, sans doute, vous n'aviez pas un désir vague de faire fortune, sans vous attacher à un objet particulier?

LE JEUNE HOMME.

Je croyais pouvoir espérer de m'avancer par mon esprit et par mon courage; je me sentais l'âme élevée.

BRUTUS.

Vous cultiviez avec cela quelque talent? car vous n'ignoriez pas qu'on ne s'avance point par la magnanimité, lors-

---

[1] Ce Dialogue, joint aux deux premiers *Caractères*, donne le résumé de la vie de Vauvenargues. (Voir notre *Éloge.*) — G.

qu'on n'est pas à portée de la développer dans les grandes affaires ?

LE JEUNE HOMME.

Je connaissais un peu le cœur humain; j'aimais l'intrigue[1]; j'espérais de me rendre maître de l'esprit des autres : par là on peut aller à tout.

BRUTUS.

Oui, lorsqu'on est avancé dans la carrière, et connu des grands. Mais qu'aviez-vous fait pour vous mettre en passe, et vous faire connaître ? Vous distinguiez-vous à la guerre ?

LE JEUNE HOMME.

Je me présentais froidement à tous les dangers, et je remplissais mes devoirs; mais j'avais peu de goût pour les détails de mon métier. Je croyais que j'aurais bien fait dans les grands emplois; mais je négligeais de me faire une réputation dans les petits[2].

BRUTUS.

Et vous flattiez-vous qu'on devinerait ce talent que vous aviez pour les grandes choses, si vous ne l'annonciez dans les petites ?

LE JEUNE HOMME.

Je ne m'en flattais que trop, ombre illustre; car je n'avais nulle expérience de la vie, et on ne m'avait point instruit du monde. Je n'avais pas été élevé pour la fortune.

BRUTUS.

Aviez-vous du moins cultivé votre esprit pour l'éloquence ?

LE JEUNE HOMME.

Je la cultivais autant que les occupations de la guerre le

---

[1] Il faut noter, dans l'intérêt même de l'auteur, que ce mot a changé d'acception, et que, de son temps, aucun sens défavorable ne s'y attachait. Vauvenargues entend par ce mot ce qu'il entend par l'*esprit de manége*. (Voir le 33ᵉ Caractère.) — G.

[2] Rapprochez du 12ᵉ *Conseil à un Jeune homme*. — G.

pouvaient permettre ; j'aimais les lettres et la poésie ; mais tout cela était inutile sous l'empire de Tibère, qui n'aimait que la politique, et qui méprisait les arts, dans sa vieillesse. L'éloquence ne menait plus, à Rome, aux dignités ; c'était un talent inutile pour la fortune, et qu'on n'avait pas même occasion de mettre en pratique.

BRUTUS.

Vous deviez donc vous attacher aux choses qui pouvaient vous rendre agréable à votre maître, et utile à votre patrie, dans l'état où elle se trouvait alors.

LE JEUNE HOMME.

J'ai reconnu la vérité de ce que vous dites ; mais je l'ai connue trop tard, et je me suis tué moi-même, pour me punir de mes fautes.

BRUTUS.

Vos fautes ne sont pas inexcusables, mon ami. Vous n'aviez pas pris les vrais chemins de la fortune ; mais vous pouviez réussir par d'autres moyens, puisque mille gens se sont avancés, sans mérite et sans industrie estimable. Vous vous condamnez trop sévèrement : vous êtes comme la plupart des hommes, qui ne jugent guère de leur conduite que par le succès.

LE JEUNE HOMME.

Il m'est très-doux, grande ombre, que vous m'excusiez. Je n'ai jamais osé ouvrir mon cœur à personne tant que j'ai vécu ; vous êtes le premier à qui j'aie avoué mon ambition [1], et qui m'ayez pardonné ma mauvaise fortune.

BRUTUS.

Hélas ! si je vous avais connu dans le monde, j'aurais tâché de vous consoler dans vos disgrâces. Je vois que vous ne manquiez ni de vertu, ni d'esprit, ni de courage : vous

[1] Rapprochez du 41ᵉ Caractère (Cléon, ou *la folle ambition*). — Voir aussi la dernière note du 39ᵉ Caractère (*Turnus*). — G.

auriez fait votre fortune dans un meilleur temps, car vous avez l'âme romaine.

LE JEUNE HOMME.

Si cela est ainsi, mon cher Brutus, je ne dois point regretter mon malheur. La fortune est partiale et injuste; ce n'est pas un grand mal de la manquer, lorsqu'on peut se répondre qu'on l'a méritée; mais quand on la possède indignement et à titre injuste, c'est peu de chose : elle ne sert qu'à faire de plus grandes fautes, et à augmenter tous les vices.

16. — CATILINA ET SÉNÉCION.

SÉNÉCION.

Avouez, Catilina, que vous vous ennuyez ici étrangement. Vous n'avez plus personne ni à persuader, ni à tromper, ni à corrompre; l'art que vous possédiez de gagner les hommes, de vous proportionner à eux, de les flatter par l'espérance, de les tenir dans vos intérêts, ou par les plaisirs, ou par l'ambition, ou par la crainte, cet art vous est, ici, tout à fait inutile.

CATILINA.

Il est vrai que je mène ici une vie à peu près aussi oisive et aussi languissante que celle que vous avez menée vous-même dans le monde, et à la cour de Néron.

SÉNÉCION.

Moi! je n'ai pas mené une vie languissante : j'étais favori de mon maître; j'étais de tous ses amusements et de tous ses plaisirs; les ministres avaient de grands égards pour moi, et les courtisans me portaient envie.

CATILINA.

Saviez-vous faire usage de votre faveur? protégiez-vous les hommes de mérite? vous en serviez-vous?

SÉNÉCION.

De gens de mérite, je n'en connaissais point. Il y avait quelques hommes obscurs, à Rome, qui se piquaient de vertu ; mais c'étaient des imbéciles, que l'on ne voyait point en bonne compagnie, et qui n'étaient bons à rien.

CATILINA.

Mais il y avait aussi des gens d'esprit ; et sans doute vous...

SÉNÉCION.

Oui, il y avait, à la cour, quelques jeunes gens qui avaient de l'imagination, qui étaient plaisants, singuliers, et de très-bonne compagnie ; je passais ma vie avec eux.

CATILINA.

Quoi ! il n'y avait de gens d'esprit que dans ce petit cercle d'hommes qui composaient la cour de l'empereur ?

SÉNÉCION.

Je connaissais aussi quelques pédants, des poètes, des philosophes, des gens à talent, en tout genre ; mais je tenais ces espèces dans la subordination : je m'en amusais quelquefois, et les congédiais ensuite, sans me familiariser avec eux.

CATILINA.

On m'avait dit que vous-même faisiez des vers ; que vous déclamiez ; que vous vous piquiez d'être philosophe.

SÉNÉCION.

Je m'amusais de tous ces talents qui étaient en moi ; mais je m'appliquais à des choses plus utiles et plus raisonnables.

CATILINA.

Et quelles étaient donc ces choses raisonnables ?

SÉNÉCION.

Oh ! vous en voulez trop savoir. Voudriez-vous que j'eusse

passé ma vie sur des livres, et dans mon cabinet, comme ces misérables qui n'avaient d'autre ressource que leur talent? Je vous avoue que ces gens-là avaient bien peu d'esprit. Je les recevais chez moi, pour leur apprendre que j'avais plus d'esprit qu'eux; je leur faisais sentir, à tout moment, qu'ils n'étaient que des sots; je les accablais quelquefois d'amitiés et d'honnêtetés; je voyais qu'ils comptaient sur moi; mais, le lendemain, je ne leur parlais plus; je ne faisais pas semblant de les voir : ils s'en allaient désespérés contre moi; mais je me moquais de leur colère, et je savais qu'ils seraient trop heureux que je leur accordasse encore ma protection [1].

CATILINA.

Ainsi, vous vous réserviez de vous attacher d'autres hommes plus propres à servir vos desseins; car, apparemment, vous ne comptiez pas sur le cœur de ceux que vous traitiez si mal?

SÉNÉCION.

Moi! j'avais la faveur de mon maître, je n'avais besoin de personne. Je n'aurais pas manqué de créatures, si j'avais voulu : les hommes se jetaient en foule au-devant de moi; mais je me contentais de ménager les grands et ceux qui approchaient l'empereur; j'étais inexorable pour les autres, qui me recherchaient parce que je pouvais leur être utile, et qui, eux-mêmes, n'étaient bons à rien.

CATILINA.

Et que seriez-vous devenu, si Néron eût cessé de vous aimer? Ces grands, qui étaient tous jaloux de votre fortune, vous auraient-ils soutenu dans vos disgrâces? Qui vous aurait regretté? qui vous eût plaint? qui aurait pris votre parti contre le peuple, animé contre vous par votre orgueil et votre mollesse?

[1] Rapprochez de la 26ᵉ *Réflexion* (sur les Gens de lettres). — G.

SÉNÉCION.

Mon ami, quand on perd la faveur du prince, on perd toujours tout avec elle.

CATILINA.

On ne perd point le génie et le courage, lorsqu'on en a véritablement; on ne perd point l'amour des misérables, qui sont toujours en très-grand nombre; on conserve l'estime des gens de mérite. Le malheur même augmente quelquefois la réputation des grands hommes; leur chute entraîne nécessairement celle d'une infinité de gens de mérite qui leur étaient attachés : ceux-ci ont intérêt de les relever, de les défendre dans le public, et se sacrifient quelquefois de très-bon cœur pour les servir.

SÉNÉCION.

Ce que vous dites est peut-être vrai dans une république; mais, sous un roi, je vous dis qu'on dépend uniquement de sa volonté.

CATILINA.

Vous avez servi sous un mauvais prince qui n'était environné que de flatteurs, et d'esprits bas et mercenaires. Si vous aviez vécu sous un meilleur règne, vous auriez vu qu'on dépendait, à la vérité, de la volonté du prince, mais que la volonté d'un prince éclairé revenait aisément vers ceux qui se mettaient en état de le bien servir, qui avaient pour eux la voix publique, et des créatures pour rappeler à l'esprit du maître leurs talents, dans les circonstances favorables.

SÉNÉCION.

Je n'ai point éprouvé ce que vous dites, et j'ai mené une vie assez heureuse, sans suivre vos maximes.

CATILINA.

Vous appelez une vie heureuse celle que vous avez passée tout entière avec un prince qui avait une folie barbare, qui consumait les jours et les nuits dans de longs et fastidieux repas ; une vie qui n'a été occupée qu'à assister au lever et au dîner de votre maître, à posséder quelques femmes que vous méprisiez, à vous parer, à vous faire voir, à recevoir les respects d'une cour qui vous haïssait, où vous n'aviez aucun vrai ami, aucune créature, aucun homme attaché à vous!

SÉNÉCION.

Ne dirait-on pas, à vous entendre, que votre vie a été plus agréable et plus glorieuse?

CATILINA.

Ce n'est pas à moi à vous dire qu'elle a été glorieuse ; mais je puis, au moins, vous répondre qu'elle a été plus agréable que la vôtre : j'ai joui des mêmes plaisirs que vous, mais je ne m'y suis pas borné ; je les ai fait servir à des desseins sérieux, et à une fin plus flatteuse. J'ai aimé et estimé les hommes de bonne foi, parce que j'étais capable de discerner le mérite, et que j'avais un cœur sensible ; je me suis attaché tous les misérables, sans cesser de vivre avec les grands ; je tenais à tous les états par mon génie vaste et conciliant ; le peuple m'aimait ; je savais me familiariser avec les hommes, sans m'avilir ; je me relâchais sur les avantages de ma naissance, content de primer par mon génie et par mon courage. Les grands ne négligent souvent les hommes de mérite que parce qu'ils sentent bien qu'ils ne peuvent les dominer par leur esprit [1] : pour moi, je me livrais tout entier aux plus courageux et aux plus habiles, parce que je n'en craignais aucun ; je me proportionnais aux autres ; je gagnais le cœur de ceux qui, par leurs principes, n'estimaient point mes sentiments ; mon parti m'adorait ; j'aurais assujetti la république, si j'avais pu éviter certaines fautes. Pour vous, sans la scélératesse et la folie de votre maître, vous n'auriez jamais été qu'un homme obscur et accablé de ses propres vices. Adieu [2].

[1] Rapprochez de la Maxime 561°. — G.
[2] Tacite parle de ce Sénécion, dont le prénom était Tullius. C'était un che-

DIALOGUES.

17. — RENAUD ET JAFFIER, conjurés[1].

JAFFIER.

Eh bien! mon cher Renaud, es-tu désabusé de l'ambition et de la fortune?

RENAUD.

Mon ami, j'ai péri en homme de courage, dans une entreprise qui éternisera mon nom et l'injustice de mes destinées : je ne regrette point ce que j'ai fait.

JAFFIER.

Mais tu avais pris un mauvais chemin pour faire fortune : mille gens sont parvenus, sans péril et sans peine, plus haut que toi. J'ai connu un homme sans nom, qui avait amassé des richesses immenses par le débit d'un nouvel opiat pour les dents[2].

RENAUD.

J'ai connu, comme toi, des hommes que le hasard ou une frivole industrie ont avancés : mais je n'étais pas né

---

valier romain, dont Néron avait fait le confident des secrets qu'il voulait cacher à sa mère Agrippine. Tullius Sénécion devint un des favoris du tyran, le complice de ses crimes, et le compagnon de ses débauches. Il fut enveloppé dans la fameuse conspiration où périrent Épicharis, Sénèque et Lucain : on dit qu'il mourut avec plus de courage qu'on n'avait lieu de l'attendre d'un homme livré aux plaisirs.

Je trouve que l'auteur de ces dialogues excuse avec trop de complaisance les crimes de l'ambition *. Le portrait que Salluste fait de Catilina ne s'accorde point avec l'idée qu'on en donne dans ce dialogue : « Il avait, dit l'historien romain, l'âme forte, le corps robuste, mais l'esprit méchant et l'âme dépravée. Jeune encore, il aimait les troubles, les séditions et les guerres civiles. Il se plaisait au meurtre et au pillage, et ses premières années furent un apprentissage de scélératesse. Il supportait avec une fermeté incroyable la faim, le froid et les veilles. Audacieux, habile en l'art de séduire et de feindre, avide du bien d'autrui, prodigue du sien, violent dans ses passions, assez éloquent, mais dénué de raison, il n'eut que de vastes desseins, et ne se porta qu'à des choses extrêmes, presque impossibles, au-dessus de l'ambition et de la fortune d'un simple citoyen. » Salluste, *Bell. Catil.*, cap. V. — S.

[1] Voir l'*Histoire de la Conjuration de Venise*, par Saint-Réal. — G.

[2] Il y a, dans le manuscrit, *d'une nouvelle opiate* pour les dents. — Voir la 29ᵉ *Réflexion* (sur les Hasards de la fortune). — G.

* Voir la 2ᵉ note du 5ᵉ Caractère (*Lentulus*). — G.

pour m'élever par ces moyens; je n'ai jamais porté envie à ces misérables.

JAFFIER.

Et pourquoi avais-tu de l'ambition, si tu méprisais l'injustice de la fortune?

RENAUD.

Parce que j'avais l'âme haute, et que j'aimais à lutter contre mon mauvais destin : le combat me plaisait sans la victoire [1].

JAFFIER.

Il est vrai que la fortune t'avait fait naître hors de ta place.

RENAUD.

Et la nature, mon cher Jaffier, m'y appelait, et se révoltait.

JAFFIER.

Ne pouvais-tu vivre tranquillement, sans autorité et sans gloire?

RENAUD.

J'aimais mieux la mort qu'une vie oisive; je savais bien vivre sans gloire, mais non sans activité et sans intrigue [2].

JAFFIER.

Avoue, cependant, que tu te conduisais avec imprudence : tu portais trop haut tes projets [3]. Ignorais-tu qu'un gentilhomme français comme toi, qui avait peu de bien, qui n'était recommandable ni par son nom, ni par ses alliances, ni par sa fortune, devait renoncer à ces grands desseins [4]?

RENAUD.

Ami, ce fut cette pensée qui me fit quitter ma patrie,

---

[1] Dans la 34ᵉ *Pensée* de l'art. IX de la 1ʳᵉ Partie, Pascal dit de même : « C'est le combat qui nous plaît, et non pas la victoire. » — G.

[2] Voir, sur ce mot, la 1ʳᵉ note de la page 48. — G.

[3] Rapprochez du 2ᵉ Caractère (*Phérécide*). — G.

[4] Voir le 15ᵉ Dialogue. — G.

après avoir tenté tout ce qui dépendait de moi pour m'y élever. J'errai en divers pays; je vins à Venise, et tu sais le reste.

JAFFIER.

Oui, je sais que tu fus sur le point d'élever ta fortune sur les débris de cette puissante république; mais, quand tu aurais réussi, tu n'aurais jamais eu ni la principale gloire, ni le fruit de cette entreprise, qui était conduite par des hommes plus puissants que toi.

RENAUD.

C'est le sort des hommes de génie, qui n'ont que du génie et du courage : ils ne sont que les instruments des grands qui les emploient; ils ne recueillent jamais ni la gloire, ni le fruit principal des entreprises qu'ils ont conduites, et que l'on doit à leur prudence; mais le témoignage de leur conscience leur est bien doux. Ils sont considérés, du moins, des grands qu'ils servent; ils les maîtrisent quelquefois dans leur conduite; et, enfin, quelques-uns parviennent, s'élèvent au-dessus de leurs protecteurs, et emportent au tombeau l'estime des peuples.

JAFFIER.

Ce sont ces sentiments qui t'ont conduit sur l'échafaud.

RENAUD.

Crois-tu que j'aie regretté la vie? Un homme qui craint la mort n'est pas même digne de vivre [1].

---

[1] Ce dialogue est une simple esquisse. Rien n'y est approfondi; et cependant l'auteur aurait pu y faire entrer de beaux tableaux et de beaux développements. L'histoire de la conjuration de Venise, par l'abbé de Saint-Réal, lui aurait fourni les matériaux nécessaires. Il y avait quelque chose de sombre et de mystérieux dans le gouvernement de Venise, qui attache l'imagination, et qui a répandu du charme et de l'intérêt sur les ouvrages où il en a été question. Au reste, il est à peu près évident que tous les détails de cette fameuse conspiration sont sortis de l'imagination de l'abbé de Saint-Réal, qui écrivait l'histoire à peu près comme Varillas, son modèle, sans se mettre en peine de la vérité des faits et de l'exactitude des détails.

J'ai cru m'apercevoir, en lisant avec attention ces dialogues de Vauvenar-

18. — PLATON ET DENYS LE TYRAN.

DENYS.

Oui, je le maintiens, mon cher philosophe, la pitié, l'amitié, la générosité, ne font que glisser sur le cœur de l'homme; pour l'équité, il n'y en a aucun principe dans sa nature.

PLATON.

Quand il serait vrai que les sentiments d'humanité ne seraient point durables dans le cœur de l'homme....

DENYS.

Cela ne peut être plus vrai; il n'y a de durable dans le cœur de l'homme que l'amour-propre.

PLATON.

Eh bien! que concluez-vous de cette supposition?

gues, qu'il y avait dans son âme des semences d'ambition*. On sait qu'il fit quelques démarches infructueuses pour entrer dans la carrière diplomatique; mais il fallait, pour réussir de son temps, un esprit d'intrigue et de servilité incompatible avec son caractère naturellement noble et porté aux grandes choses et aux grandes pensées. Il est malheureux pour des âmes de cette trempe de naître dans un siècle d'égoïsme et de petitesse; elles s'y trouvent contraintes, resserrées, et leur essor, sans cesse comprimé, les jette dans la mélancolie, et, quelquefois, dans l'abattement. Je ne lis point le dialogue entre Brutus et un jeune Romain sans soupçonner que l'auteur, en faisant parler ce dernier personnage, a voulu peindre les dispositions de son esprit et quelques-uns des événements de sa vie. Je ne suis pas de ceux qui condamnent l'ambition d'une manière absolue; j'en juge par les effets qu'elle produit. Si elle est utile aux hommes, si elle est accompagnée de la vertu, je la considère comme un des plus nobles mouvements de l'âme; si elle ne recherche le crédit et l'autorité que pour satisfaire d'autres passions viles, telles que l'avarice, la haine, la cruauté, je la déteste, et la méprise, au sein même de son opulence et de son pouvoir. — S.

* Il faut avouer que la pénétration de Suard, sur ce point, a été bien lente, et que sa remarque est singulièrement naïve. S'il n'a pas vu l'ambition de Vauvenargues, non-seulement dans ses *Dialogues*, mais dans ses *Maximes*, dans ses *Réflexions sur divers sujets*, dans ses *Conseils à un Jeune homme*, dans ses *Caractères*, dans ses *Discours sur la Gloire*, en un mot, dans tous ses ouvrages, qu'y a-t-il donc vu? Suard ne nous semble pas mieux inspiré, quand il reproche à ce dialogue de n'être pas *approfondi*. Vauvenargues s'est gardé, heureusement, des *beaux développements* que Suard eût aimés, et dont, quelques lignes après, il donne, sans doute, le modèle, dans sa tirade contre l'ambition; Vauvenargues s'est gardé, surtout, des *beaux tableaux* que Suard regrette; ce sont de simples *figures au trait* qu'il a voulu donner, et, selon nous, celle de *Renaud* est, précisément, du dessin le plus sobre, le plus correct et le plus pur. — G.

DENYS.

Je conclus que j'ai eu raison de me défier de tous les hommes, de rapporter tout à moi, de n'aimer que moi.

PLATON.

Vous niez donc que les hommes soient obligés à être justes?

DENYS.

Pourquoi y seraient-ils obligés, puisque la nature ne les a pas faits tels?

PLATON.

Parce que la nature les a faits raisonnables, et que, si elle ne leur a pas accordé l'équité, elle leur a donné la raison pour la leur faire connaître et pratiquer ; car vous ne niez pas, du moins, que la raison ne montre la nécessité de la justice ?

DENYS.

La raison veut que les habiles et les forts gouvernent, et qu'ils fassent observer aux autres hommes l'équité : voilà ce que je vous accorde.

PLATON.

C'est-à-dire que vous, qui étiez plus fort et plus habile que vos sujets, vous n'étiez pas obligé envers eux à être juste? Mais vous avez trouvé des hommes encore plus heureux et plus habiles que vous ; ils vous ont chassé de la place que vous aviez usurpée : après avoir éprouvé si durement les inconvénients de la violence, devriez-vous persister dans votre erreur? Mais puisque votre expérience n'a pu vous instruire, je le tenterais vainement. Adieu ; je ne veux point infecter mon esprit du poison dangereux de vos maximes.

DENYS.

Et moi, je veux toujours haïr les vôtres : la vertu me

condamne avec trop de rigueur pour que je puisse jamais la souffrir [1].

[1] Cette dernière réflexion, si juste qu'elle soit d'ailleurs, est-elle bien placée dans la bouche de Denys? Et Vauvenargues ne mérite-t-il pas, ici, le reproche, qu'il adresse si souvent à Corneille, de se substituer à ses personnages, et de parler en leur nom? — G.

FRAGMENTS

1. — Extraits d'un discours sur l'éloquence [1].

Il y a peu de sujets, dans la littérature, sur lesquels il paraisse plus inutile de donner des règles que sur l'éloquence. Quand même les ouvrages des maîtres ne seraient pas des leçons vivantes de leur art, on pourrait en trouver encore tous les principes, distinctement exprimés, en divers écrits, et je crois qu'il est difficile d'ajouter aucune réflexion essentielle à tant d'observations faites en divers temps [2]. C'est ce qu'on aurait cependant de la peine à se persuader, en voyant combien toutes ces règles sont peu observées, si l'on ne savait jusqu'à quel point les hommes sont enclins à négliger les choses même qu'ils savent le mieux. Qui n'a ouï dire, ou n'a lu, qu'il faut écrire avec simplicité? mais qui est-ce qui observe cette règle? Est-ce par mépris de ces maximes trop connues, ou est-ce par impuissance de les pratiquer, qu'on prend des routes si diffé-

---

[1] Tel est le titre du manuscrit; en effet, ce discours est resté, malheureusement, inachevé. — G.

[2] *Var.* : « Il y a peu de sujets, dans la littérature, sur lesquels on ait mieux « écrit que sur l'éloquence, sur lesquels on ait et de si sages règles, et de si « grands modèles. Socrate, Platon, Aristote, Cicéron, Quintilien, Longin, parmi « les anciens, Fénelon, parmi les modernes, ont épuisé tous les principes de « cet art aimable, et leurs écrits, plus utiles encore que leurs préceptes, sont « des leçons vivantes de leur art. Ils instruisent, sans qu'on y pense; ils por- « tent la fécondité, avec la lumière, dans les âmes; ils y excitent ces senti- « ments et ces pensées, cette hardiesse et cette chaleur, que les règles ap- « prennent à conduire, mais qu'elles ne peuvent suppléer, car il n'y a que « les choses animées qui puissent produire; ce qui n'a point la vie ne peut « la donner, et les préceptes seraient peu utiles, malgré l'instruction qu'ils « renferment, s'ils n'étaient soutenus par les exemples. Mais ni les uns ni les « autres ne nous manquent; nous avons, en tout genre, des règles et des « modèles, et, si l'on s'en écarte, c'est par vanité de frayer de nouveaux sen- « tiers, ou par impuissance de suivre les anciens. »

rentes? Je crois que c'est par l'une et l'autre de ces raisons[1].

. . . .

On est toujours porté à croire que le genre auquel on s'applique est fort supérieur à tous les autres, et, quel que soit ce genre, on se moque de ceux qui veulent rappeler les vieux principes, comme de gens d'un esprit borné, qui ont des vues étroites et courtes. C'est ainsi que des hommes, nés avec l'esprit faux, mais cependant avec quelque esprit, séduisent, peu à peu, les autres qui n'ont pas même d'esprit, et l'on s'accoutume à juger, non pas selon les règles, mais selon la mode. S'il pouvait se trouver de bons auteurs dans le même temps que les autres corrompent le goût, l'erreur aurait ses partisans, parce qu'il y a toujours un grand nombre d'esprits faux et superficiels; mais la raison prévaudrait, et le bon goût serait, du moins, le dominant. Le malheur veut que, quand la nature fait naître de ces hommes qui ont assez d'esprit pour corrompre le jugement des autres, il ne se trouve point, en même temps, de plus grands hommes pour les redresser. Il n'y a plus alors que les écrits des vieux auteurs qui puissent servir de pièces de comparaison, et notre nation ne lit guère que les livres nouveaux. Quel autre remède y a-t-il contre ce dégoût, si ce n'est de faire reparaître dans nos ouvrages ces vieilles maximes qu'on se contente de voir une fois dans les originaux, et qu'on oublie ensuite avec tant de promptitude? Comment faisaient les anciens philosophes dans leurs écoles? Disaient-ils toujours des choses nouvelles? Non, sans doute; car ils se seraient écartés souvent de la vérité, et auraient donné des imaginations creuses pour des nouveautés. Que faisaient-ils donc? Ils expliquaient les vieux principes de la philosophie; ils les reproduisaient en divers termes, pour les mieux inculquer dans la mémoire, et empêcher les hommes de les oublier; ils ne s'appliquaient qu'à

---

[1] Voir le 4ᵉ Dialogue (*Démosthène et Isocrate*). — Le manuscrit donne ensuite une phrase que Vauvenargues a placée dans le Dialogue auquel nous renvoyons, et qui ferait ici double emploi. — G.

maintenir dans leur pureté les vérités anciennes, et à les faire entrer sans cesse dans l'esprit des hommes. Cette avidité que nous avons aujourd'hui pour les pensées neuves est une des plus grandes marques de notre légèreté, et un des plus grands obstacles à la vérité [1]. Par là, on bannit du discours l'éloquence, car on la réduit à s'exercer sur des idées fines ou abstraites, sur des subtilités et des fantômes, au lieu qu'elle ne devrait s'exercer que sur les vérités les plus importantes et les plus palpables, sur ces vérités que tous les hommes portent en germe dans leur fonds, et dont l'expression ne semble usée, que parce qu'elles sont plus grandes et plus utiles que les autres. Rien n'est trop usé pour les hommes, car il n'y a rien qu'ils ne puissent savoir mieux qu'ils ne le savent ; rien n'est trop vieux pour les hommes éloquents, car il n'y a rien qu'ils ne puissent rajeunir et rendre encore agréable par la force et le charme de leurs expressions [2] ; mais tout est usé et devient inutile pour ceux qui ne lisent ou n'écrivent que par vanité, sans génie, sans goût, sans justesse, sans amour de la vérité.

S'il y avait, à Paris, un lieu où les hommes qui ont quelque talent pour la parole pussent assembler les jeunes gens, et prononcer devant eux des discours tantôt remplis des préceptes de l'éloquence, tantôt écrits sur d'autres sujets ; où les jeunes gens eux-mêmes pussent, quand ils le voudraient, s'exercer à la parole, au risque d'être moqués et méprisés quand ils s'exposeraient mal à propos, je ne doute pas que cela ne servît beaucoup à maintenir le bon esprit et le bon goût.

. . . .

On aurait grand tort de juger des auteurs dont je parle par les morceaux que je cite [3] : ces morceaux peuvent être

---

[1] *Var.* : C'est perdre l'éloquence, et ôter la vérité de tous les écrits, que « d'avoir pour la nouveauté cet amour immense qui fuit tout ce qui est connu « et rebattu. » — Rapprochez de la Maxime 220e. — G.

[2] Rapprochez des Maximes 398e et 703e. — G.

[3] Vauvenargues se proposait de citer de Fénelon, une *Prière*, et le portrait de *Pygmalion* dans le Télémaque ; de Bossuet, la fin des oraisons funèbres de

mal choisis; ôtés de leur place, ils peuvent ne pas faire leur impression ; enfin, ils ne représentent qu'une petite partie des beautés de différent genre dont les ouvrages de ces grands hommes sont remplis. Ceux qui ont lu les ouvrages dont je parle savent bien qu'il n'est pas possible de les faire connaître par des passages si courts ; mais ils n'ont pas besoin qu'on leur en dise davantage, pour se souvenir de ce qu'ils ont lu. A l'égard de ceux qui n'ont rien lu, je ne fais que leur indiquer les sources du beau, sans prétendre à prévenir, ou à forcer leur jugement. Je suis comme ces antiquaires qui, dans les grandes villes, se louent aux étrangers, pour leur montrer les beautés du pays : ces gens-là ont entendu parler des chefs-d'œuvre de leur patrie ; par exemple, à Rome, ils mènent les étrangers à l'Église de Saint-Pierre, et ils leur disent : « Voyez-vous cette statue ? elle « est du Bernini ; admirez la hardiesse de cette figure, elle « est de Michel-Ange. » Les étrangers qui n'ont point de goût, s'en tiennent à ces instructions ; mais ceux qui sont en état de juger par eux-mêmes, voient bien au-delà de ce qu'on leur montre, et ils portent leurs réflexions beaucoup plus loin que ceux qui font métier de parler aux autres de ces sortes de choses. Et qu'on ne dise pas que des Français n'ont pas besoin qu'on les avertisse des beautés de leurs propres écrivains : cela peut être vrai à l'égard des poètes dont les vers demeurent aisément dans la mémoire, et que l'on fait reparaître souvent sur le théâtre[1] ; cela peut être vrai à l'égard des historiens, parce que l'étude de l'histoire entre dans l'éducation de la jeunesse ; mais cela n'est point vrai pour les ouvrages de pure éloquence ; car peu de gens les lisent, et moins encore se souviennent de ce qu'ils en ont lu. Nous sommes, d'ailleurs, dans l'opinion que nous n'avons point égalé les anciens pour l'éloquence, et cela peut bien être vrai à l'égard de plusieurs de ses parties ; ils en ont

---

Marie-Thérèse et du grand *Condé;* enfin, de La Bruyère, le morceau sur l'entreprise du *prince d'Orange.* — G.

[1] Voir le 11ᵉ Dialogue (*Racine et Bossuet*). — G.

mieux connu l'art que nous ; mais je doute qu'ils aient fait voir plus de génie. On lit beaucoup plus Démosthènes et Cicéron, que Bossuet et que Pascal ; cependant, je ne crois pas qu'il y ait moins à profiter dans les uns que dans les autres, et, enfin, j'ose assurer qu'on ne pourrait que gagner infiniment à se mettre en état de les comparer, et à tirer des uns et des autres ce qu'ils ont eu de propre et d'excellent. Si l'on se remplissait bien de la lecture de ces grands hommes, peut-être n'atteindrait-on pas, même avec du génie, à la hauteur de leurs pensées, et à ce caractère original qui leur appartient ; mais, du moins, on apprendrait, dans leur commerce, à mépriser les ornements frivoles, les petits traits, les tours recherchés, et les vues qui ne sont qu'ingénieuses ; peut-être ne serait-on pas fort ; mais, du moins, on serait simple ; peut-être ne serait-on pas sublime ; mais, du moins, on serait raisonnable et vrai.

2. — SUR LES CONVERSATIONS DU MONDE.

On parlerait peu, dit un auteur, *si la vanité ne faisait parler*[1]. Voilà pourquoi on est taciturne dans sa famille, et avec les gens qu'on dédaigne ; on ne leur parle que pour le besoin. C'est dans le monde que l'on se prodigue, et que l'on produit la plaisanterie forcée, les contes froids, et les riens ; là, comme on veut se parler, n'ayant rien à se dire, on se passe mutuellement toutes ces puérilités. Il faudrait, pour s'entretenir de choses plus intéressantes, convenir de goûts et d'opinions ; mais à peine, entre deux amis, peut-on trouver une telle convenance ; quant au monde, où l'on est toujours en garde et en défiance les uns des autres, le discours ne saurait rouler que sur des sujets généraux, le plus souvent très-frivoles ; et, comme ces conversations n'ont qu'un intérêt emprunté de la vanité qui s'y mêle, on en change à chaque moment, ce qui fatigue de telle manière les gens accoutumés à pousser un peu loin leurs idées, qu'ils

---

[1] Vauvenargues fait, sans doute, allusion à la 137ᵉ Maxime de La Rochefoucauld : *On parle peu, quand la vanité ne fait pas parler.* — G.

ne sont jamais au sujet qu'on traite, et ne disent rien à propos. Ceux qui ont l'habitude du monde triomphent à montrer le ridicule et la pesanteur de ceux-ci, et ceux-ci disent, à leur tour, des gens du monde qu'ils n'embrassent tant de sujets que par légèreté, et par impuissance d'en approfondir aucun[1] : reproches, quelquefois, bien fondés, des deux parts ; car le caractère de la pesanteur est d'appuyer mal à propos, et celui de la légèreté, de changer mal à propos. Mais il y en a qui réunissent ces deux caractères, qui insistent sur les choses inutiles ou froides, et glissent sur toutes les autres ; et, comme cette espèce est celle qui compose surtout le train du monde, il faut convenir que ses règles ont plus de sens et d'esprit qu'on ne pense, je parle des règles du monde : en effet, des conversations plus solides lasseraient bien vite des gens qui n'y pourraient rien fournir ; leur vanité souffrirait, le peu d'esprit qu'ils ont s'épuiserait en un moment, pour tomber en langueur, et nous les toucherions peut-être encore moins, en leur parlant de choses qui nous fussent personnelles ; car, outre qu'il y aurait de l'imprudence dans cette conduite, et que l'on risquerait de n'être pas écouté, il est difficile aussi que l'intérêt général puisse se rencontrer dans la conversation d'un homme qui parlerait de lui et de ses propres affaires. C'est ainsi qu'il n'est pas nécessaire seulement de parler de choses frivoles, mais qu'il est encore nécessaire d'en parler frivolement ; et, cette coutume ayant son principe dans la frivolité de presque tous les gens du monde, tels qu'ils sont, il n'y aurait rien de plus déraisonnable qu'un usage plus raisonnable. Cependant, on en voit quelques-uns qui font entrer dans la conversation les grands et les petits sujets, et qui se persuadent même, qu'en les confondant de la sorte, et en traitant légèrement les matières les plus relevées, comme un jeu au-dessous de leur application, ils font paraître un esprit supérieur aux plus hautes difficultés, lorsqu'ils n'ont

---

[1] Voir la Maxime 658ᵉ. — G.

pas même de quoi les entendre : mais c'est là une impertinence à laquelle encore la coutume et la réflexion même nous soumettent. A quoi bon résister, et qu'attendre jamais de la vanité jointe à l'esprit faux, si ce n'est le ridicule à l'excès [1] ?

3. — SUR LE LUXE [2].

Le luxe dépeuple la campagne, attire les laboureurs et les artisans dans le sein des grandes villes, par l'appât d'un métier plus doux, ou par l'espoir d'un gain plus rapide; empêche d'autres hommes de se marier, par vanité ou par libertinage; fait que des terres, dans presque toutes les provinces, demeurent en friche, et met les peuples dans une espèce de dépendance à l'égard de leurs voisins, parce que le besoin qu'ils ont les uns des autres les assujettit les uns aux autres, et attache toute leur fortune à un mutuel négoce, dont le succès n'a pas assez de certitude pour suppléer les fruits certains du labourage. Toutefois, étant impossible de maintenir dans un état puissant l'égalité des conditions et des fortunes, il est sensible aussi que l'on n'en peut fermer l'entrée au luxe, non pas même l'y réformer, parce que le coup qu'on lui porte accable nécessairement une infinité d'artisans qui, privés de toutes ressources, et habitués à des arts faciles, deviennent, par leur incapacité ou leur vanité paresseuse, inutiles à la patrie, et l'affaiblissent par leur oisiveté, s'ils y demeurent, ou par leur désertion, s'ils l'abandonnent; ce qui découvre le malheureux germe dont

---

[1] Rapprochez de la 41ᵉ *Réflexion* (Sur la frivolité du monde). — G.

[2] Nous n'avons pas qualité suffisante pour juger, quant au fond, de ces deux pages d'*économie politique* ; il ne serait pas surprenant qu'un œil plus exercé que le nôtre y découvrît, tout d'abord, plus d'une hérésie, car elles ont été écrites vers 1740, c'est-à-dire avant la publication des ouvrages de Quesnay ; mais nous ne craignons pas de les recommander, quant à la forme, à la sérieuse attention des économistes de notre temps ; ils pourront se convaincre, en les lisant, qu'ils ne sont nullement forcés d'abandonner la langue générale, au profit d'on ne sait quel idiome, lequel, sous prétexte de *spécialité*, dégénère trop souvent en jargon. Ce morceau peut servir à prouver que notre vieille langue suffit à tout, même à l'expression des idées les plus nouvelles. — G.

toutes les choses humaines sont sensiblement infectées, et prépare, dans la grandeur même des empires, leur inévitable ruine.

Que d'hommes inutiles en France! que de légistes, que de valets, que de religieux! que de bourgeois, qui croupissent dans l'oisiveté des villes, et privent le royaume de leur industrie et de leur travail! La plupart de ces maux irrémédiables ont leur source dans la grandeur de l'État, et dans la prospérité même de ceux qui les produisent. Il semble à quelques hommes qu'on pourrait réparer ce désordre, en faisant tomber sur les riches les charges les plus onéreuses ; mais qu'arriverait-il de là ? Ils diminueraient leurs dépenses, ou à la ville, ou à la campagne ; si à la campagne, les terres dépériraient ; si à la ville, le commerce ; et, alors, les artisans ou les paysans, sans travail, seraient réduits à l'aumône ou à quitter leur pays, alternative également ruineuse pour l'État.

Je suis persuadé que, dans le Royaume, on n'a jamais vu autant d'argent qu'il s'y en trouve à présent ; mais il est apparent que les denrées ont augmenté sans proportion à l'argent, ce qui fait que tant de millions ne peuvent cependant suffire à la facilité des échanges, et que le Roi ne peut pas faire le recouvrement des impôts, sans interrompre ou gêner le cours du commerce, diminuer le travail et la consommation, et, par conséquent, le produit de la terre et de l'industrie.

Comment porter remède à ce mal? Diminuer les impôts? mais cela ne se peut pas, car les charges de l'État sont augmentées ; il souffrirait de cette diminution, et l'État ne peut être en souffrance, que tous les citoyens n'y soient en même temps que lui. Hausser les espèces ? non, car les denrées hausseraient dans la même proportion. Baisser les espèces? encore moins, car les denrées baisseraient, et le recouvrement des impôts deviendrait plus difficile encore. On pourrait faire une refonte des monnaies, hausser les nouvelles, et baisser les anciennes ; mais il en arriverait qu'on cacherait les anciennes, qu'on les porterait hors du Royaume, et que le commerce intérieur languirait nécessairement, faute de circulation et de nourriture. Où donc recourir? Aux billets? qui s'y fierait aujourd'hui [1]? On a proposé quelquefois de diminuer, ou même d'anéantir les charges de l'État; mais c'est une grande entreprise, et qui veut être approfondie. On a peut-être des moyens moins violents : rendre les avantages du commerce supérieurs aux dommages du luxe; avilir l'oisiveté, et protéger l'industrie, l'agriculture et la population; empêcher, autant qu'il se peut, la disproportion trop grande des fortunes; simplifier la perception des revenus du Roi; en un mot, bien d'autres ressources, qu'une connaissance plus profonde de l'état de chaque province pourrait révéler aux ministres; car je crois qu'il est impossible, dans la condition présente du Royaume, de faire quelque bien, autrement que dans le détail, et de trouver, par exemple, de ces moyens simples, qui opèrent par une impulsion unique et universelle. La plupart de ces beaux systèmes n'ont qu'un endroit de réel, et ne sont pas proportionnés à leur fin : l'État est comme une balance : un poids trop fort emporterait d'un coup l'équilibre.

4. — PLAN D'UN LIVRE DE PHILOSOPHIE.

Ceux qui ne lisent que pour s'amuser, ou pour enrichir leur esprit de beaucoup de pensées fines ou délicates, sans se soucier de la vérité et s'intéresser au fond des choses, trouvent assez à se satisfaire dans la multitude de livres que nous possédons; car la plupart des auteurs ne paraissent avoir écrit que pour ce genre d'hommes; la plupart n'ont pensé qu'à mettre de l'esprit dans leurs ouvrages. Aussi peu inquiets de la vérité que leurs lecteurs, ils ne se sont pas mis en peine de faire entrer dans leurs écrits ce qu'on ne devait pas y chercher; ils y ont répandu de l'esprit, parce que ce n'était que de l'esprit qu'on y voulait. Ainsi,

---

[1] Allusion aux billets de la fameuse banque de Law. — G.

ils n'ont point rejeté la vérité, lorsqu'elle a pu servir à leur dessein ; mais ils lui ont associé ou substitué l'erreur, lorsqu'elle leur a été utile ; de sorte que les livres les plus estimés n'ont plus été des titres et des archives de la vérité, mais de simples recueils d'esprit et de pensées vraies ou fausses. Je serais bien porté à croire que l'objet des premiers hommes qui ont écrit n'a pas été si vain et si frivole : il y a grande apparence que les premiers auteurs de réflexions se sont flattés de découvrir la vérité à leurs lecteurs, et que les premiers lecteurs ont espéré de recevoir cette lumière de leurs maîtres ; mais, comme les découvertes ne se sont faites que peu à peu, et par différents hommes qui, tous, ont envisagé les objets par divers côtés, de là s'est formée dans l'esprit des hommes une confusion de pensées et de principes, que peu ont eu la force de développer et de réunir sous un même point de vue. Plus les réflexions et les vues se sont multipliées, plus les hommes se sont trouvés accablés de cette infinité de connaissances, moins leur esprit s'est trouvé capable de les dépouiller des erreurs qui les accompagnent[1], et de les réduire en principes. Faute de pouvoir accorder un grand nombre de réflexions contradictoires en apparence, ou véritablement incompatibles, plusieurs se sont persuadés qu'il n'appartenait pas à l'homme de connaître la vérité, car le pyrrhonisme est né de l'impuissance de l'esprit, comme l'indifférence de la vérité est née du pyrrhonisme. On a fait ce raisonnement : s'il y a tant de choses également apparentes et néanmoins incompatibles, ou tout est erreur dans le monde, ou l'esprit de l'homme est incapable de démêler la vérité ; or, si la vérité ne peut être connue, c'est une folie de la chercher. Alors, et les auteurs et les lecteurs sont convenus qu'il n'était plus question que d'avoir de l'esprit, et les uns n'ont écrit, et les autres n'ont lu, que dans cette unique pensée.

Mais, parce que le plus grand nombre des hommes aime

---

[1] Voir la Maxime 271ᵉ et ses variantes ; voir aussi le *Discours sur le Caractère des différents siècles*. — G.

à croire, qu'il y a, d'ailleurs, beaucoup de vérités sensibles et que l'esprit a de la peine à rejeter malgré les ombres qui les obscurcissent, il est arrivé que le plus grand nombre a regardé avec mépris les livres et les auteurs où l'on n'apercevait, en général, qu'une vaine affectation d'esprit. En effet, si la vérité ne peut être connue, à quoi sert l'esprit qui ne peut la trouver ? et, si la vérité peut être connue, à quoi sert l'esprit qui ne tend pas à l'enseigner ? Ainsi, les philosophes et les auteurs se sont décriés et avilis eux-mêmes aux yeux des hommes, qui n'ont pas besoin de savoir qu'un autre homme a de l'esprit, et veulent des lectures utiles, ou proscrivent la lecture avec raison, si elle est inutile.

Ce n'est pas que la plupart des grands hommes qui ont écrit dans les derniers temps, n'aient écrit dogmatiquement, et n'aient eu, la plupart, un système général sur tous les objets essentiels ; mais, comme ils n'ont traité que des sujets particuliers, et qu'ils n'ont pas pris soin de faire un corps de leurs principes, il n'est pas aisé de saisir leurs vues éparses, et de les rapprocher pour former un système ; d'autant mieux qu'ayant considéré les choses en divers temps et sous diverses faces, ils n'ont pas toujours évité de se contredire, et se sont trompés quelquefois, parce qu'il n'appartient à aucun homme d'échapper à toute sorte d'erreurs. Si l'on ajoute à ces considérations que le dernier siècle, où ces grands hommes ont paru, sortait à peine de la barbarie et des ténèbres d'une longue ignorance, on ne sera nullement surpris, qu'ayant eu tant d'obstacles à surmonter, chacun dans son genre, pour trouver le vrai, ils n'aient pu réunir les différentes découvertes que les uns et les autres faisaient en même temps.

C'est à nous, qui venons après tant de grands génies, à rassembler toutes leurs lumières, et à purger leurs opinions du faux qui peut s'y être mêlé. Avec des matériaux aussi riches que ceux qu'ils nous ont laissés, nous pouvons bien plus aisément élever un édifice qui ait de la proportion et de l'étendue. C'est à nous à prendre des vues générales, et à nous former un esprit vaste de tant d'esprits particuliers, mais excellents, qui nous ont ouvert l'entrée de toutes les sciences. Aussi voyons-nous que ceux qui marchent de plus près sur les pas de ces hommes illustres, font paraître des vues plus générales et peut-être plus étendues qu'on n'en trouve dans la plupart de leurs modèles. Cet avantage est celui de notre siècle, plutôt que celui de nos auteurs, et nous ne devons pas, je crois, en tirer de la vanité; nous le devons d'autant moins, que ces vues générales que nous affectons sont encore mêlées de beaucoup d'erreurs, et ne sont présentées, nulle part, avec méthode, ni même en système. Or, il me paraît que c'est un grand défaut dans les ouvrages de réflexion de ne pas faire un tout, car l'esprit saisit avec peine ce qui n'est point un. C'est pourquoi j'ai toujours pensé qu'il serait fort utile de former un système général de toutes les vérités essentielles que l'on peut connaître sur les sciences utiles.

Comme la principale erreur de notre siècle est de croire tout incertain et problématique, je voudrais qu'on s'attachât d'abord à détruire cette erreur nuisible [1], qu'on découvrît, en même temps, la certitude et l'utilité de certaines sciences, qu'on les appréciât toutes avec justice, et qu'on mît chacune dans son rang. Je voudrais qu'on pût rapprocher, en peu de mots, les siècles barbares et le petit nombre de siècles éclairés; qu'en les comparant les uns aux autres, on fît voir ce que la nature peut faire pour les hommes, et ce que l'éducation peut y ajouter [2]; que l'on mît dans une balance les divers avantages du savoir et de l'ignorance, que l'on expliquât l'origine des principales erreurs, et qu'on nous menât aux grandes sources de nos opinions.

[1] Vauvenargues s'y est attaché, dans maint endroit de ses ouvrages, et, particulièrement, dans sa 1re *Réflexion* (Sur le Pyrrhonisme). — G.

[2] C'est l'objet de Vauvenargues dans ses *Discours sur le Caractère des différents siècles*, et *Sur les mœurs du siècle*. — G.

Je voudrais encore qu'on prouvât la réalité de la vertu et celle du vice, qu'on expliquât la religion et la morale, que l'on remontât aux principes de l'une et de l'autre, qu'on cherchât, dans la connaissance de l'esprit humain, la source des coutumes différentes, des mœurs qui nous semblent les plus barbares, et des opinions qui nous surprennent le plus, afin qu'on ne s'étonnât plus de tant de choses qu'il serait si facile de concilier et de comprendre.

Comme le commerce paraît aujourd'hui une chose fort importante, ainsi que les manufactures et les arts qui le font fleurir, et qu'il se trouve, néanmoins, des philosophes qui méprisent toutes ces choses qu'ils croient superflues, et voudraient ramener les hommes à la première simplicité, je crois qu'il serait instructif et agréable de montrer en quoi les uns et les autres se trompent, et en quoi ils peuvent être bien fondés. Il ne serait ni moins utile ni moins nécessaire de décider entre les ignorants et les savants du mérite des beaux-arts, trop estimés peut-être par les uns, et trop avilis par les autres. Je voudrais qu'on fixât aussi nos opinions sur le gouvernement, dont les hommes disputent depuis si long-temps sans pouvoir s'accorder.

Rien ne serait plus utile, ce me semble, que de régler ainsi tous les principaux points de nos disputes, en conciliant, autant qu'il est possible, toutes les vérités répandues dans nos opinions, et en les dépouillant du faux qui s'y est mêlé. Or, je crois qu'il serait nécessaire, pour cela, de traiter chaque chose brièvement, clairement, et de manière que les vérités présentées prévinssent toutes les objections qu'on a coutume de leur opposer, afin d'éviter les longueurs et les détails ; car, si l'on s'engageait, sur chaque article, ou dans de longues disputes ou dans des détails expliqués, l'ouvrage devenant alors trop étendu pour être saisi facilement et d'un coup d'œil, on perdrait le fruit principal qu'on s'y propose, qui est de pouvoir rapprocher en peu de mots toutes les vérités importantes, et former un corps de principes. Toutefois, il serait facile, après avoir traité les grands sujets dans un premier tome, d'en expliquer les branches et les effets dans un second et dans un troisième, qui, sans séparer les matières du premier volume, ne feraient que les éclaircir[1].

[1] Ce qui fait le principal intérêt de ce morceau, d'ailleurs, si remarquable, c'est que Vauvenargues y développe les vues simplement indiquées dans son *Discours préliminaire* à l'*Introduction à la Connaissance de l'Esprit humain*. On voit ici, clairement, ce qu'il aurait essayé de faire, ce qu'il aurait fait, sans doute, si la vie ne lui eût pas manqué; on devine, en même temps, le but et la place d'un grand nombre de ses *Réflexions* et de ses *Fragments;* ce sont les pierres taillées de l'édifice qu'il n'a pas eu le temps d'élever. *Pendent opera interrupta...* — G.

CRITIQUE

DE

QUELQUES MAXIMES

DU DUC DE LA ROCHEFOUCAULD.

AVERTISSEMENT.

La répugnance que j'ai toujours eue pour les principes que l'on attribue au duc de La Rochefoucauld, m'a engagé à discuter quelques-unes de ses Maximes. Ce sont les erreurs des hommes illustres qu'il importe le plus de réfuter, leur réputation leur donnant de l'autorité, et les grâces de leurs écrits les rendant plus propres à séduire [1].

Le duc de La Rochefoucauld a saisi admirablement le côté faible de l'esprit humain; peut-être n'en a-t-il pas ignoré la force; peut-être n'a-t-il contesté le mérite de tant d'actions éblouissantes, que pour démasquer la fausse sagesse. Quelles qu'aient été ses intentions, l'effet m'en paraît pernicieux; son livre, rempli d'invectives délicates contre l'hypocrisie, détourne, encore aujourd'hui, les hommes de la vertu, en leur persuadant qu'il n'y en a point de véritable.

Cet illustre auteur mérite, d'ailleurs, de grandes louanges, pour avoir été, en quelque sorte, l'inventeur du genre d'écrire qu'il a choisi. J'ose dire que cette manière hardie d'exprimer, brièvement et sans liaison, de grandes pensées, a quelque chose de bien élevé. Les esprits timides ne sont pas capables de passer ainsi, sans gradation et sans milieu, d'une idée à une autre; l'auteur des *Maximes* les étonne par les grandes démarches de son jugement; son imagination agile se promène, sans s'arrêter, sur toutes les faiblesses de l'esprit humain, et l'on voit en lui une vaste intelligence qui, laissant tomber au hasard ses regards rapides, prend toutes les folies et tous les vices pour le champ de ses réflexions.

Cependant, M. de La Rochefoucauld n'était pas peintre [2], talent sans

---

[1] *Var.* : « Ce sont, essentiellement, comme chacun sait, les erreurs des « hommes illustres qu'il importe de réfuter, parce que, étant plus accréditées « et plus spécieuses que les autres, elles sont nécessairement plus dange- « reuses. »

[2] Voir la 337ᵉ Maxime de Vauvenargues. — G.

lequel il est bien difficile d'être éloquent; il savait exprimer, avec précision et avec finesse, des pensées profondes; il avait cette liberté et cette hardiesse qui caractérisent le génie; mais son style n'est ni gracieux, ni touchant, ni véhément, ni sublime; on ne trouve, dans ses écrits, ni la magnificence de Bossuet, ni la simplicité et l'énergie de Pascal, ni le pathétique de Fénelon, ni le coloris de La Bruyère. Aussi plaît-il moins, ce me semble, par ses expressions que par la finesse de son esprit; mais je crois qu'il sera toujours dans le premier rang des philosophes qui ont su écrire.

Après les Maximes qui m'ont semblé fausses, j'ai placé quelques réflexions qui m'ont paru communes, par leur fond, ou par la manière dont elles sont exprimées; ayant écrit moi-même quelque chose dans ce genre, j'ai cru que je pourrais justifier mes fautes en faisant voir qu'il n'appartient pas, même aux écrivains les plus célèbres, d'éviter toute sorte de défauts. J'aurais pu, pour cette fin, critiquer un plus grand nombre des pensées de M. de La Rochefoucauld; mais je me suis borné à en examiner quelques-unes, parce que, ayant combattu encore ailleurs ses opinions [1], j'ai craint de révolter les partisans zélés de cet auteur, et de rebuter les indifférents. Si ces derniers ne trouvent pas assez d'intérêt dans les Maximes mêmes que j'ai critiquées, c'est encore une preuve incontestable de l'imperfection de l'ouvrage que j'examine; enfin, si j'ai pu me tromper souvent dans mes remarques, je n'ai jamais cherché à tromper les autres.

— 3 [2]. Quelque découverte que l'on ait faite dans le pays de l'amour-propre, il y reste encore bien des terres inconnues.

Le pays de l'amour-propre, terres inconnues; ces expressions ne me paraissent pas nobles.

4. L'amour-propre est plus habile que le plus habile homme du monde.

L'amour-propre le plus habile fait beaucoup de fautes contre ses vrais intérêts.

— 7. Ces grandes et éclatantes actions qui éblouissent les yeux sont représentées par les politiques comme les effets des grands desseins, au lieu que ce sont d'ordinaire les effets de l'humeur et des passions. Ainsi

---

[1] Voir, dans le *Discours sur le Caractère des différents siècles*, la 2e note de la page 162. — G.
[2] Le numéro, placé au commencement des Maximes critiquées par Vauvenargues, indique le rang qu'elles occupent dans le livre de La Rochefoucauld. — G.

la guerre d'Auguste et d'Antoine, qu'on rapporte à l'ambition qu'ils avaient de se rendre maîtres du monde, n'était peut-être qu'un effet de jalousie.

La jalousie d'Auguste et d'Antoine n'étant, probablement, fondée que sur ce qu'ils partageaient l'empire du monde, on a pu raisonnablement confondre une telle jalousie avec l'ambition.

— 14. Les hommes ne sont pas seulement sujets à perdre le souvenir des bienfaits et des injures; ils haïssent même ceux qui les ont obligés, et cessent de haïr ceux qui leur ont fait des outrages. L'application à récompenser le bien et à se venger du mal leur paraît une servitude à laquelle ils ont peine de se soumettre.

Les hommes oublient les bienfaits et les injures, parce qu'ils sont légers[1], et qu'il n'y a, ordinairement, que le présent qui fasse une forte impression sur leur esprit.

— 17. La modération des personnes heureuses vient du calme que la bonne fortune donne à leur humeur.

La bonne fortune ne fait qu'irriter les désirs des esprits naturellement immodérés.

18. La modération est une crainte de tomber dans l'envie et dans le mépris que méritent ceux qui s'enivrent de leur bonheur; c'est une vaine ostentation de la force de notre esprit; et enfin la modération des hommes dans leur plus haute élévation est un désir de paraître plus grands que leur fortune[2].

Il y a une modération de tempérament, où la réflexion n'a point de part. Tous ceux qui sont continents ne le sont point par raison; on pourrait en nommer qui sont nés chastes. La nature a fait d'autres hommes modérés dans leur ambition, comme ceux-ci le sont dans leurs plaisirs.

---

[1] Voir la 826e Maxime de Vauvenargues. — G.

[2] Dans le texte de cette Maxime, tel que le donne Vauvenargues, se rencontre une variante, que je ne trouve pas dans l'édition de La Rochefoucauld que j'ai sous les yeux, celle d'Aimé-Martin : « La modération des hommes « dans *la* plus haute élévation est un désir de paraître plus grands que *les* « *choses qui les élèvent.* » — G.

20. La constance des sages n'est que l'art de renfermer leur agitation dans leur cœur.

La constance des sages peut être fondée sur le sentiment qu'ils ont de leurs ressources [1].

24. Lorsque les grands hommes se laissent abattre par la longueur de leurs infortunes, ils font voir qu'ils ne les soutenaient que par la force de leur ambition, et non par celle de leur âme ; et qu'à une grande vanité près, les héros sont faits comme les autres hommes.

Lorsqu'un homme n'est pas assez fort pour supporter le malheur, je ne crois point qu'il puisse être capable d'une forte ambition, et surtout de celle qui fait supporter de longues infortunes : ce que M. de La Rochefoucauld appelle la *force de l'ambition* n'est donc autre chose que *la force de l'âme,* et l'auteur les sépare mal à propos. *A une grande vanité près, les héros sont faits,* dit-il, *comme les autres hommes ;* c'est encore abuser des termes, que d'appeler l'amour de la gloire *une grande vanité,* et je ne conviens point de cette définition [2]. D'ailleurs, plus un homme a de vanité, moins il est capable d'héroïsme ; il est donc faux de dire que c'est une grande vanité qui fait les héros, puisque c'est, au contraire, le mépris des choses vaines qui les rend supérieurs aux autres hommes [3].

26. Le soleil ni la mort ne se peuvent regarder fixement.

Il me semble que le soleil est une image assez mal choisie de la mort [4].

---

[1] Voir la 30e *Réflexion*, et le 6e *Conseil à un Jeune homme.* — G.

[2] En effet, c'est un des points où le dissentiment est le plus marqué entre les deux moralistes ; presqu'à chaque page de son livre, Vauvenargues, non-seulement justifie, mais recommande l'amour de la gloire. — G.

[3] *Var. :* « L'héroïsme est incompatible avec la vanité, et n'a ni les mêmes « effets, ni la même cause : plus grande est la vanité, plus faible est l'amour « de la gloire. »

[4] Aussi, La Rochefoucauld n'a-t-il nullement songé à donner le soleil comme *image* de la mort ; l'observation de Vauvenargues nous paraît sans objet. — G.

35. L'orgueil est égal dans tous les hommes, et il n'y a de différence qu'aux moyens et à la manière de le mettre au jour.

L'orgueil n'est pas plus égal dans tous les hommes que l'ambition, ou le courage ; et, comme il y a des hommes qui ont moins d'esprit, moins de vivacité, moins d'humanité que d'autres, il s'en trouve aussi qui ont moins d'orgueil.

41. Ceux qui s'appliquent trop aux petites choses, *deviennent* ordinairement incapables des grandes.

Je crois qu'il serait plus vrai de dire qu'ils *sont nés* incapables des grandes.

44. La force et la faiblesse de l'esprit sont mal nommées ; elles ne sont en effet que la bonne ou la mauvaise disposition des organes du corps [1].

On pourrait dire, sur ce fondement : La sagacité et l'imbécillité *sont mal nommées, elles ne sont en effet*, etc. Mais qui ne voit la fausseté de cette maxime ? L'imbécillité et la sagacité, la force et la faiblesse de l'esprit sont-elles moins réelles et moins distinctes, pour être fondées sur la disposition de nos organes ? Si la force du corps entraînait nécessairement celle de l'esprit, il serait assez raisonnable de les appeler du même nom ; mais, puisque ces deux avantages sont si rarement unis, ne faut-il pas avoir aussi deux expressions pour caractériser deux choses, non-seulement séparables, mais presque toujours séparées ?

46. L'attachement ou l'indifférence que les philosophes avaient pour la vie n'étaient qu'un goût de leur amour-propre, dont on ne doit non plus disputer que du goût de la langue, ou du choix des couleurs.

L'amour-propre n'empêche pas qu'il n'y ait, en toutes choses, un bon et un mauvais goût, et qu'on n'en puisse disputer avec fondement.

63. L'aversion du mensonge est souvent une imperceptible ambition

---

[1] Voir, dans l'*Introduction à la Connaissance de l'Esprit humain*, la note de la page 8. — G.

de rendre nos témoignages considérables, et d'attirer à nos paroles un respect de religion.

L'aversion du mensonge est encore plus souvent, à mon avis, l'aversion d'être trompé [1].

67. La bonne grâce est au corps ce que le bon sens est à l'esprit [2].

Cette comparaison ne me paraît ni claire, ni juste. Un esprit sage peut manquer de grâce, comme il est possible qu'un homme, bien fait d'ailleurs, n'ait pas un maintien agréable, ou une démarche légère.

« 68. Il est difficile de définir l'amour : ce qu'on en peut dire est que, dans l'âme, c'est une passion de régner ; dans les esprits, c'est une sympathie ; et, dans les corps, ce n'est qu'une envie cachée et délicate de posséder ce que l'on aime, après beaucoup de mystères.

Si l'âme est distincte du corps, si c'est, non pas le corps, comme le suppose ici l'auteur, mais l'âme, qui sent [3], on ne peut pas dire que l'amour *est, dans le corps, une envie cachée et délicate de posséder ce que l'on aime*. Et, d'ailleurs, quel est cet amour qui ne veut posséder qu'*après beaucoup de mystères*? Le duc de La Rochefoucauld avait pris cela dans nos romans, ou parmi les *Femmes savantes* de Molière.

74. Il n'y a que d'une sorte d'amour, mais il y en a mille différentes copies.

Autre maxime de roman. L'amour prend le caractère des cœurs qu'il surmonte : il est violent, impérieux, et jaloux, jusqu'à la fureur, dans quelques-uns ; il est tendre, aveugle et soumis, dans quelques autres ; il est passionné et volage

---

[1] Rapprochez de la 523e Maxime de Vauvenargues. — G.

[2] Dans une première rédaction de sa *Critique des Maximes de La Rochefoucauld*, Vauvenargues qualifiait cette pensée de *juste et lumineuse comparaison*; mais, en y regardant de plus près, il est arrivé, comme on va le voir, à une conclusion tout opposée. — G.

[3] Voir la 545e Maxime de Vauvenargues ; voir aussi le 36e chap. de l'*Introduction à la Connaissance de l'Esprit humain*; dans ces deux endroits, Vauvenargues se propose, évidemment, de répondre à La Rochefoucauld. — G.

dans la plupart des hommes, mais il lui arrive quelquefois d'être fidèle.¹

77. L'amour prête son nom à un nombre infini de commerces qu'on lui attribue, et où il n'a non plus de part que le doge à ce qui se fait à Venise.

Cette plaisanterie me paraît froide et recherchée.

86. Notre défiance justifie la tromperie d'autrui.

L'expérience justifie notre défiance; mais rien ne peut justifier la tromperie.

92. Détromper un homme préoccupé de son mérite est lui rendre un aussi mauvais office que celui que l'on rendit à ce fou d'Athènes, qui croyait que tous les vaisseaux qui arrivaient dans le port étaient à lui.

Détromper un homme de la fausse idée de son mérite, c'est le guérir de la présomption, qui fait commettre les fautes les plus sottes et les plus nuisibles².

114. On ne peut se consoler d'être trompé par ses ennemis et trahi par ses amis, et l'on est souvent satisfait de l'être par soi-même.

Il n'y a, en cela, aucune contradiction : on est presque aussi fâché d'avoir été trompé par soi-même, quand on s'en aperçoit, que de l'avoir été par d'autres; et si l'on est quelquefois bien aise d'être trompé par soi-même, c'est qu'on ne s'en aperçoit pas toujours; car, si l'on savait que l'on se trompe, on ne serait point en erreur. Il est vrai qu'on s'en doute quelquefois, et qu'on ne veut pas s'éclairer; mais cela nous arrive aussi bien avec les autres qu'avec nous-mêmes; lorsqu'on nous flatte, par exemple.

138³. Il y a des crimes qui deviennent innocents et même glorieux par leur éclat, leur nombre et leur excès : de là vient que les voleries

---

¹ Vauvenargues disait pourtant, dans une Maxime qu'il a supprimée, il est vrai (755ᵉ) : « La constance est la chimère de l'amour. » — G.

² *Var.* : « C'est lui épargner des fautes plus humiliantes que la modestie « qu'on lui inspire. »

³ Cette Maxime, que Vauvenargues donne sous le n° 138, a été mise au rebut par La Rochefoucauld. Elle porte le n° 35 du *Supplément*, dans les diverses éditions. — G.

publiques sont des habiletés, et que prendre des provinces injustement s'appelle faire des conquêtes.

Il est faux que l'éclat ou l'excès du crime le rendent innocent ou glorieux : un de nos meilleurs rois [1], assassiné, au milieu de ses gardes et de son peuple, a couvert le nom du meurtrier d'un éternel opprobre. Ce ne sont donc pas les grands crimes qui rendent un homme illustre ; ce sont ceux qui demandent, dans l'exécution, de grands talents et un génie élevé ; tel est l'attentat de Cromwell.

203. Le vrai honnête homme est celui qui ne se pique de rien [2].

Ce mérite, si c'en est un, peut se rencontrer aussi dans un imbécile.

228. L'orgueil ne veut pas devoir, et l'amour-propre ne veut pas payer.

L'orgueil n'est qu'un effet de l'amour-propre, et, par conséquent, c'est l'amour-propre qui ne veut pas devoir, comme c'est lui qui ne veut pas payer. Comment est-il échappé à l'auteur des *Maximes* de distinguer l'orgueil de l'amour-propre, lui qui rapporte à ce dernier toutes nos vertus ?

244. La souveraine habileté consiste à bien connaître le prix des choses.

On n'est pas habile pour connaître le prix des choses, si l'on n'y joint l'art de les acquérir.

251. Il y a des personnes à qui les défauts siéent bien, et d'autres qui sont disgraciées avec leurs bonnes qualités.

L'auteur des Maximes avait déjà dit [3] :

---

[1] Il est clair qu'il s'agit d'Henri IV et de Ravaillac. — G. — *Var.* : « Les « grands crimes ne deviennent pas glorieux par leur éclat, leur nombre et leur « excès, mais par le mérite qui les accompagne quelquefois, et par les talents « qu'ils supposent dans l'exécution. L'énormité du crime de Ravaillac n'a « servi qu'à le rendre plus infâme. »

[2] Voir, dans les *Conseils à un Jeune homme*, la note de la page 118. — G.

[3] Dans la Maxime 155e. — G.

Il y a des gens dégoûtants avec du mérite, et d'autres qui plaisent avec des défauts.

Une pensée si commune ne méritait pas, je crois, d'être répétée [1].

268. Nous récusons des juges pour les plus petits intérêts, et nous voulons bien que notre réputation et notre gloire dépendent du jugement des hommes, qui nous sont tous contraires, ou par leur jalousie, ou par leur préoccupation, ou par leur peu de lumières ; et ce n'est que pour les faire prononcer en notre faveur, que nous exposons, en tant de manières, notre repos et notre vie.

Il n'est pas vrai que les hommes nous soient, tous, contraires [2] ; plusieurs sont préoccupés en notre faveur, par leur propre intérêt, ou par les ressemblances qu'ils ont avec nous. D'ailleurs, quand nous récusons des juges pour un intérêt de fortune, c'est parce qu'on peut nous en donner d'autres ; mais, lorsque nous nous remettons de notre gloire au jugement des hommes, c'est que nous ne pouvons l'obtenir que des hommes, et qu'il n'existe pas pour nous d'autre tribunal ; encore se trouve-t-il des opiniâtres qui en appellent à la postérité. L'auteur des *Maximes* se trompe donc, ainsi que la plupart des philosophes ; les hommes sont inconséquents dans leurs opinions ; mais, dans la conduite de leurs intérêts, ils ont un instinct qui les dirige, et la nature, qui préside à leurs passions, sauve presque toujours leur cœur des contradictions de leur esprit.

En discutant ainsi quelques-unes des Maximes du duc de La Rochefoucauld, je crois sentir, aussi bien que personne, combien elles sont ingénieuses ; mais c'est parce qu'elles ne me paraissent qu'ingénieuses, que je les attaque. J'aurais rendu mes remarques beaucoup plus courtes, si je n'avais craint qu'on [ne] les prît pour des décisions, ou qu'elles ne fussent mal interprétées par ceux qui honorent

---

[1] Vauvenargues aurait pu ajouter que La Rochefoucauld revient encore sur cette pensée dans les Maximes 90e et 273e. — G.

[2] Dans sa 311e Maxime, Vauvenargues est moins indulgent, et semble d'accord avec La Rochefoucauld. — G.

cet auteur, et qui ont l'esprit plein de son sens. Quand on critique de grands écrivains, il n'est pas permis de les juger, on est obligé de les combattre; on est même forcé de s'expliquer beaucoup, pour contenter toutes les délicatesses des esprits déjà prévenus, et cette attention nécessaire rend toutes les critiques languissantes, en sorte qu'il n'y en a aucune qui ne soit toujours trop longue pour les bons esprits, quoique toujours insuffisante pour les autres[1].

[1] Dans le manuscrit que nous avons sous les yeux, ce morceau se termine par une phrase que l'auteur a reprise, pour la placer dans ses Maximes, où on la trouvera sous le n° 510. Enfin, à la suite de cette *Critique*, Vauvenargues, ainsi qu'il l'avait annoncé dans l'*Avertissement* qui la précède, avait transcrit de sa main les Maximes qui lui semblaient *communes, par leur fond, ou par la manière dont elles sont exprimées*. Il nous paraît inutile de les transcrire, à notre tour; il suffit de les désigner par les numéros qu'elles portent dans les diverses éditions de La Rochefoucauld. Les voici, dans leur ordre : 9, 12, 15, 27, 28, 32, 33, 36, 39, 48, 50, 53, 54, 57, 58, 60, 79, 85, 89, 94, 95, 105 et 279. Vauvenargues supprimait également une pensée que l'auteur avait déjà supprimée lui-même; c'est la 22ᵉ du *Supplément*. Nous avons relu avec soin ces Maximes, mises au rebut par Vauvenargues, et nous devons dire que nous serions bien fâché qu'il eût été aussi sévère pour lui-même, qu'il l'est, ici, pour La Rochefoucauld. — G.

CORRESPONDANCE

CORRESPONDANCE

1. — LE MARQUIS DE MIRABEAU [1] AU MARQUIS DE VAUVENARGUES.

(Du château de Mirabeau.) — Juillet 1737.

..... Des qualités ordinairement séparées, et toujours recherchées, se joignent en vous; jugez des sentiments qu'elles y attirent. A la beauté près, je ne saurais rien dire de plus d'une maîtresse qui m'aurait fait perdre le bon sens. J'y trouve une autre différence : c'est que là, je mentirais, et qu'ici je dis vrai; mais vous me flattez, cela suffit pour m'arrêter sur vos louanges; et puis, je ne fais point une épître dédicatoire.

La confidence de mes amours et de mes plaisirs ne saurait tout au plus regarder que le passé. Je suis un demi-anachorète, à présent;

---

[1] Victor de Riqueti, marquis de Mirabeau, était cousin de Vauvenargues. Né à Perthuis, en Provence, le 5 octobre 1715; chevalier de Malte, le 1er septembre 1718; enseigne à l'âge de 14 ans, il devint capitaine de grenadiers au Régiment de Duras, dont son père, le marquis Jean-Antoine, avait été colonel. Après avoir fait, avec Vauvenargues, la campagne de Bavière (1741-42), il donne sa démission le 7 mars 1743, et, le 21 avril suivant, épouse Marie-Geneviève de Vassan. Dès-lors, il s'occupe exclusivement de littérature, d'économie politique, et d'expériences agricoles. En 1740, il avait acheté la terre du Bignon, à six lieues de Sens, et, deux ans après, un hôtel à Paris, afin d'y suivre ses projets philosophiques et littéraires. En 1757, il se sépare de sa femme avec éclat, et vit publiquement avec Mme de Pailly, qui ne fut pas étrangère aux procès scandaleux du marquis avec sa femme, et à ses démêlés avec son fils, le célèbre orateur. Cependant, le marquis rédigeait de nombreux écrits philanthropiques, entre autres l'*Ami des Hommes*, et la *Théorie de l'Impôt*; à l'occasion de ce dernier ouvrage (1760), il est emprisonné, pendant cinq jours, à la Bastille, puis exilé, pendant deux mois, au Bignon. Il meurt à Argenteuil, le 13 juillet 1789, la veille même du jour où la prise de la Bastille ouvrait définitivement à son fils la carrière révolutionnaire. Le marquis de Mirabeau écrivait sans cesse; dès l'année 1735, il rédigeait des Mémoires particuliers, et, sans parler de ses nombreux manuscrits, il a publié environ trente volumes, dont plus de moitié in-4°. « A « trois ans, dit-il lui-même, je prêchais; à six, j'étais un prodige; à douze, « un objet d'espoir; à vingt, un brûlot; à trente, un politique de théorie; à « quarante, je ne suis plus qu'un bon homme. » (*Lettre inédite à la comtesse de Rochefort, du 27 décembre* 1756.) Ce dernier mot est, au moins, contestable; et si, dans l'appréciation de sa vie et de son caractère, les biographes sont généralement trop sévères, le marquis est ici, comme il le fut toujours, trop

mais cela ne durera pas. Voilà pourtant une lettre que je reçois d'une ancienne maîtresse, qui m'avait assujetti aux malheurs de l'absence, sur laquelle j'avais pris mon parti, et que je n'ai pas approchée, depuis, de plus de 50 lieues :

« Je n'ose vous appeler, Monsieur, de ces noms tendres qui nous
« servaient autrefois; ils ne sont plus faits pour moi; j'ai fait, pour les
« perdre, tout ce que je voudrais faire, à présent, pour les ravoir.
« J'aurais tort de ne pas connaître votre caractère, et qu'il n'y a plus
« de retour avec vous. Vous me l'avez dit assez souvent; je n'y ai pas
« pensé quand il le fallait; j'ai laissé prendre à mes étourderies la cou-
« leur des crimes; n'en parlons plus. Vous n'étiez plus pour moi qu'un
« songe agréable, lorsque le bruit du malheur qui vous est arrivé m'a
« attendrie [1]; les larmes auxquelles je n'ai voulu faire nulle attention,
« quand vous m'avez voulu persuader que je les causais, m'ont frap-
« pée, sans savoir même si vous en avez versé, dans une occasion
« dont on se console, quelquefois, plus aisément que de la perte d'une
« maîtresse. Que vous dirai-je? j'ai cru qu'un compliment de ma part,
« sur un sujet pour lequel tout le monde vous en fait, ne pourrait
« vous choquer. Je l'ai fait, et le voilà. Adieu, Monsieur. Oserai-je
« vous demander un peu d'amitié? »

Réponse :

Mademoiselle,

J'ai l'honneur d'être, avec un très profond respect,
  Mademoiselle,
    Votre très-humble et très-obéissant serviteur [2].

Adieu, mon cher Vauvenargues, aimez-moi un peu.

---

complaisant envers lui-même. « Ses lettres familières, dit Lucas-Montigny
« (*Mémoires de Mirabeau*, vol. 1ᵉʳ, page 215), toujours remarquables par un
« naturel abondant et facile, par une aisance spirituelle et gaie, forment
« le plus inexplicable des contrastes avec ses écrits, dans lesquels le fond
« toujours très-sensé des idées, est décrédité par la couleur particulière de son
« style obscur, pesant, et baroque, mélangé de tropes bizarres, d'incohérentes
« métaphores, en un mot, il faut le dire, de galimatias intolérable. » Les lettres à Vauvenargues vont justifier, à la fois, cet éloge et ce blâme : on y dé-
mêlera aisément les incohérences, les bizarreries, aussi bien que la jactance
de l'écrivain futur ; mais on y reconnaîtra, en même temps, un tour original,
un vif esprit, et tout le feu du *brûlot de vingt ans*. — G.

[1] Le malheur dont il s'agit, c'est la mort du marquis Jean-Antoine, arrivée le 27 mai 1737. — G.

[2] On peut rapprocher ceci d'un passage des Mémoires du comte de Bussy-

2. — VAUVENARGUES A MIRABEAU.

A Besançon, le 12 août 1737.

M. le duc de Durfort, mon cher Mirabeau, est venu voir M. son père; il a passé huit jours ici, avec M. de Chambona, colonel du Maine, et M. de Lagrolet, votre major; ls dînèrent avant-hier à notre auberge. M. le duc de Durfort me demanda si je recevais de vos lettres; je lui montrai la dernière que vous m'écrivez, où vous me louez sans pudeur, et cela, sans la moindre retenue, comme si j'étais assez vain pour croire tout ce qui me flatte; n'importe, cette lettre eut un bon effet; je voulais qu'elle m'acquît de la considération, elle doit m'en avoir acquis. M. de Durfort ne me connaissait pas, et il ne m'a vu qu'une fois depuis; il est ort de vos amis, à ce qu'il m'a paru; il conte vos folies, et les siennes; il nous dit que vous êtes méchant, quand nous lûmes votre réponse à cette ancienne maîtresse; elle lui parut, d'ailleurs, fort bonne, et dans votre caractère; mais nous plaignîmes une pauvre fille, qui a de l'esprit, et qui vous aime [1]. M. de Chambona écoutait d'un peu loin; il se récriait : « On ne peut mieux écrire! » disait-il; — il n'entendait pas un mot, car nous lisions la lettre de la fille, et il croyait que c'était la vôtre. On lui dit qu'il se méprenait; il ne se déconcerta point, et se rejeta sur une autre lettre de vous, que le duc de Durfort lui avait montrée, et qu'ils admiraient tous deux. Je ne sais si vous connaissez M. de

Rabutin; l'analogie est frappante, et ce n'est pas la seule qu'on pourrait trouver entre le caractère de ces deux hommes, qui, avec une renommée et une fortune diverses, ont eu cela de commun qu'ils ont mésusé, comme à l'envi, des dons les plus rares, et gâté la plus belle position par une incurable vanité. (*Note de M. G. Lucas-Montigny.*) — On peut ajouter que la lettre, dont Mirabeau envoie copie, et qui est toute pleine de délicatesse et de grâce, méritait d'être adressée à un correspondant moins brutal, et de moins mauvais goût. — G.

[1] Les deux amis ont le même âge, vingt-deux ans; mais, dès les deux premières lettres, la différence des caractères éclate : d'un côté, la forfanterie et la sécheresse; de l'autre, la tendresse et la gravité. — G.

Chambona? on veut qu'il ait beaucoup d'esprit : il a des traits dans la conversation, un son de voix et des manières composées. On dit que, pendant sa jeunesse, il n'avait rien qui fût à lui ; il a toujours cru que c'était une injustice de ne point rendre communs les biens que donne la nature, persuadé, d'ailleurs, qu'on n'en jouissait soi-même qu'autant qu'on les partageait avec plus de joie. Votre duc est moins recherché ; il parle beaucoup, il fait des révérences, il veut gagner tout le monde, et y a réussi, avant de le vouloir, car il est jeune et doué d'une très-jolie figure ; au lieu que l'autre, dénué de tous ces avantages, semble pourtant n'y avoir pas renoncé, et suppose dans ceux qui l'écoutent des sentiments qui n'y sont point. On peut mettre entre eux la différence qui se trouve entre un homme qui cherche à plaire, et celui qui croit avoir plu. Je ne voudrais pas, cependant, dépouiller M. de Durfort de ses bonnnes qualités, pour en revêtir M. de Chambona ; mais laissons-les tous les deux. Etes-vous encore dans votre château ? Vous n'aimez point la chasse ; vous devez vous ennuyer, si vous n'avez mené personne de la ville. Ecrivez-moi, je vous prie, comme vous êtes avec Mons[1], avec Monclar[2], et les autres. Je suis jaloux de votre amitié, mon cher Mirabeau, au point de souffrir avec peine qu'elle se partage.

[1] Maurel, ou Morel-Villeneuve de Mons, conseiller au Parlement de Provence. — Cette famille s'est éteinte, dans la personne de Martin-Étienne-Balthazar-Parfait-André de Maurel ou Morel de Mons, pair de France, mort archevêque d'Avignon, le 6 octobre 1830. — G.

[2] Le nom de Jean-Pierre-François de Ripert, baron de Monclar, qui reviendra souvent dans la Correspondance de Vauvenargues, a dépassé le ressort du Parlement de Provence. Conseiller, puis procureur-général à ce Parlement, Monclar, né le 1er octobre 1711, était de quatre ans l'aîné de Vauvenargues et de Mirabeau ; il mourut le 12 février 1773, pendant l'exil des Parlements. Il était allié aux Boyer d'Aiguilles ou d'Aguilles, marquis d'Argens, aux l'Enfant, et à la famille du célèbre naturaliste Tournefort. Magistrat aussi savant qu'intègre, il avait mérité l'attention et les éloges du chancelier Daguesseau. Il a laissé plusieurs *Mémoires* ou *Rapports*, sur diverses matières d'administration ; mais ses principaux titres sont ses *Réquisitoires*, son *Mémoire établissant la souveraineté du Roi sur la ville d'Avignon et le Comtat-Venaissin*, et, surtout, son *Compte-Rendu des Constitutions des Jésuites*, et son *Plaidoyer* contre cette société fameuse. Il n'avait qu'un fils, qui est mort sur l'échafaud, à Paris, pendant la Terreur, et en qui s'est éteinte cette remarquable famille. — G.

3. — MIRABEAU A VAUVENARGUES.

De Mirabeau, ce 21 août 1737.

C'est moi qui gagne à vous louer, mon cher Vauvenargues, et tous ceux qui vous connaissent en conviendront avec moi. Rien n'est mieux, assurément, que les portraits que vous faites du duc de Durfort et de M. de Chambona; j'aurais reconnu le premier sans le nommer; j'y ajouterais que, s'il cherche à plaire, il croit y réussir; il a des défauts, mais il a des envieux, et il les mérite. Je ne connais M. de Chambona que de réputation; on lui accorde de l'esprit, et, puisque, ne l'ayant vu qu'une fois, vous lui cédez des traits, cela vaut bien le suffrage d'un autre qui le mettrait au rang des génies. Rien n'est si bien que la façon dont vous me marquez son défaut dominant; il suffit, pour le prouver, de vous dire, qu'étant bien tiré au clair, il était détaillé de façon que j'ai pu le lire à ma mère [1]. Je vous trouve excellent de figurer avec ceux qui plaignent *une pauvre fille, qui a de l'esprit, et qui m'aime*: passe pour le duc de Durfort; me croyant vrai, et sachant que je le connais, il a intérêt à me calomnier; mais vous, mon maître, dont je ferais l'apothéose en cas de besoin, vous êtes un ingrat: cependant, tout bien pesé, je pense que vous avez raison. J'ai Mons ici, des livres, des châteaux en Espagne, et beaucoup d'envie d'en sortir: vous voyez que c'est de quoi passer le temps.

Adieu, mon cher Vauvenargues. En vérité, vous êtes trop aimable, de loin et de près, pour être jaloux de l'amitié de quelqu'un; mais si ce sentiment est susceptible de jalousie, mes amis en doivent être moins tracassés que d'autres, car je n'en sache pas de moins général que le mien. Adieu, mon cher; un peu de reconnaissance.

4. — VAUVENARGUES A MIRABEAU.

A Besançon, le 5 septembre 1737.

Hé bien, louez-moi, mon cher Mirabeau, louez-moi toujours; on imprimera mon nom et vos lettres ensemble [2];

---

[1] Françoise de Castellane, mariée, au mois de mai 1708, au marquis Jean-Antoine Riqueti de Mirabeau. — G.

[2] C'est ce que nous faisons aujourd'hui. — G.

voilà comment viennent la fortune et la réputation. Je ne suis pas surpris que, malgré tous vos livres, et la compagnie de Mons, qui est très-aimable, vous ayez des moments d'ennui dans votre seigneurie, et quelque envie d'en sortir ; ce sont là les dégoûts que l'on éprouve, au milieu des grandeurs ; et puis, je vois d'autres raisons à votre ennui : il vous faut être continent, cela vous fâche ; mais à quelque chose malheur est bon, et votre santé y prendra des forces. Meyronnet [1] m'a dit que M. de Biron [2] avait accordé de l'emploi à M. votre frère [3], et que vous le faisiez joindre : nous l'attendons avec empressement. Je vous prie, mon cher Mirabeau, de lui demander son amitié pour moi ; celle que j'ai pour vous s'étendra naturellement sur lui ; faites-la lui agréer, et continuez-moi la vôtre ; elle est pour moi d'un prix inestimable.

En relisant ma lettre, il m'a semblé qu'elle était un peu obscure ; mais je ne ferai pas un commentaire ; il y a bien des choses qui ne se peuvent corriger ; le remède serait pis que le mal. J'oublie de vous faire des excuses sur ce que j'ai tardé à vous répondre ; peut-être que je n'en ai pas besoin ; mais je suppose volontiers ce qui me fait quelque

---

[1] Il y avait, en Provence, deux branches de Meyronnet : les marquis de *Châteauneuf*, et les barons de *Saint-Marc*. La terre de ces derniers touchait celle de Vauvenargues. Ces deux branches ont fourni des magistrats estimés au Parlement et à la Cour des Comptes de Provence, et toutes deux subsistent encore. Le Meyronnet dont il s'agit ici, appartenait aux *Saint-Marc*, et servait, comme officier, dans le même régiment que Vauvenargues. — G.

[2] Colonel du régiment du Roi, infanterie, où servait Vauvenargues. — G.

[3] Louis-Alexandre, chevalier, puis comte de *Mirabeau* ; entré au Régiment du Roi, ainsi que Vauvenargues l'annonce ici, à l'âge de 13 ans (il était né le 6 octobre 1724), il le quitta, avec le grade de capitaine, en 1748, pour *épouser*, dit Lucas-Montigny (*Mémoires de Mirabeau*), dans le *paroxysme d'une passion insensée, une fille du nom de Navarre, échappée du harem du maréchal de Saxe*. Cette équipée, s'il avait pu en être témoin, eût, à coup sûr, chagriné Vauvenargues, qui s'intéressait à cet enfant, ainsi que nous le verrons plus loin, et l'avait pris, au régiment, sous son patronage. « Louis-
« Alexandre, ajoute Lucas-Montigny, compromis sérieusement par ce triste
« mariage, mais bientôt veuf, quitta la France, et prit du service en Alle-
« magne ; devint grand-chambellan et conseiller-privé du margrave de Bran-
« debourg-Bareuth ; épousa une jeune Allemande, Julienne-Dorothée-Sylvie,
« née comtesse de Kunsberg, et mourut prématurément, sans postérité, le
« 21 juillet 1761. » — G.

plaisir. Je crois que vous êtes bien aise de recevoir de mes nouvelles, si j'en juge par l'empressement que j'ai de recevoir de vos lettres ; cette règle n'est pas sûre, mais elle est flatteuse pour moi, et je m'en sers.

---

5. — MIRABEAU A VAUVENARGUES.

De Mirabeau, ce 13 septembre 1737.

Vous savez assez, mon cher Vauvenargues, que, quand je loue quelqu'un, ma sincérité prévaut sur mon goût ; de ma méchanceté, le duc de Durfort m'a mandé que vous en étiez convenu avec lui ; je n'en conviens cependant pas tout à fait, moi, quelque soumission que j'aie d'ailleurs pour vos sentiments. Voici mon cas : quiconque veut définir, dans ce monde, peut s'attendre à faire moins de beaux portraits que de vilains ; je m'en suis mêlé, et ai préféré la vérité à tout ; voilà ce qui me donne la réputation de méchanceté. J'ai dit le bon où il s'est trouvé, et rien de plus ; voilà pourquoi je l'ai dit rarement. Du reste, c'est plus le tour qu'autre chose qui m'a mis en réputation sur cet article, que j'épuiserai dans une autre lettre ; j'ai voulu vous en dire seulement ceci, parce que je l'avais sur le cœur, le duc de Durfort m'ayant mandé que vous étiez convenu avec lui que j'étais le plus méchant homme du monde. Quant à ce que vous me dites de l'impression de mes lettres, ce serait vous moquer de moi, si vous me croyiez assez sot pour y donner ; mais, cela n'étant pas, vous vous réjouissez simplement. Non, mon ami ; c'est ordinairement la vanité plus que l'esprit que l'on imprime dans ce genre, et, quant à cette qualité (c'est de la vanité que je parle), j'en ai trop dans mon temps [1], pour qu'il m'en reste après moi..........
....

C'est le petit que je range sous vos drapeaux : je lui recommanderai de mériter votre amitié ; cela renferme tout. Votre lettre n'est point obscure ; rarement on tombe dans ce défaut, quand on ne veut point paraître plus que son naturel. Si vous trouvez l'empressement de notre commerce trop ennuyeux, c'est à vous à en régler les pauses ; je suis dans l'habitude de répondre sur-le-champ à toutes les lettres que je

---

[1] Le marquis se rend, ici, pleine justice. — G.

reçois, et quand je n'y serais pas, je m'y mettrais pour vous. Adieu. mon cher Vauvenargues; je tâcherai de me rendre digne de votre amitié; mais mes sentiments la méritent.

6. — VAUVENARGUES A MIRABEAU.

A Besançon, le 25 septembre 1737.

Je me suis rendu, dans ma dernière lettre, mon cher Mirabeau; je ne me défendrai pas davantage à l'avenir; je vaux quelque chose, puisque vous m'aimez.

Quoi que j'aie pu dire à M. de Durfort, je me rétracte, et je vous fais réparation : vous n'êtes point méchant; vous peignez les gens tels qu'ils sont; c'est le ton que vous donnez à vos paroles qui les rend piquantes : oh! c'est être bon, que cela, et très-bon! Si P. avait de l'esprit, vous le diriez avec plaisir; vous êtes fâché qu'il en manque, et qu'il ne soit pas une femme, car ce serait une femme aimable; il en a toutes les façons. Et pourquoi madame de...... n'est-elle pas un homme? qui est-ce qui en a mieux les traits? Ce qui lui manque, c'est un rien : la nature, bizarre dans ses productions, en laisse quelques-unes d'imparfaites; on le voit avec douleur, mais on le voit; faut-il se crever les yeux au bout de tout cela? Je laisse tous les noms en blanc, pour que vous ayez le plaisir d'en trouver dix, au lieu d'un. Adieu, mon cher Mirabeau, écrivez-moi; vous ne sauriez trop presser vos réponses. Je ne vous louerai plus de bien écrire, puisque votre modestie en est blessée, mais je ne puis être contraint en tout : vos lettres me font un plaisir sensible; il m'est impossible de vous le cacher.

Nous attendons votre frère; il doit être sûr de mes sentiments; pour les faire naître dans les autres, il n'a qu'à vous ressembler.

---

[1] Cette initiale désigne, vraisemblablement, un certain *Pépin* qui devait être un personnage singulièrement ridicule, et qui, dans les lettres suivantes,

7. — MIRABEAU A VAUVENARGUES.

De Mirabeau, ce 14 octobre 1737.

J'ai fait un voyage de trois semaines à Marseille, mon cher Vauvenargues, qui a dérangé mes lettres, et causé du retardement dans la réponse que je vous devais.

Je conviens du principe : vous valez quelque chose, puisque je vous aime ; oui, et j'y ajoute même que, par cette raison, vous valez beaucoup. Vous prenez le ton de l'ironie sur ma qualité de méchant ; je ne m'y laisse point attraper ; tout ce que je puis faire pour votre service, est de ne prétendre pas être déclaré bon, et bon par excellence. Et, non, je vous en quitte ; mais je ne veux pas absolument être admis dans le catalogue des méchants. Je fais la peinture des hommes ; je passe pour méchant ; je devrais passer pour vrai ; mais il leur est plus commode de penser mal de moi, que d'eux. Je dis que vous avez du mérite en tout ; que Monclar [1] est très-aimable ; il y a comme cela plusieurs personnes à l'abri du *mais*. Je dis ensuite que le duc de Durfort aime à plaire, mais qu'il aime encore plus à persuader qu'il a plu ; qu'il a de la raison, mais qu'il s'en sert rarement ; que Crillon [2] est charmant, mais superficiel, se souciant plus de plaire que d'être estimé ; ainsi de plusieurs autres : voilà la seconde catégorie. Je dis ensuite que Mons a de l'esprit, mais dur, sans conduite, sans ombre et sans raison ; que Saint-Tropez a le cœur bon, mais qu'il a la cervelle totalement dé-

---

défraiera plus d'une fois la bonne humeur de Vauvenargues. (Voir les Lettres 19ᵉ, 21ᵉ et 34ᵉ.) — G.

[1] Voir la dernière note de la 2ᵉ Lettre. — G.

[2] « Ce que tu me dis de la prudence humaine est toujours sous mes yeux :
« Crillon est un bon diable, mais fol et bouffon, de la pire des manières, qui
« est de se dépriser soi-même... Né ruiné, il épouse une aventure portugaise ;
« il en tire deux fils, les plus sensés de leur temps. Il mange tout ; une grand'-
« mère laisse de quoi vivre à ses enfants. Il épouse une fille entretenue par
« son perruquier, et, ne pouvant plus paraître, il passe en Espagne. Veuf,
« il reparaît, à 60 ans ; il épouse une Péruvienne, nouvelle débarquée, qui ne
« savait pas un mot de français, et qui se trouve une femme de mérite, et très-
« aimable... Ses garçons aînés se marient sans secours, l'appuient aujour-
« d'hui, et le guident. Et cet homme aura pris Mahon, est capitaine-général,
« grand d'Espagne, et va avoir sous ses ordres un Fils de France !.... A la
« vérité, pour qui connaît Crillon, le cas est rare, et, peut-être, unique ;
« mais crois-tu que le mot du cardinal Mazarin : *Est-il heureux?* fût d'un
« sot ? Le mérite est bon pour celui qui le porte, s'il est complet ; mais,
« pour la fortune, il n'est rien, et bon à rien. » (*Lettre inédite du Marquis à son frère le Bailli de Mirabeau; du Bignon, le 7 janvier 1782.*) — G.

rangée : voilà la troisième. La quatrième enfin? oh! elle est trop vaste, laissons-la. Adieu, mon cher Vauvenargues; écrivez-moi le plus souvent que vous pourrez; quand je dis que vous pourrez, sans bâiller, et croyez que rien ne me fait tant de plaisir que vos lettres et votre amitié.

8. — VAUVENARGUES A MIRABEAU.

A Besançon, le 27 octobre 1737.

Puisque vous me trouvez du mérite, mon cher Mirabeau, il faut bien que je convienne que vous êtes bon; oui, vous êtes bon, je le répète, et je le dis sans ironie. Mons et M. de Durfort sont caractérisés, dans votre lettre, par les traits les plus naturels; je ne connais pas Saint-Tropez; on pourrait changer quelque chose à la peinture que vous faites de Crillon; vous rendez justice à Monclar; il est aimable; je doute seulement qu'il soit aimé. Adieu, mon cher Mirabeau; je précipite ma main et mes pensées, pour vous écrire ces lignes; j'ai mille affaires aujourd'hui. Pourquoi, me direz-vous, ne pas attendre un autre jour? C'est que je craindrais que ma lettre ne vous trouvât plus en Provence. Adieu, encore une fois; je vous embrasse, je vous aime; je meurs d'impatience de vous voir. Conservez-moi votre amitié et vos bontés; je suis sans réserve à vous.

9. — MIRABEAU A VAUVENARGUES.

De Paris, ce 14 janvier 1738.

Votre exactitude [1] m'assure de votre amitié, mon cher Vauvenargues car autre chose chez moi ne peut l'attirer. Pour moi, quoique l'esprit seul me demande de vos lettres, croyez que c'est le cœur qui me donne cet empressement à vous répondre, car je suis maintenant dans le

---

[1] Ce mot seul indique qu'entre cette lettre et la précédente, plusieurs autres avaient dû être échangées, qui manquent, malheureusement, au recueil que nous avons entre les mains. — G.

grand brouhaha; mais, où que je puisse être, vos lettres me feront toujours un grand plaisir. Comptant sur la sincérité que vous m'avez promise, les nouvelles que vous me donnez de mon frère me charment fort; je m'en fierai à vous sur ce principe, sachant, d'ailleurs, que, pourvu qu'il vous plaise, il est tel que je le souhaite. Je savais que M. votre père [1] n'était plus dans la rue d'Orléans, mais je n'avais pu encore savoir où il était. Je pars pour Versailles; à mon retour, je l'irai voir, et vous en dirai des nouvelles positives; l'on m'a dit que, dans son premier logement, il était très-retiré. Je vous remercie de vos souhaits pour moi; quand on approche, on trouve tout bien difficile; Dieu nous soit en aide! Adieu, cher Vauvenargues; mon amitié pour vous ne connaît point de bornes [2].

10. — LE MÊME AU MÊME.

De Paris, ce 19 avril 1738.

Dès que la promotion fut faite, mon cher Vauvenargues, nous convînmes, Crillon et moi, que nous attendrions la nomination des régiments, pour nous condouloir ou nous réjouir avec vous; nous ne pensions pas alors que cela dût aller si loin, et cela, joint aux occupations que cette affaire m'a données, a occasionné mon silence. Crillon a obtenu; je suis resté comme j'étais; nous pouvions avoir tous les deux, mais je suis charmé qu'il ait réussi. Six ans de service que j'avais de plus que lui [3] ne me donnent pas de jalousie, car il est bien plus propre à la cour que moi; il est vrai que comme c'est par là qu'il veut faire son chemin, à un établissement près, qu'un régiment lui procurera plus avantageux, il ne lui importe pas tant qu'à moi, qui veux me faire connaître par la guerre seulement. Votre régiment est bien traité, dans cette occasion-ci, et le plus ancien des demandants en a eu, parce que

---

[1] Joseph de Clapiers, seigneur de Vauvenargues et de Claps, né le 12 janvier 1691, mort le 30 avril 1762. Premier consul d'Aix (1720-21), pendant la peste qui enleva à cette ville près de 8,000 habitants, au milieu de la désertion générale, il resta à son poste, avec un seul de ses collègues, l'assesseur Joseph Buisson. C'est en récompense du courage qu'il montra et des services qu'il rendit alors, que la seigneurie de Vauvenargues fut érigée en marquisat. Un tel homme méritait d'avoir un tel fils. — G.

[2] Nous n'avons pas la réponse de Vauvenargues à cette lettre et aux trois suivantes. — G.

[3] Mirabeau était entré au service en 1729. — G.

l'on en donnait à des jeunes. Pour moi, dans les vues d'ambition que j'ai, non pas de grades, car, chaque jour, ils deviennent plus médiocres, mais de réputation, je me trouve furieusement dérangé, et je ne suis pas encore sûr du parti que je prendrai. Adieu, mon cher Vauvenargues; pardonnez-moi cette petite absence, et aimez-moi.

---

11. — LE MÊME AU MÊME.

De Paris, ce 30 avril 1738.

Je vous suis bien obligé, mon cher Vauvenargues, de la part que vous prenez à mon chagrin : il ne m'a pas un seul moment fait songer à quitter; j'ai voulu toujours rester dans la passe. L'ambition me dévore, mais d'une façon singulière : ce n'est pas les honneurs que j'ambitionne, ni l'argent, ou les bienfaits, mais un nom, et, enfin, d'être quelqu'un; pour cela, il faut être dans un poste. Cette espèce d'ambition m'a fait retourner de bien des côtés, et au point que, si, dans la conjoncture présente, j'avais voulu un régiment dans un service étranger, je savais où le trouver; mes amis et ma famille s'y sont opposés. On m'a représenté que j'avais trop de bien dans ce pays-ci, pour prendre un pareil parti; j'ai cédé; il a donc fallu tâcher de se mettre, ici, à même d'aller son chemin; je l'ai fait, et, dans peu, vous verrez si je vous trompe; je ne saurais vous en dire davantage à présent. Quant à la flexibilité, elle n'est nulle part moins que chez moi. J'ai vu M. votre père chez Mme de Valbelle [1]; il a vingt-cinq ans de moins qu'à Aix, un visage plein et frais; je ne le reconnaissais pas; je ne puis vous en dire plus, car je ne l'ai point vu chez lui. Tout ceci m'a furieusement dérangé, et puis, j'ai encore des affaires plus particulières. Adieu, mon cher Vauvenargues. Que l'on est heureux lorsqu'on est aussi philosophe que vous l'êtes!

---

[1] Marguerite-Delphine de Valbelle-Tourves. Elle avait épousé, en 1723, son cousin André-Geoffroy de Valbelle, marquis de Rians, baron de Meyrargues, etc.; ce mariage avait réuni les deux dernières branches de la maison de Valbelle, dont le dernier représentant mâle fut mis à mort, à Marseille, pendant la Terreur, en 1794. — G.

12. — LE MÊME AU MÊME.

De Paris, ce 20 mai 1738.

Il me semble, mon cher Vauvenargues, que je vous dois une réponse. J'ai été à la campagne ; ajoutez à cela les différents mouvements d'un homme battu de l'oiseau de tous côtés, et vous conviendrez que cela doit bien faire pardonner un peu de manque d'exactitude. J'ai vu M. votre père, chez lui ; il paraît bien tranquille, et il est joliment logé, mais dans un quartier triste ; je lui ai offert de venir dans le mien, car je ne suis pas où vous m'adressez vos lettres, et de lui donner là des sociétés qui lui conviendraient, et où je vous mettrais, si vous veniez dans ce pays-ci, comme il m'a dit que cela pourrait bien être.

Vous me demandez mes desseins ; mon cher, en voici le résultat : j'épouse Mlle de Nesle, l'aînée de celles qui sont à marier. Elle est encore au couvent, n'ayant jamais voulu en sortir, pour aller ni chez Mme de Lesdiguières, ni chez Mme de Mazarin ; on la dit du meilleur caractère du monde. La différence d'elle à ses sœurs est bien grande, en ce que, si Mlle de Durfort, enfant de trois ans, venait à mourir, elle hériterait des biens de la maison de Mazarin ; d'ailleurs, Mme de Mailly, sa sœur, qui, comme vous savez, est la sultane favorite [1], déteste ses autres sœurs, parce qu'elles dépendent de Mme de Mazarin, avec qui elle est à couteau tiré, pour des tracasseries de cour, et le Roi suit les mêmes impressions. La sultane n'aime donc que celle-ci, d'ailleurs alliée à toute la cour qui s'en fait honneur, cousine de M. de Maurepas, et de M. de Saint-Florentin [2] ; de plus, elle viendrait en province. Tout cela, dans l'idée où je suis d'aller, m'a déterminé de ce côté-là, plutôt que de celui des grands biens, qui m'obligeraient tout d'un coup à lever maison ici, et qui, dans deux générations, seraient partagés entre tous les cadets. Ne parlez pas de cela, mon cher, jusqu'à ce qu'il soit public. Adieu ; aimez-moi un peu.

---

[1] Louise-Julie, comtesse de Mailly-Nesle, née le 16 mars 1710, morte le 30 mars 1751. Elle était sœur aînée de Mesdames de Vintimille, de Lauraguais, et de la Tournelle, depuis duchesse de Châteauroux, qui, comme elle, furent successivement maîtresses de Louis XV. Cette lettre de Mirabeau fait remonter, au moins jusqu'aux premiers mois de 1738, le règne de cette favorite, que Beuchot, dans son édition de Voltaire, remet, à tort, au milieu de l'année suivante. — G.

[2] *Jean-Frédéric* Phelypeaux, comte de Maurepas, ministre sous Louis XV, et sous Louis XVI ; *Louis* Phelypeaux, comte de Saint-Florentin, puis duc de La Vrillière, ministre sous Louis XV. — G.

13. — LE MÊME AU MÊME.

De Paris, ce 6 juin 1738.

Vous pouvez, mon cher Vauvenargues, rengaîner votre compliment; mon mariage est rompu. Comme il a été public, quelqu'un a donné des conseils à Mlle de Nesle, dans le temps qu'on allait en avant; elle a dit que la province lui faisait peur. Nous ne les avions pas été chercher, comme vous savez. Mme de Mazarin a été outrée qu'on l'eût fait avancer, pour la dédire. Pour moi, comme il y 'avait autant pour que contre, l'événement m'a été fort indifférent; mon résolu était pris, et je me trouve à mon aise de ce dont cela m'eût obligé de me rétrécir; d'ailleurs, la nature m'ayant décoré d'une volonté, et d'une volonté décidée, je ne me trouvais point à mon aise d'imaginer que je serais despotiquement conduit par cinq ou six différentes personnes : allez, venez, partez! Enfin, tout bien considéré, je comptais la chose comme faite, et mon parti était pris; mais je regarde comme un bonheur un évènement qui m'en tire, sans que l'on puisse me l'imputer. Je ne serai point ici, quand vous y viendrez, car je compte partir au plus tôt. Tout ceci m'a rendu la nouvelle de la ville : mille gens penseront à moi, qui ne me connaissaient point, et, quand on le saura rompu, je serai accablé de propositions de toutes les espèces[1] ; mais j'ai rattrapé ma liberté. Adieu, mon cher ami; si vous voulez que votre lettre me trouve, écrivez-moi bientôt, car je partirai. Dites-moi quelque chose de mon frère. Je vis, l'autre jour, monsieur votre père, chez Mme de Valbelle ; il me parut bien portant. Adieu, cher ami, je vous embrasse. Brûlez, je vous prie, mes lettres qui vous parlent de cela, et ne les montrez à personne.

---

14. — VAUVENARGUES A MIRABEAU.

A Besançon, le 13 juin 1738.

Le mariage qu'on vous proposait, mon cher Mirabeau, m'avait paru avantageux, pour vous, et pour mademoiselle de Nesle; mais vous avez plus de lieu d'être surpris qu'il soit rompu, que d'en être fâché, et je suis vos sentiments.

[1] On voit que Mirabeau trouvait toujours moyen de sauver sa vanité. — G.

J'aime votre amour pour la liberté; elle est mon idole[1], et j'ai peine à concevoir que l'on soit heureux sans elle. Nous sommes jeunes, mon cher Mirabeau; et, quoique la vie soit courte, elle peut sembler bien longue, dans de certains engagements; aussi, je crois qu'on n'en doit prendre que par raison, et le plus tard qu'on peut. Vous serez peut-être à portée, dans dix ans d'ici, de faire un meilleur mariage. Celui dont il est question avait des faces riantes; j'entrais dans vos espérances; je m'en faisais un sujet de joie; mais je les perds sans regret, et j'en conçois de plus grandes.

Votre frère a été à la citadelle, pendant huit ou dix jours, pour quelque mutinerie contre M. de Misère[2]; il en est sorti hier matin. Il est ferme dans ses idées, et sa volonté est aussi décidée que la vôtre; c'est le seul défaut qu'on puisse lui reprocher, car il est aimable et raisonnable. Je lui fis, hier, une grande morale; mais je ne le vois pas souvent; on lui a donné de moi une idée fausse et désavantageuse. Je ne puis obtenir de lui qu'il vienne dîner à l'auberge[3].

. . . .

---

15. — MIRABEAU A VAUVENARGUES.

(Fin de juillet 1738.)

..... Il mérite qu'on se transplante, pour se rapprocher de lui; car il a, outre cela, une société choisie. Il demeure rue Bergère, quartier de la Nouvelle-France, au-delà du boulevard; vous pouvez lui aller faire mes compliments; il est chez lui tous les après-midi. Je lui ai parlé, et je lui écris sur votre compte, de manière à lui faire souhaiter votre connaissance, car je vous aime tous deux, et je pense que vous me remercierez l'un et l'autre. C'est l'homme le plus franc et le plus ouvert

---

[1] Voir les Lettres 22e et 24e, où Vauvenargues déclare de nouveau qu'*il n'aime pas la contrainte.* — G.
[2] Officier au régiment du Roi. — G.
[3] Dans le manuscrit, il y a, ici, une lacune de plusieurs pages. — G.

qu'il y ait au monde, et vous ne devez pas craindre l'abordage [1]. Adieu, mon cher Vauvenargues; divertissez-vous, et n'oubliez pas vos amis.

16. — VAUVENARGUES A MIRABEAU.

A Paris, le 4 août 1738.

Je voudrais bien, mon cher Mirabeau, pouvoir vous oublier quand vous êtes absent; mais cela n'est pas possible, et vos soupçons me font tort. Votre amitié m'est trop chère, elle m'est trop avantageuse, et je vous ai trop connu; n'êtes-vous pas rassuré?

J'ai vu, hier, M. de Saint-Georges; je lui ai trouvé ces dehors simples, qui siéent si bien aux esprits supérieurs; il me reçut poliment, comme un homme qui venait de votre part. Je fus une heure chez lui; nous ne parlâmes que de vous; ce début était heureux pour moi, car nous fûmes d'accord sur tout, et nous ne nous ennuyâmes point; la conversation fut vive; elle était intéressante, et le sujet inépuisable; enfin, mon cher Mirabeau, je vous dois mille amitiés, et mille remerciements. Vous êtes trop bon et trop aimable d'avoir songé, dans votre éloignement, à m'en dédommager un peu : vous ne pouviez me donner une meilleure connaissance, plus agréable, plus utile; et que souhaiter de mieux? Un homme qui a beaucoup d'esprit, un homme qui est de vos amis, un homme qui me parlera de vous, et à qui j'en pourrai parler? tout est compris là-dedans. Adieu, mon cher Mirabeau; comptez sur ma reconnaissance et sur ma sincérité.

Songez-vous à venir ici, ou à retourner en Provence, quand vous aurez un congé?

---

[1] Le bailli de Mirabeau ne partageait pas l'enthousiasme de son frère pour le marquis de Saint-Georges, dont il est ici question : « Si tu t'étais « cassé une jambe, la veille du jour qu'un chien de violon, et l'envie de danser, « te firent connaître M. le marquis de Saint-Georges, tu aurais été bien heu- « reux, car ce fut lui qui te maria, te dégoûta du service, et t'engoua de « Paris, où un homme de qualité, qui ne va pas à la cour, est toujours dé- « placé. » — (*Lettre inédite du bailli au marquis de Mirabeau, du 7 septembre 1779.*) — G.

17. — MIRABEAU A VAUVENARGUES.

De Bayonne, ce 11ème août 1738.

Vous êtes trop flatteur, mon cher Vauvenargues; cette qualité, à mon égard, ne va pas avec la sincérité et l'amitié. Sans celles-ci, voyez dans quelles conséquences je vous mènerais! Je ne veux pas m'y arrêter, car elles vous chagrineraient. Je vous félicite de votre arrivée à Paris : il doit avoir pour vous bien des sortes d'agréments, qu'il n'a pas pour les autres; je n'imagine pas que ce soit à la Foire [1] ou aux Tuileries que vous les chercherez. Peut-être me trompé-je, car il y a partout à apprendre, et la façon de prendre les choses en change bien le point de vue [2]. Je suis persuadé que vous avez été content de M. de Saint-Georges, et qu'il l'aura été de vous. Je ne ferai point le modeste sur cela, et j'avouerai que sa connaissance est une véritable obligation que vous m'avez. Rien ne marque tant ma grande âme que cela, car, vous connaissant, j'aurais dû craindre que vous n'emportassiez auprès de lui une place où je veux primer; mais je préfère à tout l'utilité de mes amis. Plus vous le connaîtrez, plus vous le goûterez. Que je voudrais être avec vous, en troisième, sous son berceau! C'est un homme aimable et excellent; les rayons de sa belle âme rejailliront sur la nôtre. Je ne parle pas ici de ses qualités essentielles, que des gens, qui l'avaient pratiqué long-temps, m'ont fait connaître, et qui vous feront avouer qu'il fait honneur à l'homme; aussi est-ce celui de France que je respecte et aime le plus. Sa famille l'assortit, et vous aimerez tout cela, quand vous le connaîtrez. Adieu, mon cher Vauvenargues; divertissez-vous, et aimez-moi.

Faites, je vous prie, mes compliments à M. votre père.

---

[1] Théâtre fort en vogue, parmi les *petits-maîtres* d'alors, bien qu'on n'y jouât que des farces et des pantomimes. Ce théâtre, fondé en 1595, dans l'enceinte de la foire Saint-Germain, d'où lui vint son nom, a duré jusqu'à la fin du 18ᵉ siècle. — G.

[2] Mirabeau se trompe, en effet. Vauvenargues n'allait guère au théâtre de la Foire, mais il allait souvent aux jardins publics, aux Tuileries, au Luxembourg, et il *y prenait les choses à son point de vue.* (Voir la 40ᵉ *Réflexion*, Sur les misères cachées.) — G.

18. — VAUVENARGUES A MIRABEAU.

A Paris, le 6 septembre 1738.

Je suis flatteur, mon cher Mirabeau, comme vous êtes méchant. Vous dites la vérité ; j'avoue que c'est un défaut, mais vous l'avez plus que moi ; je ne loue pas le bien comme vous blâmez le mal ; mes louanges sont toujours fort au-dessous de ma pensée, et, si vous les condamnez, vous faites votre procès. Je n'ai vu M. de Saint-Georges que deux fois : je me reproche cette négligence, quoiqu'elle soit appuyée sur quelques raisons ; j'irai le voir aujourd'hui, et j'espère être, un jour, à même de former plus de liaison avec lui. Mon père vous fait mille compliments ; il se prépare à quitter ce pays-ci. Adressez-moi, je vous prie, votre première lettre à Aix ; nous y serons à la fin de ce mois, si quelque chose ne vient à la traverse. Encore un mot de M. de Saint-Georges : j'ai un regret infini à l'avoir connu si tard ; je sens le prix de cette connaissance ; mais je n'admets point ce que vous dites de votre prétendue générosité : vous connaissez trop votre ami, pour craindre des préférences, et vous en êtes trop connu. Adieu, mon cher Mirabeau ; je devrais avoir quelque honte de vous répondre si tard ; mais on est dégoûté d'écrire après avoir lu vos lettres ; on y songe plus d'une fois[1].

19. — LE MÊME AU MÊME.

A Aix, le 9 novembre 1738.

J'ai retardé ma réponse, mon cher Mirabeau, pour vous donner le temps d'arriver à Paris : je présume que vous y êtes actuellement, et je souhaite fort d'avoir de vos nouvelles. Il n'y en a pas de récentes dans ce pays-ci. On n'y est

---

[1] A cette Lettre, et aux trois suivantes, les réponses de Mirabeau manquent. — G.

occupé que de M. de Villars¹, et des plaisirs qu'il promet cet hiver. Il fut reçu avec de grandes démonstrations de joie ; on lui prodigua les louanges : des moines lui dirent hardiment qu'il marchait sur les traces de son père, qu'il surpasserait sa gloire, qu'il serait maréchal avant son rang, et autres choses semblables. Pépin fut le voir dans son lit, Pépin qui serait le rival des femmes d'Aix, s'il n'avait pas de la barbe ; il lui dit qu'il venait lui faire sa cour en particulier ; il lui demanda une grâce : il était charmé de sa frisure ; il le supplia de lui prêter un valet de chambre, le sien n'ayant point cet art pour arranger les cheveux ; Pépin se serait fait raser s'il n'avait pu l'obtenir ; il avait été un jour entier à sa toilette, et il n'avait pu réussir, etc., etc. M. de Villars prévint son désespoir ; il lui promit de lui prêter son valet de chambre. Pépin, au comble de ses vœux, avoue qu'il est pénétré d'une si grande bonté, il sort, tout hors de lui-même, et va dire à tout le monde qu'il sera, cet hiver, favori de ce duc, et vous savez qu'il vaut mieux être son favori, que sa maîtresse². Cependant, M. de Vence³ a tout pouvoir sur son esprit ; mais Pépin lui disputera son cœur ; il l'a suivi à Marseille. M. de Villars demandait où se tenait l'Académie : un Marseillais répondit que c'était au

---

¹ Honoré-Armand, duc de Villars, fils du célèbre maréchal, succéda à son père dans le gouvernement de Provence ; il mourut à quelques lieues d'Aix, au château des Aygalades, le 27 avril 1770, laissant une réputation équivoque. Il manquait, dit-on, de bravoure, et ses mœurs étaient, au moins, suspectes : « Il était taxé, dit Bachaumont (*Mémoires secrets de la République des Lettres*, « tome 5, page 108), d'un vice qu'il avait mis à la mode à la cour, et qui lui « avait valu une renommée assez étendue. » Dans le poème de *la Pucelle*, Voltaire fait allusion à ce bruit généralement accrédité (Ed. Beuchot, tome 11, page 418). On lui reprochait aussi d'avoir apporté et répandu, dans son gouvernement, la passion du jeu. Enfin, voici son oraison funèbre, dans une lettre inédite du bailli de Mirabeau au marquis : « M. de Villars est mort vendredi passé. Son existence « avait perdu les mœurs, et ruiné, par le jeu le plus effréné, cette province, « que ce même jeu avait peuplée de fripons. Sa charogne exciterait une sédition, « si le nerf n'était pas coupé chez les Provençaux, comme chez les autres. » —G.

² Pour l'explication de cette plaisanterie, voir la note précédente. — G.

³ Alexandre-Gaspard de Villeneuve, marquis de Vence, marié, en 1723, a Madeleine-Sophie de Simiane. Sa fille, comme nous le verrons dans la suite de cette Correspondance, épousa Jules Fauris de Saint-Vincens, ami de Vauvenargues. — G.

Marché au Foin. — Ces messieurs, dit M. de Vence, attraperont une indigestion ! (C'est que les ânes ne mangent que de la paille.) — On applaudit à ces paroles, et on dit à M. de Vence : eh bien, Monsieur, vous en serez ! — Ce ne fut pas parole en l'air ; il a été, en vérité, bien agréé, et il prépare son compliment. Tout cela se passait à table. On raconte qu'au même repas, un évêque dit des ducs qu'ils étaient des impertinents, qu'ils se laissaient appeler *Monseigneur*, et que cela était misérable ; M. de Villars répliqua qu'il faudrait qu'on fît un livre pour enseigner à se taire. On dit encore qu'à Marseille, une fille présenta sa mère, et que M. de Villars les pria à dîner : la demoiselle n'était pas habituée à boire, elle avait peut-être d'autres habitudes ; le vin lui porta à la tête ; elle parla beaucoup à table. On commença un lansquenet, elle y joua ; M. de Villars lui disait : Que faites-vous, mademoiselle ? — Je suis à un écu, monsieur le duc. — Cette réponse fit rire. Adieu, mon cher Mirabeau ; voilà bien des pauvretés : si vous y prenez intérêt, il n'y aura pas grand mal. Voyez madame de Valbelle, elle est instruite de tout ; elle a des nouvellistes qui entrent dans les détails, et qui les rendent mieux que moi. Je vous embrasse mille fois.

20. — LE MÊME AU MÊME.

A Aix, le 30 novembre 1738.

Je suis fâché, mon cher Mirabeau, que la fièvre vous ait arrêté à Bordeaux, et je suis charmé que les plaisirs vous y retiennent : tous les événements de votre vie me trouvent également sensible ; je crois que vous n'en doutez pas. Il me paraît que vous ne regrettez point Paris, et que vous ne songez pas encore à vous en rapprocher ; je n'en suis nullement surpris : j'ai fort ouï parler des richesses de la Guyenne, et des agréments qui s'y trouvent attachés ; le nom de M. de Montazet ne m'est pas inconnu non plus, ni leur maison.

Vous trouverez à Paris une de mes lettres qui doit y être depuis plus de quinze jours; elle est de quatre pages, au moins; ce sont toutes les tracasseries de Provence. Je ne sais si je vous y ai mandé ce que madame du Prat dit à M. de Villars : Monsieur, ce doit être une grande satisfaction pour madame la maréchale d'avoir un fils si bien élevé! et, dans une autre occasion qu'il lui servait une aile de perdrix : Monsieur, gardez-la pour vous! On ferait un volume des sottises qui se disent, si l'on avait de la mémoire. Le chevalier de Bras[1], qui est un aimable, était à l'église avec M. de Villars; la messe ne sortait point. — Monsieur, dit le chevalier, si nous avions l'honneur d'accompagner M. de Noailles, nous n'attendrions pas si longtemps! — Ce bon mot fut mal reçu : le duc de Villars lui répondit qu'il lui passait trois sottises par jour, et qu'il le priait de tenir compte. C'est ce même chevalier de Bras à qui d'Anthoine[2] disait, devant M. de Richelieu, que sa mère était morte d'amour. — Monsieur, lui répondit Bras, ma mère a été bien malheureuse; chacun sait que la vôtre en vit! — Il y eut, ces jours passés, un combat singulier qui fait grand bruit dans le monde; mais nommez les combattants? Je vous le donne en dix mille, et vous n'y viendrez jamais[3]. Ces messieurs prirent querelle chez madame de Bourbon; ils sortirent de la ville; les épées brillaient en l'air, le sang allait se répandre, mais d'Aymar[4], que Dieu guidait, se trouva derrière eux, et se jeta au milieu. On dit qu'il les avait suivis, que ce fut une inspiration, que personne n'y avait pensé. Ces messieurs ne s'étaient jamais battus; ce fut le plus grand bonheur du monde; un d'eux pourtant est blessé au doigt : on dit qu'il se l'était mordu, pour s'être engagé si avant; mais c'est une médisance, et il le faut laisser

---

[1] De la famille parlementaire des Villeneufve, barons d'*Ansouis* et de *Bras*, éteints depuis la Révolution. — G.

[2] D'Anthoine-Venel, fils d'un conseiller à la cour des Comptes de Provence. — G.

[3] Voir la lettre suivante. — G.

[4] Lieutenant-viguier, chargé de la police à Aix. — G.

jouir de ce petit honneur; il n'en abusera pas. N'abusez pas non plus de ce que je vous dis, et conservez-moi votre amitié. Je vous suis fort obligé de l'intérêt que vous prenez à mes plaisirs; vous me dites que vous valez mieux que vous ne faisiez autrefois; je n'ai pas de peine à le croire, parce que je n'ignore pas l'usage que vous faites du temps. Pour moi, j'empire tous les jours, depuis que je ne vous vois plus, et vous me faites trop d'honneur de me regretter quelquefois. Dites-moi, sincèrement, si vous lisez mon écriture; il y a tant de gens qui s'en plaignent, que, si je devenais riche, j'aurais d'abord un secrétaire. Adieu, mon cher Mirabeau.

21. — LE MÊME AU MÊME.

A Aix, le 24 décembre 1738.

S'il est vrai, mon cher Mirabeau, que vous estimiez la modestie, ne me louez point, je vous prie, comme vous faites; n'étouffez pas une vertu que vous aimez, ou ne me louez que par votre amitié : c'est une louange qui m'est chère, et que je ne refuse point; elle balance dans mon cœur le sentiment de mes défauts; mais n'y joignez pas l'art des paroles; vous me rendriez trop orgueilleux, et j'en serais plus méprisé. Je n'ai rien pour faire illusion aux autres hommes, comme à vous; l'amitié n'a pas mis son voile sur leurs yeux; ils me voient nu. Si je me remplissais de l'opinion que vous me donnez de moi-même, ne trouvant rien autour de moi qui la démentît, je serais le plus malheureux de tous les hommes. Il y a des humiliations que le mérite soutient; mais la vanité les aggrave; elle les rend plus sensibles. Pour vous, mon cher Mirabeau, vous ne courez aucun risque à vous livrer aux gens qui vous approuvent, et votre délicatesse, là-dessus, est déplacée; vous trouvez partout les mêmes sentiments, et si vous en étiez moins touché, vous auriez plus d'ingratitude que de modestie.

Je vous trouve fort heureux d'être à portée de voir M. de Montesquieu, et d'entendre parler un homme qui a si bien écrit. On ne présume pas qu'il ait, dans la conversation, tout l'esprit qui paraît dans ses ouvrages; il aurait trop d'avantage sur les autres hommes; mais cela ne gâte rien, et l'amour-propre y souscrit.

Je suis fâché que vous ayez perdu ma première lettre, puisque vous aimez les impertinences; elle en était toute remplie. Vous avez deviné un des héros du duel? c'est être bien pénétrant : il y avait tant de gens, à Aix, que vous pouviez nommer! Le champion de Pépin, c'est d'Arbaud[1]; mais ne me citez pas, je vous en prie : puisqu'ils se sont battus une fois, ils pourraient bien se battre encore, et je n'aime pas assez la gloire pour la défendre contre tous ses ennemis; leur nombre m'intimide trop. Il y en a peu cependant qui lui fassent une guerre ouverte, et Pépin disait, l'autre jour, qu'aux occasions où elle est intéressée, il ne se possède pas. Il contait, à ce sujet, que madame d'Agut[2] fut insultée dans la rue; vous connaissez sa figure : elle défend son honneur; aussi ne l'attaquait-on pas; l'insulte ne pouvait avoir rien d'engageant. Elle se jette dans la maison de madame de Broglio[3], criant : Je viens d'être insultée! on assassine l'abbé Blanc! Elle dit, et s'évanouit. — Pépin jouait au quadrille; il met l'épée à la main, et vole au secours de l'abbé, mais il ne trouvait point la porte; un paravent la lui cachait, il se jette tout au travers, et le perce de mille coups. Dans ce temps-là, voilà l'abbé qui entre, et qui rassure tout le monde : on eut bien envie de rire. Mais que pensez-vous de Pépin? Si l'on mettait ce caractère sur le théâtre, croirait-on qu'il est pris dans la nature?

Vous ne vous plaindrez pas, pour cette fois, de ne pas voir assez de mon écriture; j'ai commencé cette lettre dans

---

[1] Fils d'André-Elzéar d'Arbaud, seigneur de Jouques et de Gardanne, Président au Parlement de Provence. — G.

[2] Femme d'un conseiller au Parlement. — G.

[3] Branche, aujourd'hui éteinte, de l'illustre famille de Broglie. — G.

le dessein de la faire bien longue. Je vous dirai encore un mot de M. de Villars : il s'est déclaré hautement pour madame de Beaurecueil[1]; il en est aux petits soins; mais, à parler franchement, je crains pour lui à la première occasion, car je crois qu'il est brave, jusqu'au dégaîner[2]. Vous comprenez ma pensée; ne me faites pas dire plus que je ne veux; je n'ai en vue que les défauts de son tempérament. Vous savez le séjour qu'il a fait à Marseille : on le reçut à l'Académie; il harangua; il aime à paraître en public. Sa dépense est excessive. Pour ses façons, nous nous en accommodons; on le prie à souper dans les maisons qui représentent; c'est le bon air, et on lui fait plaisir. On dit qu'il déclame, dans tous ces soupers, jusqu'à extinction de voix[3]; cela me rappelle le voyage de Néron en Grèce, lorsqu'il montait sur le théâtre, et qu'il prodiguait sa voix et les trésors de l'empire; mais ce prince était cruel, et M. de Villars ne l'a jamais été; ceux qui l'ont connu dans sa jeunesse peuvent en rendre témoignage. S'il me restait plus de papier, et qu'il fût moins provincial de parler sans mesure de M. le Gouverneur, je vous dirais encore mille choses; ce sera pour une autre fois. Vous n'aurez ma lettre que dans la nouvelle année, qui sera marquée par vos succès et les plaisirs les plus vifs, si la fortune avoue les sentiments que j'ai pour vous, et justifie mes pronostics.

22. — LE MÊME AU MÊME.

A Aix, le 23 janvier 1739.

Je souffrais, mon cher Mirabeau, de n'avoir point de vos nouvelles; mon amitié en murmurait; car vous êtes exact

---

[1] Femme de Laugier de Beaurecueil, conseiller au Parlement. — G.
[2] Voir la 1re note de la page 105. — G.
[3] La correspondance de Voltaire nous apprend que le duc de Villars avait la prétention, assez mal fondée d'ailleurs, de bien déclamer, et qu'il joua même, sur le petit théâtre *des Délices*, le rôle de Gengiskhan, dans l'*Orphelin de la Chine*. (Voir la lettre de Voltaire, datée du 1er octobre 1760, à Mme d'Argental.) C'était, du reste, un goût de famille; car son père, le maréchal, savait par cœur et aimait à réciter les plus belles tirades de Corneille, de Racine et de Molière.—G.

à répondre, et je cherchais la cause de votre silence. Enfin, j'ai reçu votre lettre; elle me fut rendue, hier, fort sale et fort chiffonnée. Vous me faites un plaisir sensible, en me proposant de vous écrire avec confiance : mon esprit se fatiguait à lutter contre sa paresse ; vous aurez moins d'avantage sur mes sentiments ; je crains plutôt d'en avoir trop sur vous. Je ne saurais cependant me plaindre de votre amitié ; il est bien flatteur pour moi qu'elle se soutienne parmi vos langueurs, et qu'elle se sauve de leur contagion. Je vous plains, mon cher Mirabeau, de vous être lié d'une si forte chaîne [1] ; si j'étais auprès de vous, je ferais mettre des chevaux à votre chaise, et je vous mènerais à Paris ; mais je ne m'aviserai pas de vous conseiller de cent lieues, sachant combien les conseils ont peu de force, en pareille occasion ; car, pour moi, je n'ai jamais été amoureux, que je ne crusse l'être pour toute ma vie ; et, si je le redevenais, j'aurais encore la même persuasion. On sent assez qu'on est malade, mais on ne veut pas guérir ; l'âme est remplie de son objet ; les autres ne la touchent point ; on souffre, on connaît son mal, mais on ne saurait s'en distraire. Où trouver d'ailleurs de l'appui, du plaisir, de l'amusement? Le temps fait ensuite ce que la raison et l'esprit ne peuvent pas ; cette pensée nous humilie ; néanmoins, rien n'est si vrai ; alors on rougit de ses folies, et on reprend son caractère, ses vues, ses inclinations. Vous savez, mon cher Mirabeau, comme je pense à votre égard ; mais je ne crois pas que vous ayez assez de force d'esprit pour briser tout d'un coup vos liens, et fuir bien loin de Bordeaux, dans l'état où est votre cœur. Si vous aviez ce courage, j'en prendrais peut-être de la jalousie, et je n'aimerais pas que vous joignissiez cet avantage à ceux que déjà vous avez sur moi. Ainsi, je ne vous dirai rien, et je me bornerai à vous remercier de votre confiance ; l'aveu que vous me faites de votre passion flatte bien ma vanité : vous n'avez pas craint,

---

[1] On verra, dès la lettre suivante, que la *chaîne* n'était pas aussi *forte* que le pensait l'honnête Vauvenargues. — G.

mon cher Mirabeau, d'être ridicule[1] à mes yeux ; vous me confiez un amour qui n'est point du siècle où nous sommes ; vous n'avez point hésité à me croire au-dessus des préjugés ; vous me dévoilez votre cœur ! voilà la vraie amitié ; je reconnais ses procédés et son langage ; je suis sensible à cette aimable franchise, et je n'en perdrai jamais le souvenir.

Il est vrai, mon cher Mirabeau, que je n'aime pas la Provence[2] ; mais ce n'est pas par réflexion ; je haïrais moins ses défauts, si les miens y étaient ignorés ; car je n'ai point cette vertu austère dont vous faites profession ; si l'on m'approuvait davantage, je blâmerais beaucoup moins. Ce que je sens, c'est l'opposition constante qui est entre mon caractère et les mœurs de ce pays-ci. Je ne forme point de plan pour ma conduite à venir ; il y a trop peu d'harmonie entre mon cœur et ma raison ; je suis beaucoup mon humeur, qui est un peu timbrée et chagrine ; je n'aime pas la contrainte, et je cherche à m'en affranchir. J'aurais bien des choses à vous dire sur les projets que vous faites ; mais elles ne sauraient contenir dans une lettre, et j'espère que nous nous verrons avant que vous ayez songé à les mettre à exécution[3]. Je compte être à Paris vers le 15 de mars ; je n'y serai que quelques jours, et je passerai en Flandre, où se trouve le régiment. Si je puis avoir le plaisir de vous embrasser, je vous ouvrirai mon cœur. Adieu, mon cher Mirabeau.

---

[1] Parmi les jeunes gens d'alors, nés au temps de la Régence, l'amour sincère, passant pour un ridicule, n'osait s'avouer, et Vauvenargues, dans ses ouvrages, fait plus d'une fois allusion à cette singulière affectation d'indifférence. — G.

[2] Voir la 48ᵉ Lettre. — G.

[3] Là doivent se trouver les premières marques de dégoût pour la carrière militaire, et les premiers projets littéraires et philosophiques, inspirés au marquis de Mirabeau par M. de Saint-Georges. (*Note de M. G. Lucas-Montigny.*)

23. — MIRABEAU A VAUVENARGUES.

De Bordeaux, ce 7 février 1739.

Je réponds à votre lettre, mon cher Vauvenargues, dans une situation bien différente [1] de celle où j'étais quand je vous écrivis celle qui me l'a attirée. Il s'est passé bien des choses dans mon cœur depuis : le détail en serait trop long, et je vous le ferai, un jour, de bouche ; je m'en souviendrai, car je le regarde comme une époque de ma vie. En voici seulement l'abrégé : engagé par une coquette, d'autant plus dangereuse que ses allures étaient tout opposées à celles que nous leur prêtons ordinairement, je m'étais trouvé surpris par un air de sentiment, et j'étais venu au point d'extravaguer ; je ne me reconnaissais plus, et ma raison ne paraissait qu'assez pour me tourmenter. La réserve avait succédé aux perpétuelles inégalités premières ; on refusait mes lettres, on me parlait de devoir d'état, on me mettait au désespoir. Mes yeux se dessillaient à demi, mais mon cœur n'en était pas moins occupé ; l'humeur noire m'accablait ; je desséchais à vue d'œil. Une dernière algarade me poussa à bout ; je la rembarrai avec cette volubilité et cette vivacité d'expressions que la nature m'a données ; je l'atterrai avec un tel dédain, qu'elle ne trouva pas le mot à dire. Bientôt, un amusement léger et sincère changea tout à coup la face de mon cœur : je m'aperçus, avec étonnement [2], que je ne l'aimais plus, et j'en fus dans une joie sensible. Je retrouve enfin mon âme, ma raison, mes projets ; enfin, je suis moi. Je le lui ai fait sentir au naturel, et j'ai à présent le plaisir de la voir en être fâchée, sans que cela me touche. Voilà pour moi ; parlons maintenant de vous !

Il n'est pas d'un philosophe, mon cher ami, de vivre au jour la journée. Cherchez d'abord à corriger votre humeur, à blanchir vos idées, et imaginez toujours que la gaîté est le fondement du bonheur [3]. Je ne m'arrête point aux préjugés sur cela : il faut rectifier ce qu'il peut y avoir de mauvais dans ses inclinations, et puis, les suivre, sans s'arrêter

---

[1] Les *passions* de Mirabeau ne duraient jamais long-temps, surtout lorsqu'elles rencontraient quelque obstacle. — G.

[2] L'étonnement du marquis peut paraître naïf. — G.

[3] Mirabeau s'adressait mal : Vauvenargues se souciait peu de la *gaîté*, *les personnes enjouées* lui semblaient *un peu plus vaines que les autres;* il aimait mieux *les mélancoliques, qui sont ardents, timides, inquiets, et se sauvent de la vanité par l'ambition et l'orgueil.* (Voir le 23ᵉ chap. de l'*Introduction à la Connaissance de l'Esprit humain.*) — G.

aux façons de penser du profane vulgaire. M. de Montesquieu, marié et Président à mortier, vend sa charge, pour satisfaire son goût pour les sciences; il se fait une réputation flatteuse, se forme un esprit agréable, et, loin que ses affaires dépérissent par ses voyages continuels, de Rome, il dispose de l'arbre qu'il veut qu'on plante à tel coin de sa terre; sa femme exécute, il trouve ses ouvrages faits au retour, et a augmenté considérablement son revenu, dans le temps qu'un misérable casanier se plaint que la terre devient tous les jours ingrate. Montaigne dit que ses parents, voyant son humeur peu stable et son goût pour les lettres, craignirent qu'il ne dissipât son héritage; *mais, si j'avais un garçon,* dit-il, *avec le peu de connaissances que j'ai acquises, je l'aurais bien mis en garde; et si, sans application aucune, ai-je encore accru le mien.* Si vous aviez connu particulièrement le marquis de Saint-Georges, vous auriez su que, du fond de son cabinet, il a augmenté son revenu de 20,000 livres de rente; que cela ne l'empêchera pas de faire connaître à son fils toute l'Europe, et d'être un des plus savants et des plus raisonnables hommes que l'on voie. Nous avons besoin de nous joindre, mon cher ami : vous appuieriez sur la raison, et je vous fournirais des idées. Je ne compte pas aller à Paris, de cet hiver, le régiment étant dans ces quartiers-ci; ce serait un trop long voyage; cependant, j'ai telle chose en train, qui pourrait m'y conduire. Adieu, mon cher Vauvenargues; je vous ferai part de mes amusements, quand je vous verrai; mais je m'occupe trop pour copier. Adieu; *vale et lætare!* et souvenez-vous d'Horace; c'est l'alphabet des sages.

24. — VAUVENARGUES A MIRABEAU.

A Aix, le 1er mars 1739.

Votre dernière lettre, mon cher Mirabeau, me cause une joie sensible : vous étiez sous la puissance d'une cruelle enchanteresse; vous avez su vous dégager; vous avez rompu le charme! Souffrez que j'applaudisse à ce triomphe : je vous ai plaint de vos disgrâces, je prends part à vos succès; ce sentiment est naturel.

Rien n'est si sage et si vrai que les conseils obligeants dont vous m'offrez le secours : corriger son humeur, blanchir ses idées, se former un plan de vie, se conduire par principes, se soustraire aux préjugés, épurer ses inclinations, s'y livrer ensuite hardiment, et ne pas perdre de vue que la gaîté est le vrai bonheur ; voilà, mon cher Mirabeau, l'essence de la morale. Je n'y saurais rien ajouter ; et que pourrais-je vous écrire que vous n'eussiez pensé? D'ailleurs, mes réflexions ne sont pas neuves, ou, s'il y en a qui le soient, elles ne méritent pas d'être mises à côté des autres.

Vous me faites trop d'honneur, en cherchant à me soutenir par le nom de *philosophe*, dont vous couvrez mes singularités; c'est un nom que je n'ai pas pris; on me l'a jeté à la tête, je ne le mérite point; je l'ai reçu, sans en prendre les charges; le poids en est trop fort pour moi.

Ce sont mes inclinations qui m'ont rendu *philosophe*, ou qui m'en ont acquis le titre : si ce titre les gênait, il leur deviendrait odieux ; je ne m'en suis jamais caché : toute ma philosophie a sa source dans mon cœur ; croyez-vous qu'il soit possible qu'elle recule vers sa source, et qu'elle s'arme contre elle? une philosophie naturelle, qui ne doit rien à la raison, n'en saurait recevoir les lois : la philosophie que je suis, ne souffre rien que d'elle-même; elle consiste proprement dans l'amour de l'indépendance, et le joug de la raison lui serait plus insupportable que celui des préjugés. Adieu, mon cher Mirabeau ; adressez-moi votre première lettre à Arras, où je serai à la fin du mois. Monsieur votre frère est ici ; je parle du marin [1] ; car vous savez où est l'autre : nous nous voyons quelquefois; je suis charmé de le connaître.

---

[1] Jean-Antoine-Joseph-Charles Elzéar, chevalier, puis bailli de Mirabeau, né à Perthuis, en Provence, le 8 octobre 1717, reçu chevalier de Malte, le 31 juillet 1720; à douze ans et demi, il entra, dans le corps des galères, comme garde de l'étendard ; enseigne de vaisseau, le 1er avril 1738, lieutenant en 1746, capitaine en 1751 ; gouverneur de la Guadeloupe en 1752. Retiré à Malte en 1761, il est nommé général des galères, après 31 ans de service dans la marine royale, et plusieurs blessures. — G.

25. — VAUVENARGUES A SAINT-VINCENS[1].

A Paris, le 19 mars 1739.

Je suis arrivé ici, mon cher Saint-Vincens, depuis trois jours; je suis accablé de petits soins, je pars demain, je ne puis t'écrire que deux mots; mais, dès que je serai à Arras, je te donnerai de mes nouvelles aussi prolixement que je voudrai; je me reposerai en t'écrivant, je me délasserai, je me satisferai. Présentement, je ne suis pas en état, ni en puissance de t'écrire; je suis chez un homme malade, qui meurt d'envie de se coucher, et qui me presse extrêmement. Je te prie, mon cher Saint-Vincens, de t'adresser à M. Bose, trésorier des troupes, pour m'envoyer l'argent que tu me destines; il te refusera peut-être, mais fais-lui quelques instances, dis-lui qu'il t'obligera et moi aussi, et engage-le au secret, sans lui dire ce que c'est que cet argent[2]. S'il ne veut pas me faire toucher toute la somme,

---

[1] Jules-François-Paul Fauris, seigneur de Saint-Vincens, de Noyers, de Saint-Clément, *etc.*, né le 21 juillet 1718, mort le 23 octobre 1798; fils d'un conseiller à la cour des Comptes de Provence, il devint conseiller, puis président à mortier au Parlement de la même province. Antiquaire savant, il avait formé, à Aix, le plus beau cabinet qui existât de son temps; il était associé-correspondant de l'Académie des Inscriptions et Belles-Lettres, à laquelle il adressa plusieurs Mémoires sur les antiquités de la Provence. En 1777, il fit élever, à ses frais, un monument à Peiresc, dans l'église des Dominicains, aujourd'hui de la Madeleine, à Aix. Il a fourni de précieux documents à Papon, pour son Histoire de Provence, et, dans son *Voyage dans les départements du midi de la France,* Millin rend hommage à la mémoire de cet homme, digne, en effet, d'être l'ami et le confident de Vauvenargues. — G.

[2] Dès cette première lettre à Saint-Vincens, nous sommes au fait d'un des principaux embarras de la vie de Vauvenargues. On sait combien, sous l'ancienne monarchie, le service militaire était onéreux pour les gentilshommes; or, Vauvenargues, dans le régiment du Roi, était pauvre, au moins relativement, et, en même temps, nous l'avons vu *(Réflexions sur divers sujets,* et *Maximes),* libéral, presque prodigue, par principes; outre les charges de son état, il avait le goût des voyages, des grandes villes, des théâtres, et nous verrons, dans les lettres suivantes, à quels expédients il en était réduit, pour suffire à de telles occasions de dépense. Aussi, comme nous avons eu lieu de le remarquer déjà (voir la dernière note du 60º *Caractère),* est-il mort dans un état voisin de la misère, tantôt prenant son parti de sa détresse : « Qu'importe à un homme ambitieux, qui a perdu sa fortune sans retour, de mourir plus pauvre? » *(Maxime* 582º); tantôt désespéré de laisser à la charge de

propose-lui mille francs, cinq cents francs, ce qu'il voudra ; puis, nous trouverons des expédients pour faire venir le reste. Adieu, mon cher Saint-Vincens ; je ne te dirai rien ici des sentiments que j'ai pour toi ; dans le temps que tu me combles d'amitié, que j'en ai les plus fortes assurances ; dans le temps que tu me rends un grand service, et que je suis dans l'impuissance de m'acquitter jamais avec toi, il serait ridicule, mon cher Saint-Vincens, que j'employasse des paroles pour te convaincre de ma sensibilité ; je me ferais trop de tort.

Mande-moi si tu as vu mon chevalier [1], s'il est parti depuis longtemps, et si tu en es satisfait.

26. — LE MÊME AU MÊME.

A Arras, le 25 mars 1739.

Mon cher Saint-Vincens, je suis arrivé ici depuis deux jours, je commence à me reposer, et je vous tiens parole. J'ai fait une longue route, fatigante, et ennuyeuse. Vous connaissez Meyronnet [2] : c'est un homme d'un grand sens ; mais, dès que je demeure un moment sans parler, il me demande si je suis malade, je veux dire dans la route, car, depuis notre arrivée, nous n'avons pas eu le temps de nous voir. Nous avons été seuls jusqu'à Lyon, et, à Lyon, nous avons pris la diligence. J'y trouvai un frère du chevalier de Quinsonas [3], qui est abbé ; il m'a paru raisonnable. Nous étions huit dans ce carrosse, tous honnêtes gens, mais qui ne se convenaient guère, et je disais, tout au rebours des

---

sa famille les dettes qu'il avait contractées : « La mort l'a surpris dans le plus
« grand désordre de sa fortune ; il a eu la douleur amère de ne pas laisser assez
« de bien pour payer ses dettes, et n'a pu sauver sa vertu de cette tache. »
(1er Caractère, *Clazomène*.) — G.

[1] Voir la 31e Lettre. — G.

[2] Voir la 1re note de la page 92. — G.

[3] Voir, sur le chevalier de Quinsonas, la lettre de Voltaire à Vauvenargues, datée du 9 mai 1746. — G.

autres : *plus on est de fous, et moins on rit.* L'abbé disait son bréviaire; un officier de Lyonnais comptait les arbres du chemin, depuis Fontainebleau jusqu'à Paris; un autre officier se jetait hors de la portière, pour crier après les lièvres qui passaient; trois valets dormaient profondément; Meyronnet chantait quelquefois, et je jurais entre mes dents, quand nous étions fort cahotés. Je n'ai été que trois jours à Paris ; je t'écrivis la veille de mon départ, et, si mon calcul est juste, tu recevras demain ma lettre.

La voiture que j'ai prise, de Paris ici, n'était pas plus douce que la diligence ; c'était encore un grand carrosse, où nous étions huit personnes qui ne s'étaient jamais vues. Il y avait un major de place, qui décidait des ouvrages d'esprit, et qui cachait sa croix de Saint-Louis, par modestie, comme on cache le Cordon bleu [1]; il l'a depuis trente-cinq ans, il a perdu un bras à la guerre ; c'est, en vérité, fort bonne compagnie; les autres assortissaient. Ce major nous contait qu'à Paris, il avait une dispute sur une pièce de théâtre; son adversaire était fort opiniâtre : « Monsieur, lui dit le major, il n'y a pourtant qu'un bon et un mauvais goût ! — Monsieur, lui répondit son adversaire, peut-on vous demander quel est le vôtre? » J'ai trouvé ce dialogue assez bon; mais je ne sais si la réponse est neuve.

Il faut avoir l'esprit bien libre, mon cher Saint-Vincens, ou bien vide, pour te faire des contes de cette espèce [2]; mais te parlerais-je de mes sentiments ? je les dégraderais par mes paroles. Je songe à chaque instant à ce que je te dois, et cette pensée me donne une joie vive. Mon cher Saint-Vincens, jamais personne dans le monde n'a su obliger comme toi, et personne n'a fait naître dans mon cœur de

---

[1] On sait que le *Cordon bleu* était le signe distinctif de l'ordre du *Saint-Esprit*, équivalant à celui de la *Toison-d'Or*, à celui de *la Jarretière*, et à la *Grandesse* d'Espagne. — G.

[2] Ces accès de gaîté sont rares dans Vauvenargues; nous avons vu qu'il n'aime pas le rire et les rieurs ; aussi prend-il soin de s'excuser ici de cet écart, comme déjà il s'en est excusé, auprès de Mirabeau, à la fin de la 19e Lettre. — G.

si vive reconnaissance; il est bien flatteur pour moi de te devoir tant.

Disons un mot de nos affaires: si M. Bose se refuse, adresse-toi à M. Carnaud [1]; mais ne lui propose pas toute la somme, parce qu'il en serait surpris; propose-lui six cents livres; s'il n'a point de correspondant à Arras, il faut qu'il te donne une lettre de change sur Paris; on l'acquittera peut-être ici. Ne lui dis point notre secret [2], et exige aussi de lui qu'il ne parle, à qui que ce soit, de l'argent que tu m'envoies, parce qu'on nous devinerait. Tu pourras, si tu veux, lui faire quelque histoire, et lui dire, par exemple, que c'est un argent prêté à un officier de galères, la veille de mon départ; ajouter qu'il aurait perdu sur sa parole, qu'il est fort de mes amis, et que je n'avais pu le refuser malgré mon départ, d'autant mieux que c'est un homme exact, avec lequel je ne pouvais risquer; car il faut mettre de la vraisemblance dans tout ce que tu lui diras, autant qu'il sera possible. Quand nous aurons ces six cents livres, nous trouverons des expédients pour faire venir le reste. Adieu, mon cher Saint-Vincens, je t'embrasse et te supplie de m'aimer. J'ai bien abusé de tes yeux.

Mande-moi si je mets bien ton adresse.

27. — MIRABEAU A VAUVENARGUES.

De Bordeaux, ce 30 mars 1739.

J'aurais répondu plus tôt, mon cher Vauvenargues, à la dernière lettre que vous m'écrivîtes de Provence, le 1er de ce mois; mais j'ai été obligé d'attendre le temps que vous me prescriviez.

Je n'ai pas vu de lettre mieux écrite que celle-là : comment peut-on témoigner avoir, en même temps, tant de vivacité et de nonchalance dans l'esprit? Eh quoi! mon cher, vous pensez continuellement, vous

---

[1] Riche commerçant d'Aix. — G.

[2] Le secret, dont il s'agit, on le devine ; c'est un prêt d'argent fait, ou procuré, par Saint-Vincens à Vauvenargues, au moment où celui-ci partait pour Paris et pour Arras. — G.

étudiez, rien n'est au-dessus de la portée de vos idées, et vous ne songez pas un moment à vous faire un plan fixe vers ce qui doit être notre unique objet, qui est le bonheur? vous vous livrez sur cela, avec une inconséquence qui tient de l'accablement! Non, cela n'est pas possible : j'aime mieux croire que je vous ai pris dans un moment où l'inaction l'emportait sur la raison. Comment! de ces individus mécaniques, dont l'espèce est si multipliée, et qui n'ont de nous que la figure, pas un qui n'ait un objet, dans lequel il se forge une idée de bonheur; l'un, c'est quand il obtiendra une charge; l'autre, quand son père, ou un oncle, dont il doit hériter, mourra; un autre, quand il se mariera; d'autres enfin, quand leur maison sera achevée, ou toutes autres choses qui amusent les désirs des hommes, selon la passion qui les domine; et vous seul, qui êtes si fort au-dessus de cette espèce, vous vivrez du jour à la journée, sans thésauriser dans la jeunesse, pour vous en servir dans l'âge où tout nous manque! Non, cette faiblesse n'est pas pardonnable! Ne dites pas que la délicatesse de votre tempérament vous abat : vous n'êtes pas robuste, mais vous n'êtes pas malade; nuls accidents ne vous attaquent, et vous n'avez, tout au plus, que des incommodités habituelles : oh! l'on se fait à tout, et les accidents seuls peuvent déranger es opérations de la raison. Abjurez, mon cher, et nous entrerons ensuite en matière; sinon, je ne vous pardonnerai pas sitôt, et je vous combattrai sans cesse. Donnez-moi sincèrement des nouvelles du chevalier, et de la façon dont il s'est tourné; j'attends ce soin de votre amitié. Adieu, mon cher; que votre abattement ne s'étende pas jusque sur le compte de vos amis.

28. — VAUVENARGUES A SAINT-VINCENS.

[A Arras, au commencement d'avril 1739.]

Je ne puis pas vous dire, mon cher Saint-Vincens, combien je suis sensible à votre exactitude; votre lettre est remplie d'amitié, elle m'a touché. Je vous assure, mon cher Saint-Vincens, que si j'avais, à Aix, deux amis comme vous, je ne voudrais pas en sortir; mais, n'y ayant point de distraction, mon goût et mon attachement pour vous vous auraient été à charge, et il aurait fallu que vous renonçassiez à tout autre commerce, et que vous ne fussiez qu'à moi, si vous aviez voulu remplir tout le vide de mon loisir, et satisfaire à toute la tendresse de mon cœur. Il est vrai que les commencements sont assez pénibles ici ; j'ai été surchargé de petits soins depuis mon arrivée, et je ne respire pas encore ; mais je suis assez content parmi tous ces embarras, et il ne me manque qu'une seule chose pour être tranquille ; je crois que vous la devinez[1]. Je n'ai pas vu encore de médecin[2] ; je n'en ai pas eu loisir. D'abord que je serai arrangé, je vous rendrai compte de tout ; il faut que vous vous contentiez, pour le présent, de voir mon écriture. Viendrez-vous à bout de la lire ? je n'ai plume, encre, ni écritoire ; tout cela viendra peu à peu. Adieu, mon cher Saint-Vincens, je vous embrasse de tout mon cœur.

J'ai trouvé Gautier[3] à Lyon, qui m'a fait mille amitiés ; je vous prie, mon cher Saint-Vincens, de me remettre dans son souvenir, lorsqu'il sera à Aix. Il m'a promis de me donner des commissions ; je serai charmé qu'il m'emploie. Je ne comprends point La Boulie[4] de se plaindre comme il a fait, après m'avoir dit plusieurs fois de faire ce que je voudrais, sachant ma situation, et combien j'étais éloigné de prévoir tout ce qu'il me dit, lorsque j'arrêtai son laquais. Je vous prie de lui dire que je suis fâché qu'il ait oublié nos anciennes liaisons, et que c'est à moi à me plaindre de lui : vous me ferez plaisir, mon cher Saint-Vincens, de le remettre là-dessus, et d'ôter de son esprit tout ce qui a pu l'éloigner ; vous n'aurez pas de peine à me défendre, puisque vous savez ma conduite, et que je vous ai tout conté. Mille compliments à Monclar[5].

---

[1] Il est clair qu'il s'agit de la somme d'argent dont il est question dans les lettres précédentes, et que Vauvenargues n'a pas encore reçue. — G.

[2] Vauvenargues avait les yeux malades, et plusieurs autres incommodités, dont il parlera dans les Lettres suivantes. — G.

[3] Il y avait, à Aix, deux familles de ce nom, toutes deux parlementaires, et toutes deux éteintes : les Gautier, seigneurs du *Poët*, du *Vernègues*, de *Valavoive*, etc. ; et les Gautier, seigneurs d'*Artigues* et de *la Molle*. — G.

[4] Famille parlementaire d'Aix, qui a fourni des hommes distingués, jusque dans les assemblées délibérantes de nos jours. — G.

[5] Voir la dernière note de la 2ᵉ Lettre. — G.

29. — LE MÊME A MIRABEAU.

A Arras, le 9 avril 1739.

Je n'ai rien à répondre, mon cher Mirabeau, à vos louanges; c'est un voile que vous avez mis sur vos reproches; je ne prends pas le change là-dessus, et je serais trop ridicule de chercher à m'en défendre. Je n'ai pas envie, non plus, de rien opposer à vos reproches : je sens qu'ils ont quelque justice, et je ne me ferai pas cette délicatesse de vous refuser mon aveu. Je conviens, mon cher Mirabeau, que je suis un homme faible, qui se conduit par sentiment, qui lui soumet sa liberté, et qui ne veut que par lui; ma raison m'est inutile[1] : elle est comme un miroir, où je vois mes faiblesses, mais qui ne les corrige point.

Cependant, mon cher Mirabeau, quelque chose me répugne dans les exemples que vous me donnez : il est vrai que peu de gens vivent au jour la journée; je suis le seul, peut-être; les autres hommes ont un objet dans l'avenir, et ils y attachent le bonheur; mais songez, je vous prie, qu'ils l'y attachent faussement, que cet objet les fuit toujours, et que leurs vaines poursuites les occupent, sans les satisfaire; leurs soins, leurs inquiétudes, leurs travaux, leur activité, sont moins l'effet de leur raison, que du sentiment intérieur de leur misère. Je ne veux pas vous faire entendre que je me suffise à moi-même, et que, toujours, le présent remplisse le vide de mon cœur; j'éprouve aussi, souvent et vivement, cette inquiétude qui est la source des passions. J'aimerais la santé, la force, un enjouement naturel, les richesses, l'indépendance, et une société douce; mais, comme tous ces biens sont loin de moi, et que les autres me touchent fort peu, tous mes désirs se concentrent, et forment une humeur sombre, que j'essaie d'adoucir par toute sorte de moyens.

---

[1] Déjà, dans la Lettre 24ᵉ, Vauvenargues déclare *que sa philosophie ne doit rien à la raison*, qu'il prend dans le sens de *réflexion;* je l'ai dit ailleurs (*Éloge de Vauvenargues*), et Vauvenargues le dit ici lui-même, *il ne se fie qu'au sentiment.* Voir la 34ᵉ *Réflexion*, voir aussi la *Maxime* 123ᵉ, et la note qui s'y rapporte. — G.

Voilà où se bornent mes soucis, à l'égard de la vieillesse ; je ne l'envisage, cependant, que trop : il me semble que tous les hommes y touchent en naissant ; mais, comme la mort touche aussi à la vieillesse, ce n'est pas trop la peine de se mettre à la torture pour prévenir des maux qui doivent être si courts ; et, d'ailleurs, mon cher Mirabeau, nos soins sont assez inutiles ; la nature a son cours réglé, et elle a ses droits inviolables ; opposons-lui des vertus et des connaissances acquises, elle se joue de nos efforts ; elle nous ôte la mémoire, la raison, et le courage ; et, quand nous sommes privés de ces ressources amassées avec tant de travail, elle nous apporte le dégoût, les infirmités, et la mort !

Voilà, mon cher Mirabeau, ce que je pense tous les jours, pour justifier mon indolence ; et voilà ce que font aussi les autres hommes. Les objets ont plusieurs faces : chacun les considère du côté qui flatte ses passions, et la raison, qui est étrangère sur la terre, n'ayant pas assez de force pour combattre notre cœur, est obligée de se mettre à ses gages ; mais, quelque peu de pouvoir qu'elle ait jamais eu sur moi, vous avez tort de soupçonner l'amitié que j'ai pour vous : je n'ai point, en toutes choses, la langueur que vous me supposez ; c'est même la vivacité de mes sentiments qui fait la faiblesse de ma raison, et ceux que je vous ai voués, non-seulement sont les plus raisonnables qui aient jamais été dans mon cœur, mais ils lui sont aussi les plus naturels et les plus chers.

Depuis que je suis ici, je n'ai rencontré le petit chevalier que deux ou trois fois, parce que je sors très-peu. Il me trouve déjà bien vieux[1] ; je démêle cette vérité dans ses manières et dans son maintien avec moi. Il a grandi beaucoup depuis un an ; ses camarades l'aiment fort ; il a des façons unies, et un caractère décidé ; je crois qu'il aimera le jeu, et qu'il défendra son argent ; il voit jouer avec plaisir, et prévoit bien les coups, mais il ne joue point du tout ;

---

[1] Vauvenargues n'avait pas vingt-quatre ans ; mais il est vrai que le jeune chevalier de Mirabeau n'en avait pas encore quinze. — G.

cependant, il va dans le monde, et il y a une contenance. S'il y avait quelque chose à désirer pour lui, ce serait de la douceur et un peu de souplesse; mais ce n'est qu'une conjecture, que je forme sur son air.

30. — MIRABEAU A VAUVENARGUES.

De Bordeaux, ce 24 avril 1739.

Je n'ai rien reçu, mon cher Vauvenargues, de plus sensé et de plus frappant que votre lettre; quelqu'un qui pense et s'exprime comme cela n'est pas pardonnable de n'avoir aucune ambition. Je sais que votre peu de disposition et de santé ne vous permet pas de courir ce que quelqu'un comme vous doit appeler fortune; mais quelle carrière d'agréments ne vous ouvrent pas vos talents dans ce qu'on appelle la *République des lettres!* Si vous pouviez connaître combien de plaisirs différents nous procure une réputation établie dans ce genre! Ce n'est plus le temps où un homme de qualité rougit des talents que lui peut disputer un homme de rien; je doute même qu'il ait jamais été que pour les sots; et, sans entrer dans les détails, l'Académie française n'est composée presque que de gens du bon ordre, et sous le nom desquels il a paru plusieurs ouvrages. Vous croirez que j'en parle en homme intéressé, quand je vous aurai dit que je suis prêt à être dans le cas; mais non; je me suis dit ces choses-là à moi-même, avant que de prendre ma résolution. Sans avoir une réputation faite que par mes amis, et encore dans un très-petit cercle, je puis vous dire combien cela a de commodités: premièrement, celle de ne parler que quand on veut, sans que l'amour-propre vous presse de briller : *c'est un tel, qui a fait telle chose;* cela suffit ! grand motif pour la paresse ! Outre cela, les savants et les gens à talent font une espèce de république à part; faites-vous-y connaître, tout est fait; votre nom seul les réveille tous; ils se renvoient et se recommandent l'homme, de l'un à l'autre; partout est votre patrie; vous les rassemblez, et ils vous rendent bien les agréments que vous leur procurez. Peut-être ne fais-je qu'affermir ici, chez vous, une résolution prise; il m'en est même transpiré quelque chose [1], mais j'en demande l'aveu à votre amitié. N'allez point me dire qu'il est des choses que l'on ne peut confier

[1] Vauvenargues n'avait pas alors de *résolution prise*, et ses vues se tournaient plutôt du côté de la diplomatie; cependant, *il en est même transpiré quelque chose à Mirabeau*, depuis long-temps déjà, dans ses loisirs de garnison, non-seulement il relisait assidûment quelques livres préférés, mais il s'exerçait à

au papier : il n'en est point que l'on ne puisse commettre au papier qui va à son ami, et rien ne se perd à la poste ; je l'ai éprouvé mille fois.

Que vous êtes heureux, mon cher, de n'avoir que le principe des passions qui tourmentent les autres hommes, et combien n'achèterais-je pas votre inaction ! L'hiver passé, l'ambition m'a tourmenté comme un forçat ; celui-ci, rebuté par une coquette qui avait tout fait pour m'acquérir, j'ai joui en plusieurs endroits, dont je ne me souciais pas ; attaché, enfin, à une jeune personne qui méritait une passion par tout ce que la candeur, la sincérité, la douceur et l'amour ont de plus attrayant, je me vois obligé, par principe, à m'armer contre moi-même. On a voulu l'établir ; elle a fait un éclat, sans me consulter, et, seul, je puis la ramener : jugez quel effroi pour un homme qui n'a jamais raisonné que sur ce qui lui était indifférent ! Je me vois, outre cela, prêt à m'en séparer, et le cœur plein d'amertume, quand je viens à comparer les difficultés, les embarras, les douleurs que j'ai eues, et, enfin, la peine que je ressens à présent, aux plaisirs ! Je désirerais n'avoir jamais aimé que Melpomène ! Que vous êtes heureux, encore un coup, dans votre inaction ! Mais je vois que je ne vous parle que de moi : hélas ! je crois que la facilité que nous avons de nous livrer à notre penchant sur cela avec nos amis, est ce qui nous attache le plus à leur commerce : vous, qui développez si bien notre âme, mandez-moi ce que vous en pensez ?

Le raisonnement que vous faites sur la vieillesse est uni, et il n'y a rien à y répondre ; il a été nouveau pour moi, et m'a surpris d'autant plus, que j'avais ouï faire aux gens les plus sages celui que je vous faisais ; mais, enfin, mon cher, un homme qui tombe dans cet état, sans l'avoir prévu, n'y peut être que très-malheureux, et, quelque détriment que l'âge porte à celui qui s'y est préparé, l'habitude est une seconde nature, et lui laissera toujours infiniment plus de ressources qu'au végétal dont je viens de vous parler. Adieu, mon cher Vauvenargues ; continuez de m'écrire, et donnez-moi votre adresse dans votre changement. Parlez-moi un peu du petit [1], je vous en supplie ; je vous en croirai. Adieu ; je ne saurais avoir plus de plaisir que quand je cause avec vous.

écrire, car une première rédaction de son *Traité sur le Libre-Arbitre* est datée de Besançon, *au mois de juillet 1737*. S'il n'en dit rien à Mirabeau, c'est qu'il ne l'admettait pas à son entière confidence ; il entretenait volontiers un commerce de lettres avec un homme dont la tournure d'esprit, vive et piquante, pouvait lui plaire, et qui, d'ailleurs, était son parent ; mais il le regardait, sans doute, comme trop léger de caractère, et trop mobile d'humeur, pour s'ouvrir à lui sans réserve. — G.

[1] Le chevalier de Mirabeau. — G.

31. — VAUVENARGUES A SAINT-VINCENS.

A Arras, le 27 avril 1739.

Ta lettre, mon cher Saint-Vincens, m'en faisait attendre une autre, et tu me dois d'ailleurs une réponse que je serais bien fâché de n'avoir point. J'attendais donc pour t'écrire; je différais de jour en jour; mais je souffre trop de ce retardement, et je ne saurais m'empêcher de t'en faire des reproches; je vois bien ce qui en est la cause, c'est sans doute cet argent; mais tu devais avoir compris que je saurais m'en passer, et que tes lettres me sont nécessaires. Je suis charmé que tu aies mis L'Enfant [1] dans notre secret : tu me flattes bien en me disant qu'il est de mes amis; si je t'ai cette obligation, elle met le comble aux autres. Je te prie de lui dire, de ma part, que je serais trop heureux, si je pouvais, par ma confiance, l'intéresser un peu à moi; tu ne lui mentiras pas.

Je te suis bien obligé d'avoir compris qu'en demandant des nouvelles de mon chevalier, je ne voulais pas te parler du chevalier de Gaillard [2] ou du chevalier de Piolenc [3], et de tels autres chevaliers; mais si tu crois que je désire d'avoir de tes lettres par d'autres que toi, ou qu'elles puissent recevoir plus d'agrément par la part qu'y auraient les étrangers, tu nous fais tort à tous deux, et tu n'aurais pas de semblables pensées, si tu connaissais l'amitié comme je la connais. Je pourrais me plaindre aussi des louanges que tu me prodigues, elles me font mourir de honte; je me vois cent piques

---

[1] Famille parlementaire de Provence, qui s'est éteinte dans la personne de Balthazard-Simon-Suzanne de L'Enfant, chanoine de l'église Saint-Sauveur, à Aix, mort en 1795. — G.

[2] Frère cadet de Gaillard de Longjumeau, conseiller à la cour des Comptes de Provence. Une branche de cette famille, celle de Gaillard-d'Agoult, s'est perpétuée à Marseille. — G.

[3] Maison féconde en magistrats d'un haut mérite, aujourd'hui éteinte. Les Piolenc possédaient, à une demi-lieue d'Aix, sur la rivière d'Arc, le domaine de Beauvoisin, qui a retenu d'eux le nom de *la Pioline*, sous lequel on le désigne vulgairement. — G.

au-dessous; cependant, je les crois sincères, et ton estime me touche bien vivement, et j'aime mieux la devoir à ton amitié que de la mériter. Mais quelle folie de me dire du mal de toi, à moi qui te connais mieux que personne, et qui suis si intéressé à n'en pas convenir! Ah! que je serais charmé de trouver cette occasion de dire tout ce que je pense, si je n'étais obligé à ménager ta modestie, malgré l'austère contrainte qu'elle met dans notre commerce! Je suis de l'avis de *** sur les vers qu'on a faits à sa femme : je trouve aussi qu'il a bien fait de n'en pas prendre le parti; il y a des gens que cette méchanceté intéresse plus que lui, et qui sont plus capables d'y répondre. Adieu, mon cher Saint-Vincens, tu me feras grand plaisir de me dire toujours un mot de ce qui se passe à Aix; j'y prends plus de part que tu ne crois. J'approuve fort tous les arrangements que tu as pris pour nos affaires; je ne me plains que du silence dont ces arrangements sont cause.

32. — LE MÊME A MIRABEAU.

A Arras, ce 4 mai 1739.

Je ne rougis plus de vos louanges, mon cher Mirabeau, quoique j'en connaisse tout le prix, et qu'elles soient aussi loin de moi que les étoiles. Je ne les compare point à mon faible mérite, je ne suis point assez dupe; je ne vois en elles que votre amitié; je n'écoute que la voix et le jugement de votre cœur, et leur témoignage m'est plus cher que les qualités qui me manquent; cela soit dit en passant.

Je n'ignore pas les avantages que donnent les bons commerces; je les ai toujours fort souhaités, et je ne m'en cache point; mais j'accorde moins que vous aux gens de lettres : je ne juge que sur leurs ouvrages, car j'avoue que je n'en connais point[1]; mais je vous dirai franchement, qu'ôtez

[1] Ce n'est que quatre ans plus tard que Vauvenargues entra en correspondance avec Voltaire, et, bientôt, se lia d'amitié avec lui. — G.

quelques grands génies, et quelques hommes originaux dont je respecte les noms, le reste ne m'impose pas. Je commence à m'apercevoir que la plupart ne savent que ce que les autres ont pensé; qu'ils ne sentent point, qu'ils n'ont point d'âme; qu'ils ne jugent qu'en reflétant le goût du siècle, ou les autorités, car ils ne percent point la profondeur des choses; ils n'ont point de principes à eux, ou s'ils en ont, c'est encore pis : ils opposent à des préjugés commodes, des connaissances fausses, des connaissances ennuyeuses ou des connaissances inutiles, et un esprit éteint par le travail; et, sur cela, je me figure que ce n'est pas leur génie qui les a tournés vers les sciences, mais leur incapacité pour les affaires, les dégoûts qu'ils ont eus dans le monde, la jalousie, l'ambition, l'éducation, le hasard. Il faut cependant, pour vivre avec tous ces gens-là, un grand fonds de connaissances qui ne satisfont ni le cœur, ni l'esprit, et qui prennent tout le temps de la jeunesse. Il est vrai qu'on se fait une réputation, et qu'elle impose au grand nombre, mais c'est l'acheter chèrement, et il est encore plus pénible de la soutenir; et, quand il n'y aurait d'autre désagrément que de lire tous les mauvais livres qui s'impriment, afin d'en pouvoir raisonner, et d'entendre tous les jours de sottes discussions, ce serait encore trop pour moi, car je ne parle pas des autres, et personne ne pourra se plaindre que je lui fasse le tort de lui prêter mon caractère. Je suis assez juste là-dessus, mais je dis mon opinion pour ce qui me regarde, et je la dis librement : il me serait fort agréable d'avoir de la réputation, si elle venait me chercher; mais il est trop fatigant de courir après elle, et trop peu flatteur de l'atteindre, lorsqu'elle coûte tant de soins. Si j'avais plus de santé, et si j'aimais assez la gloire pour lui donner ma paresse, je la voudrais plus générale et plus avantageuse que celle qu'on attache aux sciences[1]. Pour vous, mon cher

---

[1] Vauvenargues, dans plusieurs endroits de son livre, et, notamment, dans le 60ᵉ *Caractère*, a déjà exprimé ce dédain pour les gens de lettres et pour la gloire littéraire; il eût préféré, il le dit lui-même, une gloire *plus générale*, et,

Mirabeau, qui avez une âme agissante, et une santé robuste, vous ne seriez point heureux si vous suiviez mes opinions [1], car vous n'avez pas les mêmes sentiments, ni le même tempérament : les objets se peignent à votre cœur sous des couleurs plus riantes et plus flatteuses; vous faites bien d'en embrasser plusieurs à la fois; cela vous est nécessaire, et il vous en coûtera moins qu'à personne que ce soit, pour arriver à un but.

Il est, entre les objets et notre cœur, de certaines convenances, que la nature a formées, et que l'on ne saurait rompre; car on peut dire, en général, que nous sommes maîtres de nos actions [2]; mais nous ne le sommes guère de nos passions, et c'est une folie de les combattre, quand elles n'ont rien de vicieux; c'est même une injustice de s'en plaindre, car une vie sans passions ressemble bien à la mort [3], et je compare un homme sans passions à un livre de raisonnements : il n'est bon qu'à ceux qui le lisent; il n'a pas la vie en lui, il ne sent point, il ne jouit de rien, pas même de ses pensées. Ainsi, mon cher Mirabeau, nulle compassion pour vous : vous avez tort d'en attendre de moi, et, encore plus, de craindre de m'ennuyer. Il y a peut-être mille gens qui vous envieraient votre amour, que vous trouvez si malheureux, et toutes vos autres passions; mais dites-moi, je vous prie, quel est le cas où vous êtes? Est-ce le cas de faire un livre, ou d'entrer à l'Académie? Je ne vous ai pas entendu;

---

surtout, plus active. Quelques années plus tard, il reviendra de ce dédain; il aimera mieux *déroger à sa qualité qu'à son génie* (Maxime 770ᵉ); il s'autorisera de l'exemple de Richelieu, La Rochefoucauld, et autres grands hommes, *aussi connus par leurs écrits, que par leurs actions immortelles* (voir la 52ᵉ *Réflexion*); enfin, n'ayant pu faire *de grandes choses*, il voudra, du moins, écrire de *grandes pensées* (23ᵉ *Réflexion*). — Voir la dernière note du 60ᵉ *Caractère*. — G.

[1] Nouvelle preuve que Vauvenargues ne dit pas tout à Mirabeau; car ce qui domine dans ses écrits, et ce qui les échauffe, c'est précisément cet amour de la *gloire* et de l'*action*, dont il paraît, ici, se défendre. — G.

[2] Vauvenargues n'accorde pas toujours ce point. (Voir son *Traité sur le Libre-Arbitre*). — G.

[3] On retrouve ici la théorie développée par Vauvenargues dans ses divers ouvrages; il n'a jamais varié à cet égard. — G.

mais, comme on peut entendre l'un ou l'autre le plus naturellement du monde, je ne sais où m'arrêter; tirez-moi, je vous prie, d'incertitude, et entrez en des détails sur cela. Vous ne sauriez me faire plus de plaisir que de me parler de vous; et, si c'est là, comme vous dites, et comme on l'a dit avant vous, ce qui nous fait aimer le commerce de nos amis, je m'estime trop heureux qu'il y ait des moyens si faciles de serrer le nôtre, par des nœuds si agréables.

Ce que je vous ai mandé sur la vieillesse n'est pas sans réponse, comme vous me l'accordez par courtoisie. Il nous faut des occupations qui touchent notre cœur ou notre esprit, ou nous tombons en langueur : la plupart des voluptés ne sont plus pour les vieillards; tous les plaisirs des sens leur manquent, et il n'y a guère de passions à leur usage; mais les lettres peuvent être cultivées jusqu'au tombeau, et c'est presque le seul objet qui soit en la puissance d'un vieillard, qui est honnête homme, et qui conserve sa raison, parmi ses infirmités; car, s'il radote, je n'y sais plus rien. Mais ne trouvez-vous pas que je ressemble à ce personnage de Molière, qui ne veut avoir ni tort ni raison, de peur de finir les disputes? Je vous avertis que si vous êtes encore de mon avis, je reprends sur-le-champ ma première opinion.

Adieu, mon cher Mirabeau. Meyronnet est content de votre frère; je le suis infiniment, et Madame votre mère ne l'est pas; mais je n'en sais pas la raison. Je crains que vous ne fassiez un affront à cette lettre : vous n'aurez jamais la patience de la lire; mais c'est pour la dernière fois, je vous le promets; car les longues écritures me fatiguent plus que les longues lectures ne peuvent vous ennuyer. Ne soyez pas assez simple pour répondre à toutes ces sottises; on ne peut rien approfondir dans une lettre; on écrirait des volumes sur les plus petits sujets, si l'on en voulait considérer toutes les faces, en examiner tous les rapports, expliquer toutes ses pensées, et ôter de ses expressions toute sorte d'équivoques. Je vous enverrai mon adresse, quand nous partirons d'ici ; mais vous auriez fort bien fait de m'envoyer la vôtre, car je ne sais où vous prendre, et ce volume pourra bien se perdre, s'il ne vous trouve pas à Bordeaux. Faites-moi part, je vous prie, des arrangements que vous prenez pour cet hiver ; le passerez-vous à Paris ? il me semble qu'il y a bien longtemps que nous ne nous sommes vus.

---

33. — MIRABEAU A VAUVENARGUES.

De Bordeaux, ce 16 mai 1739.

Vous avez parfaitement le génie anglais, mon cher Vauvenargues : vous ne pensez que trop fortement juste, et profondément ; mais à quoi vous sert cette faculté, dès que l'inaction est votre sphère ? Je crains que vous ne vous ôtiez enfin jusqu'à la peine de creuser les matières. Si j'étais auprès de vous, loin de vous permettre l'espèce de culture qui vous confirme dans ce défaut d'inaction, je ne vous mettrais entre les mains que de la crème fouettée, du goût, de l'esprit, et point de raisonnement ; je vous trouverais d'abord un peu indocile ; mais comme ce serait sans rien demander à votre paresse [1], j'espère que j'en viendrais à bout.

L'on *écrirait des volumes*, me dites-vous, *sur les plus petits sujets*, etc. : quelle idée pour un jeune Français ! eh quoi ! si, par malheur, vous vous exerciez sur quelque anecdote de littérature, vous deviendriez donc un *lexico-crassus* ! Sachez qu'il n'y a que les génies stériles qui aient fait des volumes sur des riens ! L'on n'est jamais abstrait qu'à force de vouloir se faire entendre, et les Pascal, les La Rochefoucauld, les La Bruyère, tous génies reconnus, ont mis une infinité de pensées dans de petits volumes [2]. C'est la lecture des moralistes anglais, et, en

---

[1] On voit assez qu'il ne s'agit pas, ici, de la paresse en général, mais de la paresse à faire ses preuves, car Mirabeau reconnaît plus haut l'activité intellectuelle de Vauvenargues, et son habitude *de creuser les matières* ; déjà, dans la Lettre 27e, il lui disait : *Vous pensez continuellement, vous étudiez ;* seulement, Mirabeau tient peu de compte de cette activité toute spéculative, *qui pâlit sur les livres* ; il voudrait que Vauvenargues *dirigeât ses occupations à un but*, et prît la peine d'y aspirer. (Voir la Lettre 35e.) — G.

[2] Mirabeau paraît encore loin de se douter que l'homme à qui il parle sur ce ton tranchant et décisif, prendra prochainement sa place à côté même des trois grands moralistes qu'il lui propose comme exemples. — G.

un mot, de tous les ouvrages qui pouvaient flatter la lenteur de votre humeur et la profondeur de votre esprit, qui vous a confirmé ; et c'est sur les écrivains faibles, et qui, de ceux-là, n'ont que les défauts, que vous jugez le bel-esprit. J'appelle gens d'esprit ceux qui, occupés de vivre, ne se livrent à leurs talents que par amusement et par enthousiasme, et non ces gens qui pâlissent sur les livres ; le commerce de ceux-ci ne saurait être qu'insipide ; mais celui des autres, et, surtout, quand ils appuient sur le goût, ne saurait être que très-agréable ; vous apprendriez à discerner ces deux espèces de gens, pour peu qu'un ami vous tirât de cette inaction. Quand vous auriez plus de santé et de goût pour la gloire, vous ne sauriez faire naître la guerre, et ne seriez pas capable des bassesses qu'il faut pour s'avancer à la cour [1]. Je sens par moi-même, qui, ayant plus d'imagination que de jugement [2], embrasse toute sorte d'objets, que les plus dignes de moi sont dans un avenir presque impossible : dois-je, pour cela, négliger des talents qui peuvent me donner de l'agrément [3] ? Non ; je travaille, pour m'occuper ; cela m'amuse, et je me forme une grande facilité dans toute sorte de genres d'écrire. Mais, encore un mot de vous : vous enfouissez, si vous ne travaillez, les plus grands talents du monde [4] ! Je ne sème point ici de louanges, c'est la vérité qui parle ; des gens du meilleur goût, ayant vu vos premières lettres, m'obligent à leur envoyer toutes celles que je reçois de vous, et je les ai entendus s'écrier, quand je leur ai dit que vous n'aviez pas 25 ans [5] : Ah ! Dieu ! quels hommes produit cette Provence ! Adieu, mon cher Vauvenargues. Je serai en Provence cet automne, et à Paris, cet hiver ; adieu ; aimez-moi toujours, et envoyez-moi votre adresse ; écrivez-moi ici.

[1] Mirabeau suppose que l'ambition de son ami est encore tournée vers la guerre ; il est présumable qu'à ce moment, Vauvenargues en était déjà revenu, et qu'il songeait, sinon à la cour, du moins aux affaires ; nous le verrons dans les Lettres suivantes, il ne pensait pas, comme Mirabeau, que, pour s'avancer de ce côté, la *bassesse* fût indispensable : *il ne voyait* pas cette question *des mêmes yeux*. (Lettre 50e.) — G.

[2] Ici encore, Mirabeau se rend pleine justice. — G.

[3] Vauvenargues, à qui Mirabeau fait la leçon, l'entendait autrement : quand le moment sera venu d'écrire, il se proposera autre chose que son agrément ou que sa propre satisfaction. — G.

[4] On voit combien Vauvenargues attirait l'attention, puisqu'il forçait à ce point celle de Mirabeau, qui, le plus souvent, n'avait de regards que pour lui-même. — G.

[5] Vauvenargues n'avait pas encore 24 ans. (Voir la lettre suivante.) — G.

34. — VAUVENARGUES A MIRABEAU.

A Arras, le 30 mai 1739.

Je suis bien aise, mon cher Mirabeau, que vous me trouviez le génie anglais; il y a déjà trois ou quatre ans qu'on m'en a trouvé la figure, et, quoique la figure d'un Anglais, en France, soit celle d'un homme qui a la consomption, cette prétendue ressemblance n'a pas laissé de m'attacher à eux. Je n'en ai jamais connu aucun particulièrement, et je n'ai jamais lu de leurs ouvrages que M. Pope et M. Locke[1], et le *Paradis perdu*[2]; mais j'honore fort leur génie : tout ce que j'en entends dire me le rend recommandable, et, puisque vous trouvez que j'en ai des rayons, je prends un degré d'estime et d'amitié de plus pour la nation.

Si vous pouviez me faire lire, vous n'auriez aucune peine à me plier aux lectures qui émeuvent les sentiments; ce sont les seules qui me plaisent, et qui flattent ma paresse; les autres me fatiguent et m'ennuient; je n'en ai guère fait en ma vie, et, si vous connaissiez ma profonde ignorance, vous changeriez bien de ton. Je ne sais, mon cher Mirabeau, si c'est à moi à vous détromper, mais vous me donnez des louanges si excessives, qu'elles m'étonnent toujours. Vous n'êtes pas le seul, peut-être, qui vous grossissiez mon idée[3] : je voudrais avoir assez de vanité pour l'adopter, et croire à tous les compliments. C'est cette crédulité qui fait le bonheur de Pépin; elle ferait aussi le mien; mais je suis trop près de moi, pour m'éblouir; je vois le fond de mon esprit, et ce qui trompe en sa faveur : je hais le jeu et les femmes, du moins, celles que je connais; cela fait que je ne vais guère dans le monde, et que je m'y ennuie extrêmement;

---

[1] Voir, dans le *Traité sur le Libre-Arbitre*, la note de la page 206. — G.
[2] C'est-à-dire *Milton*. — G.
[3] En effet, dans la Lettre 31ᵉ, nous avons vu que Vauvenargues se défend, avec la même modestie, contre les louanges que Saint-Vincens lui adresse. — G.

il y a des esprits malins qui tirent de ce dégoût de quoi me faire plusieurs crimes; mais il y en a d'autres qui m'en font honneur, et qui veulent absolument que j'emploie, d'une manière utile, le temps que je donne à ma paresse ou à ma mauvaise humeur. Je ne puis pas me plaindre, mon cher Mirabeau, de la bonté qu'ils ont pour moi; mais je rougis d'être aussi loin de votre idée et de la leur, et je ne voudrais pas que l'on pût m'imputer d'entretenir des erreurs qui me sont si favorables.

Il me semble que vous me jugez avec moins d'indulgence sur ce que j'ai dit du bel-esprit : j'ai dû faire des exceptions, et je suis persuadé qu'il y en a dans ma lettre, parce qu'il y en a toujours eu dans ma pensée; je ne les étends peut-être pas assez, ou vous les portez trop loin. Si nous entrions dans les détails, nous conviendrions aisément, car je suis de bonne foi, et je mets trop peu d'intérêt et trop peu de réflexion dans mes paroles, pour en prendre le parti. Je crois que vous n'êtes pas non plus si bien entré dans mon idée, sur ce que je vous ai dit de la difficulté que j'avais à traiter les moindres sujets dans une lettre : je sais qu'on peut exprimer beaucoup de choses en peu de mots [1]; mais, lorsqu'on ne convient pas, ou que l'on ne veut pas convenir, il faut parcourir toutes les faces et tous les rapports; voilà ce que j'ai voulu dire, et voilà ce qui est long, qu'on abrége bien pourtant, lorsqu'on a du génie, car je n'ai aucune envie de nier cela. Il est vrai que M. Pascal et M. de La Rochefoucauld ont rendu, l'un et l'autre, avec une extrême précision des idées très-composées; mais si vous lisiez la critique qu'a faite M. de Voltaire des *Pensées* du premier, et le misérable commentaire qu'on a fait des *Maximes* du second [2], vous conviendriez peut-être aussi que si ces deux auteurs

---

[1] Non-seulement Vauvenargues le sait, mais il le prouvera bientôt dans ses écrits. — G.

[2] Vauvenargues veut parler, sans doute, du commentaire assez *misérable*, en effet, qu'Amelot de La Houssaye a joint aux *Maximes* de La Rochefoucauld, en 1714. — G.

fameux avaient voulu rendre compte de leurs pensées, les expliquer, les prouver, ils auraient bien grossi leurs livres. Je ne dis point ceci pour me défendre, car je vous abandonne tous mes sentiments, et je vous les soumets tous; mais vous louez si fort mes lettres qu'il m'est permis de les rendres infinies, et de vous en accabler. J'ai cependant quelque inquiétude sur ce que vous me dites que vous les avez montrées : vous en avez quelques-unes où il y a de l'amertume et de l'humeur ; ce sont celles de cet hiver ; je n'ose croire, mon cher Mirabeau, que vous les ayez laissé voir ; ce serait une grande imprudence [1] ; dites-moi cependant ce qui en est, et ne me déguisez rien ; pour les autres, je vous les abandonne, et je suis charmé qu'on les trouve bien. C'est une obligation que je vous ai, mais elle ne m'est point à charge ; je m'acquitterai, quand je voudrai, avec usure ; j'ai conservé vos réponses, et, si j'en étais moins jaloux, vous me réduiriez bientôt.

Je suis au désespoir de n'être pas à Paris, pour voir jouer votre comédie ; j'ai pris des arrangements pour qu'on me l'envoyât, dès qu'elle serait imprimée. Je ne doute point du succès, et je m'en réjouis à l'avance ; mais ne craignez point que je vous nomme ; je suis trop flatté de votre confiance pour en abuser, et vous pouvez compter sur moi. Je vous sais un gré infini d'avoir fait des tragédies sans amour ; une intrigue de ce genre est bien usée au théâtre, et elle y est très-souvent déplacée ; rarement, elle y amène la terreur, qui est l'âme de la tragédie, et il faut se faire violence pour se persuader qu'ell est la cause des plus grands événements, et le mobile des plus grands hommes ; d'ailleurs, ce n'est plus la mode des amours tendres et délicats ; le goût des romans est passé ; on n'aime plus comme on aimait jadis. Enfin, mon che Mirabeau, vous ne pouviez mieux penser, ni prouver plus évidemment la force et la fécondité de votre esprit, qu'en vous ouvrant une nouvelle route qui, à la vérité, n'était point

---

[1] Cette indiscrétion de Mirabeau fait comprendre la réserve où Vauvenargues se tenait avec lui. (Voir la 1re note de la Lettre 30e.) — G.

inconnue¹, mais qui semblait trop difficile, et qui demandait trop de génie. Je ne finirais point sur ce chapitre, si je pouvais dire des choses que vous savez mieux que moi. Mais où avez-vous pris le temps qu'il faut pour de si grands ouvrages? Hélas! vous parlez de mon âge! dites-moi donc quel est le vôtre²? Savez-vous que j'aurai 24 ans, au 6 du mois d'août prochain? Si j'étais ambitieux comme César, je pleurerais comme lui; car vous n'ignorez pas, sans doute, qu'en lisant la vie d'Alexandre, il ne put retenir ses larmes; songez, mon cher Mirabeau, qu'il n'y a que votre amitié qui puisse arrêter les miennes; la possession de votre cœur remplira cette distance qui est si humiliante; elle me justifiera ma paresse et mes défauts; ne me la refusez donc pas, et parlez-m'en quelquefois.

Vous pouvez m'écrire ici encore une lettre; je vous avertirai de tous mes changements. J'aurais souhaité avec passion de vous voir en Provence, cet automne, mais je ne pourrai pas y être; cette pensée me déplaît bien. Je suis toujours pour votre frère comme vous me connaissez.

---

35. — MIRABEAU A VAUVENARGUES.

De Bordeaux, ce 14 juin 1739.

Votre lettre m'a attendu, mon cher Vauvenargues. J'ai été, au régiment, passer la revue de l'inspecteur, et me voilà de retour.

Si vous avez toujours pour moi la complaisance d'étendre vos réponses, je vous arracherai à vous-même, en détail. Travaillez pour le public, car je suis, sur les manuscrits³, comme Alexandre, qui fut fâché qu'Aristote eût donné sa philosophie à tant de gens, sans la donner à tout le monde. Si la privation du travail vous faisait vivre dans la dissipation,

---

¹ En effet, plus de vingt ans auparavant (1718), Voltaire avait donné sa tragédie d'*Œdipe*, dans laquelle, on le sait, l'amour n'a pas de place, ou, du moins, en a si peu, que ce n'est pas la peine d'en parler. — G.

² Voir la 1ʳᵉ note de la 1ʳᵉ Lettre. — G.

³ Mirabeau *suppose* que Vauvenargues écrit; car celui-ci ne lui a fait aucune confidence à cet égard. — G.

je n'oserais, avec le peu de santé que je vous connais, vous conseiller l'étude ; mais, vivant dans la retraite et toujours sur les livres, il n'est pas pardonnable de ne pas diriger ses occupations à un but. C'est la perte du temps qui mène à cette inaction, qui semblait à Caton d'Utique le plus grand des crimes. S'il est permis de se citer, j'ai, je crois, plus de feu, d'imagination, de santé, que vous ; mais vous avez plus d'esprit et de suite : cependant, si vous ne m'en imposez [1], il s'en faut de beaucoup que vous tiriez le même parti du temps. Si vous employiez tout le loisir que votre humeur vous laisse, jugez de ce que vous pourriez faire ! J'en sais plus que vous, sur votre propre compte, si vous ne vous connaissez pas une grande étendue de génie !

Votre humeur, quoique toujours mélancolique, est sujette à des variations, vos lettres en font foi ; dans les unes, vous disputez, et vous voulez disputer ; ici, vous passez condamnation sur tout, mais, toujours, vous êtes également bon. Quant à notre dispute sur la nécessité d'étendre ses pensées, je ne reculerai pas d'un pas : l'on doit écrire pour ceux qui sont dignes de lire ; pour ceux-là, il suffit d'être clair, mais il est nécessaire d'être concis. La pensée s'énerve dans le fatras du langage [2], et cette précaution choque notre amour-propre ; les sots ne l'entendront pas ; les esprits faux le prendront à gauche ; ce n'est pas pour eux que l'on écrit ; ce serait un effort inutile et déshonorant que de se mettre à leur portée.

Je n'ai reçu aucune lettre de vous qui ne fût très-montrable ; mais je n'ai montré que les dernières, qui sont pleines de traits originaux et de réflexions ; fiez-vous à mon amitié sur les précautions qu'elles exigent. Je ne sais si l'on jouera ma comédie cet été ; je m'en suis, sur cela, rapporté à un de mes amis qui n'était pas trop de ce sentiment-là, et je n'en ai pas encore des nouvelles précises.

Adieu, mon cher Vauvenargues ; avertissez-moi de tous vos changements, car je serais bien fâché de vous perdre. Adieu ; soyez sûr de ma vive amitié.

---

[1] On le voit encore à ce mot, Mirabeau soupçonne que Vauvenargues ne s'ouvre pas entièrement à lui. — G.

[2] Voilà une vérité que Mirabeau lui-même a prouvée, surabondamment, par ses ouvrages. — G.

36. — VAUVENARGUES A MIRABEAU.

A Arras, le 30 juin 1739.

Vous vous moquez, mon cher Mirabeau, de me demander encore des détails : je vous parlerais de moi, aussi longtemps que vous voudriez; cela ne me coûte point, je suis trop près du sujet, et mes paroles coulent véritablement de source; cette expression est propre, dans cette occasion; mais je vous aime trop pour vous noyer dans ces misères, et, quand je songe à la longueur de ma dernière lettre, j'en ai honte, et je vous plains d'avoir eu tant à lire. M. Pascal s'en serait épargné la peine, sûrement; il aurait brûlé cette lettre, lui qui ne voulait pas que l'on dît *moi*; mais ce qui est écrit est écrit; n'en parlons plus, cela est fini. Vous ne sentez pas vos louanges, vous ne savez pas la force qu'elles ont, vous me perdez! épargnez-moi, je vous le demande à genoux [1] !

Je ne suis pas surpris de ce que vous me dites de la fécondité de votre esprit et de sa facilité; j'en connais mille traits que vous cachez, et qu'il ne conviendrait pas que vous découvrissiez vous-même; mais je suis fâché que vous ne donniez pas votre comédie cet été; je meurs d'envie de la lire, et ce serait une lecture qui me ferait grand plaisir. Pour les autres, elles me touchent peu, et je ne passe point ma vie sur les livres, comme vous avez la bonté de le croire pour justifier ma retraite [2]. Je suis bien loin d'être raisonnable; depuis deux ans, je n'ai pas lu un quart d'heure tous les jours, j'entends un jour portant l'autre. Cet aveu-là est bien naturel, mais ne vous met-il pas en colère? car vous

---

[1] Cette phrase expressive trahit, visiblement, l'arrière-pensée de Vauvenargues : il ne veut pas l'avouer, mais on aperçoit qu'il serait plus sensible à la gloire qu'il ne veut le paraître, et qu'il a peur de céder à la tentation. Rien n'est plus intéressant que cette lutte entre les deux amis, où la curiosité obstinée de l'un arrache à l'autre le secret qu'il voudrait garder. — G.

[2] Ici, Vauvenargues, qui peut craindre d'en avoir trop dit quelques lignes plus haut, revient à sa discrétion habituelle. — G.

avez horreur de mon oisiveté. Elle n'a pas toujours été aussi grande, mon cher Mirabeau; il y a eu des temps où j'ai lu; mais ces temps-là sont un point dans ma vie. J'ai toujours été obsédé de mes pensées et de mes passions; ce n'est pas là une *dissipation*, comme vous croyez, mais une distraction continuelle, et une occupation très-vive, quoique presque toujours inquiète et inutile. Je serai d'un meilleur commerce quand je serai vieux; je veux, du moins, avoir cette espérance. La raison et vos conseils pourront alors beaucoup sur moi; il est vrai qu'il sera bien tard! Mais que puis-je y faire, mon cher Mirabeau? mes goûts, mon caractère, ma conduite, mes volontés, mes passions, tout était décidé avant moi; mon cœur, mon esprit, et mon tempérament ont été faits ensemble, sans que j'y aie rien pu, et, dans leur assortiment, on aurait pu voir ma pauvre santé, mes faiblesses, mes erreurs, avant qu'elles fussent formées, si l'on avait eu de bons yeux. — Il y a des remèdes, me dit-on, contre les infirmités du corps; on fortifie un homme faible par des secours étrangers; le régime le soutient! — Cela est vrai, quelquefois; mais on veut guérir les maux du corps, sans renoncer à ses folies, et la comparaison n'est pas juste, quoiqu'il y ait aussi des remèdes pour les maux de l'âme. Enfin, mon cher Mirabeau, si je m'étais formé moi-même, je crois que je vaudrais mieux. Mais finissons ce chapitre; me voilà retombé dans le *moi* plus que jamais, et voilà tout le commencement de ma lettre ridicule! Cela se fait sans qu'on le veuille; riez-en, mon cher Mirabeau, je n'en serai pas fâché.

Meyronnet vous aura mandé comme on a fait une injustice au petit chevalier, en donnant une lieutenance à un neveu du major, qui est son cadet; je sens le tort qu'on lui fait, et je prévois que vous le sentirez très-vivement; c'est un chagrin réel pour moi. L'on a mis encore devant lui deux ou trois pages du Roi; mais cela est moins désagréable : ils ont tous quatre ou cinq ans de plus que le chevalier, et le Roi veut que le service qu'ils ont fait auprès de sa personne leur soit compté dans ses troupes; il n'y a qu'un an qu'ils ont joint, et votre frère était six mois avant eux. A l'égard de M. de Rissé, qui est ce neveu du major, il est à peu près de son âge; c'est un homme de condition; il n'appartient à M. le major que par sa mère. Voici ce que M. de Biron apporte en sa faveur : les progrès qu'il a faits dans les mathématiques, et les services présents de son oncle dans le corps; il ajoute que l'intention du Roi n'est pas que les lieutenances soient données à l'ancienneté, ni qu'il y ait des rangs parmi les lieutenants en second; il le déclara, l'année passée, en faisant l'ouverture de l'école des mathématiques. On n'est point sans réponse à toutes ces raisons : le chevalier n'a point démérité, et l'intention du Roi le favorise; mais on dit : il est bien jeune, il peut attendre, etc. Cela est misérable, car il est en état de faire la guerre, et, si l'on prend garde à l'âge, il ne servirait donc en rien de commencer de bonne heure; d'ailleurs, M. de Rissé est aussi jeune que lui.

On voit tout cela d'un coup d'œil, et Meyronnet ne s'est pas tu. Cependant, mon cher Mirabeau, si le chevalier nous reste, il ne tardera pas à être lieutenant; c'est six mois, au plus, à attendre. On lui a donné une sous-lieutenance avec appointement; cela n'est rien en soi-même, mais c'est un nouveau titre pour passer, et qui assure son rang. Si vous pouvez lui faire quelque chose de mieux que de le faire suivre, vous ferez parfaitement bien; mais s'il quitte par honneur, je crois que ce sera une sottise, car l'honneur ne l'engage en aucune manière. C'est le sentiment de Meyronnet, du chevalier de Sade[1], de tout le régiment du Roi; je souhaite que ce soit aussi le vôtre, et il ne faut pas vous dire les raisons qui me le font souhaiter, vous les comprenez aisément. Il n'y a rien de si ordinaire que ces sortes de passe-droits; il y a peu de gens qui n'en aient essuyé, et personne n'y attache d'idée. On connaît

---

[1] Oncle de l'auteur tristement célèbre de *Justine*. — G.

votre frère; il serait bien malheureux, si le rang qu'on donne à M. de Rissé sur lui portait coup à sa fortune; pour les autres, il faut les regarder comme un obstacle qui était naturellement placé sur son chemin; le Roi veut que ses pages aient des préférences; il est le maître. Vous savez mieux que personne, mon cher Mirabeau, les règles de l'honneur; vous connaissez les facultés du chevalier pour les emplois qui sont à sa portée; vous savez l'intérêt sensible que je prends à tout ce qui vous touche, et vous ne doutez pas de la sincérité de mes paroles; vous ne sauriez manquer, avec cela, de prendre le meilleur parti, et tout ce que je pourrais vous dire serait inutile.

Nous partons d'ici demain; nous serons le 6 à Compiègne, et nous camperons jusqu'au 20; ensuite, nous irons à Reims et à Châlons. Je serai dans cette dernière ville le 2 ou le 3 août, pour le plus tard; adressez-y vos lettres, mon cher Mirabeau, et croyez qu'on ne peut être plus à vous que je ne le suis.

37. — LE MÊME AU MÊME.

A Péronne, le 3 juillet 1739.

Je n'ai pas fait partir ma lettre d'Arras, parce que je voulais montrer à votre frère l'article qui le concerne; il m'a dit que M. Raymond de Bordeaux, qui vient d'avoir une lieutenance, était aussi après lui, mais de huit jours seulement. Votre frère n'est actuellement que le sixième; ainsi, ces injustices ne le regardent pas, et M. le duc de Biron a promis à Meyronnet la première lieutenance qui vaquerait; c'est Meyronnet qui me l'a dit; vous pouvez régler vos démarches là-dessus.

38. — LE MÊME A SAINT-VINCENS.

A Compiègne, le 11 juillet 1739.

Le hasard, mon cher Saint-Vincens, m'a fait rencontrer ici le chevalier de Castellane[1], qui vient de m'apprendre le sujet de votre long silence et l'extrémité où vous avez été. Je croyais avoir à me plaindre de vous, j'attendais impatiemment que vous vous justifiassez, et je n'osais plus l'espérer, ni vous écrire, de peur qu'il ne fût arrivé quelque méprise, et que mes lettres ne fussent découvertes avec les secrets de notre amitié[2]. Quelle surprise, mon cher Saint-Vincens, quand j'ai su que je vous faisais une injustice! quelle joie et quelle douleur! tout ce que l'amitié la plus sincère et la plus naturelle peut faire sentir, je l'ai éprouvé vivement; je vous assure, mon cher Saint-Vincens, que j'ai été pénétré. Je ne songe point sans frémir aux dangers que vous avez courus, et, quoique le chevalier de Castellane m'ait fort assuré que vous êtes bien rétabli, il me reste une inquiétude que je ne puis dissiper, et toutes mes réflexions m'attendrissent jusqu'aux larmes. Je vous supplie, mon cher Saint-Vincens, de m'écrire dès que vous le pourrez; vous ne sauriez me parler trop de votre maladie, et entrer dans trop de détails; ne m'épargnez aucune circonstance, quelque triste qu'elle soit; il faut que je repasse nécessairement sur ces idées affligeantes, il me serait impossible de les ignorer.

Hélas! mon cher Saint-Vincens, je vous accusais dans mon cœur; je demandais à Meyronnet de vos nouvelles; il me disait que vous étiez à Aix, et que vous vous portiez bien, et que M. votre père avait acheté une maison. Quelle tristesse, tout d'un coup, d'apprendre l'état où vous avez été; quel attendrissement, quelle révolution! Ah! que cette

---

[1] La maison de Castellane, une des plus anciennes de Provence, et dont les branches étaient nombreuses, subsiste encore de nos jours. — G.

[2] Voir la dernière note de la page 119. — G.

vie est malheureuse et agitée ! Plus les liens qui nous y attachent nous sont agréables, et plus nous sommes exposés aux amertumes, aux dégoûts, aux plus grandes inquiétudes; et ce qui devrait en être le charme et l'agrément, en devient la désolation. Je ne finirais point, mon cher Saint-Vincens, si je voulais appuyer sur ces pensées; mais il ne faut point noircir la joie de votre convalescence, il faut la goûter au contraire, la savourer, en jouir, et éloigner les réflexions.

Nous sommes ici, depuis cinq ou six jours, pour passer en revue devant le Roi; le régiment est campé, nous avons beaucoup de service et beaucoup de dissipation. Je vous écrirai de Châlons en Champagne, où nous irons, au sortir d'ici; nous y arriverons vers le premier d'août; adressez-y vos lettres. Je ne puis rendre celle-ci plus longue, parce que je suis de garde, et que je suis en compagnie : qu'elle ne vous serve point de règle, je vous prie; vous en avez eu de moi qui sont immenses; marquez-moi si vous les avez reçues, nommément la dernière, et si vous étiez déjà malade, lorsqu'elle vous a été rendue. Je vous embrasse, mon cher Saint-Vincens, avec une extrême tendresse, et vous prie d'être persuadé qu'il n'y en a pas de plus vive que celle que j'ai pour vous.

---

39. — MIRABEAU A VAUVENARGUES.

De Bordeaux, ce 31 juillet 1739.

Je me suis contraint, mon cher Vauvenargues, pour attendre jusqu'à ce temps-ci à vous faire réponse; mais, ne devant être dans vos quartiers qu'au commencement d'août, j'ai cru qu'il serait inutile de faire courir ma lettre. Vous ne sauriez me faire un plus grand plaisir que de me parler de vous. Je ne veux pas vous attaquer en détail; l'on me connaîtrait mal par ce moyen, car mon intercadence[1] se fait sentir dans mes lettres, et je suis, hors pour les principes essentiels, *tantôt Pyrandre*.

---

[1] C'est-à-dire *mobilité* : voilà un mot que Vauvenargues n'eût jamais employé, et qui annonce le style prochain de Mirabeau, dans ses écrits politiques et économiques. (*Voir la 1ʳᵉ note de la Lettre 1ʳᵉ.* — G.

et tantôt Armédon [1] ; mais les changements mêmes de ses amis font un plaisir infini à rassembler, et à retrouver dans un portefeuille.

Vous ne lisez point, me dites-vous, et vous me citez tous les mots remarquables de nos maîtres; cela me rappelle Montaigne, qui soutient partout qu'il craint d'oublier son nom, tant il a peu de mémoire, et nous cite dans son livre toutes les sentences des anciens. Quant à la fécondité dont je vous parlais à mon sujet, c'était pour vous parler travail, car je sais fort bien que c'est la compagne presque inséparable de l'exécrabilité [2], et un critique très-fin de mes amis, qui m'épluche à la rigueur, quand je lui parlais de la promptitude avec laquelle j'avais composé : *Un défaut de plus!* me disait-il. C'est chose convenue que vous avez une imagination impayable; mais elle écarte ordinairement la réflexion; c'est pourtant ce qu'il nous faut rapprocher en tout. Mais que faites vous donc, dans votre chambre, si vous ne lisez point? car je ne sache pas d'occupation plus digne d'un paresseux que celle de lire sans objet. Je crois que vous prenez pour passions des pensées vivement imprimées chez un individu comme vous, où la matière est la plus faible; car moi, qui suis ardent, je puis vous assurer que les passions, en agitant l'âme, tiennent le corps en action, et, loin qu'elles le tranquillisent, mon seul embarras est que le corps ne peut faire qu'une seule chose à la fois, tandis que l'âme lui en demanderait mille. J'espère que, dans un âge avancé, vous serez excellent, et j'ai quelques amis dans ce cas. Hélas! si nous pouvions un jour nous rassembler! c'est là le bonheur véritable!

Si j'avais été le maître de mon frère, il aurait quitté, avec la hauteur convenable à son nom et à sa naissance; mais la vanité, plus peut-être que l'amitié, me fait sentir cela d'une façon inconnue aux autres hommes. J'en ai écrit à ma mère comme je le pensais; elle m'a répondu que j'étais trop ardent, et je lui ai dit qu'elle était trop sage. La façon de penser des autres ne m'a jamais conduit: si je m'en suis mal trouvé, du côté de la fortune, j'ai toujours pensé qu'un homme de qualité était au-dessus d'elle; et, du moins, cela m'a-t-il toujours attiré de ces attentions de société qui ne dépendent que de nous. Ducs manants d'un côté, robins décrassés de l'autre, tout empiète sur l'homme de qualité : faites comme tout le monde avec ces gens-là, vous les avez toujours sur les épaules; sachez vous annoncer et vous redresser, vous les voyez arriver plus bas que terre. En un mot, la façon de penser gé-

---

[1] Voir Corneille, *le Menteur*, acte IV, scène 4. — G.
[2] Le style de Mirabeau se déclare de plus en plus. — G.

nérale, m'a toujours paru l'écueil de la vertu : dès que l'on a eu assez de désagréments pour se plaindre, l'on doit en [1] avoir assez pour éclater de la façon la plus vive; voilà mon sentiment; l'on dit que j'ai tort; cela peut-être, mais je l'aurai longtemps. Je ne sais ce que ma mère fera, mais de quoi je vous réponds, c'est que mon frère se débaptisera, ou ne sera jamais capitaine dans le Régiment du Roi [2].

Adieu, mon cher Vauvenargues. Vous voyez l'âme de votre ami toute nue; je ne doute pas qu'au travers de ses défauts, vous n'y trouviez quelque chose de digne d'intéresser une aussi belle âme que la vôtre. Adieu; aimez-moi; vous êtes quelques-uns, dont l'amitié fera toute la douceur de ma vie, car les femmes, qui font maintenant toute l'occupation de ma folle jeunesse, n'y tiendront pas, j'espère, du moins en tant que sexe, le moindre petit coin à un certain âge. Adieu; je vous aime comme vous le méritez; est-ce assez dire?

---

40. — VAUVENARGUES A SAINT-VINCENS.

A Reims, le 8 août 1739.

Mon cher Saint-Vincens, tu comprends donc l'amitié que j'ai pour toi, et tu la trouves naturelle! voilà tout ce que tu pouvais me dire de plus agréable; si tu n'y étais pas sensible, tu ne la comprendrais pas; mais tu m'aimes, et tu me comprends; il n'y a rien de si simple que cela.

Je connaissais tes sentiments, je n'en pouvais pas douter; et, malgré cette persuasion, je t'avouerai bonnement que cette manière de les exprimer m'a fait un plaisir sensible. Mais je ne suis pas tranquille sur l'état de ta santé : cette saignée et ce retour de fièvre me donnent de l'inquiétude, et corrompent ainsi toute ma joie; je voudrais pouvoir passer sur les deux cents lieues qui nous séparent, et m'assurer de ta convalescence par mes propres yeux. Je te vois d'ici, bien maigre, pâle, défait, les yeux battus, avec un habit fort large, les jambes minces et tremblantes; et ce fantôme, que

---

[1] Dans cette phrase mal construite, *en* tient la place de *vertu*. — G.

[2] Il l'a été pourtant, sans *se débaptiser*. (Voir la dernière note de la 1ᵉ Lettre. — G.

je fais, me blesse et me serre le cœur. Ménage-toi, je t'en conjure, pour reprendre bientôt tes forces; renonce, pour quelque temps, à toute sorte de lecture et de travail; rien n'épuise comme l'étude. J'aurais bien voulu savoir la cause de ta maladie, tu ne m'en parles presque pas; à quoi l'a-t-on attribuée? tous les maux ont une excuse : que t'ont dit les médecins?

Je ne suis point surpris de la sécurité avec laquelle tu as vu les approches de la mort; il est pourtant bien triste de mourir dans la fleur de la jeunesse! Mais la Religion, comme tu dis, fournit de grandes ressources; il est heureux, dans ces moments, d'en être bien convaincu. La vie ne paraît qu'un instant auprès de l'éternité, et la félicité humaine, un songe; et, s'il faut parler franchement, ce n'est pas seulement contre la mort qu'on peut tirer des forces de la Foi; elle nous est d'un grand secours dans toutes les misères humaines : il n'y a point de disgrâces qu'elle n'adoucisse, point de larmes qu'elle n'essuie, point de perte qu'elle ne répare; elle console du mépris, de la pauvreté, de l'infortune, du défaut de santé, qui est la plus rude affliction que puissent éprouver les hommes, et il n'en est aucun de si humilié, de si abandonné, qui, dans son désespoir et son abattement, ne trouve en elle de l'appui, des espérances, du courage. Mais cette même Foi, qui est la consolation des misérables, est le supplice des heureux[1]; c'est elle qui empoisonne leurs plaisirs, qui trouble leur félicité présente, qui leur donne des regrets sur le passé, et des craintes sur l'avenir; c'est elle, enfin, qui tyrannise leurs passions, et qui veut leur interdire les deux sources d'où la nature fait couler nos biens et nos maux, l'amour-propre[2] et la volupté, c'est-à-dire tous les plaisirs des sens, et toutes les joies du cœur; car la seule chose qu'elle nous permette,

---

[1] Voir la note de la page xxxvi de l'*Éloge de Vauvenargues*. — Voir aussi la Maxime 323ᵉ — G.

[2] Ici, comme presque toujours, Vauvenargues entend par *amour-propre*, *l'amour de soi*. — G.

c'est de satisfaire à nos besoins; encore, en éprouvons-nous qu'elle ne veut contenter qu'à des conditions si onéreuses, et à l'usage de si peu de gens¹, et qui sont pourtant si naturels et si pressants, que le crime de l'enfance² le plus ordinaire, et peut-être le premier, est la transgression de la loi³.

J'avouerai ingénument que cette sorte de besoins m'est moins connue qu'à personne; mais, quand ma complexion serait plus forte que celle des patriarches, il me serait impossible de me soumettre à leur joug⁴; et, s'il est permis de dire ce qu'on pense, il semble qu'il y ait bien de la malignité à faire un devoir d'un plaisir. On ne peut pas nier que toute sujétion n'ait quelque chose de fâcheux; celle d'un tempérament robuste a bien des inconvénients, quoique douce en elle-même; mais elle est momentanée, elle n'est que pour la jeunesse : n'y a-t-il pas quelque injustice à la rendre indispensable dans tout le cours de la vie, et à l'étendre ainsi au-delà de ses bornes naturelles? N'est-ce pas là proprement faire une obligation jusqu'à la mort, d'une nécessité qu'on dit qui nous abaisse⁵? Ces réflexions font une étrange bigarrure, après le sermon qui les amène; c'est un écart ridicule, je t'en demande pardon; je me suis jeté si loin de ma première thèse, qu'il m'est impossible de m'y

---

¹ Les *conditions si onéreuses, et à l'usage de si peu de gens*, sont, apparemment, celles du mariage; Vauvenargues a déjà dit, à ce propos, dans la 14ᵉ Lettre : « *Quoique la vie soit courte, elle peut sembler bien longue, dans de certains engagements.* » Il mettait l'indépendance au-dessus de tout; dans les Lettres 14ᵉ, 22ᵉ, 24ᵉ, 50ᵉ, il déclare son goût pour elle, et, dans cette dernière, il s'écriera : « *Je ne veux point me contraindre; j'aimerais mieux rendre ma vie!* » — G.

² Vauvenargues veut dire de l'*adolescence*. — G.

³ Il s'agit, sans doute, de la loi de *continence*. — G.

⁴ Toute cette fin de lettre est, au moins, obscure. Il faut croire que le *joug* dont il s'agit ici, c'est celui des *conditions onéreuses* du mariage, dont il est question six lignes plus haut; de même que, deux lignes plus bas, le mariage est regardé encore comme un joug, puisqu'on y fait un *devoir* de ce qui ne devrait être qu'un *plaisir*. — G.

⁵ Ici encore, Vauvenargues semble combattre le mariage, qui oblige, *dans tout le cours de la vie*, à des preuves de tendresse dont la jeunesse seule est capable, et qui impose, *jusqu'à la mort*, une ardeur que la foi chrétienne ordonne, tout en déclarant qu'elle *nous abaisse*. — G.

ramener. Tu n'en es pas plus à plaindre, mon cher Saint-Vincens ; je vais finir ici ma lettre.

Je n'ai reçu ta lettre que depuis trois jours ; elle était allée à Châlons, où je t'avais prié de l'adresser ; c'est de là qu'on me l'a renvoyée à Reims, où la cour a mis trois bataillons du régiment, contre ce que j'avais prévu. Nous y demeurerons jusqu'à la fin d'août, et nous serons dans Verdun aux premiers jours de septembre ; mais, comme ce que je te dis n'est pas absolument certain, ne manque pas, lorsque tu m'écriras, de mettre *en garnison à Reims ou à Verdun*, sur le dessus de ta lettre.

41. — LE MÊME A MIRABEAU.

A Reims, le 29 août 1739.

Je vous avais donné une fausse adresse, mon cher Mirabeau : le bataillon dont je fais partie est à Reims, et votre lettre a été à Châlons ; on m'avait trompé le premier ; nous n'étions pas destinés à être ici, et je n'avais pas pu prévoir que l'on changerait tous nos arrangements. Il y a près de quinze jours, cependant, que j'ai reçu votre lettre, mais il ne m'a pas été possible d'y répondre.

J'ai pris le goût de la lecture, comme une passion, en arrivant à Reims, et, au bout de cinq ou six jours, mes yeux, que je n'avais pas consultés, s'en sont trouvés si mal, qu'il m'a fallu rentrer dans mon oisiveté, et je ne puis ni lire, ni écrire. Je veux suivre vos conseils, et remplir dorénavant le vide de mes jours du soin de former mon esprit ; et, pour exécuter cette résolution, j'ai pris deux hommes pour me faire la lecture, un le matin, et un autre le soir. Ils défigurent ce qu'ils lisent ; je leur donnai, l'autre jour, les *Oraisons funèbres* de Bossuet, dont l'éloquence est divine, et ils coupaient, par le milieu, les plus belles périodes ; je faisais du mauvais sang, mais il me fallait prendre patience ; cela vaut encore mieux que rien.

Je suis humilié de ce que vous me dites que je cite les mots remarquables des grands écrivains ; rien n'approche de radoter comme de citer souvent, et je fuis tout-à-fait ce style : je vous suis très-obligé de m'avoir fait apercevoir que j'y tendais ; je serai sur mes gardes à l'avenir, je vous le promets bien. Ce que vous dites de quelques mauvais écrivains est vrai, mais cela ne peut pas vous convenir. Je n'entre point dans vos sentiments, au sujet de votre frère, et il me semble qu'il y aurait beaucoup à dire sur tout ce que vous pensez sur la naissance et sur la vertu ; je souffre beaucoup à me taire, les mains me démangent, et j'ai peine à les retenir ; mais elles n'ont plus de guides, et mes yeux sont si fatigués qu'il m'est impossible d'aller plus loin. Adieu, mon cher Mirabeau.

Nous partirons pour Verdun, dans trois ou quatre jours ; vous pouvez m'y adresser votre première lettre.

---

42. — MIRABEAU A VAUVENARGUES.

De Bordeaux, ce 7 septembre 1739.

Ce que vous me dites de l'inaction dont vous sortez est vrai, mon cher Vauvenargues ; je me sais bon gré de vous avoir excité sur cela ; vous y profiterez, le public bientôt, et moi, à ce que j'espère, quelque jour, en mon particulier.

La méthode de se faire lire est excellente, mais il faut, pour cela, un bon lecteur ; pour moi, tout mauvais que sont mes yeux, je ne saurais m'y accoutumer, et l'écriture me nuit encore plus que la lecture, car je ne crois pas qu'il y ait d'homme dans le monde qui griffonne plus de papier [1].

---

[1] Mirabeau dit bien vrai ; car, sans compter des milliers de lettres autographes, qui ont été conservées, il dit, dans une lettre au marquis Longo, de Milan, son ami : « Indépendamment de ce qui verra le jour, et qui est aussi « nombreux que vous connaissez, j'ai 50 volumes in-4° et 12 in-folio, au moins,

Ne pensez pas que j'aie voulu critiquer, en vous disant que vous citiez : citer mal, est à mourir ; mais citer bien, est divin ; Montaigne, c'est tout dire, doit une partie de ses beautés à ses citations. Lisez, retenez vos pensées sur le papier [1], ne fût-ce que pour vous ; c'est là votre genre, vous devez l'avoir éprouvé ; pour moi, les brimborions que j'ai barbouillés, à 17 ans, me font un plaisir infini ; il en sera de même, dans six ans, de ce que j'écris à présent. Ne négligez donc pas, mon cher maître, de vous procurer des plaisirs aussi innocents ; ce sont des matériaux qu'on se prépare pour l'âge où l'on veut ou jouir, ou écrire ; croyez-m'en sur cet article, comme vous m'en avez cru sur l'autre.

Heureux de pouvoir vous livrer à des goûts si agréables, déplorez le sort de votre ami dans le tourbillon : je suis actuellement tourmenté d'une passion qui me dévore, et obligé d'aller courir le monde, sans satisfaction d'une part ni d'autre. Adieu, mon cher ami ; écrivez-moi toujours ici. Je suis si ballotté, que je ne sais quelle route je prendrai ; les maîtres de poste seront informés de mon adresse. Adieu ; aimez vos amis avec leurs défauts [2] ; je vous passe trop de sagesse, passez-moi le contraire.

---

43. — VAUVENARGUES A MIRABEAU.

A Verdun, le 22 septembre 1739.

Je n'ai trouvé personne ici, mon cher Mirabeau, pour me faire la lecture, comme à Reims. Me voilà retombé dans l'inaction que vous me reprochez, sans qu'on puisse m'en

---

« qui ne sont que des griffonnages. » (19 janvier 1777.) Il dit ailleurs : « J'ai
« tant écrit dans ma vie, que si ma main était de bronze, elle serait usée
« maintenant. » (Lettre à Mme du Saillant, Paris, 16 novembre 1765.)
« Moi qui ai peut-être 400 volumes de manuscrits », écrit-il ailleurs ; enfin,
dans un autre endroit, il dit en parlant de sa fille, Mme de Cabris : « Elle ne
« sait pas que, depuis la mamelle de mes enfants, on ne m'a pas écrit un
« seul billet sur leur compte, ni eux à moi, ni moi à eux, dont je n'aie retenu
« copie! » (Lettre au bailli de Mirabeau ; du Bignon, le 27 juillet 1780.)
(*Note de M. G. Lucas-Montigny.*)

[1] C'est ce que Vauvenargues faisait. — Voir la 52e *Réflexion*. — G.

[2] C'est encore ce que faisait Vauvenargues. — Voir le 35e chap. de l'*Introduction à la Connaissance de l'esprit humain*, et le 7e *Conseil à un Jeune homme.* — G.

imputer la faute, car j'ai toujours mal aux yeux, et ils ne veulent ni lire ni écrire ; mais je les y force quelquefois, et j'ai acheté des lunettes, dont je me sers, comme un homme de cinquante ans.

Vous ne croyez peut-être pas être aussi à plaindre que vous le dites, dans les passions qui vous obsèdent ; mais je vous prends par vos paroles, et je vous plains de bonne foi. Que faites-vous à Bordeaux ? il y a un an que vous y êtes ; n'en avez-vous pas encore épuisé tous les agréments ? Avez-vous oublié qu'il est un pays où vous trouveriez les mêmes plaisirs, avec plus de variété, sans quitter le soin de votre fortune, ni celui de cultiver votre esprit, et sans séparer, comme vous faites, les objets de vos passions ? Quand vous ne prendriez que les mauvais tours de phrase et l'accent du Bordelais, et ne perdriez pas de cent autres côtés, vous seriez toujours blâmable du long séjour que vous y faites. Vous dites qu'il y a beaucoup de gens d'esprit, des gens de lettres, etc. : je le crois, mais pensez-vous qu'à Paris il n'y en ait pas davantage, et que cette grande ville ne rassemble pas des hommes excellents dans tous les genres, ce qu'on ne trouve dans aucune province ? Il est bon de les connaître, je dis les provinces, parce que chacune d'elles renferme son instruction, qu'elle a ses mœurs, ses préjugés, son caractère particulier, ses lois, son gouvernement, et qu'on s'instruit, sur les lieux, bien mieux qu'on ne fait ailleurs, et avec bien moins de peine ; outre que tous les provinciaux n'ayant pas les dehors trompeurs qui confondent les gens du monde, la différence que la nature a mise entre les hommes est bien plus sensible en eux ; mais, dès qu'on en a tiré les lumières que l'on cherche, il faut les fuir rapidement, de peur de se gâter par la contagion de leurs défauts, qui sont toujours supérieurs à leurs bonnes qualités. Dans les commencements, on en est si blessé, qu'on ne craint pas cette contagion ; cependant, on s'y accoutume, parce qu'on ne voit rien de mieux, et, ensuite, on les imite ; enfin, je ne crois pas qu'il y ait rien de plus dangereux, et qui rétrécisse tant l'esprit, que de vivre toujours avec les mêmes gens. C'est un danger qu'on ne court point à Paris, à moins qu'on ne le veuille bien, et on y trouve tant de différences dans les mœurs, dans les goûts, dans les opinions, qu'au milieu de cette bigarrure, on demeure maître de soi; on n'imite que ce qu'on veut imiter, et les différences infinies qu'on a toujours sous les yeux étendent l'esprit, l'éclairent, et l'empêchent de se prévenir. Et quel spectacle n'est-ce pas que cette variété! Quel agrément de pouvoir vivre avec des hommes de tous les états, de toutes les provinces, de toutes les nations, et de réunir, en un point, tous les rayons de lumière épars dans cette multitude, qui renferme en son sein toutes les connaissances, tous les sentiments, et tous les talents du monde! — Mais, il y a des femmes trop aimables à Bordeaux! il est difficile de s'en détacher! — Est-ce qu'il n'y en a pas ailleurs, qui, avec autant de beauté, ont plus de délicatesse, plus de monde, plus de tour, plus de raffinement dans l'esprit, et dont le commerce vous serait aussi avantageux qu'agréable? Qu'est devenue votre ambition? elle est donc tout à fait éteinte? ne songez-vous jamais que vous pourriez aimer ailleurs, être heureux, jouir de même, et faire servir vos plaisirs à votre fortune [1]?

Vous voyez, mon cher Mirabeau, que je vous parle à cœur ouvert, et sans craindre le ridicule qu'on peut jeter sur le sérieux qui est l'âme de cette lettre: car il y a un air et un ton dogmatiques dans tout ce que je viens de dire, qui fait comme un gros nuage et un poids sur mes paroles; mais l'amitié ne cherche point de tours, et je me fais une vanité de vous parler son langage. J'espère que vous sentirez, dans la naïveté de mes expressions, la sincérité de mes sentiments. Adieu, mon cher Mirabeau.

[1] Les rôles sont changés; c'est Vauvenargues qui prêche, ici, l'ambition; sachant que Mirabeau ne peut se passer de plaisirs, il veut, du moins, qu'il *fasse servir ses plaisirs à sa fortune*. Nous avons remarqué ailleurs (voir l'*Éloge*, page XXXIV) que Vauvenargues ne néglige rien dans l'âme humaine, et que, sauf direction, il prétend tirer parti de toutes les passions. — G.

44. — MIRABEAU A VAUVENARGUES.

De Bayonne, ce 6 octobre 1739.

Je reçois, mon cher Vauvenargues, votre lettre du 22 du mois passé; permettez à mon amitié de vous dire ce que je vous crois nécessaire : Que faites-vous à Verdun [1]? est-ce à votre âge que l'on doit se borner à commander un bataillon d'infanterie? Un homme de condition est-il bien placé de passer les plus belles années de sa vie à Verdun? à aller de son auberge à sa chambre? Si l'ambition vous occupe, car, enfin, il faut avoir un objet, Paris et la cour ne doivent-ils pas être votre séjour? Si les plaisirs vous dominent, suivez-les, mais songez que le temps se passe. Si c'est enfin la douceur d'une vie retirée qui vous flatte, mettez-vous donc à même d'en jouir, sans être perpétuellement aux ordres d'autrui! Décidez-vous; vous avez trop d'esprit pour tuer le temps. Pour moi, plus fondé dans mes principes, quoique aussi détraqué dans mes actions, je suis mes plaisirs, je les cours, je me livre à leur léthargie, et en sors par le mouvement. Je suis maintenant à la suite de ma dame, que je vais accompagner, avec le duc de Durfort, jusqu'à la frontière; de là, nous irons faire une tournée, *quærens quem devoret* [2], et nous nous rendrons à Paris.

Vous voyez, mon cher ami, qu'il n'est personne qui ne puisse faire des leçons à son prochain. Vous me parlez d'or, et votre lettre est un petit chef-d'œuvre; mais elle ne saurait arriver plus mal à propos, car je suis parti de Bordeaux, et amoureux. J'ai débuté par une véritable passion, j'ai eu ensuite plusieurs amourettes, et je finis par un amour qui durera, je pense, toute ma vie [3]; jugez comme on est reçu à me donner des conseils! Je n'aime point Paris, et parce que je n'y ai eu que des désagréments, et parce que, pour peu qu'on y ait des devoirs, on n'a plus de plaisir; cependant, ceux de ma position dans le monde me décident, et j'y vais; mais je sens que bientôt une passion me fixera [4]; tout est Louvre avec ce que l'on aime! Cela est fou! me direz-vous; mais, du moins, ai-je des plans, et ne me laissé-je pas mener de

[1] Mirabeau fait, d'une manière piquante, la contre-partie de la lettre de Vauvenargues. — G.
[2] C'est-à-dire, en français, *cherchant quelque morceau à croquer.* — G.
[3] Cet amour, qui est, à peu près, le sixième depuis deux ans, durera autant que les autres. — G.
[4] Nous verrons bien. — G.

l'écurie à l'abreuvoir. *Eheu! fugaces, Postume, labuntur anni*[1]! Je commence à le comprendre; les peines viendront, sans nous consulter; procurons-nous au moins les plaisirs! Adieu, mon cher Vauvenargues; je vais être dans un mouvement perpétuel; attendez que je vous donne une adresse. Votre lettre est un tissu de raisonnements vrais et nouveaux : faudra-t-il toujours que mes coulpes[2] vous arrachent des ouvrages? Adieu; aimez-moi un peu.

45. — VAUVENARGUES A SAINT-VINCENS.

A Verdun, le 10 octobre 1739.

Est-il vrai, mon cher Saint-Vincens, qu'il y ait du sentiment dans mes paroles, et qu'elles te convainquent de mon amitié? Tu sais que je n'ai rien qui me soit plus à cœur; je voudrais qu'elle pût passer tout entière dans mes lettres, et je n'ai jamais cru que cela fût possible; mais tu veux bien en paraître content, pour m'ôter cette inquiétude, et je dois à ton amitié ce témoignage délicat.

On ne saurait tracer d'image plus sensible que celle que tu fais d'un homme agonisant, qui a vécu dans les plaisirs, persuadé de leur innocence, par la liberté, la durée, ou la douceur de leur usage, et qui est rappelé, tout d'un coup, aux préjugés de son éducation, et ramené à la Foi, par le sentiment de sa fin, par la terreur de l'avenir, par le danger de ne pas croire, par les pleurs qui coulent sur lui, et, enfin, par les impressions de tous ceux qui l'environnent. Comme c'est le cœur qui doute dans la plupart des gens du monde, quand le cœur est converti, tout est fait; il les entraîne; l'esprit [en] suit les mouvements, par coutume et par raison. Je n'ai jamais été contre[3]; mais il y a des incrédules dont l'erreur est plus profonde : c'est leur esprit trop curieux qui a gâté leurs sentiments; leur raison s'est

---

[1] Horace, *Odes*, livre II, 14. — G.
[2] Ce mot, qui a vieilli, vient du latin *culpa* (faute). — G.
[3] Voir l'*Éloge de Vauvenargues*, page XXXVI; voir aussi la dernière note de la *Méditation sur la Foi*. — G.

égarée, et formée sur le mensonge; ils ont consumé leur vie à noircir la vérité; ils la repoussent encore, entre les bras de la mort, et presque éclipsés dans son ombre; les ressources ordinaires que tire la Religion des faiblesses d'un mourant, sont anéanties pour eux; leurs réflexions, à l'avance, en ont éteint le principe. Cette même Religion a des preuves irréfutables, qu'ils n'ont jamais ignorées, mais comparées, dans leur cœur, à leurs trompeuses idées, et la prévention et l'orgueil penchent toujours la balance du côté de celles-ci. Cependant, la vérité, qui éclaire communément le trépas des autres hommes, peut aussi luire sur eux; elle perce quelquefois le nuage de l'erreur, et s'offre à leurs derniers regards; son flambeau, longtemps caché, sort, comme un feu dévorant, des cendres de leurs passions, bien différent à leurs yeux de cette lumière douce, que la Foi, l'humble innocence, portent sur les pas du juste, mais comme un rayon ardent de la vengeance divine, qui jette un jour odieux dans les ombres de la mort. Les plaisirs, la fausse gloire, s'effacent à sa lueur, et fondent dans le néant; l'erreur se tait et se trouble, et, dans ce silence affreux, le remords, au fond du cœur, fait seul entendre sa voix comme un hurlement sinistre. Alors, le plus intrépide sue de crainte et d'horreur, la raison est confondue, et la Foi victorieuse; mais le philosophe nu ne peut soutenir la vue de ces terribles objets; ses yeux affaiblis s'éteignent à la lumière brûlante qui a passé jusqu'à son cœur, et les restes de sa vie sont consumés peu à peu dans un cruel désespoir.

J'aurais pu dire tout cela dans quatre lignes, et peut-être plus clairement; mais j'aime quelquefois à joindre de grands mots, et à me perdre dans une période; cela me paraît plaisant. Je ne lis jamais de poète, ni d'ouvrage d'éloquence, qui ne laisse quelques traces dans mon cerveau; elles se rouvrent dans les occasions, et je les couds à ma pensée, sans le savoir, ni le soupçonner; mais, lorsqu'elles ont passé sur le papier, que ma tête est dégagée, et que tout est sous mes yeux, je ris de l'effet singulier que fait cette bigarrure, et malheur à qui ça tombe! Adieu, mon cher Saint-Vincens.

Peu de jours avant que je partisse de Provence, il vint un ordre à M. d'Argens [1] d'informer sur un *crime énorme*; c'étaient là les termes de M. le Chancelier. Tu me feras plaisir de me mander les suites et le détail de cette affaire [2], si elle est venue à ta connaissance. J'ai eu cent fois la pensée de te le demander; mais elle ne s'offre jamais que quand ma lettre est cachetée, et j'allais encore l'oublier.

---

46. — MIRABEAU A VAUVENARGUES.

De Paris, ce 23 décembre 1739.

Nous nous sommes perdus, mon cher Vauvenargues; je viens de faire des voyages de deux mois, et vous m'avez oublié. Me voici, maintenant, fixé dans cette ville que vous aimez tant, et si fixé, que j'y ai maison, et que je me ruine en meubles. Donnez-moi donc de vos nouvelles, dans la rue Poissonnière, au coin du boulevard, quartier de Notre-Dame de Bonne-Nouvelle, et relions un commerce qui, outre l'agrément, peut nous être utile à l'un et à l'autre. Adieu, mon cher Vauvenargues; donnez-moi des nouvelles de mon frère, et aimez-moi.

---

47. — VAUVENARGUES A MIRABEAU.

A Verdun, le 29 décembre 1739.

Si j'avais eu votre adresse, mon cher Mirabeau, lorsque vous couriez le monde, vous auriez eu une longue lettre de moi, sur l'ambition, sur la gloire, sur la folie de perdre son temps à Bordeaux, et de se flatter tout seul que l'on puisse

---

[1] Alexandre-Jean-Baptiste de Boyer d'Aiguilles, ou d'Aguilles d'Argens (1708-1783), fut président au Parlement de Provence. En 1763, victime de son zèle pour les Jésuites, qu'il avait défendus en vain, sur la réquisition du Procureur-général Monclar, son parent, il fut condamné au bannissement perpétuel. Il était frère puîné du marquis d'Argens, chambellan du roi de Prusse, ami, puis ennemi de Voltaire, et auteur des *Lettres Juives* et de la *Philosophie du bon-sens*. Malherbe, allié aux Boyer, les avait institués ses héritiers. — G.

[2] J'ai vainement cherché de quelle *affaire* il s'agit. — G.

être heureux par les petits moyens, lorsque l'on est formé pour les grands. C'était une assez bonne rhapsodie que cette lettre; je l'avais gardée dans ma poche, en attendant votre adresse, et je l'ai relue tout à l'heure : elle est un peu triste, sérieuse, assez profonde, fort guindée, et d'un homme qui passe sa vie dans un tombeau, séparé du reste du monde; cependant, tout y est vrai; mais elle est glacée. Aujourd'hui, que vous avez brisé vos liens, je vous épargnerai cette lecture[1], quoique j'aie bien sur le cœur le reproche que vous me faites de m'ensevelir à Verdun, comme si cela justifiait Bordeaux, et comme si nos fortunes étaient égales en tout, ou que je fusse responsable de la mienne, parce que j'ai assez d'orgueil pour ne m'en plaindre jamais[2]? Passons là-dessus; je veux bien ne pas rappeler nos querelles; mais soyez bien persuadé qu'il me serait plus facile de justifier ma conduite, qu'à vous de colorer la vôtre.

Vous me faites grand plaisir de me demander des nouvelles du petit chevalier : il est aimable, il est sage, et je l'aime de tout mon cœur. Je trouve qu'il pense beaucoup, qu'il a de la raison, de la pénétration, et les passions comme vous, c'est-à-dire extrêmement vives. L'affectation lui déplaît fort, et les airs avantageux; toutes ses manières sont simples et naturelles, comme son esprit; on voit bien, cependant, qu'il se sent, et il est fier par complexion; enfin, vous en seriez content. Les mathématiques l'attachent, et l'occupent, tout le jour; il lit des romans, la nuit, pour s'en dégoûter, dit-il. J'ai vu, ce matin, un plan, qu'il veut envoyer en Provence; il en fait un autre pour vous, auquel il veut joindre une lettre; mais il est fort embarrassé pour justifier son silence; il est persuadé aussi que vous croyez avoir à vous plaindre de lui, et cela augmente son embarras. Je le rassure là-dessus, et lui dis que vous l'aimez trop, pour vouloir lui donner des torts qui ne sont pas dans son cœur;

---

[1] En effet, cette lettre qui appuyait, sans doute, sur celle du 22 septembre, ne se trouve pas au recueil. — G.

[2] Voir la dernière note du 60ᵉ *Caractère*. — G.

après cela, je lui fais honte de sa paresse, et je lui en fais sentir les conséquences; il convient de tout avec moi, mais il me dit qu'il ne sait pas écrire, qu'il a fait plus de dix lettres qu'il a déchirées, qu'il ne sait pas le français, et que vous rougiriez de lui, s'il écrivait; il ajoutait, ce matin, que les chevaliers de sa famille ne brillaient pas par l'esprit, qu'on ne leur avait rien laissé; ce sont ses propres paroles, que je vous rends tout chaudement.

M. l'évêque de Verdun est ici, depuis huit jours; vous devez le connaître de réputation; on dit qu'il a bien de l'esprit, et que c'est l'éloquence même[1]. J'avais envie de le voir; j'aime les gens qui parlent bien; cela est désintéressé; mais, comme je ne vais nulle part, je n'ai pas été chez lui; je n'ai pas voulu qu'on dît que je cherchais de l'esprit, ou qu'il fallait un évêque pour me tirer de chez moi; si c'eût été un petit prêtre obscur, j'aurais déjà soupé avec lui; mais qu'est-ce que cela peut vous faire? Vous voyez, mon cher Mirabeau, que j'aime à causer avec vous; jamais moins de quatre pages! Cependant, il faut finir; je le fais donc en vous embrassant, et je vous souhaite une très-bonne année, une aussi longue vie que celle des patriarches, et un aussi bon estomac.

M. de Saint-Georges est-il toujours à Paris? se souvient-il assez de m'avoir vu pour que vous lui nommiez mon nom? le sien ne s'oublie pas si vite; on se fait honneur de le savoir.

48. — LE MÊME A SAINT-VINCENS.

A Verdun, le jour des Rois [6 janvier 1740].

Qu'ai-je fait, mon cher Saint-Vincens, ou dit, qui vous ait déplu? qu'est-ce que c'est que cette idée de me pein-

---

[1] Le siége épiscopal de Verdun était alors occupé par Charles-François de Hallencourt de Dromesnil, dont l'*éloquence* n'a laissé aucune trace dans l'histoire; on remarquera, du reste, que Vauvenargues n'en parle que par ouï-dire. — G.

dre un homme austère, chagrin, inquiet et farouche, qui s'ennuie toujours, et de mettre mon nom sous ce sombre tableau, en me parlant à moi, qui n'ai rien si à cœur que de vous paraître aimable, qui me pique de sentir l'agrément de votre commerce, et de n'avoir jamais mêlé à ce plaisir la langueur et l'ennui qui suivent l'habitude? Et qui vous a dit, s'il vous plaît, que je m'ennuierais de ce qui vous amuse? sur quoi me condamnez-vous, et comment avez-vous pu croire de me flatter par cet endroit, sans me faire l'honneur de soupçonner, un moment, que je puisse souhaiter d'avoir des goûts conformes aux vôtres, et que je serais offensé de toutes vos distinctions?

Mais quittons ce ton de reproches : je ne veux pas même t'en faire sur la longueur de ton silence. J'aurais pourtant beaucoup à dire sur l'excuse de la campagne; mais je n'aime pas à me plaindre; cela blesse ma vanité, qui ne veut s'arrêter que sur ce qui la flatte, et qui ne veut pas voir le reste. Passons donc aux amitiés que tu me fais dans ta lettre : j'aime bien à remercier, et qu'on m'en donne l'occasion; je te remercie donc de tous les bons souhaits que tu me fais dans la nouvelle année; je voudrais bien la passer avec toi, et te voir, et te parler, pour te dire de quel cœur je m'intéresse à l'agrément et à la douceur de ta vie, combien elle influe sur la mienne, et combien je serai sensible à tout ce qui vient de toi, tant que je respirerai. Mais je ne voudrais pas te dire tout cela en Provence; je voudrais que la scène fût ailleurs, car il y a dans mes sentiments une secrète injustice pour notre bonne patrie[1], et je sais quelqu'un dans le monde qui la pousse plus loin que moi, quoiqu'il en ait moins de raisons. Nous nous fortifions l'un l'autre dans ces sentiments, qui ne sont nullement romains; nous n'aurions jamais eu de place dans les tragédies de Corneille; mais le temps nous ramènera; il a fait bien d'autres miracles.

[1] Voir la 22ᵉ Lettre. — G.

J'ai reçu une lettre de mon frère [1], avec la tienne ; il était de retour de la campagne ; il m'écrit d'Aix. Mande-moi si tu le vois, et les allures qu'il a dans le monde, et s'il mérite que tu l'aimes. Je ne voudrais pas, cependant, qu'il le méritât trop, et pour cause. Dis-moi aussi, je te prie, un mot de Ballon [2], de Saint-Marc [3], de nos anciens camarades. Mille compliments à L'Enfant. Je reçus, cet été, une lettre de son frère, qui me prenait pour juge d'un pari, sur notre camp de Compiègne ; il avait perdu le pari, je ne fis pas de réponse ; je trouvai ce moyen-là d'éluder une décision qui lui devait être contraire : conte cela au Commissaire [4] ; mais qu'il nous garde le secret, parce qu'il n'y aurait qu'à payer, s'il ne nous le gardait pas.

Adieu, mon cher Saint-Vincens ; je t'aime de tout mon cœur, et t'embrasse mille fois. Je ne sais si tu pourras lire mon écriture ; mande-moi ce qui en est ; j'y prendrais plus de peine à l'avenir, si tu ne pouvais pas la lire.

---

[1] Nicolas-François-Xavier de Clapiers, dernier marquis de Vauvenargues et de Claps ; né en 1719, il fut, comme son père, 1ᵉʳ Consul d'Aix, et Procureur du pays de Provence (1775-76). N'ayant pas d'enfants, il voulut, au moins, perpétuer son marquisat dans sa famille, en adoptant son cousin Jacques-Auguste-Michel-Marie de Clapiers, seigneur de Collongues et de Montfort, officier de dragons, dont un fils, Joseph-Philippe-Camille de Clapiers, périt misérablement à l'âge de 22 ans. Chef d'une de ces bandes qui, sous le nom de *Compagnies de Sabreurs* ou du *Soleil*, désolaient le midi de la France, de 1795 à 1800, et se vengeaient des excès révolutionnaires par des excès pareils, il fut condamné, sous le chef d'assassinat, et fusillé, à Aix, le 16 janvier 1801. Nicolas-François-Xavier survécut peu à son petit-fils par adoption ; il mourut le 26 juillet suivant. Dix ans auparavant, à bout de ressources, il avait vendu sa terre. Les possesseurs actuels, les d'Isoard, ont pris le nom de Vauvenargues par adjonction, mais n'appartiennent pas à la famille du moraliste. Les Vauvenargues sont donc éteints depuis 1801 ; mais une branche des *Clapiers* subsiste, à Marseille, dans la personne de M. le comte Henri de Clapiers. Vauvenargues avait un autre frère, Antoine de Clapiers, officier comme lui, et tué, en Corse, pendant la guerre de 1741 ; il avait, enfin, une sœur, morte carmélite, à Marseille. — Les armes de Vauvenargues étaient : *Fascé d'azur et d'argent, de six pièces ; au chef d'or.* — G.

[2] Famille parlementaire de Provence. Les *Ballon*, seigneurs de Saint-Julien, avaient, à Aix, leur sépulture, à côté de celle des Vauvenargues, dans l'église de l'*Observance*, détruite en 1793. — G.

[3] Frère cadet de Meyronnet de Saint-Marc (voir la 1ʳᵉ note de la page 92). — G.

[4] Les L'Enfant étaient *commissaires des guerres* pour la principauté de Monaco. — G.

49. — MIRABEAU A VAUVENARGUES.

De Versailles, ce 7 janvier 1740.

Je vous réponds, mon cher Vauvenargues, du lieu que je déteste par excellence [1]. J'y suis pour affaire qui réussira, ou qui, sûrement, me mettra hors de ce métier-ci ; me voilà au pied du mur : démission, ou avancement.

Vous êtes le premier raisonneur de France, mais le plus mauvais acteur [2]. Eh ! morbleu ! sortez de votre solitude, montrez-vous ; vous y gagnerez ! Je fais cas d'un philosophe comme le marquis de Saint-Georges, qui, par parenthèse, répond, comme il le doit, à votre politesse ; cet homme agit ; enfin, il est heureux ! mais vous ! J'enrage de voir tant d'ouverture enfouie ! Hé quoi ! pensez-vous que ce soit dans la fortune que se trouvent les grands objets ? hélas ! quelles en seraient les avenues ? Non, c'est dans la façon de concevoir et d'agir, dans la vertu enfin. Mais appellerez-vous vertu, une inactive privation du vice ? Non encore ; un homme de qualité ne doit pas s'enterrer ; il se doit à l'État [3]. Je sais qu'il n'en est guère question à présent, selon le bas ministre [4] qui le gouverne, et que ce sont les maltôtiers [5] qui en sont les colonnes ; mais vous avez une patrie misérable, une province vexée par les esclaves subalternes, que l'on érige en souverains, pour le malheur des peuples ; des amis, que vous pouvez servir ; des compatriotes, à qui vos talents exercés pourraient être utiles ; une famille, dont vous devez, ou soigner les affaires, ou soutenir le nom ; vous-même, à qui vous devez un plan fixe de bonheur ou d'agrément ; que d'objets divers et opposés ! Ne croyez pas, mon cher ami, que ce soit encore, ici, une diversion, comme l'autre fois ; non, mais je serais bien aise de vous obliger à un plan fixe, et surtout pour la conduite et pour l'action de votre esprit. Mais d'ailleurs, c'est mon histoire que je fais. Non ! il n'est d'homme heureux que celui qui raisonne sur des principes sûrs, et qui croit l'être, sans rien devoir

---

[1] Il faut croire que Versailles ne déplaisait point tant à Mirabeau ; car, dans tout le cours de sa vie, il y a fait d'assez fréquentes apparitions. — G.

[2] Il est clair que le mot *acteur* signifie, ici, *homme d'action*. — G.

[3] Ici, Mirabeau change de conseil : ce n'est plus à la littérature, mais aux affaires, qu'il pousse Vauvenargues. On verra, dès la lettre suivante, que, sur ce point encore, il prêche un converti. — G.

[4] Le cardinal Fleury. — G.

[5] On sait la haine de Mirabeau pour les gens de finance ; elle a duré, comme toutes ses haines d'ailleurs, pendant toute sa vie. — G.

de cette idée au transport des passions! Misérables esclaves, jouets de l'imagination, victimes des usages et des présages, nous joignons le terme, sans réflexion sur le passé, toujours tendus vers l'avenir; heureux encore qui peut y voir des fantômes de bonheur, sans le chercher dans le présent! Pour moi, dans les idées qui s'offrent à mon imagination, plusieurs se présentent avec empire, mais nulle avec agrément, que celle d'une solitude aimable et commode, quatre ou cinq personnes assorties de goût et de sentiment, de l'étude, de la musique, de la lecture, beau climat, agriculture, quelques commerces de lettres ; voilà mon gîte ! mais peut-être qu'avant d'y arriver, le diable emportera la voiture! Mais voici presqu'un traité : ce pays-ci me donne du noir, et j'y ai souvent écrit de belles missives; mais vous avez assez de patience pour les lire. J'explique ma pensée, et mes lettres doivent faire quelquefois un beau contraste.

Adieu, mon cher ami, écrivez-moi, quand vous n'aurez rien de mieux à faire; vos lettres sont belles et bonnes; souvenez-vous, pour la diction, que les *et* fréquents la rendent lâche; supprimez-en le plus que vous pourrez [1].

50. — VAUVENARGUES A MIRABEAU,

A Verdun, le 16 janvier 1740.

Il y a plus d'un an, mon cher Mirabeau, que vous attaquez ma retraite, et l'inaction où je vis; je me défends par des retours et des généralités; je me jette tantôt d'un côté, tantôt d'un autre; je pousse la première idée que je trouve devant moi. Je vous laissai, dans ma dernière lettre, plus de jour et de lumière; je tirai un peu le rideau; mais, puisque cette ouverture ne vous satisfait pas encore, que votre amitié va plus loin, qu'elle me poursuit toujours, et qu'il m'est permis de voir dans un soin aussi constant le fond de votre cœur pour moi, j'aurais tort de vous rien cacher [2].

[1] En revanche, le marquis n'aurait pas mal fait de *supprimer* quelques *mais*, trop *fréquents* dans l'alinéa qui précède. — G.

[2] Enfin, dans cette longue et admirable lettre, Vauvenargues qui, jusque-là, n'était pas assez sûr de Mirabeau, et se renfermait dans l'*humeur douce et tacite*, dont il va parler quelques lignes plus bas, commence à donner *plus*

Je vous avouerai d'abord, fort naturellement, que si j'étais né à la cour, ou plus près que je n'en suis, je ne m'y serais point déplu ou ennuyé autant que vous. Je ne vois point ce pays-là des mêmes yeux ; j'y crois démêler des agréments qui peuvent toucher l'esprit ; je n'y vois point ce qui vous choque : j'y vois, au contraire, le centre du goût, du monde, de la politesse, le cœur, la tête de l'État, où tout aboutit et fermente, d'où le bien et le mal se répandent partout ; j'y vois le séjour des passions, où tout respire, où tout est animé, où tout est dans le mouvement ; et, au bout de tout cela, le spectacle le plus orné, le plus varié, le plus vif, que l'on trouve sur la terre. Les personnages, il est vrai, n'y sont pas trop gens de bien, le vice y est dominant ; tant pis pour ceux qui ont des vices ! Mais, lorsqu'on est assez heureux pour avoir de la vertu, c'est, à mon sens, une ambition très-noble que celle d'élever cette même vertu au sein de la corruption, de la faire réussir, de la mettre au-dessus de tout, d'exercer et de protéger des passions sans reproche, de leur soumettre les obstacles, et de se livrer aux penchants d'un cœur droit et magnanime, au lieu de les combattre ou de les cacher dans la retraite, sans les satisfaire, ni les vaincre ; je ne sais rien même de si faible et de si vain, que de fuir devant les vices, ou de les haïr sans mesure ; car on ne les hait jamais que parce qu'on les craint, par représailles ; ou par vengeance, parce qu'on en est mal traité ; mais un peu de grandeur d'âme, quelque connaissance du cœur, une humeur douce et tacite, empê-

---

de jour et de lumière sur lui-même ; *il tire le rideau*, comme il le dit encore, et, du premier coup, il montre à son ami que, en fait d'ambition, il le dépasse, et ne s'impose pas les mêmes limites. Aux déclamations banales de Mirabeau contre la cour et les courtisans, Vauvenargues répond qu'il n'a pas les mêmes délicatesses, et que la cour lui paraît être le vrai champ des ambitieux, même honnêtes. Il n'échappera pas au lecteur attentif, qu'à mesure que cette intéressante correspondance descend plus à fond, elle change de caractère : dans les premières lettres, Mirabeau semble avoir le dé ; mais, dès que Vauvenargues sort de sa réserve, il prend toute la place, pour ainsi dire ; il arrive alors, entre les deux correspondants, comme dans un entretien entre deux interlocuteurs, dont l'un est supérieur à l'autre ; plus l'un s'élève, plus l'autre baisse. — G.

chent qu'on en soit surpris ou blessé si vivement¹. Ainsi, mon cher Mirabeau, je maintiens ce que j'ai dit : si j'étais né à la cour, je ne vois pas que j'eusse été contraint de m'y déplaire, ou il y aurait eu de ma faute ; mais la Providence m'a placé si loin de cette cour, qu'il serait ridicule de me demander pourquoi je n'y suis pas. A l'égard de Paris, vous savez comme je pense² : si je pouvais m'y tenir, je n'aurais point d'autre patrie. Il vous est aisé de comprendre que je ne passe pas ma jeunesse, par choix, dans une société qui touche peu mon cœur³, à qui j'ai peu d'envie de plaire, et qui m'exile du monde, par le peu de goût et d'intérêt que je trouve dans son commerce : mais vous voudriez que, contraint de vivre dans la solitude, j'essayasse de la remplir de l'amour des belles-lettres, de cultiver ma raison, ne pouvant suivre mon cœur, et de m'enivrer d'écriture, au défaut de conversations, afin de tenir au monde, au moins par cet endroit-là, et de communiquer mon âme. Cela est bien pensé; on ne peut dire mieux ; mais, comme je me connais, que je sais me faire justice, et que je ne me vante pas, je ne vous cacherai point que je n'ai ni la santé, ni le génie, ni le goût qu'il faut avoir pour écrire; que le public n'a point besoin de savoir ce que je pense, et que, si je le disais, ce serait ou sans effet, ou sans aucun avantage. Cela vous satisfait-il? Je n'irai pas à présent vous faire une énumération de toutes mes infirmités, il y aurait trop de ridicule ; ni vous parler de mes inclinations, j'en ai de trop reprochables ; ni des défauts de mon esprit, car à quoi servirait cela ? mais je puis bien vous dire encore, en général, qu'il n'y a ni proportion, ni convenance, entre mes forces et mes désirs, entre ma raison et mon cœur⁴, entre mon cœur et mon état, sans qu'il y ait plus de ma faute que de celle d'un

---

¹ Rapprochez de la 33ᵉ *Réflexion* (Sur la fermeté dans la conduite), qui semble avoir été écrite pour Mirabeau. — G.

² Voir la Lettre 43ᵉ. — G.

³ Voir la 48ᵉ *Réflexion* (Sur les armées d'à-présent). — G.

⁴ Voir la 22ᵉ Lettre. — G.

malade qui ne peut rien savourer de tout ce qu'on lui présente, et qui n'a pas en lui la force de changer la disposition de ses organes et de ses sens, ou de trouver des objets qui leur puissent convenir. Mais, quoique je ne sois point heureux, j'aime mes inclinations, et je n'y saurais renoncer; je me fais un point d'honneur de protéger leur faiblesse; je ne consulte que mon cœur; je ne veux point qu'il soit esclave des maximes des philosophes, ni de ma situation; je ne fais pas d'inutiles efforts pour le régler sur ma fortune; je veux former ma fortune sur lui. Cela, sans doute, ne comble pas mes vœux; tout ce qui pourrait me plaire est à mille lieues de moi; mais je ne veux point me contraindre[1], j'aimerais mieux rendre ma vie! Je la garde, à ces conditions; et je souffre moins des chagrins qui me viennent par mes passions, que je ne ferais par le soin de les contrarier sans cesse. Il n'est nullement en moi d'avoir à ma portée les objets que vous donnez à mon cœur; je ne manque pas, cependant, de principes de conduite, et je les suis exactement; mais, comme ils ne sont pas les mêmes que les vôtres, vous croyez que je n'en ai point, et vous vous trompez en cela, comme lorsque vous croyez que mon âme est inactive, quoiqu'elle soit sensible et présente[2], qu'elle ne supporte la solitude que par là, et qu'elle aime à se tourner sur ce qui peut la former et lui être utile, quand ma santé le permet. Voilà, mon cher Mirabeau, ce qu'il faut que vous sachiez, puisque vous le demandez.

L'exemple de M. de Saint-Georges n'est fait ni pour vous, ni pour moi; c'est un homme trop accompli; il est gai, modéré, facile, sans orgueil, et sans humeur; il a une santé robuste; il aime les sciences et la paix; il est formé pour la vertu; sa famille et ses affaires lui font un intérêt et une occupation; son esprit déborde son cœur, le fixe, et le rassasie;

---

[1] Voir, plus haut, la 1re note de la page 147. — G.
[2] « Ceux qui confondent les traits et la ressemblance des choses, le trouvaient indolent... Sa paresse n'avait rien de faible ni de lent; on y aurait remarqué plutôt quelque chose de vif et de fier. » (*Éloge d'Hippolyte de Seytres.* — Voir, dans cet *Éloge*, la note de la page 143.) — G.

il a le goût de la raison et de la simplicité; tout cela se trouve en lui, sans qu'il lui en coûte ; ce sont des dons de la nature ; il est formé pour les biens qu'elle a mis autour de sa vie; les autres le toucheraient moins ; il a le bonheur, si rare, de jouir de tout ce qu'il aime, parce qu'il n'aime rien que ce dont il jouit. Mais vous êtes ardent, bilieux, plus agité, plus superbe, plus inégal que la mer, et souverainement avide de plaisirs, de science, et d'honneurs; moi, je suis faible, inquiet, farouche, sans goût pour les biens communs, opiniâtre, singulier, et tout ce qu'il vous plaira. Vous voyez donc que M. de Saint-Georges ne peut pas nous servir de règle ; il a son bonheur en lui, et dans sa constitution, comme nous avons en nous la source de nos déplaisirs. Vous n'êtes donc pas fait pour vivre comme lui ; le repos vous est dangereux ; il vous faut tenir loin de vous ; votre cœur ne peut vous verser que le fiel dont il est pétri ; il ne faut pas qu'il se cherche, son plaisir est hors de lui; il veut être rempli par une action plus vive que celle où vous le destinez.

Je vous ai parlé de moi sans aucun déguisement ; je vous en ai parlé sans mesure, et sans bornes ; je m'en tiens à présent à vous, et je ne veux pas vous flatter; mais, si cela ne vous plaît pas, je suis quelquefois heureux à trouver l'envers des choses, et vous n'avez qu'un mot à dire, je serai de votre avis. Je vous approuverai, par exemple, de quitter le service, et d'aller, comme Scipion, méconnu de ses concitoyens, après toutes ses victoires, ou comme Fabricius, cultiver l'agriculture, et la remettre en honneur, comme au siècle heureux d'Astrée[1]. On passe à un philosophe, à un homme d'un grand cœur, d'être, trois mois, à souffrir les caprices d'une femme qui a toutes les perfections ; Hercule fit bien pis que cela : mais d'être, un moment, à la cour, à supporter l'indifférence des ministres et des grands ; de souffrir qu'on vous préfère des gens qui savent se faire connaître, qui sont nés dans la faveur, qui ont des amis, des alliances, des sou-

---

[1] Est-il besoin de faire remarquer que ces lignes, et les suivantes, sont ironiques ? — G.

terrains, des intrigues; enfin, d'être, quinze jours, à Versailles, à ménager tout le monde, tandis qu'on peut donner, quinze mois, le ton dans une province, voilà qui est au-dessous d'une âme fière et haute! Quelle bassesse, en effet, d'aller courber son courage, comme ont fait tant de grands hommes, pour l'élever et le montrer plus grand dans la suite; de se prêter aux temps, à la nécessité; de régner sur les esprits par ses insinuations, quand on ne peut autrement; de les soumettre tous au sien, malgré leur diversité, et leur distance à notre égard; d'être l'âme et le ressort des hommes qui ont le plus d'orgueil, de fléchir des cœurs farouches, de les asservir à nos vues, lorsqu'ils nous croient asservis aux leurs[1]! Oh! la douceur d'une vie privée passe, de bien loin, tout cela! *un peu de poésie, de musique, de lecture, quelques amis, des commerces de lettres,* voilà qui vaut mieux, et qui est digne de vous; votre vie serait trop heureuse, si vous preniez ce parti-là!...

Il y aurait pourtant des gens qui se souviendraient encore de votre passion pour la gloire; ils vous diraient peut-être, touchés de ce souvenir : Mais cette gloire, que vous aimiez, dont le goût était né avec vous, l'a-t-on dépouillée de ses charmes? aurait-elle trompé vos vœux? n'est-elle qu'une chimère? Voulez-vous démentir le chagrin naturel de ceux dont elle s'éloigne, qui témoigne si bien pour sa réalité? l'estime et le mépris, ne sont-ils que des noms? l'amertume ou la joie, qui naissent à leur suite, n'auraient-elles rien de réel, ou ne sont-ce pas des sentiments vrais et naturels à tous les cœurs? n'y aurait-il donc que les objets des sens qui eussent de la réalité? l'homme est-il corps seulement? n'a-t-il point d'âme? l'esprit n'a-t-il pas ses plaisirs, le cœur les siens? L'on sait assez que la gloire ne rend pas un homme plus grand; personne ne nie cela; mais, du moins, elle l'assure de sa grandeur, elle voile sa misère, elle rassasie son âme, enfin, elle le rend heureux. Elle n'est pas également sensible à tous les hommes; il faut qu'elle trouve certaines

[1] Rapprochez des 33e, 37e et 39e *Caractères*. — G.

dispositions dans leur cœur: la musique et la poésie ne flattent pas tous les goûts, ni la gloire ; mais cela n'empêche pas qu'elle ne soit réelle. Il n'y a personne qui n'ait quelque goût pour la gloire ; cela va du plus au moins, selon les ressources et les voies que l'on a pour y arriver ; mais ceux qui en médisent sont précisément ceux qui ne pourraient pas vivre dans le mépris de cinq ou six personnes qu'ils verraient tous les jours[1]. Je sais que vous êtes bien loin de ressembler à ces gens-là, et que, si votre esprit se faisait illusion, votre cœur le ramènerait ; mais je crains que le goût de la littérature n'arrête trop vos pensées. Je songe quelquefois à Voltaire, dont le goût est si vif, si brillant, si étendu, et que je vois méprisé tous les jours[2], par des gens qui ne sont pas dignes de lire, je ne dis pas sa *Henriade* et ses peintures si animées, mais les préfaces de ses tragédies ; cela n'est pas exagéré. Là-dessus, je me figure que la gloire des belles-lettres, ou n'est pas essentielle, ou ne s'acquiert que bien tard, et lorsqu'on n'en peut plus jouir ; mais, même en supposant que l'on soit plus heureux que beaucoup de grands génies, devrait-on être bien avide de la gloire si troublée de Racine ou de Molière, qui sont pourtant les hommes excellents, et croyez-vous que la plupart des gens de lettres n'en eussent pas cherché une autre, si leur condition l'eût permis[3] ?

Ce n'est pas que la naissance doive éteindre les talents ; je ne prétends pas cela, mais je crois que tous les sujets ne lui sont pas convenables : la bienséance veut, je crois, qu'ils aient rapport à notre état, et qu'ils lui puissent être utiles ; quant aux livres d'agrément, ils ne devraient point sortir d'une plume un peu orgueilleuse, quelque génie qu'ils demandent, ou qu'ils prouvent[4]. Vous aimez la poé-

---

[1] Nous retrouvons ici toutes les idées sur la gloire, que Vauvenargues a développées dans ses divers écrits. (Voir, entre autres, la 36ᵉ *Réflexion*.) — G.

[2] Rapprochez des 24ᵉ, 25ᵉ et 26ᵉ *Réflexions sur divers sujets*, et des 49ᵉ et 54ᵉ *Caractères*. — G.

[3] Voir le *Caractère* 60ᵉ. — G.

[4] Voir la 7ᵉ *Réflexion* (Des romans). — G.

sie; vous avez cet heureux génie; c'est un des plus grands dons du ciel, non à cause de la rime et de la versification, car on ne parle pas en vers, mais parce que ce génie suppose nécessairement une imagination très-vive, ou, si vous voulez d'autres termes, une extrême fécondité, qui met l'âme et la vie dans l'expression, et qui donne à nos paroles cette éloquence naturelle qui est peut-être le seul talent utile à tous les états, à toutes les affaires, et presqu'à tous les plaisirs; le seul talent qui soit senti de tous les hommes, en général, quoique avec différents degrés; le talent, par conséquent, qu'on doit le plus cultiver, pour plaire et pour réussir, et le plus négligé peut-être, au profit de la poésie qui semble arrêter l'esprit autant sur les mots que sur les choses, et lier la sagacité, sans trouver une récompense de goût ou d'approbation dans la foule des gens lourds, qui n'ont ni cœur ni oreilles. Je me flatte que nos idées se rapprochent bien là-dessus; je voudrais que nous pussions les accorder sur le reste, et réconcilier surtout vos réflexions avec la fortune, dont elles éloignent votre cœur qui ne s'en passera jamais, et que vous rendrez malheureux, si vous le tournez ailleurs; je voudrais que vous convinssiez que, dans les vues de changer sa condition, on peut faire entrer les sentiments les plus hauts.

Il y a des hommes, je le sais, qui ne souhaitent les grandeurs que pour vivre et pour vieillir dans le luxe et dans le désordre, pour avoir trente couverts, des valets, des équipages, ou pour jouer gros jeu; pour s'élever au-dessus du mérite, et affliger la vertu, et qui n'arrivent à ce point que par mille indignités, faute de vues et de talents : mais, de souhaiter, malgré soi, un peu de domination, parce qu'on se sent né pour elle; de vouloir plier les esprits et les cœurs à son génie; d'aspirer aux honneurs pour répandre le bien, pour s'attacher le mérite, le talent, les vertus, pour se les approprier, pour remplir toutes ses vues, pour charmer son inquiétude, pour détourner son esprit du sentiment de nos maux, enfin, pour exercer son génie et son talent dans toutes ces choses; il me semble qu'à cela il peut y avoir quelque grandeur. L'ambition est dans le cœur et dans la moelle des os de tous les gens de la cour; mais tous n'ont pas les mêmes idées, ni les mêmes sentiments, il s'en faut de beaucoup. Il n'y a qu'un nom pour les passions que les mêmes objets font naître, pour l'amour, pour l'ambition, pour le goût du jeu, pour les plaisirs; mais les objets ont tant de faces, et peuvent être envisagés dans des jours si différents, que les sentiments qu'ils inspirent ne se ressemblent en rien. Lorsque vous aimiez à Bordeaux, vous voyiez dans votre amie son esprit, sa naïveté, sa modestie, sa douceur; tout cela était sur son visage, et c'étaient les avantages rendus sensibles dans ses traits, qui vous passionnaient; ces traits vous trompaient peut-être; son âme n'avait point toutes ces perfections; n'importe, vous les voyiez ! vous n'aimiez que votre idée, rien de plus. Mais, dans le même temps que vous aimiez ainsi, il n'était point impossible que vous eussiez un rival qui ne vît point votre idée[1], et qui chérît, dans la même personne, de petites façons, ou des airs ridicules, qui chaussaient mieux son esprit, ou, enfin, ce que vous savez qu'il y a de plus malhonnête et de plus dégoûtant à dire. Il est aisé à présent d'appliquer ma pensée : ce qui est vrai sur l'amour, l'est sur un autre objet; par notre idée, nous ennoblissons nos passions, ou nous les avilissons; elles s'élèvent, ou descendent, selon les cœurs. C'est ainsi que la bassesse de ceux qui courent à la fortune ne doit point influer sur votre ambition, et que vous pouvez vous y livrer, sans mériter de reproches. — Mais vous avez, dites-vous, fait des démarches sans fruit? — Voilà une belle raison ! Pouvez-vous appuyer sur de légers dégoûts, et croire qu'ils vous justifient ? Il y a, dans le monde, des gens qui n'ont ni cœur ni naissance, diffamés par mille endroits, qui vont de pair, néanmoins, avec ce qu'il y a de mieux; un peu d'esprit et d'impudence les soutient contre l'horreur et

---

[1] Rapprochez des 25⁰ et 36⁰ chap. de l'*Introduction à la Connaissance de l'Esprit humain*, où la même idée se retrouve. — G.

la haine du public, contre tous les préjugés; et vous, qui êtes assez heureux pour ne craindre aucun reproche[1], vous vous laisseriez abattre par quelques désagréments, et vous croiriez obligé de renoncer, tout d'un coup, à la moitié de vous-même, pour jouir en paix de l'autre !

> « Pleurez, pleurez, mes yeux, et fondez-vous en eau ;
> « La moitié de ma vie a mis l'autre au tombeau[2]. »

Vous êtes entré dans le monde sans aucune expérience ; vous auriez voulu y régner, avant que d'y être connu ; lorsqu'on est jeune, on a des vues, mais l'on manque de moyens pour les faire réussir; l'esprit vient plus tard que le cœur. Il n'est nullement impossible, aussi, que vous ayez fait des fautes : vous vous faisiez une gloire de ne vous plier à personne, de ne savoir point dépouiller vos mœurs, votre caractère, et de ne point chercher les différentes faces que l'on peut donner aux choses; vous n'aimiez pas à les voir au-delà de votre cœur et de votre éducation, sans penser qu'il n'y a point de science dont on ne puisse user, plus encore qu'abuser, et que c'est l'intention..... [3].

---

51. — MIRABEAU A VAUVENARGUES.

[De Paris, février 1740.]

..... mon intime ami, à qui je l'écris; vous méritez le même langage.

Parlons de votre lettre : immédiatement après les mouvements de cette affaire, mon frère[4] est tombé malade; il n'est même point bien à présent; tout cela a retardé la réponse, outre que je voulais la faire sérieuse.

Je la montrai à mon maître le marquis de Saint-Georges : « Il y a « partout de l'esprit, dit-il; peu d'endroits vrais, beaucoup de faux, et « quelques-uns de méthaphysiques; il parle par théorie, on le voit. »

---

[1] Rapprochez de la *Réflexion* 18ᵉ (Nécessité de faire des fautes). — G.
[2] Corneille, *Le Cid*, acte III, scène 3. — G.
[3] **La fin de cette lettre manque**, ainsi que le commencement de la réponse de Mirabeau. — G.
[4] Le bailli de Mirabeau, alors à Paris. — G.

Vous rougiriez, si vous connaissiez Versailles, du portrait que vous en faites; tout ce qui est obligé d'y rester, en pleure. Jeu perpétuel, pas un mot de bon sens; et ce sont les plus pauvres espèces du royaume, connues pour telles, qui y dominent, ou du moins qui y tiennent le dé. Quelle idée d'aller chercher le séjour du vice et de la dégradation totale de tous sentiments, pour y paraître vertueux avec plus d'éclat! Chacun cherche son semblable : le plus honnête homme de ce pays-là, M. de Mortemart, a tout quitté. Je n'aurais garde de conseiller ce parti à mon ami, s'il y était attaché par les mêmes liens; mais encore moins lui dirais-je de s'en rapprocher, si rien ne l'y appelait.

Vous me poursuivez trop, pour que je continue ma diversion; je n'ai sur cela qu'un mot à vous dire : vous savez plus que personne que j'ai connu la faculté de penser; elle n'est faite que pour s'appliquer sur les objets de bonheur qui sont à notre portée, et nous former pour eux, ou les rapprocher de nous. Pourquoi laisser égarer nos désirs? Personne ne peut tout ce qu'il voudrait; la nature ou la Providence ont pris soin de nous laisser sur cela un ver, qui se charge du malheur de tous les hommes, si la raison ne le tue. Le plus puissant a les désirs les plus fous, et, en même temps, les plus impérieux; je ne connais à cela qu'un remède, c'est de ne vouloir à peu près que ce que l'on peut; vous serez alors au niveau des autres pour la situation, et aurez un grand avantage, quant à l'âme et à l'esprit, qui sont les grands mobiles de notre bonheur, et que la culture nous rend propres. Pour le reste, peut-être en savez-vous plus que moi; je dis ce que je pense bon, et que je voudrais rendre propre à mes amis, car quel autre motif pourrait me faire parler? Saint-Bernard voulait être le seul théologien de son temps.

M. de Saint-Georges prétend qu'il est devenu ce qu'il est; il m'a fait voir des lettres où on lui parle de son humeur; peut-être avait-il plus de dispositions que nous? Hé bien, si nous venons au même état, il sera plus à nous, cet état!

Vous me reprochez mon trop de passion pour les femmes : vous avez raison; je m'en corrigerai peut-être, mais vous devez sentir que la comparaison n'est nullement recevable. Quant à l'amour pour la gloire, je ne pousserai pas la philosophie jusqu'à la mépriser; mais je crois aussi que, quand les occasions des choses auxquelles on a donné ce nom ne se présentent pas, il faut tâcher de la mettre en une bonne conduite, un parfait accomplissement de ses devoirs de toutes les espèces, enfin, une entière observation de ce qu'un homme sensé appelle la vertu; du moins, pour me tranquilliser, veux-je le croire. Ainsi, si les occasions d'être utile à mes amis, à mes parents, aux hommes, enfin, et à ma patrie, si patrie il y a, se présentaient, je les saisirais et tâcherais de m'en tirer. Du reste, je ne suis obligé qu'aux devoirs de ma position, et ceux de *Kyrie-Eleïson de Montauban* [1], sont des accessoires, et ne sont point nés avec moi.

Vous avez vu mépriser Voltaire, dites-vous, par des gens qui ne le valent pas : le mépris des imbéciles est ordinairement le sceau de l'estime publique. Il s'en faut de beaucoup que je l'estime comme nombre d'autres auteurs illustres [2] ; il a dégradé ses talents, mais ils n'en sont pas moins respectables. Ceux qui méprisent Voltaire se rangeraient, s'il passait, je l'ai vu souvent arriver ; ils n'auraient jamais connu M. Arouet, et auraient peut-être de la peine à parvenir aux antichambres des cabinets où il est souhaité.

La gloire du bel-esprit est, je l'avoue, un petit objet, peu comparable à celle du bon esprit ; cependant, eu égard à la vie rampante du vulgaire, elle donne bien des agréments, croyez-moi ; non que je l'aie voulu expérimenter, car j'ai toujours fui l'éclat sur cela.

Vous êtes orfèvre, monsieur Josse [3], quand vous dites que la rime et la mesure lient la sagacité! Dans les endroits les plus heureux des plus beaux ouvrages, la mesure a élevé l'imagination de l'auteur, et plus d'un a souvent dû à la rime les plus singulières et les plus fortes pensées.

La plupart des sectateurs de la fortune sont bas ; je puis, dites-vous, suivre la même route, et avoir l'âme noble, en changeant seulement d'objet ; déraison que tout cela! L'on a vu, au milieu des siècles les plus corrompus, de grands hommes, et par conséquent en place, la vie privée ne laissant pas de mémoire ; mais ces gens-là étaient nés tout portés dans les emplois. Moi, j'irais courre la même lice avec des hommes corrompus, et valeter avec des lâches! Non! ces gens-là sont bons dans la société civile ; mes amis restent ensuite à mon cœur, et c'est tout ce que je veux!

— Des gens déshonorés se soutiennent, dites-vous, dans le monde par de l'effronterie, et vous, qui n'avez rien à vous reprocher, vous quitteriez la partie? — Oui! où l'impudence est un appui, quel parti doit prendre l'honnêteté?

---

[1] Voir la fin de la Lettre 53ᵉ. — G.

[2] De son côté, Voltaire faisait peu de cas de Mirabeau ; il s'étonnait qu'*on le prît sérieusement*, et le regardait comme un *fou, avec de bons moments*. (Voir, entre autres, ses lettres du 26 et du 31 décembre 1760, à madame d'Épinay, et au comte d'Argental.) — G.

[3] Molière, *L'Amour médecin*, acte Iᵉʳ, scène 1ʳᵉ. — G.

Je n'ai jamais plié, il est vrai; je me suis cependant mis souvent au-dessous du mérite, et j'ai eu des attentions pour la naissance et les grades; du reste, dans la société, j'ai souvent voulu primer, je l'avoue; j'ai senti que c'était ma place! voilà de quoi mettre quelqu'un aux Petites-Maisons, mais je vous parle comme je parlerais à mon amour-propre. J'ai souvent eu besoin de lire, pour m'humilier.

Quant à la vie retirée, je sens que je n'aurais pas la force de la soutenir; mais je veux vivre pour moi, ma famille et mes amis, voir et faire ce qui me plaira, retrancher des devoirs, et remplir ceux qui resteront. Je ne fais ici qu'ébaucher les principaux articles de votre lettre qui, dans le fond, est fort bonne; ne vous lassez pas de m'en écrire de même; cela arrange les pensées, et, quelque jour, je vous montrerai tout entier à vous-même; mais la maladie de mon frère me met hors des gonds pour tout ceci. Ayez soin du petit, recommandez-lui les bonnes lectures, et l'écriture; qu'il me fasse des détails sur cela. Adieu, mon cher Vauvenargues, aimez-moi, et ne m'inquiétez pas; quand je reprendrais mon métier, ce serait, en vérité, sans goût [1].

---

[1] « Le dernier dégoût que j'ai reçu, tu me le demandes? le voici : l'on
« m'avait donné toutes les paroles imaginables pour un guidon des gendar-
« mes de la Garde, qui vient de vaquer; ce sont des emplois qui coûtent
« cent mille francs; ils mènent comme les régiments, mais l'on est commandé
« toute sa vie; enfin, au bout de cela, l'on donne à un enfant de 13 ans, chose
« inouïe pour ces corps pesants, et qui d'ailleurs n'était dans aucun service.
« Le duc de Duras*, qui est fort de mes amis, ne voulut point nommer à
« ma compagnie; M. d'Angervilliers** me manda, et me dit qu'il me défendait
« de quitter; je lui répondis qu'il ne pouvait me retenir, s'il ne pouvait m'a-
« vancer, et que de passer tous les étés au régiment dérangeait mes affaires ;
« il me dit que je n'irais pas de dix ans, si je voulais, et qu'il fallait, au
« moins, savoir du Cardinal*** s'il y avait quelque chose contre moi. A cela
« je lui repartis que je ne reverrais la grille de Versailles que colonel, et
« qu'il n'y avait pas d'apparence qu'on me vint chercher bourgeois de Paris
« pour cela, et que je ne ferais de ma vie d'autre métier. A cela, tous les
« amis du monde, à quelques-uns près, dans la classe desquels tu devrais
« être, se sont élevés; « *et la guerre?* etc. » Madame de Duras me dit qu'elle
« se chargeait de moi, et ainsi du reste. A cela je réponds que si la guerre
« revient, moi ayant assez d'ardeur pour vouloir encore en tâter, je sais
« quelqu'un qui me recevra, si je suis d'un âge plus mûr. Je ne ferai
« pas sur cela de démarches de mode, et qui fassent tort à mon bon sens :
« j'ai été 13 ans subalterne, prôné dans ce genre; j'ai par-devers moi les
« services les plus brillants d'un père, et les blessures les plus marquées;
« qu'aurais-je de plus dans 10 ans de patience, qui sont un point? Je ver-
« rais sans cesse renaître des mirmidons qu'on me préférera, et il faudra,

* Colonel du régiment où servait Mirabeau. — G.
** Secrétaire-d'État à la Guerre. — G.
*** Le cardinal Fleury, premier ministre. — G.

52. — VAUVENARGUES A MIRABEAU.

A Verdun, le 3 mars 1740.

Lorsque je vous ai conseillé de ne pas quitter le service, je croyais, mon cher Mirabeau, qu'il vous était nécessaire, et qu'il pourrait, un jour, remplir votre ambition, ou, du moins, l'exercer et l'occuper ; mais vous devez vous croire, mieux que personne que ce soit ; vous vous êtes consulté ; vous avez réfléchi sur votre caractère, et sur votre situation ; vous avez vu de plus près que je ne puis voir d'ici ;

« pour que mon tour vienne, que la faveur cesse de décider à la cour ! — « Réplique à cela ; quant à moi, je lève les épaules, et je laisse dire. Trois « véhicules, en un métier aussi pénible que celui de la guerre, sont le lucre, « l'animosité, et le désir de considération : le lucre n'a jamais été un objet en « France*; je ne hais point les autres hommes, voilà pour l'animosité, et la « considération est absolument tombée, sans pouvoir jamais s'en relever. « Quand on me donnerait Picardie ** aujourd'hui, je ne saurais, à moins qu'on « ne voulût tout bouleverser, être brigadier, de 20 ans d'ici ; et que serais-je « alors ? le camarade de deux mille faquins méprisés, avec lesquels je ne vou- « drais pas vivre. Les grades militaires sont si furieusement multipliés en « France, et donnés à de telles espèces, qu'ils n'ont plus aucune considéra- « tion : j'étais, il y a deux mois, à la campagne, chez un lieutenant-général « des armées du Roi, colonel depuis 1702, et homme de mérite ; un collecteur, « pour quelques droits qu'il ne devait pas, lui envoya dix dragons en garni- « son ; il fut obligé, pour les faire sortir, d'écrire à l'Intendant ! Ces choses- « là n'étonnent pas, dans ce pays-ci ***. Que puis-je espérer, au milieu de tout « cela ? de me faire remarquer à la première occasion, en pourfendant des « géants ? Ces idées d'actions frappantes sont bonnes à dix-huit ans : qui les « conçoit plus tard que cela, est ordinairement un cerveau mal conditionné « par quelque bout, et s'il réussit quelquefois, un courtisan, adroit et ap- « puyé, s'en attribue l'honneur. — Où est le mal, me diras-tu, de faire un « métier que tout le monde fait ? Le préjugé de son pays est toujours respec- « table ! — Tu déduis le bien ; voici le mal : l'on postillonne l'été, et l'on va- « lète l'hiver ; l'intérieur dans lequel nous devons chercher notre bonheur ****, « est négligé ; le cœur et l'esprit en souffrent ; l'on passe sa vie, de passions en « passions, de désirs en désirs. Je sens combien peu je suis formé, eu égard à « ce que je promettais, ainsi que toi ; je n'ai plus de temps à perdre ; je veux « en profiter. » (*Lettre inédite du marquis à son frère le bailli.*)

* S'il vivait de nos jours, le marquis serait-il encore de cet avis ? — G.
** Nom d'un des Régiments les plus recherchés alors. — G.
*** Elles *étonneront* moins encore à la fin de ce siècle, dont l'éternel honneur sera d'avoir conquis l'égalité devant la loi. — G.
**** Si Mirabeau a jamais cherché là le bonheur, il ne l'a trouvé, à coup sûr, ni pour lui, ni pour les siens. — G.

vous avez pris, apparemment, le parti le plus conforme à vos dispositions et à vos intérêts; je n'ai garde d'y contredire, et je soumets toutes mes vues. Lorsque je vous écrivis pour m'opposer à vos dégoûts, je voulais vous persuader, et vous dire des choses fortes; je montai sur des échasses; je quittai l'expérience; je vous dis des subtilités; vous vous en êtes aperçu, et j'ai perdu mes paroles. J'ai fait tout au rebours de ce que je voulais, mon cher Mirabeau; mais cela est heureux, et je n'en suis nullement fâché; ma lettre est arrivée après coup. Si mes conseils avaient eu plus de force, j'aurais eu à me reprocher de vous avoir donné d'inutiles regrets, ou d'avoir troublé votre repos; je m'en serais fait un reproche, j'aurais partagé vos chagrins; ainsi, tout a bien tourné, et ma fausse éloquence a très-bien réussi.

Je suis fort reconnaissant à M. de Saint-Georges de la manière obligeante dont il condamne ma lettre; rien n'est si persuasif; car, s'il avait dit simplement qu'elle était fausse et ridicule, cela m'aurait répugné; mais d'ajouter qu'il y avait de l'esprit, et qu'il y en avait partout, voilà qui laisse sans ressource, et qui confond la prévention. Il dit que je parle *par théorie*; d'autres appelleraient cela *rêver creux*, et ce l'est peut-être, en effet. Il est assez naturel qu'un homme qui passe sa vie à Verdun, où à Salins, parle de l'ambition en métaphysicien, et je n'ai point été surpris que cela vous ait frappé; mais je crois que vous aurez vu la droiture et la vérité de mes sentiments pour vous, à travers tant de paroles; cette pensée me console, et je n'ignore point, d'ailleurs, ce que l'on doit à la sagesse et à la force de votre esprit.

Je vous relevais vos passions, parce que je pensais qu'elles vous conduisaient; vous voulez vous faire un bonheur séparé de leur intérêt; je croyais cela difficile; mais vous connaissez vos forces, et vous osez m'en répondre; me voilà donc convaincu; et, dans le fond, je n'ai jamais douté du pouvoir de la raison. La nature met en nous des penchants irréfléchis, et de secrets rapports entre tous les objets; mais cela ne prouve rien contre la force d'esprit ; la raison ne nous est point étrangère ; son principe est dans la nature, tout comme celui des passions ; c'en est le fruit le plus lent, le plus délicat, le plus rare, le plus facile à se corrompre, le plus difficile à mûrir ; mais c'en est aussi le meilleur, et le plus puissant sur l'âme, lorsqu'il vient à sa perfection ; l'on ne peut le cultiver trop, ni s'en promettre assez, lorsqu'on le cultive. Ceux qui bornent la nature à des mouvements aveugles, n'en connaissent point l'excellence, ni l'infinie profondeur. Si quelque chose est hors de la nature, c'est l'erreur et le mensonge ; cependant l'erreur même en est aussi le fruit, quoique flétri et gâté. C'est donc s'expliquer bien mal que de dire que la nature l'emporte sur la raison [1], puisque la raison fut toujours la production de la nature la plus forte et la plus heureuse ; et l'on peut dire encore plus, c'est que la plupart des passions dépendent beaucoup de nos vues [2], et les affections constantes, sans reproches et sans remords, des vues droites et raisonnables. Il n'est donc pas impossible de noyer et d'effacer, dans une vive lumière, ces ombres et ces fantômes [3] que suit notre âme trompée dans la nuit de ses erreurs. Si nos propres sentiments n'étaient pas en notre pouvoir [4], comment pourrions-nous espérer de soumettre les autres hommes, les événements, la fortune, et tout ce qui est hors de nous ? Il n'est pas facile de changer son cœur, mais il est encore plus difficile de détourner le cours rapide et puissant des choses humaines ; c'est donc principalement sur nous que nous devons travailler, et la véritable grandeur se trouve dans

---

[1] Vauvenargues, ici, se réfute lui-même par avance, car il dira dans son livre : « La raison nous trompe plus souvent que la nature » (*Maxime* 123ᵉ) ; il est vrai que, dans la Maxime 150ᵉ, il prendra un terme moyen. — G.

[2] Autre contradiction : dans son *Traité sur le Libre-arbitre*, Vauvenargues soutient, au contraire, que c'est le *sentiment* et la *passion* qui déterminent nos *vues* ou la *réflexion*. — G.

[3] La *vive lumière* dont parle Vauvenargues, c'est celle de la *raison*, de même que les *ombres et les fantômes* sont ceux de la passion. — G.

[4] La contradiction se poursuit : le *Traité sur le Libre-Arbitre* a pour principal objet de prouver que *nos sentiments ne sont pas en notre pouvoir*. — G.

ce travail. La pompe et les prospérités d'une fortune éclatante n'ont jamais élevé personne, aux yeux de la vertu et de la vérité; l'âme est grande par ses pensées et par ses propres sentiments, le reste lui est étranger; cela seul est en son pouvoir. Mais, lorsqu'il lui est refusé d'étendre au dehors son action, elle l'exerce en elle-même, d'une manière inconnue aux esprits faibles et légers, que l'action du corps seul occupe. Semblables à des somnambules qui parlent et qui marchent en dormant, ces derniers ne connaissent point cette suite impétueuse et féconde de pensées, qui forment un si vif sentiment dans le cœur des hommes profonds; leur agitation n'est qu'un sommeil; leurs passions, des songes bizarres; leurs joies, une vile ivresse, et leurs plaisirs, un abrutissement; mais la raison et la sagesse savent créer des plaisirs, des occupations, des vertus, sans emprunter de la gloire, ni de l'éclat de la fortune, une félicité trop souvent reprochable, trop fragile, et trop achetée. Voilà, mon cher Mirabeau, un jargon bien philosophique; je dois m'en excuser. — Mais ce langage, dites-vous, contredit bien vos conseils? — Nullement, mon cher ami; il y a plusieurs sortes de grandeur et plusieurs sortes de bonheur; on va au même but par différents chemins. Je vous conseillais les voies que je vous croyais ouvertes, et le bonheur que je vous croyais propre; il se trouve que je me trompais en tout; je reviens donc sans résistance, et j'entre dans vos sentiments; tout cela est naturel. Je suis fort aise de m'être trompé au sujet de la cour; vous n'y aurez jamais de regret; cela constate votre état, et justifie votre conduite.

Vous me faites grand plaisir de me redresser sur la poésie: je ne dirai plus la même sottise, car j'ai conçu votre idée, comme si c'eût été la mienne. Je ne sais, cependant, si ce que je vous disais ne conviendrait pas un peu à des poètes médiocres; j'ai peine à me persuader qu'ils soient toujours dans l'enthousiasme; je pensais que, hors certains endroits qui frappent l'imagination dans les poésies ordinaires, le reste était fait de sang-froid [1], et à peu près comme la prose, mais que, la rime et la mesure n'étant pas aussi faciles qu'un arrangement prosaïque, l'esprit s'épuisait souvent dans le choix seul des paroles, et s'arrêtait sur les mêmes idées plus qu'il ne convient à la sagacité, qui doit percer rapidement les objets les plus profonds, et parcourir une vaste étendue dans un intervalle très-court. Les poésies relevées offrent à l'esprit de longues vues, dans des termes forts et précis; ainsi, elles exercent à merveille la sagacité du lecteur; je n'ai jamais nié cela; mais le poète est plus de temps à exprimer ses idées, que nous ne sommes à les sentir; et, néanmoins, je sens bien que ce que vous dites est vrai; je parle pour bavarder.

Je vous suis très-obligé de la manière naïve dont vous vous exprimez sur l'envie de primer : il me semble qu'on devrait toujours penser tout haut, lorsque l'on parle à ses amis; ce style met de l'intérêt à tout; mais le mensonge et la contrainte n'ont que des paroles glacées. J'adore la sincérité, et, si les hommes voulaient bien entrer dans ce sentiment, il y en aurait peu d'ennuyeux [2], et le commerce du monde ne serait pas aussi fade. J'écrirais là-dessus un volume; mais vous êtes encore pressé de la longueur de ma dernière lettre, je m'en suis bien aperçu; cela a retardé celle-ci, qui prend le même chemin; mais je vais quitter la plume; aussi bien, elle me tombe des mains, tant il y a longtemps que j'écris. Je vous prie de faire bien mes compliments à M. votre frère; je ne savais pas qu'il fût à Paris; j'ai été fort touché de son état; donnez-moi de ses nouvelles, dans toutes vos lettres. A l'égard du petit chevalier, vous n'avez que faire de me le recommander; je ne négligerai rien pour lui inspirer vos sentiments.

Il y a deux mots dans votre lettre, que je ne lis pas trop bien, ou que je ne comprends pas : *Kyrie-Eleïson de Mon-*

---

[1] Voir, dans les *Réflexions critiques sur quelques poëtes*, le morceau intitulé *J. B. Rousseau*; voir aussi le 11ᵉ *Fragment* (sur l'Ode). — G.

[2] Rapprochez de la Maxime 553ᵉ. — G.

tauban; vos lignes et vos mots sont si serrés, vous mettez si peu de virgules et de points, que le plaisir de vous lire n'est point du tout un plaisir pur. Mandez-moi, je vous supplie, ce que vous faites cet été ; s'il vous prenait quelque envie de passer l'hiver en Provence, je parle de l'hiver prochain, nous pourrions nous y rencontrer. Je m'ennuie de traîner mon esponton [1] dans la boue, à la tête de vingt hommes, et de faire ainsi amende honorable dans les rues, avec la redingote, et la pluie sur le corps ; mais comme je n'ai point d'asile, je tâche de me supporter. Continuez-moi vos conseils ; tout ce que je vous dis de moi ne doit pas les retenir, car il n'est rien de moins stable que les pensées d'un homme inquiet et valétudinaire [2] ; je ne veux pas que vous m'abandonniez. Adieu, mon cher Mirabeau ; si j'avais plus de papier, j'aurais peine à vous quitter.

---

53. — MIRABEAU A VAUVENARGUES.

De Paris, ce 13 mars 1740.

Vous êtes bien plus fort et bien plus conséquent sur la vérité que sur le sophisme, mon cher Vauvenargues; c'est le propre d'un esprit juste. Vous vous êtes réhabilité dans vos droits, par cette dernière lettre; suivez la raison, mon cher ami; votre esprit vous y porte, et méfiez-vous de ses lumières, quand il voudra s'en éloigner [3]. Mes jours sont sereins, depuis que j'ai pris mon parti; je vois courir la même lice, où je me suis si vainement lassé autrefois, à des malheureux dont je plains le sort. On attend tous les jours une promotion; j'ai essuyé bien des assauts, pour faire, au moins, quelques démarches; l'on me montrait les plus belles espérances, et cela, tant les bureaux que le ministre; j'ai ré-

[1] Sorte de demi-pique, que portaient alors les officiers d'infanterie, et dont l'usage fut aboli, en même temps que celui de la hallebarde, en 1756. — G.

[2] En effet, dans cette lettre même, nous avons eu la preuve que les pensées de Vauvenargues ne sont pas toujours constantes. — G.

[3] Dans cette phrase mal construite, les *lumières* dont il est question sont celles de *l'esprit de Vauvenargues,* dont Vauvenargues devra *se méfier,* quand cet *esprit* voudra *s'éloigner de la raison.* — G.

pondu que c'était s'accuser soi-même d'intercadence [1] et de jeunesse, que de démentir sitôt son langage ;

> ..... Me tabulâ sacer
> Votivâ paries indicat uvida
> Suspendisse potenti
> Vestimenta maris Deo [2].

Voilà mon maître en tout : *volupté sage, raison douce !* Seriez-vous le seul homme qui ait de la philosophie dans la tête, qui n'en ferait pas autant de cas que d'un sylphe [3] ?

Il y a des traits admirables dans votre lettre ! Pouvez-vous penser aussi conséquemment, sans agir ? Notre âge s'avance ; le célèbre Maupertuis [4] était capitaine d'infanterie, mal à son aise ; il n'a que 28 ans [5], et vous savez quelle est sa réputation ? Mais, indépendamment de la gloire, à laquelle on peut n'être pas fort sensible, le vide, l'ennemi juré de notre bonheur, est bien loin de cet homme [6].

A quoi, direz-vous, tend ce raisonnement ? — C'est à vous persuader un plan fixe. Il faut peu de chose à un homme qui a les idées philosophiques, et que sa santé oblige à du régime : quelques amis, logement gai, facilité de remplir tous ses désirs, ce qui en éteint la violence ; voilà tout, et ce qu'on ne trouve qu'à Paris. C'est le lieu que j'habiterai désormais, hors des étés, que des devoirs de position me conduiront à mes affaires. J'ai acheté une terre, à vingt lieues de Paris [7] ; beau pavé, soli-

[1] Voir, sur ce mot, la 1re note de la 39e Lettre. — G.

[2] Horace, *Odes*, Livre Ier, 5. — G.

[3] Vauvenargues, bien qu'ayant *de la philosophie dans la tête*, n'était guère touché de la *volupté sage, de la raison douce*, que Mirabeau lui recommande, et n'*en faisait*, effectivement, *pas plus de cas que d'un sylphe*. Rapprochez de la 3e note de la Lettre 23e. — G.

[4] Pierre-Louis Moreau *de Maupertuis*, né à Saint-Malo en 1698, mort à Bâle en 1759 ; géomètre, membre de l'Académie des sciences, et de l'Académie française, puis nommé, par le grand Frédéric, président de l'Académie de Berlin. Au moment où Mirabeau écrivait cette lettre, Maupertuis n'était *célèbre* que par l'expédition en Laponie, dont le ministre Maurepas l'avait chargé en 1736 ; il y mesura un degré du méridien, et, malgré tout le bruit qu'il a fait depuis, ce service rendu à la science est, à peu près, son seul titre à la gloire. Condorcet disait de lui que c'était « un homme de beaucoup d'es-« prit, savant médiocre, et philosophe plus médiocre encore. » — G.

[5] Mirabeau est loin de compte ; Maupertuis avait alors 42 ans. — G.

[6] Ici encore, Mirabeau est loin de compte ; Maupertuis se plaignait sans cesse, au contraire, de ce *vide, l'ennemi juré de notre bonheur*. Un jour, madame Du Châtelet lui demandait : *Vous ennuyez-vous quelquefois ? — Toujours*, répondit-il. — G.

[7] La terre du Bignon, près de Sens. — G.

tude charmante, le pied dans l'eau au mois d'août, le pied sec au mois de décembre; grands cabinets à la ville, petits réduits à la campagne, amis sûrs, recherchés du public, voilà ma vie.

> N'avoir ni remords sur la veille,
> Ni soucis sur le lendemain ;

voilà mon état, que vous devriez partager, en qualité d'ami, et vous seriez à meilleur marché ici, que nulle autre part. Quant à la Provence, l'on ne m'y verra que l'été, et je serai bien fâché si l'indécision et la paresse vous tiennent éloigné de la situation que je crois votre unique centre.

Kyrie-eleïson de Montauban est un fameux pourfendeur, dont parle *Tiran-le-Blanc*, roman espagnol; vous comprendrez alors le sens de ce mot, qu'il vous était très-permis d'ignorer. Adieu, mon cher Vauvenargues ; aimez-moi toujours.

54. — VAUVENARGUES A MIRABEAU.

A Verdun, le 13 mars 1740 [1].

Mon cher Mirabeau, vous recevrez aujourd'hui ma réponse au sujet du chevalier; vous verrez comme je pense qu'il serait bien avec nous, tout l'été, et l'hiver, à l'Académie [2]; j'exagère peut-être un peu l'avantage de cette idée, dans la première chaleur; vous en retrancherez ce qu'il y aura de trop.

Mes yeux sont un peu soulagés; je vais donc reprendre ma lettre, et me justifier sur les sermons que je fais au petit chevalier. Il me semble que vous avez peur que je ne combatte en lui la force et la fermeté : Dieu me garde de cela ! J'honore trop ces vertus, mais je ne sens pas bien qu'elles aient de liaison avec la sécheresse et avec la rudesse; voilà les vices que j'attaque, la raideur de l'esprit, la dureté des

---

[1] Cette lettre s'était croisée, en route, avec la précédente. — G.

[2] C'est dans la Lettre 58e, datée du 8 avril suivant (*voir plus loin*), que Vauvenargues traite cette question ; rien d'ailleurs, dans cette lettre, n'indique pour quelle raison il en a ajourné l'envoi, et en a même changé la date. — G.

manières, et nullement la hauteur, la force, la véhémence. Vous dites qu'on ne peut pas tout avoir : il semble que vous croyiez que l'adresse et la douceur soient incompatibles avec le reste. Il est vrai que ces qualités se trouvent rarement ensemble, parce que la plupart des hommes se laissent dominer par leur tempérament, par leur éducation, et par leurs habitudes ; mais une raison égale à la force des passions les tempère, et les conduit. Quel homme eut des passions plus vives, plus grandes, plus de force d'esprit, un courage plus haut que César, ou encore Alcibiade? et quel homme eut, en même temps, plus d'art, plus de douceur, et plus de jeu dans l'esprit? qui fut plus insinuant, plus indulgent, plus facile? Il est ridicule de citer de si grands noms ; cependant, ces noms-là décident. Il y a des pratiques qui se contrarient, j'en conviens ; mais on emploie tour à tour celles qui sont bonnes ; l'occasion et les conjonctures servent de règles là-dessus : la constance, la hardiesse, la fermeté, le courage dans les grandes entreprises, la hauteur, dans l'infortune ; et, dans le commerce ordinaire, la facilité, la bonté, la vérité, la complaisance, voilà ce que je voudrais faire entrer dans un caractère[1]. Il est vrai que cela demande une raison éminente ; il est vrai encore que les passions intéressent plus que l'action de l'esprit, car il n'y a que l'action du cœur qui puisse remuer le cœur : aussi, j'aime mieux Brutus que César ; ce n'est pas pour ses vertus ; César en avait de grandes ; mais, dans César, c'est l'esprit qui domine, qui couvre, qui conduit, et qui sert la passion : dans Brutus, tout au contraire, l'âme se fait sentir partout, et semble marcher toute seule. Brutus m'échauffe donc, et me plaît davantage ; mais César a plus de génie ; pour quelqu'un qui réfléchit, ses vues sont plus longues, plus sûres, son génie plus puissant, plus facile, plus souple. Et remar-

---

[1] Vauvenargues a résumé ces idées dans sa 191ᵉ Maxime : « Il est bon d'être « ferme par tempérament, et flexible par réflexion. » — Voir aussi la 33ᵉ Réflexion (Sur la fermeté dans la conduite). — G.

quez cependant : ce Brutus, qui était si haut, qui adorait l'indépendance, qui tua son bienfaiteur pour venger la liberté, qui écrivait à Cicéron avec tant de hauteur en Grèce, qui était si courageux, si fier, si ferme dans le malheur, si hardi dans ses desseins, si dédaigneux de la mort ; ce même Brutus était simple, aimable et doux dans le commerce ; il n'avait point l'austérité grossière des anciens Romains ; il n'était ni dur, ni sévère ; il aimait à gagner les cœurs ; son âme était remplie de cette humanité si naturelle aux grands hommes, et si rare dans les petits. Si sa main trempa dans le sang, c'est qu'il avait pris pour règle de faire, toute sa vie, ce qu'il y avait de plus grand et de meilleur ; il crut qu'il devait cette mort à la patrie, à la vertu, à la gloire, à ses aïeux, aux mânes de ses amis ; s'il avait pu satisfaire par son propre sang à ses devoirs, je suis persuadé qu'il l'eût fait, et qu'il eût sauvé César, aux dépens de sa propre vie ; sans cela, ce héros serait trop odieux, au lieu qu'il faut l'adorer ; et, néanmoins, malgré de si grandes vertus, le premier mouvement éteint, je crois que César valait mieux !

Il faut que je vous parle vrai : j'aime un homme fier et violent, pourvu qu'il ne soit point sévère ; les paroles fières, hautaines, me ravissent malgré moi : ce que dit M. le Prince[1] au maréchal de Gassion : *qu'il saurait bien se passer d'un vieux caporal comme lui;* le discours du sire de Giac, au milieu de toute la cour, qu'il faudrait, *s'il en était cru, jeter l'évêque Combaret, et ses fauteurs, dans la rivière*, ces paroles, quoique injustes, m'entraînent avec empire ; mais je ne saurais souffrir un homme dur et rigide, qui voudrait resserrer tous les hommes dans ses maximes étroites, dominer les esprits par son tempérament, et régner sur les cœurs par son austérité. Catilina me plaît mille fois plus que l'aïeul de Caton d'Utique ; ce misérable censeur, qui courait la Sicile à pied, n'est, pour moi, qu'un homme incommode, fâcheux, et de peu d'esprit ; j'aurais très-bien vécu avec Catilina, au hasard d'être poignardé, d'être brûlé

---

[1] Le grand Condé. — G.

dans mon lit ; mais, pour Caton, il eût fallu qu'un de nous deux eût quitté Rome ; jamais la même enceinte n'aurait pu nous contenir. Le connétable de Bretagne[1] et celui de Montmorency me paraissent, comme Caton, nés pour déplaire et pour choquer, mais surtout celui de Bretagne, qui, pouvant conduire un bon roi par la douceur, aimait mieux le tyranniser, sans dessein et sans intérêt ; s'il m'avait jamais fait le tiers des insolences qu'il faisait au roi Charles VII, je l'aurais fait hacher en pièces.

Il me semble que la dureté et la sévérité ne sauraient convenir aux hommes, en quelque état qu'ils se trouvent : c'est un orgueil misérable que de se croire sans vices, et c'est un défaut odieux que d'être vicieux et sévère, en même temps ; nul esprit n'est si corrompu, que je ne le préfère, avec beaucoup de joie, au mérite dur et rigide. Un homme amolli me touche, s'il a l'esprit délicat ; la jeunesse et la beauté réjouissent mes sens, malgré l'étourderie et la vanité qui les suivent ; je supporte la sottise, en faveur du naturel et de la simplicité ; l'artifice me découvre les ressources d'un esprit fécond ; la violence et la fierté me paraissent excusables ; l'homme infâme attache mes yeux sur la sorte de courage qui soutient son infamie ; le crime et l'audace me montrent des âmes au-dessus de la crainte, au-dessus des préjugés, libres dans leurs pensées, fermes dans leurs desseins ; je laisse vivre en repos l'homme fade et sans caractère : mais l'homme dur et rigide, l'homme tout d'une pièce, plein de maximes sévères, enivré de sa vertu, esclave des vieilles idées, qu'il n'a point approfondies, ennemi de la liberté, je le fuis, et je le déteste[2] ; c'est, selon moi, l'espèce la plus vaine, la plus injuste, la plus insociable, la plus ridicule, la plus sujette à se laisser tromper par les âmes basses et fausses, enfin, l'espèce la plus partiale, la plus aveugle, et la plus odieuse que l'on trouve sous le soleil.

---

[1] Artus de Richemont, connétable sous Charles VII. — G.

[2] Voir le 13ᵉ *Caractère* (Masis). — G.

Ce que mon inclination me rend cher, c'est un homme constant dans ses passions, car je suis de votre avis :

« Ce qu'un grand cœur commence, il le doit achever. »

Un homme haut et ardent, inflexible dans le malheur, facile dans le commerce, extrême dans ses passions, humain par-dessus toutes choses, avec une liberté sans bornes dans l'esprit et dans le cœur, me plaît par-dessus tout ; j'y joins, par réflexion, un esprit souple et flexible, et la force de se vaincre, quand cela est nécessaire ; car il ne dépend pas de nous d'être paisible et modéré, de n'être pas violent, de n'être pas extrême ; mais il faut tâcher d'être bon, d'adoucir son caractère, de calmer ses passions, de posséder son âme, d'écarter les haines injustes, d'attendrir son humeur autant que cela est en nous, et, quand on ne le peut pas, de sauver, du moins, son esprit du désordre de son cœur, d'affranchir ses jugements de la tyrannie des passions, d'être libre dans ses idées, lors même qu'on est esclave dans sa conduite. Caton le Censeur, s'il vivait, serait magister de village, ou recteur de quelque collége ; du moins serait-ce là sa place : Caton d'Utique, au contraire, serait un homme singulier, courageux, philosophe, simple, aimable parmi ses amis, et jouissant avec eux de la force de son âme et des vues de son esprit ; mais César serait un ministre, un ambassadeur, un monarque, un capitaine illustre, un homme de plaisir, un orateur, un courtisan possédant mille vertus, et une âme vraiment noble, dans une extrême ambition. Les deux premiers n'ont que l'esprit de leur siècle, et les mœurs de leur patrie ; mais le génie de César est si flexible à toutes les mœurs, à tous les hommes, à tous les temps, qu'il l'emporte.

L'esprit de singularité plaît, quand il est naturel ; car, quand il est affecté, il n'y a qu'à vomir dessus ; mais il est un autre esprit bien plus grand, plus utile, et plus estimable ; cet esprit est loin de moi, plus que le ciel n'est de la terre ; mais, enfin, une fortune obscure est-elle un si grand défaut qu'elle couvre de ridicule jusqu'aux meilleurs sentiments ; que l'on ne puisse, du moins, dire ce qu'on estimerait le plus, et que, même entre amis, entre philosophes, on doive cacher ses pensées, pour respecter la mode et le goût de son siècle, comme s'il n'y avait rien de raisonnable et de bien, hors de la plaisanterie et des maximes *des gens du bel-air*? Vous voyez, mon cher Mirabeau, que je ne le pense pas, et que je me donne carrière. Les sentiments dont je vous parle, ce sont ceux que j'ai tâché d'inspirer à votre frère, ce sont ceux que je vois en vous, et je les vois si clairement, que, si vous étiez grand seigneur, je craindrais que vous ne crussiez que je vous veux faire ma cour. Si j'ai pourtant quelques principes qui ne vous soient pas communs avec moi, je ne veux pas les cacher, ni surprendre votre amitié ; mais j'espère que ma franchise me tiendra lieu de quelque chose, et que vous, qui m'aimez un peu, et qui adorez la vérité, vous m'aimerez doublement, quand vous la trouverez en moi. Ce que je dis de la sévérité combat l'exemple d'un père[1], qui soutenait ce défaut par de grandes vertus, par un esprit solide, et par une éloquence mâle ; je serais bien fâché d'attaquer sa mémoire ; mais, comme elle me condamne, qu'elle vit dans votre cœur, et y confond peut-être les vertus et les défauts, je crains qu'un respect si juste ne soit un préjugé contre mes sentiments. Ne me cachez point ce qui en est : il n'y a point de vérité, quelque dure qu'elle soit, qui puisse altérer l'amitié que j'aurai toujours pour vous.

Adressez-moi votre première lettre à Metz, où je serai jeudi soir ; il n'est aujourd'hui que lundi ; mais j'écris de provision, parce que mes yeux le permettent, et que je veux en profiter.

Il y a beaucoup à répondre à ce que je vous dis sur la rigidité : quand je lui préfère le vice, ce n'est pas par réflexion, je crois que vous m'entendrez, c'est par goût et par senti-

---

[1] Le marquis Jean-Antoine avait été sévère, en effet, pour ses enfants, mais jamais autant que Mirabeau lui-même, *l'ami des hommes*, le fut pour les siens. — G.

ment; je n'ignore pas, d'ailleurs, ce qu'on doit à la vertu, quelque fâcheuse qu'elle soit.

---

55. — LE MÊME AU MÊME.

A Verdun, le 22 mars 1740.

Mon cher Mirabeau, vous me dites mille douceurs sur le séjour qui me convient[1]; je sens toute l'amitié que vous me témoignez sur cela, j'en suis vivement touché. Je ne sais pas encore où je passerai l'hiver; ce sera à Aix, ou à Metz; je crois que je connais bien les agréments de Paris, mais ils ne sont pas faits pour moi. Vous me parlez de la douceur d'y vivre, avec quelques amis; je ne crois pas d'en avoir là, pas même des connaissances. Je hais le jeu comme la fièvre, et le commerce des femmes comme je n'ose pas dire; celles qui pourraient me toucher, ne voudraient seulement pas jeter un regard sur moi. Je ne sais s'il vous souvient de m'avoir vu en compagnie? Je voudrais, quelquefois, avoir un bras de moins, vous comprenez bien pourquoi[2]. Il faut pourtant bien que je vous dise quelque chose de plaisant, c'est que, dans mes distractions, qui ne sont que trop fréquentes, il m'arrive, parfois, de me représenter à moi-même avec un air de finesse, ou de grandeur, ou de majesté, selon la pensée qui m'occupe; je monte là-dessus l'idée de ma figure, et si, par hasard, je rencontre et regarde un miroir, je suis presque aussi surpris que si je voyais un cyclope, ou un habitant du Tartare; il me semble que ce n'est pas moi, que je suis dans le corps d'un chien, comme le roi de Babylone; je crois à la transmigration; enfin, cela me fait comprendre comment la plupart des sots, qui s'estiment sans pudeur, se croient aussi d'une belle figure, car rien n'est si naturel que de former son image sur le sentiment bizarre dont on se trouve rempli[3].

---

[1] Cette lettre répond à celle de Mirabeau, datée du 13 mars. — G.
[2] Sans doute, parce que, à défaut de beauté, un bras perdu à la guerre excite, au moins, l'attention et l'intérêt. — G.
[3] Voir la Maxime 236e. — G.

Dites-moi pourquoi je vous conte cela? Il n'y a rien de si misérable que la conclusion; la voici : c'est que je n'irai point à Paris, cet hiver, et que je n'y puis point aller ; je ne sais si cette conséquence est bien ou mal amenée, mais c'est ma résolution. Je suis fâché qu'il me soit impossible d'être, cet été, en Provence, car j'aurais été vous voir, et je vous aurais fait compagnie. Je suis bon dans la solitude, ou excessivement mauvais, car je cause éternellement; le petit chevalier pourra bien vous le dire.

Il vient fort souvent, et il veut bien me témoigner qu'il ne s'ennuie pas avec moi; je lui en sais très-bon gré. J'aime sa raison naissante, et sa jeunesse naïve ; la vérité de son esprit, de son cœur, de ses manières, me touche toujours beaucoup. Je lui trouve dans l'humeur quelque chose des Riqueti, qui n'est point conciliant[1]; mais il a bien envie de se faire estimer ; cela le corrigera. Je ne manque pas de lui dire qu'on n'est guère estimé, quand on n'est point aimé; il n'y a que les âmes fortes et les esprits supérieurs, c'est-à-dire presque personne, qui tombent dans l'excès contraire, qui est d'estimer ce qu'ils haïssent au-delà de ce qu'il vaut. Là-dessus, il me demande comment on se fait aimer : je lui dis que c'est en se faisant estimer ; ces deux choses-là, en effet, doivent être toujours unies; on n'estime guère quelqu'un, lorsqu'on ne l'aime pas, et l'on aime médiocrement, lorsqu'on estime peu ; mais, comme il ne suffit point, pour obtenir l'amitié, d'avoir de la douceur et de la complaisance, ce n'est point assez non plus, pour s'attirer de l'estime, d'avoir des vertus et du génie. Les soins d'un homme qu'on méprise sont méprisés comme lui, et le mérite odieux est toujours rabaissé, et, souvent, méconnu : l'on n'est donc peut-être jamais ni aimable, ni estimable, que l'on ne soit

[1] *Quel dommage*, disait Mme de Pompadour, *que tous ces Mirabeau soient si mauvaises têtes!* Le marquis dit souvent, de son côté : *Les passions très-vives furent toujours calcinées dans notre sang*; enfin son fils, le grand orateur, ajoute : *L'audace et l'appétit de l'impossible est un des caractères distinctifs de notre race... Notre nom était, pour les singularités tranchantes, aussi noté que celui de Roquelaure, pour les bons mots.* (Voir les *Mémoires de Mirabeau*, 1er vol., pages 57, 77, 80, 205 et 209.) — G.

l'un et l'autre à la fois; du moins, si l'on n'est qu'estimable, l'on est rarement aimé. Il convient de tout cela; je lui cite des exemples et son expérience propre, et il est de très-bonne foi. Je lui fais faire encore une attention, c'est que, pour avoir des suffrages, il ne suffit pas de les mériter, il faut les enlever de force; l'homme qui pense le mieux n'obtient pas toujours justice; il faut qu'il sache se la faire. Il n'y a que deux moyens pour en venir à bout, bien parler et bien écrire; toutes les affaires du monde, toutes les entreprises et toutes les passions ne réussissent que par là; l'on n'a que ces deux voies pour se faire connaître, et toutes les actions s'y terminent. Un homme qui ne sait qu'écrire, ne sait rien, et un homme qui ne sait que parler, est souvent dans l'embarras, et perd quelquefois le fruit de la meilleure conduite, et des plus signalés services. Ce sont donc deux talents que l'on doit cultiver; mais, comme il est nécessaire, pour parler et pour écrire, de penser d'abord, et de sentir, il faut allier tout cela, former son goût et sa raison, pour bien écrire, et apprendre à bien s'exprimer, pour produire sa raison et son goût, pour les mettre en usage, et pour les étendre encore [1].

Quand nous en sommes venus là, nous descendons aux détails et aux exemples familiers : on accuse le chevalier d'être un peu trop opiniâtre; je tâche de lui faire entendre qu'on ne soutient son opinion que pour primer, et se faire estimer, mais qu'avec l'opiniâtreté, il arrive le contraire de ce qu'on ose se promettre; qu'il est bien plus honnête, plus poli, plus humain, et plus avantageux, de céder à la prévention des autres, que de les aigrir, de s'en faire haïr, et quelquefois mépriser, sans pouvoir s'en faire comprendre : il y a même bien des esprits qu'on ne persuade qu'en cédant, et, quand l'opiniâtreté n'aurait point un effet contraire, il suffit qu'elle soit commune à tous les petits esprits, pour qu'on doive en avoir horreur. Ce qui répugne au chevalier, c'est qu'il ne comprend pas encore comment on peut accorder la

---

[1] Voir le 13e *Fragment* (Sur la vérité et l'éloquence). — G.

vérité et la hauteur avec l'esprit souple et liant : à l'égard de la vraie hauteur d'âme, quand elle est à un certain point, peu de choses sont de niveau ; elle passe par-dessus, et, maîtresse de son action, elle tire avantage et se nourrit de tout ; il n'y a que la vanité, la hauteur trop malheureuse, la hauteur sans ressources, impuissante, accablée, et aussi la hauteur contrefaite et sans esprit, qui s'aigrissent, se révoltent, et craignent de s'abaisser ; et pour ce qui est de la vérité, quand elle est unie à l'adresse, elle se sauve toujours. Il n'y a rien, assurément, de si bas et de si inutile que le mensonge ; mais ce n'est point par le mensonge que l'on est souple et liant ; c'est par l'art de mettre au jour les vérités persuasives, et de se taire sur les autres. Deux hommes se sont en horreur ; ne leur dites point qu'ils ont tort, ne condamnez point leur manie, cela les éloignerait ; soyez discret là-dessus ; ne vous amusez pas, non plus, à flatter leur passion, et à les approuver tous deux, pour les concilier ; cela serait faux et méchant, et, s'ils venaient à vous découvrir, vous seriez perdu sans ressource ; mais montrez-leur à découvert combien il leur serait facile de se réunir ; faites-leur voir un intérêt plus grand que celui de leur haine ; ménagez un peu leur esprit, ne précipitez point les choses, avancez insensiblement ; vous réussirez assez tôt, et vous serez aimé de tous deux ; ils vous auront une obligation que vous porterez au comble, en paraissant l'ignorer. Sur toutes les choses de la vie, il me semble que l'on peut avoir la même conduite, sans se manquer à soi-même ; il n'y a que l'orgueil, le caprice, le mépris qui nous éloignent de là ; l'on ne fait rien que par la vérité ; mais il faut de la retenue, de la douceur, de l'adresse, et de la délicatesse ; de toutes les grossièretés, le mensonge est la plus vicieuse ; mais toute vérité n'est pas simple, ni naïve, etc., etc.

Voilà les conversations que j'ai avec votre frère[1] ; il en-

[1] Ces pages remarquables donnent ouverture sur le caractère de Vauvenargues, sur sa manière de traiter avec les hommes, sur son rôle parmi ses camarades, sur le nom de *père* dont ils l'appelaient, et elles peuvent servir d'explication, non seulement à son goût pour la diplomatie, mais aussi à la plupart des idées

tend bien, et la matière est inépuisable ; nous la tournons de tous les sens, et puis, nous tombons, tout d'un coup, au chapitre de la danse et à celui des révérences, dont nous repassons aussi, avec le même soin, toutes les modifications. S'il aimait un peu plus à lire, je le trouverais trop parfait ; mais il faut dire, comme madame de Sévigné du jeune marquis de Grignan : *Sa jeunesse lui fait du bruit !* Mais ce bruit se dissipera, et toutes choses auront leur temps.

L'histoire de France, que vous lui conseillez, est une lecture essentielle ; il est honteux de l'ignorer, c'est contre toute bienséance ; il n'y a qu'une réponse à faire, c'est que cette même histoire est extrêmement sèche, qu'elle ne l'amuserait point, et vous savez à merveille qu'une lecture qui ennuie, n'est pas une lecture utile ; tout passe comme sous les yeux d'un homme qui rêve ou qui sommeille. Lorsqu'il pourra saisir ce qu'il y a d'important, la suite du gouvernement, ses variations et leur causes, les intérêts actuels, les droits des conditions, leur origine, leurs rapports, leurs fortunes diverses, et les principes de toutes ces choses, le goût lui en viendra, et il vous sera facile de l'en instruire vous-même ; quinze jours de conversations vous suffiront pour cela. On pourrait même lui dicter et lui faire écrire à mesure ; mais il faut commencer, je crois, par lui donner le goût de lire, et ne lui mettre dans les mains que des livres qui ont de l'intérêt ; par exemple, j'aurais voulu lui donner les *Vies* de Plutarque, mais elles ne sont point ici. C'est une lecture touchante, j'en étais fou à son âge ; le génie et la vertu ne sont nulle part mieux peints ; l'on y peut prendre une teinture de l'histoire de la Grèce, et même de celle de Rome. L'on ne mesure bien, d'ailleurs, la force et l'étendue de l'esprit et du cœur humains que dans ces siècles fortunés ; la liberté découvre, jusque dans l'excès du crime, la vraie grandeur de notre âme[1] ; là, la force de la nature brille au sein

---

répandues dans ses divers ouvrages. Voir, outre les *Maximes*, la 37ᵉ *Réflexion*, le 7ᵉ *Conseil à un Jeune homme*, et les *Caractères* 33ᵉ, 35ᵉ, 37ᵉ et 39ᵉ. — G.

[1] Voir la Maxime 747ᵉ et la note qui s'y rapporte. — G.

de la corruption ; là, paraît la vertu sans bornes, les plaisirs sans infamie, l'esprit sans affectation, la hauteur sans vanité, les vices sans bassesse, et sans déguisement. Pour moi, je pleurais de joie, lorsque je lisais ces *Vies*[1] ; je ne passais point de nuit sans parler à Alcibiade, Agésilas, et autres ; j'allais dans la place de Rome, pour haranguer avec les Gracques, et pour défendre Caton, quand on lui jetait des pierres[2]. Vous souvenez-vous que, César voulant faire passer une loi trop à l'avantage du peuple, le même Caton voulut l'empêcher de la proposer, et lui mit la main sur la bouche, pour l'empêcher de parler ? Ces manières d'agir, si contraires à nos mœurs, faisaient grande impression sur moi. Il me tomba, en même temps, un Sénèque dans les mains, je ne sais par quel hasard ; puis, des lettres de Brutus à Cicéron, dans le temps qu'il était en Grèce, après la mort de César : ces lettres sont si remplies de hauteur, d'élévation, de passion, et de courage, qu'il m'était bien impossible de les lire de sang-froid ; je mêlais ces trois lectures, et j'en étais si ému, que je ne contenais plus ce qu'elles mettaient en moi ; j'étouffais, je quittais mes livres, et je sortais comme un homme en fureur, pour faire plusieurs fois le tour d'une assez longue terrasse[3], en courant de toute ma force, jusqu'à ce que la lassitude mît fin à la convulsion[4].

C'est là ce qui m'a donné cet air de philosophie, qu'on dit que je conserve encore, car je devins stoïcien de la meilleure foi du monde, mais stoïcien à lier ; j'aurais voulu qu'il

---

[1] On sait que J.-J. Rousseau pleurait aussi, en lisant Plutarque. — G.

[2] Rapprochez du 23ᵉ *Caractère* (Horace, ou *l'enthousiaste*). — G.

[3] Il s'agit de la terrasse du château de Vauvenargues ; ce château, bâti sur un rocher, au pied de la montagne *Sainte-Victoire*, qui, dans son nom même, a retenu le souvenir de la *victoire* de Marius sur les Teutons, est, en effet, entouré d'une terrasse. — G.

[4] Ici encore, on ne peut se défendre de penser à J.-J. Rousseau, et à ses accès d'enthousiasme. Ce n'est pas le seul point de ressemblance que l'on pourrait noter entre Vauvenargues et le philosophe de Genève : M. Émile Chasles a dit avec raison, dans un spirituel et solide travail intitulé *les Confessions de Vauvenargues* : « Il ouvre la carrière au sentiment, à l'inspi-« ration, qui feront la fortune des écrits de Rousseau. » — (Voir la *Revue Contemporaine* ; livraison du 15 janvier 1857.) — G.

m'arrivât quelque infortune remarquable, pour déchirer mes entrailles, comme ce fou de Caton, qui fut si fidèle à sa secte[1]. Je fus deux ans comme cela, et puis, je dis à mon tour, comme Brutus : *O vertu ! tu n'es qu'un fantôme !* Cependant, cet aimable stoïcien, que sa constante vertu, son génie, son humanité, son inflexible courage me rendaient infiniment cher, m'a fait verser bien des larmes sur la faiblesse de sa mort : c'est une extrême pitié de voir tant de vertu, tant de force et de grandeur d'âme vaincues, en un moment, par le plus léger revers, au milieu de tant de ressources, et de tant de faveurs de la fortune ! Mais n'est-ce pas une folie que de vous conter tout cela, et de prendre ce ton lugubre ? Vous allez croire, sûrement, que je veux que votre frère devienne un stoïcien, et qu'il se tue, comme Caton, ou qu'il lise notre Senèque ! Ah ! n'appréhendez pas cela ; je ris, actuellement, de mes vieilles folies, et même des folies présentes. Je voudrais bien que cette lettre fût assez ridicule pour vous faire rire vous-même ; mais je crains qu'elle n'ait que ce qui est nécessaire pour vous ennuyer un quart d'heure, car il faut bien cela pour la lire. Ce sont vos louanges qui me gâtent[2] ; il est juste que vous en souffriez ; d'ailleurs, j'aime beaucoup mieux vous écrire rarement, que retenir ma plume, lorsqu'elle est en train d'aller ; cela est plus conforme à ma paresse, et plus commode aussi pour vous.

Adieu, mon cher Mirabeau ; ne répondez rien à ceci ; marquez-moi le temps qu'il fait, plutôt que d'entrer là-dedans. Nous serons à Metz, le 7 ou le 8 du mois prochain ; je vous écrirai de là avec plus de modération, parce que je serai moins seul, et que j'y trouverai des gens avec qui je pourrai

---

[1] *L'infortune* que Vauvenargues souhaitait, ne lui a pas manqué ; mais il a fait mieux que de *déchirer ses entrailles* ; il a supporté cette infortune avec tant de constance, que Voltaire a pu dire de lui : « *Je l'ai toujours vu le plus infortuné des hommes, et le plus tranquille;* » et que Marmontel a pu ajouter : « *On n'osait être malheureux auprès de lui;... c'était avec lui qu'on apprenait à mourir.* » — G.

[2] Heureuses louanges, puisqu'elles ont vaincu, à la fin, la réserve de Vauvenargues, et l'ont engagé à quelques confidences! — G.

causer. Je ne sais si vous pourrez bien lire mon écriture ; mes yeux sont, dans ce moment, dans un état pitoyable. Je vous embrasse tendrement.

---

56. — LE MÊME A SAINT-VINCENS[1].

A Verdun, le 27 mars 1740.

Je me suis flatté longtemps, mon cher ami, que vous me feriez réponse, mais je vois bien que c'est à tort, et qu'il faut prendre son parti. Je vous avouerai cependant que j'ai peine à concevoir, et à porter sans murmure, la longueur de votre silence. Vous n'êtes pas, ce me semble, dans une dissipation qui puisse le justifier ; vous n'êtes pas non plus accablé d'écritures, et vous seriez trop paresseux, si c'était là votre prétexte. Si ce l'était néanmoins, je ne vous le passerais pas, et je vous inquiéterais, pour vous corriger d'un défaut qui nuit beaucoup à l'amitié, et à la plûpart des affaires ; car la moitié des affaires ne se traite que par lettres, et toutes les amitiés ont besoin de ce secours, lorsque l'on est séparé. Mais je ne pourrai jamais croire que ce soit votre paresse qui me fasse tout ce mal ; moins encore vous soupçonner de vouloir ménager la mienne ; ce soin-là serait offensant. Il ne se passe point de mois que je n'écrive quinze lettres ; c'est trop peu pour me fatiguer, et trop, mon cher Saint-Vincens, pour qu'une lettre de moins me soit un soulagement ; je passe sur les liaisons d'intérêt et d'amitié qui nous engagent l'un à l'autre. Quand tout cela ne serait point, vous ne pourriez pas penser que ce me fût une fatigue de vous écrire tous les mois ; voilà donc encore un prétexte qui serait bien misérable, et qui montrerait la

[1] Dans la lettre précédente, Vauvenargues conseillait au jeune chevalier de Mirabeau la *vraie hauteur d'âme*, qui ne doit se montrer qu'à propos, et avec dignité ; dans celle-ci, il va en donner lui-même un remarquable exemple. Quand il était sûr de l'affection de Saint-Vincens, il ne lui en coûtait nullement d'être son obligé ; mais il ne veut plus rien devoir à un ami douteux. — G.

corde. Mais je me suis aperçu, dès les commencements même de notre commerce, que vous retardiez vos réponses, autant que vous le pouviez; et, dans le dernier hiver que j'ai passé avec vous, il m'avait paru aussi que vous vous éloigniez de moi; mais, comme mon empressement pouvait me tromper là-dessus, et me rendre trop difficile, je m'en défiai toujours. Depuis, ayant reçu des marques de votre amitié, je n'ai pas pu lui faire un crime de mes fausses délicatesses, et, quand vous avez éludé de faire réponse à mes lettres, je me suis toujours rassuré sur ses anciens témoignages; d'autant mieux, qu'il me semblait que vous n'aviez à Aix que moi, et le commissaire L'Enfant, avec qui vous eussiez des liaisons plus intimes que ne sont celles du plaisir. Je ne pouvais donc pas comprendre que, n'ayant que deux vrais amis, vous en trouvassiez un de trop, parce que je ne conçois point qu'il y ait de douceur plus sensible que celle de l'amitié. Je n'imagine pas non plus que vous veuillez[1] me changer pour un autre : vous n'y gagneriez rien, ou je suis fort trompé; car si j'ai quelque mérite, il est de ce côté-là, et c'est m'humilier d'une étrange manière, que de me le contester.

Je ne sais pas cependant si j'aurais eu le courage de me plaindre : peut-être j'aurais pris sur moi de me taire encore longtemps; mais il m'est venu dans l'esprit qu'il n'était pas impossible que l'argent qu'on nous a prêté, dont vous répondez tout seul, vous fût devenu nécessaire : rien ne serait si naturel. Il y a bien de l'apparence que madame votre mère tira de votre conscience, pendant votre maladie, le secret de cette dette; elle peut souhaiter aussi que je rembourse la somme dont vous répondez pour moi; il n'y aurait rien à cela dont je fusse en droit de me plaindre; mais on ne peut pas deviner; si vous ne m'écrivez point, je ne saurai jamais rien, et je n'aurai que l'inquiétude d'un doute désagréable.

Ce n'était pas mon intention d'aller, cet été, en Provence;

---

[1] Il faudrait *vouliez*; le mot *veuillez* n'est français qu'à l'*impératif*. — G.

je comptais même, en quelque sorte, d'être encore quinze mois absent; il a passé dans ma tête d'aller, dans cet intervalle, faire une course en Angleterre, pour voir cet état florissant, pour consulter aussi les plus grands médecins du monde sur mes yeux, qui sont fort mauvais, et sur des incommodités qui influent beaucoup sur mon humeur, laquelle est pire que mes yeux. Mais, comme les voyages coûtent, et que je suis mal à mon aise, je ne songeais point si tôt à m'acquitter avec vous; je creusais même mon esprit, pour trouver encore deux mille francs, comme vous vous souvenez bien que je faisais l'année passée. Mais mon premier soin, mon plaisir, mon unique inquiétude, c'est de satisfaire d'abord à l'amitié, à la reconnaissance; ainsi, vous n'avez qu'à parler, et à dire franchement si votre situation et vos dispositions présentes peuvent s'accorder aux miennes; car cela va devant tout, et je n'ai rien de si cher que de reconnaître, de vaincre, et d'effacer votre amitié par des témoignages sûrs de ma sensibilité. Le voyage d'Angleterre n'est qu'un projet fait en l'air, qui ne tient encore à rien, car je n'espère presque pas de pouvoir trouver de l'argent. Parlez donc, mon cher Saint-Vincens, et que rien ne vous retienne : si vous me souhaitez à Aix, je m'y rendrai vers la fin du mois d'août; là, je prendrai des mesures pour m'acquitter avec vous; j'espère que je le pourrai, à votre retour de la campagne. Répondez-moi là-dessus avec toute la confiance et toute la vérité qu'exigent mes sentiments; et, quand vous m'aurez satisfait sur cet article, ne me cachez point, je vous prie, les raisons de votre silence : est-ce paresse, est-ce oubli, ou bien quelque autre raison? Je ne comprends pas la paresse, car, quand on ne se pique pas d'écrire mieux que Voiture, ou que tant de gens d'esprit qui n'ont pas ce talent-là; quand on ne veut autre chose que causer, se faire entendre, puisque le reste est inutile avec les gens qui nous connaissent, et qu'il n'y a que les écoliers qui fassent de belles lettres; quand on sait, dis-je, tout cela, il me semble qu'une lettre ne peut pas coûter beaucoup. Répondez-moi donc, je vous prie, sans aucun déguisement; la vérité la plus dure vaut toujours mieux que l'artifice; l'on ne réussit que par elle, l'on ne persuade que par elle, et je vous aime trop d'ailleurs, pour que vous puissiez me tromper. Vous l'essaieriez sans fruit, n'en doutez pas, mon cher ami; mais persuadez-vous bien encore, quels que soient vos sentiments, que je n'oublierai jamais, ni tout ce que je vous dois, ni le prix de votre amitié, ni le désir continuel de vous convaincre de la mienne.

Si vous me faites réponse, adressez-la-moi à Metz, où le régiment sera dans une quinzaine de jours. Je vous embrasse de tout mon cœur.

57. — MIRABEAU A VAUVENARGUES.

De Paris, ce 29 mars 1740.

Je vous aurai par morceaux [1], mon cher Vauvenargues; je vous l'avais promis. Il y a des choses uniques dans votre lettre, cependant le style en est souvent lâche; mais je ne connais personne qui suive une pensée comme vous; heureuse faculté! l'on vit sur son fonds, tandis que la culture des autres n'exerce souvent que la mémoire.

Le chevalier ne saurait mieux faire que de vous écouter; je doute qu'avec toute l'amitié que j'ai pour lui, je lui donne jamais d'aussi bonnes leçons. Ma mère pourtant souhaite bien fort l'avoir cet été, et moi aussi; il y a trois ans que nous ne l'avons vu. Mandez-moi si quelque chose l'en pourrait empêcher, car, au fond, son triste emploi ne peut lui reprocher le manque d'assiduité.

Votre spéculation sur la façon dont notre figure se moule sur nos idées, est neuve et vraie. Quant au genre de persuasion que vous soufflez au chevalier, vous ne réussirez pas, s'il est du même sang que nous : votre système est d'arriver aux bonnes fins par la souplesse; le mien est d'arriver au bien, droit devant moi, ou par la violence : de fondre sur le mal décidé, de l'épouvanter, et, enfin, de m'éloigner de ce qui n'a la force d'être ni l'un ni l'autre. Il n'y a pas longtemps qu'en une com-

---

[1] En effet, et c'est là, peut-être, le principal intérêt de ses lettres, Mirabeau, à force d'insistance, emporte Vauvenargues pièce à pièce. — G.

pagnie, une femme voulut étaler un principe d'exclusion contre lequel je suis révolté ; ces gens-là ne voient ordinairement que leurs pareils, ou les gens véritablement honorés de les voir : je parlai, et bien plus doucement qu'on ne s'y attendait ; ils vinrent d'eux-mêmes à mon avis, et allèrent même plus loin que je n'aurais pu le vouloir. Je sentis, ce jour-là, que la persuasion est de bien plus d'usage, et qu'il faut même avoir, pour en user, plus d'étendue dans l'esprit ; mais telle n'est point ma nature : on ne peut avoir toutes les parties, et la force et la fermeté sont, de toutes, les plus désirables ; quant à l'opiniâtreté, prêchez bien le chevalier sur cela ; non pas que l'on s'en corrige totalement ; mais c'est un défaut que l'on ignore fort longtemps, si l'on ne nous en avertit.

Vous avez raison ; les *Vies de Plutarque* valent bien mieux pour lui que toute autre chose ; je crains maintenant, pour moi, ces lectures-là comme la foudre, dans le projet forcé de tranquillité que je me suis fait[1]. Adieu, mon cher Vauvenargues ; ne faites pas comme moi aujourd'hui, n'étranglez point vos lettres ; donnez carrière à votre esprit, il va droit !

58. — VAUVENARGUES A MIRABEAU[2].

A Verdun, le 8 avril 1740.

Vous avez raison, mon cher Mirabeau, de dire que mon style est lâche ; il est aussi très-dur ; vous ne le dites pas, mais je le sens parfaitement, et ne sais pas faire mieux.

Parlons un peu du chevalier : je ne crois pas que son emploi le puisse empêcher d'aller en Provence ; mais je crois qu'on pourrait faire mieux que de l'envoyer là-bas. Voici sa situation : il y a quatre emplois vacants, et six officiers devant lui ; de ces six, deux ne comptent point, parce qu'ils ont été presque toujours absents, et que la présence décide ; s'il vaque donc un autre emploi, votre frère le doit avoir ; M. de Biron a promis, je suis sûr qu'il tiendra parole ; et, comme il est impossible qu'entre ceci et le mois de septembre,

---

[1] Le marquis, homme à *projets*, n'a pas plus réussi dans celui-là, que dans bien d'autres ; sa vie n'a guère été moins agitée que celle de son fils. — G.

[2] Voir la dernière note de la page 182. — G.

il n'y ait quelque changement, je crois que votre frère ferait bien de l'attendre avec nous. Que ferait-il à Mirabeau? vous le verrez, c'est fort bien, et vous lui donnerez de bonnes instructions, mais tout cela, sans pratique et sans exemples sensibles; cependant, il en a besoin. Son esprit est raisonnable; mais il est trop nu, trop raide, trop négligé, dans tous les sens; il lui faut un peu d'usage et un peu de parure. La bonne compagnie lui est fort nécessaire, et c'est ce qui lui a manqué, depuis qu'il est au régiment : sa jeunesse et ses affaires l'ont mis souvent, dans des auberges, avec des jeunes gens peu riches et assez mal élevés, car cela est inséparable; s'il y a quelque chose de bon à apprendre dans ce régiment, il n'en a pas été à portée; ce n'a point été sa faute, ni celle de son Mentor, mais celle de sa pension, qui n'a pu suffire à tout, quoique très-bien ménagée, et assez considérable.

Je crois donc qu'il serait bien qu'il nous restât, cet été, parce qu'il commence à connaître le monde, et à vivre avec tous; je m'imagine qu'il n'y perdrait rien, et qu'il pourrait y gagner. Lorsque l'automne viendra, vous le pourriez rappeler, et le mettre à l'académie [1]; il y entrerait au mois d'octobre, et y passerait l'hiver; vous serez alors à Paris; vous le verriez, vous l'instruiriez, vous lui procureriez des connaissances; cela le formerait beaucoup, et lui donnerait ces dehors qui plaisent tant dans le monde. Il a trop de bon sens et trop de naturel, pour se coiffer de la sottise des jeunes gens de Paris, pour prendre leur vanité, leurs ridicules, leurs airs, leur folle dissipation [2]; mais il est bon qu'il les connaisse, qu'il vive un peu avec eux, pour qu'il apprenne à se défendre de leur ascendant naturel, à humilier leur orgueil, à saisir leurs misères, à travers leurs belles paroles et leurs belles manières. Si tous les hommes étaient

---

[1] On appelait alors *académies*, des écoles où les jeunes gens allaient apprendre l'équitation, l'escrime, la danse, et les différents exercices du corps. — G.

[2] Rapprochez du 8ᵉ *Caractère*. — G.

sages, ou qu'on ne voulût plaire qu'à la sagesse, qu'on n'eût jamais besoin de la folie, et que tout ce qui n'est pas sage n'eût rien d'aimable ni de bon, il n'y aurait qu'à former son cœur, et à se rendre raisonnable, dans le particulier ; mais, quand on veut passer sa vie dans le monde, lui plaire, réussir, et qu'on sait que le monde est rempli d'ignorants, de sots, de gens ridicules, alors ce n'est pas assez d'avoir, à part soi, beaucoup de raison ; il faut s'armer de toutes pièces, et tâcher d'écrémer tous ces esprits légers, prendre ce qu'ils ont de spécieux, pour leur ôter leurs avantages, familiariser avec leurs vices et leur folie, afin de savoir s'en servir, s'en prévaloir, ou s'en défendre, au lieu de fuir, de gronder, ou de se laisser éblouir.

Il y a une réflexion à faire pour le chevalier, c'est la dépense ; mais, si vous m'approuvez d'ailleurs, je crois que cette réflexion ne peut vous retenir : cent pistoles au-delà de sa pension, que madame votre mère et vous pouvez lui donner ou lui prêter, feraient ce que je vous propose, et, quand il aurait passé ces six mois-là à Paris, il reviendrait au régiment, où il serait tout l'été, et l'hiver, à Aix, avec Mme votre mère. Tant qu'il serait académiste, je voudrais qu'il fût pensionnaire, sans quoi il vous serait à charge, et vous embarrasserait ; à son retour, il serait assez vieux, et assez instruit du monde, pour voir celui de Provence, et pour brilloter à Aix. Là, le commerce des femmes pourrait lui être fort utile, et cela le romprait beaucoup ; il irait ensuite à Malte, et ferait ses caravanes [1]. Que vous semble de cette idée ?

Quand on veut vivre dans le monde, je crois qu'il y faut entrer le plus tôt qu'on peut ; lorsqu'on y arrive trop tard, on est gauche et ridicule ; l'on a peine à réussir ; cela dégoûte et décourage ; on fuit la bonne compagnie, ou l'on y

---

[1] Campagnes sur mer, au nombre de quatre, que les jeunes chevaliers de Malte étaient tenus de faire, contre les Turcs et les Barbaresques, pour se mettre en passe des commanderies et des emplois supérieurs de leur ordre. Ces expéditions étant, le plus souvent, pour ces jeunes gens, une occasion de licence, on comprend que l'expression *faire ses caravanes* ait reçu un sens défavorable, et se dise d'un jeune homme qui mène une vie folle et dissipée. — G.

souffre beaucoup, et l'on se ressent, toute sa vie, d'un mauvais commencement. Le chevalier n'est point un philosophe ; il ne faut pas qu'il le devienne malgré lui, et qu'il joue un rôle forcé. Vous ne sauriez, ce me semble, lui rendre un meilleur service que de déranger son revenu, s'il était nécessaire, pour polir son esprit, ses manières, et son air ; il y a bien des occasions où l'économie peut nuire ; ce n'est plus alors conduite ni sagesse ; c'est défaut de prévoyance, et petitesse[1]. Vous savez tout ce que je dis là cent mille fois mieux que moi ; mais il faut que je vous parle, et que je me satisfasse : si vous envoyez, cet été, votre frère à Mirabeau, la chasse l'absorbera, et il n'aura plus ni grâce, ni maintien, ni assurance ; il passera l'hiver à Aix, et n'aura point assez de monde pour tirer aucun avantage de celui qu'il y verra, et, au sortir de là, à Malte, où il achèvera de se gâter ; au lieu qu'en suivant ma pensée, il sera déjà trop formé, quand il fera ses caravanes, pour humer le mauvais air de messieurs ses camarades.

Voilà une terrible causerie ; je n'ai pas encore tout dit ; mais je ne puis continuer, car mes yeux sont dans un triste état ; j'achèverai par le premier courrier, s'ils veulent me le permettre ; vous pourrez toujours, sur ceci, prendre votre résolution. Adieu, mon cher Mirabeau : je vous suis fort obligé de toutes vos amitiés, et de toutes vos louanges, que je ne mérite pas. Je crois que je serai forcé de passer l'hiver à Aix ; mes parents le veulent ainsi. Il m'avait roulé dans l'esprit de le passer en Angleterre, et pour voir ce peuple heureux, et pour consulter sur mes yeux et sur mes incommodités, qui me rendent la vie pénible ; c'est le pays des grands médecins, et la dissipation aurait pu m'être bonne ; mais je ne songe plus à tout cela, et je vous embrasse de tout mon cœur.

Que ce que je vous dis sur votre frère ne passe point, je vous prie, en Provence, parce que cela ferait une cascade,

---

[1] Rapprochez des Maximes 51ᵉ et 762ᵉ. — Voir aussi le 28ᵉ Caractère (*Varus*, ou *la Libéralité*). — G.

et pourrait revenir à M. de Meyronnet, avec qui je ne suis pas bien, et qui se figurerait que j'improuve sa conduite passée à l'égard du chevalier, au sujet des mauvaises auberges.

59. — MIRABEAU A VAUVENARGUES.

De Paris, ce 14 avril 1740.

Je vous suis bien obligé, mon cher Vauvenargues, de la bonté que avez de vous intéresser à ce qui regarde mon frère; une preuve de ma confiance, c'est que je raisonne avec vous; je n'en fais pas de même avec tout le monde.

Vos idées sont bonnes, d'un côté; mais ce n'est pas celui que je veux donner à mon frère; je ne suis pas embarrassé qu'il n'ait l'air d'un homme de condition, et c'est tout ce que je lui demande; quant à ce clinquant du monde, auquel vous prétendez qu'il faut s'apprivoiser, pour n'en être pas ébloui, je suis persuadé qu'il nous entraîne et nous offusque, quand nous débutons par-là; nous ne connaissons, ni ne voulons connaître autre chose, et adieu! Je n'espère pas faire de mon frère un homme parfait; il faut donc se tourner du meilleur côté : c'est, sans contredit, celui de l'honnête homme; tout le monde l'est, mais non pas selon moi.

Il n'est point en nous de principes innés; le foyer paternel en donne quelques-uns, mais que sont-ils, sans connaissances? Rien! Mon frère a eu moins d'éducation que nous, mais il est dans l'âge d'apprendre, ou jamais; mon idée est donc de lui rendre ce que m'ont prêté deux amis, à qui je dois tout, jusqu'à mes principes de probité (car il faut s'en faire; autrement, *il n'y a ni vices ni vertus*, comme disait le Régent), de le mettre, dis-je, à même de prendre une connaissance de l'histoire, pour qu'il puisse juger de l'absurde de ce qui l'environne; et qu'enfin, il parte pour Malte, se regardant comme cosmopolite, et au-dessus de la force inutile de son pays, qui en caractérise si bien le néant. Quant au monde, il saura ensuite s'en passer, et vivre avec lui-même, avoir un caractère et une allure en propre, sans se livrer sans cesse à la dernière impression. Voilà mon dessein sur lui; je l'aime, jusqu'à présent, de droit, et je lui dois ces soins; s'il n'y répond pas, je sais qu'il est en âge de commencer à avoir des volontés, et, pourvu qu'il ne s'écarte point des lois de l'honneur, je suis certain que je n'aurai rien à lui dire; mais j'aurai fait mon devoir, et la nature, en me donnant un cœur compatissant et droit, me l'a aussi donné peu faible du côté de la tendresse [1], et aisé à détacher, dont je la remercie! Quant à son emploi, j'ai voulu l'occuper, et non l'enchaîner, et si, au bout d'une carrière de trente années, l'on ne voit pour récompense que ce qu'ont deux mille poiloux [2], je ne conseillerai jamais la patience; enfin, une raison qui doit le déterminer, c'est que sa mère le demande. Voilà, mon cher ami, ce qui s'appelle répondre bien sèchement; la brièveté entraîne, d'ordinaire, cet inconvénient; n'en faites pas de même; continuez-lui vos bontés, et aimez-moi!

60. — VAUVENARGUES A SAINT-VINCENS.

A Metz, le 23 avril 1740.

J'ai reçu vos deux lettres, mon cher Saint-Vincens, par le même ordinaire, et si tu voulais dire la vérité, tu conviendrais qu'elles ont été écrites le même jour. Ce soin de t'excuser légèrement sur ton silence, de me dire des nouvelles, de me parler du grand froid, de dire un mot de L'Enfant, et des soirées que mes yeux t'auraient données dans ma chambre, tous ces traits-là, et beaucoup d'autres, qui sont dans ta première lettre, paraissent faits pour prévenir la mienne. Je vois que tu es grand orateur; mais je te sais très-bon gré de t'être donné cette peine, pour rassurer mon esprit; et, comme je suis défiant quelquefois jusqu'à l'excès, je soupçonne fort souvent jusqu'à mes défiances; et enfin, après bien des subtilités, je ne sais plus du tout que croire; en sorte que je doute encore si je ne me trompe point au sujet de cette lettre. Du moins ne douté-je pas des offres que tu me fais au sujet de mon voyage [3] : je suis persuadé

---

[1] Le marquis ne l'a que trop prouvé, particulièrement à l'égard de son fils aîné. — G.

[2] Terme populaire, et à peu près inusité, qui signifie *homme de rien*. — G.

[3] Voir la 56e Lettre. — G.

qu'elles sont sincères, que je pourrais, sans bassesse, les accepter, et que tu m'aimes assez pour qu'il me soit difficile d'abuser de ton amitié ; mais j'ai fait espérer dans ma famille mon retour pour le mois d'août, et j'aurais bien de la peine à leur faire approuver le reste. Mais je ne saurais trop te répéter combien je suis reconnaissant et touché de ton amitié, et de la manière dont elle s'exprime : je n'ai jamais vu, ce me semble, de lettres si naturelles, si précises, si claires, si faciles que les tiennes, et si pleines de sentiment. Je pourrais te dire cela d'une manière plus polie, mais tu croirais que c'est un compliment, et ce n'en est point un.

D'où vient que tu ne me dis pas quelle sorte de travail t'occupe pendant quatre heures, sans aucune interruption ? J'ai peur que ce ne soit le droit, et que cette étude aride ne te fasse négliger celle des belles-lettres ; tu ne sais pas jusqu'à quel point tu aurais pu y réussir ; nous en parlerons l'hiver prochain. Tu croiras que je dis cela pour te regagner ; ce n'est pas mon intention ; mais si tu sais quelque moyen de t'adoucir à mon égard, tu me feras grand plaisir de me l'indiquer ; car il n'y a rien que je ne fasse, pour effacer l'aigreur que tu crois avoir vue dans la chaleur de mes reproches. Je te supplie, du moins, de croire qu'en t'offrant, comme j'ai fait, de m'acquitter avec toi, je n'ai jamais été fâché un seul moment de te devoir[1] : Dieu m'a donné, pour mon supplice, une vanité sans bornes, et une hauteur ridicule, par rapport à ma fortune ; mais je ne suis pas assez sot pour la placer aussi mal. J'ai toujours regardé comme un bien d'avoir des marques indubitables de ton amitié ; bien loin qu'elles m'aient été à charge pendant ces froideurs apparentes, elles m'en ont consolé ; et je m'estimerais heureux de trouver cette ressource contre mes tristes soupçons. Je te jure, mon cher Saint-Vincens, que je dis vrai ; ne me fais point l'injustice de douter de ce sentiment ; ce serait

---

[1] Voir la note de la page 195. — G.

trop me punir, et tu dois tout oublier; je te le demande à genoux, et t'embrasse de tout mon cœur.

Mande-moi s'il est nécessaire de mettre au-dessus de tes lettres *M. de Saint-Vincens fils;* j'ai tant de peur qu'elles ne tombent dans les mains de M. votre père, que je ne crois pas qu'on puisse prendre trop de précautions.

61. — LE MÊME A MIRABEAU.

A Metz, le 10 mai 1740.

J'attendais, mon cher Mirabeau, d'avoir votre réponse à ma dernière lettre, pour vous donner de mes nouvelles. Celle que vous m'écrivez, au sujet de votre frère, ne souffre point de réplique; vous y êtes trop décidé; cela me ferme la bouche. J'aurais pourtant bien à répondre, si je voulais entrer en matière, et j'ai la vanité de croire qu'une heure de conversation nous réunirait là-dessus; mais je ne puis pas vous écrire tout ce que je vous dirais, et j'aime mieux ne souffler mot, que de ne parler qu'à moitié.

Je sais bien ce qui nous sépare au sujet du chevalier : la raison et la probité vous sont aussi chères qu'à moi; vous êtes persuadé qu'elles peuvent suffire au bonheur de tous les hommes, et j'y mets quelques exceptions; vous croyez qu'il dépend de nous de nous former un caractère, et vous ne donnez qu'une route et qu'un objet à tous les esprits; moi, je voudrais que chacun se mesurât à ses forces, que l'on consultât son génie, qu'on s'étudiât à l'étendre, à l'orner, à l'embellir, bien loin de le contraindre ou de l'abandonner. Je suis fortement persuadé que ce qu'il y a de meilleur n'est pas fait pour tous les hommes, et qu'au-dessous de ce degré, l'on en peut trouver d'estimables, d'aimables, de raisonnables. Du reste, le chevalier s'abandonne à vos conseils; il n'en prendra jamais d'autres, et ne peut faire mieux; je voudrais seulement en lui des volontés plus décidées, et que ce fût sa raison qui le soumît à vos vues ; mais tout cela peut venir. Je ne le vois presque plus, depuis que nous sommes ici, et je ne sais trop pourquoi ; je le lui demanderai. L'on me parle souvent de lui dans les meilleurs termes du monde ; cela me fait très-grand plaisir ; M. de Biron lui promet une des quatre lieutenances qui vaquent depuis cet hiver ; je suis persuadé qu'il l'aura.

M. le Régent avait tort de *n'admettre ni vices ni vertus* ; mais il faudrait savoir comment il l'entendait ; il est difficile de croire qu'un homme d'autant d'esprit se soit trompé sur un point d'une si grande importance. *Nous n'avons point de principes innés* ; je vous accorde cela ; mais nous avons des sentiments qui ne sont point réfléchis, ni acquis, et qui se forment avec nous. Parmi ces sentiments, il y en a quelques-uns qui sont d'un prix infini aux yeux de toute la terre, qui peuvent faire le bonheur et la joie de tous les hommes ; il est question de savoir si ces sentiments-là valent mieux que les autres, et si M. le Régent en a manqué dans sa vie, ou s'il a paru, au contraire, qu'il était au-dessus des vertus ennuyeuses, qui ne comprennent point les autres ; car rien n'est plus ordinaire, parmi les vertus communes, que le mépris insolent des vertus trop supérieures, lorsqu'elles sont mêlées de taches[1] ; mais les hommes d'un esprit indépendant prennent la liberté de rire de ces graves décisions, et ils poussent l'impudence jusqu'à voir, dans certains vices, la véritable grandeur d'âme et un génie éminent. Je ne sais pas si vous verrez clair dans ma pensée ; pour moi, je comprends bien la vôtre sur l'inanité française : comme personne dans le monde n'a l'esprit moins français que moi, je trouverai toujours très-bon le mal que vous voudrez m'en dire ; mais je suis fâché que vous ne vouliez pas me croire au sujet du chevalier, et vous en reviendrez un jour. Adieu, mon cher Mirabeau.

---

[1] Voir la Maxime 287e et la 2e variante de la 286e. — G.

62. — MIRABEAU A VAUVENARGUES.

De Paris, ce 25 mai 1740.

Vous raisonnez tout seul, mon cher Vauvenargues, malheur très-commun à ceux qui s'en mêlent en France, et il y paraît. Vos préjugés sont des principes fondamentaux, dans l'instant où vous les adoptez; il est vrai que votre talent pour saisir et soutenir également le pour et le contre, détruit bientôt vos premiers autels, pour en élever d'autres. Ne vous en déplaise, je crois que, si vous eussiez été prince, vous auriez pu, comme le Régent, quand on lui montra son épitaphe :

> Ci-gît Philippe de Bourbon,
> Petit prince, et grand fripon,

dire : — *Passe pour le dernier, mais l'autre ne sera jamais!* A ce propos, mon cher, une preuve certaine que vous êtes un peu bardé [1], c'est que vous mettiez en doute que le Régent ait cru qu'il n'y avait, en totalité, ni vices ni vertus : il l'a dit mille fois; mais, dès que vous donnez des modifications à ses propos, jugeons par ses actions. Son plus grand plaisir était quand il avait démasqué un prétendu vertueux, et l'on sait quel fut son triomphe, quand il eut montré le faible du Chancelier, et du cardinal de Noailles; il disait hautement que les biens étaient au plus adroit, et qu'il était égal à l'État que moi, ou mon laquais, fussions dans mon carrosse, principe absolument faux, et que je démontrerais tel tout à l'heure, si je n'avais pas peur de vous ennuyer de la dissertation [2]. Mais, sans entrer dans ces détails, un homme qui, à la tête d'un État, tient de pareils propos, ne tend-il pas à renverser toute idée de probité? Prenez que ce soit un préjugé; les égarements de notre esprit, quand il se retourne uniquement sur ses propres lumières, peuvent admettre cet absurde principe [3]; mais, en l'accordant, pour ne point s'écarter, il reste toujours que ce préjugé est l'unique bien de la société; et, par conséquent, celui qui gagne le plus à cette

---

[1] C'est-à-dire, sans doute, *timbré*, *toqué*; aucun dictionnaire ne donne ce mot dans cette acception. — G.

[2] Ce scrupule du marquis est regrettable; il eût été piquant de le voir *démontrer* comment *il importait à l'État* qu'il fût dans un carrosse, plutôt que son laquais. — G.

[3] *L'absurde principe*, dont parle Mirabeau, c'est, sans doute, celui de l'égalité entre le maître et le serviteur. — G.

société doit être le plus ferme soutien de ce qui en fait le fondement. Je ne sais si ce raisonnement est faux [1]; mais je vous affirme vrais les faits sur lesquels il est fondé : j'ai beaucoup vécu avec de ses intimes, et qui lui étaient fort attachés, comme tous ceux qui l'ont véritablement connu; il avait un grand génie, il est vrai; mais, plus vous verrez, plus vous sentirez que cette qualité, loin d'entraîner la justesse, en est presque toujours séparée; ce génie lui fit presque tout le mal qu'il lui put faire, et très-peu ou point de bien. Il avait, dans le caractère, la plus énorme facilité; lui qui était fait pour dominer les autres, se laissa entraîner à tout; il avait un roué [2] auprès de lui qui ne lui fit jamais voir que ses semblables; une espèce de malaise, que les mystiques appellent remords, lui fit chercher dans les autres la même corruption qu'il trouvait en lui; malheureusement, pouvant tout sur l'esprit et sur l'intérêt des hommes, rien ne le détrompa. Il pensa juste qu'il n'y avait ni diable ni enfer; — est-ce un grand effort? mais il pensa faux que cela seul doit être le frein des passions. Il renversa tout l'ordre reçu; l'inceste et la crapule, la friponnerie et l'impiété, rien ne l'arrêta; et, comme tout se moule sur le souverain, il a introduit ce monstrueux oubli des bienséances qui sera, je crois, l'époque de la décadence de cet État; car l'on ne revient jamais aux mœurs, quand une fois on les a perdues. Plusieurs autres, avant lui, avaient pensé que la plupart des objets du vulgaire étaient des fantômes, mais nul ne l'avait affiché, pensant qu'ils n'étaient pas eux-mêmes autre chose, et qu'il faut gouverner la faiblesse des hommes, pour mettre leur force à profit. Mais je me livre à mes idées, sans penser qu'elles peuvent vous être fort indifférentes.

Sur les relations que l'on m'a faites de mon frère, et sur ce que j'en ai dévoilé autrefois, j'ai imaginé qu'il était, à quelque chose près, du même caractère que nous; si cela n'est pas, il pourra se retourner à sa fantaisie; mais si cela est, et si mes idées sont justes sur le plus que je veux lui donner, je sais combien j'ai vacillé avant d'être au but, et combien, malgré tous mes écarts, j'ai toujours été obligé de dire :

« Chassez le naturel, il revient au galop. »

Du reste, il est bien jeune, et il aura le temps d'opter. Adieu donc, mon

---

[1] Si le *raisonnement n'est pas faux*, il n'est pas *clair*. Mirabeau veut dire que le Régent, *qui gagnait le plus à la société* de son temps, puisqu'il la gouvernait, devait être *le plus ferme soutien* de la distinction des ordres et des personnes, qui *faisait le fondement de cette société.* — G.

[2] Le cardinal Dubois. — G.

cher Vauvenargues; il faut être lieutenant du roi, ou major de place [1], pour espérer le plaisir de vous voir.

63. — VAUVENARGUES A MIRABEAU.

A Metz, le 3 juin 1740.

Je supportais impatiemment votre silence, mon cher Mirabeau, lorsque j'ai reçu votre lettre; mais je n'en suis pas satisfait; vous ne répondez pas un mot à tout ce que je vous mandais sur la sévérité; c'est, cependant, sur quoi je voulais vos lumières, et vous me parlez du Régent, qui ne reviendra jamais au monde, et qui ne peut plus rien sur nous! Quelque opinion qu'il ait tenue, aviez-vous donc trop à dire sur le reste? Trouvez-vous trop de distance entre vos principes et les miens? est-ce paresse de parler, ou crainte d'être trop dur? vous m'auriez, pourtant, fait plaisir de me dire vos sentiments; je ne crains point la vérité dans la bouche de l'amitié, quelque fâcheuse qu'elle soit; je l'aime, j'en fais mon étude, et, si je suivais ses conseils autant que j'aime à les entendre, je vaudrais mieux que je ne vaux.

J'ai été tant soit peu surpris de votre idée sur la justesse. Quoi! vous croyez que rarement elle est parmi les grands génies! J'aurais souhaité que vous m'expliquassiez comment vous entendez cela. Manquent-ils dans les principes, ou dans le raisonnement, ces esprits dont vous parlez? Je crois concevoir à merveille comment les hommes supérieurs veulent assujettir jusqu'à la raison; la violence de leurs passions veut soumettre la vérité elle-même, et la vérité, délaissée, mal expliquée, mal défendue, ne succombe que trop souvent. L'orgueil, l'intérêt, le plaisir, l'avidité de connaître, l'impatience du travail, l'impétuosité du génie,

---

[1] Les villes de guerre, comme Metz, où Vauvenargues tenait alors garnison, étaient commandées par des officiers supérieurs, appelés *Lieutenants-du-Roi* ou *Majors de place*; Mirabeau exprime donc, dans cette phrase, un regret obligeant, celui de voir son ami retenu, si long-temps, en province. — G.

l'amour des grandeurs, les affaires, traînent les hommes dans des erreurs infinies; trop ambitieux de savoir, ils parcourent trop d'objets; ils ne sauraient les creuser tous; mais, saisis de la nouveauté et de l'éclat de leurs idées, la hardiesse de leur cœur passe bientôt dans leur jugement, et leurs décisions audacieuses flattent, avec trop d'empire pour qu'ils y résistent, leur goût pour l'indépendance; elles leur sont d'autant plus chères, qu'elles leur appartiennent en propre; d'où suit, très-ordinairement, que l'on est bien plus opiniâtre dans l'illusion qu'on a créée soi-même, que dans le vrai, qui n'appartient en propre à personne; l'antique vérité trop familière et trop connue, nous intéresse beaucoup moins que l'erreur qui nous appartient. Mais ce qui sert, à mon avis, à confirmer l'égarement des hommes dont nous parlons, c'est la justesse des conséquences qu'ils tirent d'un principe faux; voilà ce qui fait l'illusion; aussi je suis bien loin de croire qu'ils n'aient pas l'esprit conséquent. Leurs erreurs sont aussi hardies, aussi puissantes, aussi fortes, aussi extrêmes que leur passions, et cela est naturel; mais elles tirent une partie de leur force de la justesse de leur esprit, qui donne un ordre, une suite, et des proportions admirables, à des idées que des esprits vulgaires ne pourraient jamais allier, parce qu'ils ne sauraient en trouver les rapports. Que si ceux-ci, cependant, paraissent plus attachés à la vérité, c'est parce qu'ils n'osent braver la coutume, ou les droits de l'éducation; ils servent la vérité sans connaître son étendue, et faute d'avoir assez d'idées pour la combattre, ou pour autoriser l'erreur; leur conduite et leurs opinions sont pleines de justesse, parce qu'ils agissent sans discuter; mais leurs raisonnements seraient faux, s'ils se mêlaient de raisonner; tout au contraire pour les autres; leurs raisonnements seraient justes encore, leur première idée étant fausse. Ainsi, les premiers agissent bien, parce qu'ils ne pensent rien que de simple et de connu; et les grands génies agissent souvent mal, parce qu'ils ne pensent rien de simple et de trivial. Mais, lorsque la profondeur, l'étendue, la nouveauté, et la multiplicité de leurs idées les confond et les égare, leur en peut-on faire un crime, et croyez-vous que leur esprit soit entièrement sans justesse? Celle que l'on voit briller dans les lettres de Pascal, et qui fait, certainement, un des principaux caractères de son génie et de son éloquence, ne l'a pas sauvé peut-être de bien des principes faux ; un homme sans religion pourrait vous citer encore le grand évêque de Meaux, et le Père Bourdaloue, qui ne sont pas non plus, peut-être, sans erreurs; mais il serait insupportable et de la dernière injustice de leur refuser l'esprit juste, quand même ils se seraient trompés sur une infinité d'objets.

Je vous donnerais des exemples plus frappants encore que ceux-là, et des raisons plus convaincantes, si je voulais approfondir; mais cela est déjà beaucoup trop, car je suis persuadé que nous pensons de même; il n'y a qu'à nous expliquer. Je me suis toujours figuré que si nous étions à portée d'avoir quelques conversations, nous conviendrions bientôt de tout, et que nos disputes tomberaient bien vite; mais ce plaisir est encore bien loin de moi, et il semble s'éloigner toujours. Je compte passer à Paris, dans le mois de juillet, ou dans le mois d'août; vous serez alors en Provence, et j'en serai bien fâché; car je ne compte pas y être plus d'un mois, et je me rendrai à Aix, vers la fin du mois de septembre, c'est-à-dire lorsque vous en partirez. — Pourquoi, me direz-vous, être à Paris si peu de temps? — C'est que j'y vais uniquement pour consulter sur mes yeux, et sur d'autres infirmités qui me rendent la vie amère. Mandez-moi votre adresse, je vous prie, lorsque vous serez en Provence; irez-vous droit à Mirabeau? Vous y trouverez votre frère; rien ne l'arrête plus ici, car il est lieutenant, et il a un congé; il n'attend plus que M. de Biron. J'espère que vous serez très-content de lui ; mais s'il ne répondait pas tout à fait à votre idée, j'espère encore que vous réfléchirez sur sa grande jeunesse, et que vous lui donnerez des soins proportionnés à son âge et à sa capacité, au lieu de l'abandonner à sa propre fantaisie, comme vous me le marquez. C'est une chose ridicule à l'excès, que je vous le recommande; cependant votre amitié peut rendre cela supportable; voyez combien je me flatte! Adieu, mon cher Mirabeau.

64. — LE MÊME A SAINT-VINCENS.

A Metz, le 4 juin 1740.

Je suis persuadé, mon cher Saint-Vincens, de la sincérité de tes offres; elles me touchent aussi très-véritablement. Comme je ne suis point aimable, j'ai peine à me croire aimé; cela jette quelquefois des ombres dans mon esprit; mais la naïveté de tes paroles les écarte et les dissipe. Je suis charmé que tu sentes aussi la vérité de mon amitié; tu ne pourrais pas, du moins, si tu ne la sentais pas, me dire rien de plus agréable; mais pourquoi en douterais-tu? tout sert à t'en assurer.

Je songe, avec bien du plaisir, à celui que j'aurai de te voir cet hiver; j'espère, mon cher Saint-Vincens, que rien ne m'en distraira : je profiterai des moments que je pourrai passer avec toi; il me semble que nous ne nous serons jamais assez vus, ni bien connus. Il est vrai que je ne renonce point à l'Angleterre; je n'achèverai pas ma vie, si je puis, sans l'avoir vue; cependant le goût des voyages ne me possède plus tant; la fatigue, la dépense, l'ignorance des langues, et bien d'autres pensées, me refroidissent tous les jours. Ce que tu me mandes de M. Bristol lui fait beaucoup d'honneur, mais, tes réflexions sont fort bonnes : cela en fait aussi à sa patrie, et l'on n'en use point ainsi en France. Il y a ici beaucoup de Provençaux; l'on écrit à M. de Bras que l'église des Grands-Carmes s'est écroulée soudainement. Ce temple avait été bien profané; si ses ruines eussent englouti les gens de la *belle-messe*[1], cela viendrait bien à propos;

[1] L'église des Grands-Carmes, à Aix, avait été bâtie en 1359; il n'en reste,

car il y a bien du temps qu'on n'a vu de miracle, et celui-ci serait fort bon ; mais les choses n'arrivent pas toujours comme elles devraient arriver. Cela ne te choque-t-il pas [1] ? Adieu, mon cher Saint-Vincens, je t'embrasse de tout mon cœur ; les sentiments que j'ai pour toi ne finiront qu'avec ma vie.

---

65. — MIRABEAU A VAUVENARGUES.

D'Aix, ce 8 juillet 1740.

Votre lettre, mon cher Vauvenargues, me trouva sur le point de mon départ, comme fera peut-être celle-ci, à votre égard. Je fus à la campagne, d'abord, m'occuper de choses trop sèches, pour que je pusse me hasarder à vous répondre, ayant alors les organes tendus vers un mécanisme insupportable ; de là, je suis venu ici ; il y a cinq jours que j'y suis arrivé. Vous connaissez les bienséances du pays, et comment un pauvre arrivant est obligé de tirer et de parer [2] sans relâche ; enfin, mon premier moment est pour vous ; je veux me dérouiller ; peut-être vous apercevrez-vous que j'en ai besoin.

Vous prétendez que j'ai tort, en disant que la justesse et le génie sont rarement placés par la nature dans le même individu ; et, pour prouver le contraire, vous dites que souvent un génie, égaré dans son principe, en tire des conséquences justes ; effort de l'esprit humain, dont un cerveau lent est incapable ; vous me citez M. de Meaux, Pascal, Bourdaloue, exemples et raisons que je prétends tourner contre vous : tout philosophe vous dira, si vous lui parlez de ces auteurs, qu'ils sont captieux, et que si vous leur passez le principe, vous aurez peine à vous tirer des conséquences ! Ce sont pourtant nos premiers génies : quelle occupation et quelle gloire, pour le chef-d'œuvre de la nature, que de

---

aujourd'hui, qu'une partie, convertie en magasin. La *belle-messe* était celle où se rendaient les *élégants* et les *élégantes,* ou, comme Vauvenargues les appelle (Lettre 20e), les *aimables* d'alors ; cette église était, pour eux, un lieu de rendez-vous, et c'est à ce titre que Vauvenargues trouve qu'*elle avait été bien profanée.* — G.

[1] Vauvenargues, avec sa délicatesse ordinaire, craint d'avoir blessé Saint-Vincens, dont les sentiments étaient religieux. — G.

[2] Expressions empruntées à la langue de l'escrime ; on dirait, dans le même sens : *rester sous les armes.* — Voir la Lettre 67e, où Vauvenargues se plaint de la même sujétion, d'une manière plus plaisante. — G.

asciner nos regards, et de donner au spécieux toutes les couleurs de la vérité!

Si l'on vous promettait un jardin enchanté, et que l'on vous donnât une muraille, où, par le moyen de l'optique, vous fussiez trompé vous-même dans la perspective, auriez-vous lieu d'être content? En fait de raisonnement, comme en toute autre chose, qui manque le principe, fait la statue de Nabuchodonosor [1]; l'on ne me persuadera jamais que le sophisme soit une suite de la justesse de l'esprit, mais bien de la subtilité. Qui dit justesse, dit suite de conséquences et d'inductions, qui tirent leur force l'une de l'autre, et parviennent en un point qui doit être fixe; deux et deux ne font que quatre; il est impossible qu'ils fassent jamais cinq; cependant, un génie s'offrira de soutenir le pour et le contre, et l'exécutera, s'il conserve toujours la même supériorité; mais, puisqu'il dépend de lui de s'égarer, puisque ses organes lui en fournissent les moyens si à propos, qui peut lui répondre qu'il ne s'égarera pas, même quand il suivra la bonne route? Sa facilité pour colorer ses premières idées le trompera lui-même, et sa vivacité les adoptera, sans consulter leur liaison avec ce qui les suit et les précède, quitte à recourir à cette même facilité, s'il se trouve embarrassé. Un esprit lent, au contraire, ne marche pas sans appui; le premier point d'un raisonnement le conduit au second, et ainsi de suite; il ne dévore pas sa besogne, mais il la mâche; il en est mille exemples, et plus encore dans la conduite de la vie, que dans les ouvrages.

J'ai trouvé le chevalier tel que vous me l'avez dit, et je pense, comme vous, qu'il lui faut un peu de Paris, avant d'aller à Malte; je le souhaiterais fort, mais ma mère n'est pas de ce sentiment; ne pourrions-nous pas, ou par Meyronnet, ou par ailleurs, lui persuader de l'y laisser aller cet hiver?

Nous nous verrons, de par Dieu! cet automne, et nous jaserons; venez de bonne heure; j'aurai Le Franc de Pompignan, et un abbé de Monville de l'Académie, homme de l'esprit le plus aimable [2]. Adieu, mon cher Vauvenargues; portez-vous bien.

---

[1] On sait que la statue, que Nabuchodonosor avait vue en songe, avait la tête d'un or très-pur, et les pieds d'argile. (Ancien Testament, *Daniel*, ch. 2, vers. 31-36.) — G.

[2] « Il était lié avec Le Franc de Pompignan, par la plus étroite amitié, et, « si l'on peut le dire, par quelque conformité d'habitudes dogmatiques et pé-« dantesques. » (Lucas-Montigny; *Mémoires de Mirabeau*, 1ᵉʳ vol., page 253.) Un des premiers ouvrages que publia Mirabeau, c'est un *Examen des poésies sacrées de Le Franc de Pompignan*, « emphatique commentaire, dont La Harpe

66. — VAUVENARGUES A MIRABEAU.

A Vauvenargues, le 2 août 1740.

L'on me renvoie de Metz votre dernière lettre, mon cher Mirabeau : elle me fait grand plaisir ; j'étais fâché de n'avoir pas de vos nouvelles ; je n'en devinais pas la cause ; je suis bien aise d'avoir de quoi me rassurer contre votre silence ; il commençait à m'étonner ; j'avais besoin de témoignages, pour guérir mes défiances, et je suis charmé d'en avoir un, car il me serait toujours fort triste d'avoir à me plaindre de vous.

J'ai pressé mon départ de Metz, par une de ces inquiétudes qui me sont si familières ; je ne comptais pas venir si tôt, et mon estomac était fort dérangé, lorsque je me suis mis en route ; il y avait plus de quinze jours que je ne prenais que des bouillons et des œufs frais, ne pouvant soutenir une autre nourriture. Présentement, cela va mieux, mais j'ai besoin de régime, et je suis venu ici pour l'observer tout entier, et sans nulle interruption. Lorsque je me trouverai bien, je n'aurai rien de plus pressé que d'aller à Mirabeau[1] ; j'ai beaucoup d'envie de vous voir ; mandez-moi quel temps je dois prendre, pour vous faire ma visite ; je serai charmé de trouver les gens dont vous me parlez.

Vous ne me dites rien de la part du chevalier ; est-ce votre

« s'est moqué avec raison. » (*Id., ibid.*, page 216.) — En effet, Le Franc de Pompignan et l'abbé de Monville firent, en 1740, le voyage que Mirabeau annonce ici, et ils en rédigèrent une relation qui parut en 1746 (Amsterdam, *Chareau*, un vol. in-12), sous le titre de *Voyage en Languedoc et en Provence, fait en 1740, par MM. Le F.* (Le Franc de Pompignan), *le M. de M.* (le marquis de Mirabeau), *et l'abbé de M.* (l'abbé de Monville). Lucas-Montigny (*ibid.*, page 229) pense que « rien n'appartient au marquis de Mirabeau dans cet ouvrage « frivole et graveleux qui, à quelques vers près, n'est nullement digne de Le « Franc de Pompignan. » — G.

[1] Le château de Vauvenargues, qui n'est guère qu'à deux lieues d'Aix, est encore moins éloigné de celui de Mirabeau. Le premier est, à peu près, en même état qu'au temps où Vauvenargues l'habitait ; le second, détruit presque entièrement pendant la Révolution, a été récemment rebâti, avec une pieuse exactitude, par MM. Lucas-Montigny, père et fils. — G.

faute, ou la sienne? j'aime mieux que ce soit la vôtre, car je ne l'aime point gratis, et je ne lui pardonne point d'être indifférent pour moi. Vous persuaderez à madame votre mère de vous le laisser, si vous le voulez bien ; je crois qu'il faudrait, d'abord, marquer peu d'empressement; puis, faire parler quelqu'un, comme vous me le marquez. Je ne suis point en commerce avec Meyronnet; il me paraît même difficile qu'il entre dans notre dessein. Pour moi, je voudrais être à même de le faire réussir ; lorsque je serai chez vous, vous me direz vos pensées, et je vous dirai, comme de moi, ce que vous ne voudrez pas dire, et ce qu'il faut pourtant qui soit dit.

J'ai passé deux jours à Aix ; je n'y ai point été suffoqué. On m'a dit, en bien des endroits, que M. le duc de Durfort était extrêmement aimable, et que vous étiez un fou : je suis fâché que M. de Durfort ait paru si aimable, à Aix ; je le suis encore plus de votre opiniâtreté à décrier la justesse. Je n'avais pris son parti, que parce qu'on m'en trouvait dans l'esprit; mais vous la traitez de sottise! à la bonne heure ! Ne seriez-vous pas homme, aussi, à mépriser le bon sens? en vérité, j'en ai peur, et je suis bien aise de vous apprendre que beaucoup de gens m'en croient; prenez garde alors, s'il vous plaît, à mesurer vos paroles; je ne suis pas toujours d'humeur à souffrir vos décisions!

Adieu, mon cher Mirabeau ; donnez-moi de vos nouvelles; vous me pardonnerez bien de vous écrire à l'envers de ce papier; j'ai commencé ainsi, par mégarde, et la paresse m'a empêché de réparer ma sottise. Je suis tendrement à vous.

---

67. — LE MÊME AU MÊME.

A Vauvenargues, le 9 août 1740.

J'irai certainement vous voir, mon cher Mirabeau, dès que, et aussi longtemps que je le pourrai; mais je ne saurais avoir ce plaisir-là avant le 15 ou le 20 de ce mois, et j'espère que je recevrai encore une de vos lettres; voilà ce que je gagnerai à mon retardement.

La réputation de M. de Pompignan m'est fort connue, et c'est, avec votre amitié pour lui, bien plus qu'il n'en faut pour désirer de le voir. Mon père n'est pas ici; je lui envoie votre lettre; elle le flattera beaucoup, et je suis persuadé que, s'il ne va pas chez vous, il sera, du moins, très-sensible à votre invitation. Quoique je ne sois pas le maître ici, je vous prierais d'y venir, si vous étiez au régime; mais je ne prie que les gens qui pourraient vivre, comme moi, avec de la soupe et des œufs frais : cela vous tenterait-il?

Je vous suis très-obligé de toutes les flatteries que vous avez dites de moi; c'est là, peut-être, ce qui vous fait tort[1]; mais c'est encore une raison pour que j'y sois plus sensible; aussi, je le suis beaucoup, et je saisis avec joie tout ce qui peut m'assurer de votre amitié. Je vous plains seulement du peu de respect que vous portez au bon sens; vous vous décidez contre lui; cela me fait de la peine.

Marquez-moi ce que vous appelez *l'antidote de la raison*: serait-ce M. de Durfort, ou vos voisins de campagne? Pour moi, je suis assiégé du barbier et des notables du terroir de Vauvenargues[2]; comment faites-vous, je vous prie, pour vous défendre de ces visites? recevez-vous votre curé, et faites-vous un honneur à tous les bourgeois du lieu? Je suis tenté, quelquefois, de me percher sur un arbre! Si nous avions du canon, je nettoierais la tranchée, sur le chemin du château[3]. En vérité, rien n'est si triste que pareille compagnie; j'étouffe, je suis suffoqué, je n'y pourrai pas tenir!

Les lectures du chevalier me paraissent bien sérieuses; je l'embrasse tendrement, et j'ai grande envie de le voir. Il

---

[1] Vauvenargues veut dire, sans doute, que *c'est là ce qui, à Aix, fait passer Mirabeau pour un fou*. (Voir la Lettre précédente.) — G.

[2] Voir la Lettre 65e. — G.

[3] Le château de Vauvenargues, étant bâti et fortifié assez solidement sur un rocher isolé, on n'y arrivait, et on n'y arrive encore, que par une chaussée qui le relie au village. — G.

n'est pas surprenant du tout que madame votre mère l'ait refusé à M. de Durfort; il serait bien moins naturel qu'elle le lui eût accordé. Employez, mon cher Mirabeau, quelqu'un qui soit moins *aimable*, et vous pourrez réussir ; mais laissez tomber cela, n'en parlez jamais vous-même ; il ne faut jamais heurter de front. Je vous expliquerai bientôt ce qu'a dit le chevalier; vous verrez qu'on n'a point de tort; n'épuisez pas votre feu contre des moulins à vent ; je ne passe nullement pour être un bon officier; je n'ai pas même l'instinct que demande mon emploi[1] ; mais je veux, de tout mon cœur, que l'on me mette des cornes, si je ne justifie pas ce que vous me demandez[2]. Adieu.

68. — MIRABEAU A VAUVENARGUES.

De Mirabeau, ce 15 août 1740.

Vous me promettez, mon cher raisonneur, que vous viendrez vous établir ici; c'est ainsi que je veux voir mes amis; les lieux me sont égaux; si j'avais à choisir, je ne vivrais qu'avec eux; dans la retraite, ils me trouvent, comme tout le monde, singulier, mais doux, bon, et amusant; près de tout le monde, je ne vaux rien ; c'est un malheur; peut-être me corrigerai-je, mais, jusqu'à présent, je suis bien loin encore d'avoir obtenu cette supériorité sur moi-même.

Vous me demandez comment je fais avec tout ce peuple horriblement ennuyeux ? J'ai le défaut, si je ne fais pas quelque chose, de ne pouvoir rester en place; je roule sans cesse, la tête basse, et la vivacité et la volubilité de mes idées donnent la torture à mon corps; avec ces gens-là, donc, je suis un moment à rouler, et à faire des questions qui puissent me servir à la connaissance de l'agriculture, dont je fais maintenant une étude ; j'en tire quelques mots, je leur dis adieu, et je regagne mon cabinet. — Et où avez-vous pris, me direz-vous, ce goût nouveau pour l'agriculture ? — C'est que je sens qu'un philosophe doit finir par là, non pas par celle qui vous met sans cesse en détail avec

---

[1] Rapprochez du 12e *Conseil à un Jeune homme*, et, surtout, du 15e *Dialogue*. — G.

[2] Vauvenargues répond à une lettre qui, malheureusement, nous manque, et nous eût fait comprendre la fin de celle-ci. — G.

des paysans, qui vous occupe comme un secrétaire d'État, et vous assomme de mécanisme ; c'est à celle-là, pourtant, que je donne le plus de mes moments.

Pour en revenir à mes occupations, à sept heures je suis habillé, et à mon bureau jusqu'à midi ; je cause en rôdant dans une salle, avec ma mère, jusqu'à deux heures, et de là, au même cabinet, jusqu'à sept heures ; l'on sort, l'on soupe, et l'on est couché à onze heures. Le monde dérangera une peu cette économie, mais, enfin, je ne m'ennuie point ; j'ai tout au plus quelques regrets de comparaison ; encore sont-ils rares. La volupté, mon cher ami, est devenue le bourreau de mon imagination, et je paierais bien cher mes folies et le dérangement de mœurs, qui m'est devenu une seconde nature ; hors de là, je suis maintenant comme un poisson dans l'eau, et, s'il vous plaît, je fais des vers ! quand ils seront mieux polis, je vous les enverrai.

Je ne sais si vous m'avez amené à dire que je ne respectais point le bon sens ; ce qu'il y a de sûr, c'est que j'ai pour lui tant de vénération que je n'ose en approcher ; je ne le crains pas d'ailleurs ; mais, jusqu'ici, le drôle ne s'annonce point.

Il est juste de vous parler de mon frère : il travaille onze heures de la journée à lire et à extraire Boulainvilliers, le plus sec des auteurs [1] ; il est ardent, et propre au travail. Vous dirai-je que je trouve en lui aussi des difficultés pour ne point aller à Paris, mais à Malte ? Ses raisons sont qu'à seize ans, l'on n'est point reçu encore dans le monde, et qu'il ne veut point de liaisons de jeunes gens ; qu'à dix-huit ans, il sera de retour de Malte ; le détail de ses affaires entre aussi dans son plan. Venez, nous raisonnerons de tout cela ; tout le monde, ici, vous désire, et vous fait ses compliments.

---

69. — VAUVENARGUES A MIRABEAU.

A Vauvenargues, le 19 août 1740.

Je ne saurais trop vous demander, mon cher Mirabeau, les vers que vous me promettez ; je ne m'y connais point du

[1] Henri, comte de Boulainvilliers (1658-1722), a laissé sur l'histoire de France plusieurs ouvrages, imprimés après sa mort, et dont les principaux sont l'*Histoire de l'ancien gouvernement de France*, et l'*Abrégé chronologique de l'histoire de France*, jusqu'à Henri IV. — G.

tout, j'aime peu la poésie, et, de toutes les choses ennuyeuses, celle qui m'ennuie le plus, c'est de lire des vers médiocres ; mais les vôtres ne sauraient être de la sorte, et, venant de vous, ils m'intéresseront toujours. Je voudrais bien les voir à Mirabeau ; j'ai grande envie de m'y rendre, et vous m'auriez déjà chez vous, si ma santé le voulait ; mais je suis dans un régime si austère et si incommode, que force m'est de rester ici, quoique je m'y ennuie beaucoup. Mon père n'ira pas vous voir ; sa santé ne le lui permet pas, mais il est très-sensible à la manière dont vous l'en priez, quoiqu'il ne puisse pas profiter de votre bonne volonté.

Je vous prie de faire bien des compliments au chevalier : pourquoi n'a-t-il pas mis un mot dans votre lettre ? vous avez beau dire, il m'oublie ; il faut que j'aille réveiller son amitié, et interrompre son travail, qui est trop long ; cela ruinera sa santé. La lecture est excellente ; écrire est encore mieux ; mais il n'y a que la conversation qui rende l'esprit maniable, et qui nous apprenne à nous en servir ; il n'y a rien de si misérable que de savoir écrire, quand on ne sait pas parler ; il faut allier l'un à l'autre, et s'exercer en tout, afin d'être propre à tout.

Les ouvrages de M. de Boulainvilliers sont très-instructifs : apparemment, c'est l'*Histoire de l'ancien gouvernement* que le chevalier extrait ; j'en fais un extrait moi-même, nous les comparerons ensemble. Mais où prenez-vous, je vous prie, que cet auteur-là soit sec ? il est bon jusqu'à la moelle des os ! Pour moi, j'ai toujours trouvé son style très-embarrassé ; il manque de netteté et d'élégance ; il est partial, prévenu ; il ne raisonne pas toujours conséquemment ; mais où trouver plus de force, plus d'intérêt, plus de vie, plus de caractères mieux peints, et des sentiments plus hauts, plus libres, et plus hardis ? Je ne connais point d'auteur qui mette tant de passion et d'âme dans ses paroles : est-ce là, mon cher Mirabeau, ce qu'on appelle la sécheresse ? Mais peut-être n'avons-nous pas lu les mêmes ouvrages de lui ; je le veux croire, pour l'auteur, qui me touche extrêmement, et pour moi, qui ne veux point avoir d'autres opinions que les vôtres. Adieu, mon cher Mirabeau. M. Le Franc est-il déjà chez vous, et M. l'abbé de Monville promet-il toujours de venir? Vous pouvez encore m'écrire ici, et c'est ce qui me désespère.

---

70. — MIRABEAU A VAUVENARGUES.

De Mirabeau, ce 21 août 1740.

Vous vous faites entretenir par lettres, *messer Gaster* [1], mais c'est pour la dernière fois; quelques bonnes que soient les vôtres, l'on ne voudra jamais les prendre en échange de leur auteur. D'ailleurs, accablé des détails de la profession de laboureur, vous me prendriez, à la fin, pour être de la banlieue de Vauvenargues; la charge de terre ou la souteyrade de pré entreraient dans mes languissantes épîtres [2]; pour peu que je voulusse, avec cela, leur donner l'air églogue, l'on regretterait les caillettes du Marais, que Fontenelle nous représente si galamment, la houlette à la main. Laissons cela arriver, laissons la mousse nous gagner réciproquement, cher ami, et, pour peu que vous tardiez à arriver, nous en viendrions peut-être à faire des façons à la porte.

Moins vous vous donnez pour connaisseur, et plus votre approbation sur mes vers me flattera; c'est ce sentiment fin qui vous rend connaisseur en tout; l'usage et les règles ne font, sans cela, que des colifichets censeurs à virgules, ou des pédants. Vous êtes la servante de Malherbe, à qui nous devons les chefs-d'œuvre de ce prince des poètes; je ne sais si vous n'aimeriez pas mieux être celle de Colletet.... [3].

---

[1] Expression dont La Fontaine se sert, pour personnifier l'estomac. Mirabeau fait allusion au mal d'estomac qui obligeait Vauvenargues à rester chez lui. — G.

[2] Les mots *charge de terre* et *souteyrade de pré*, dont le dernier ne se trouve dans aucun dictionnaire, étaient, sans doute, des expressions locales, se rapportant aux travaux agricoles que Mirabeau faisait exécuter alors. — G.

[3] La correspondance entre Vauvenargues et Mirabeau s'arrête ici, finissant, comme elle a commencé, par une lettre incomplète, outre les lacunes que nous y avons remarquées. Elle a duré cependant plus longtemps; la lettre du 7 novembre 1743, adressée à Saint-Vincens, nous en donne l'assurance. — G.

71 — VAUVENARGUES A SAINT-VINCENS.

A Vauvenargues, le 17 octobre 1740.

J'ai été au désespoir, mon cher Saint-Vincens, que nous n'ayons pas pu nous voir à Aix, et que vous ne soyez point venu à Vauvenargues, comme vous me l'aviez promis. Il y a bien loin d'ici à la fin de novembre ; je ne serai peut-être plus ici ; mais, enfin, si je n'y suis plus, nous nous retrouverons à Aix ; j'en meurs d'envie, je vous jure ; je ne songe qu'à cela, et je ne fais de fonds, pour cet hiver, que sur notre commerce et sur le charme de votre amitié.

Il est vrai que j'ai trouvé très-bonne compagnie à Mirabeau[1] ; je ne m'y suis point ennuyé ; j'aurais eu grand tort autrement. Monclar est venu passer cinq ou six jours avec nous ; il est fort aimable, vous le connaissez ; j'ai été charmé de le connaître : il faudra que vous m'aidiez à me lier avec lui, c'est une obligation que je veux vous avoir. Demandez-lui ce qu'il pense de son ancien camarade ; je parle de M. Le Franc[2] ; il le connaît mieux que moi, ils ont fait leurs classes ensemble, ils ont été fort amis ; je crois penser sur Le Franc à peu près comme Monclar, je fais cet honneur à mon jugement. Mais parlons de vous, mon cher ami : qu'est-ce que c'est que cet ennui dont vous êtes dévoré, cette *langueur, ces images mêlées de charme et de peine, ces insomnies accablantes, ce sommeil interrompu, et ces réveils pleins d'horreur ?* Mon cher Saint-Vincens, il faut vous expliquer ; j'ai peu de pénétration, il faut m'ouvrir votre cœur ; je souffre de vous savoir si triste et si agité. Vous vous louez quelquefois de votre tempérament ; vous ne me l'aviez jamais montré d'un côté si difficile ; je veux savoir la cause

---

[1] Cette lettre nous apprend que Vauvenargues s'était enfin rendu à l'invitation du marquis. — G.
[2] Le Franc de Pompignan. — G.

de ces nouveautés, et vous n'aurez point de repos, que vous ne m'en ayez instruit; vous connaissez la noirceur de l'esprit qui me domine; cela doit vous encourager.

Ma santé se fortifie depuis que je suis ici; les eaux de Vals[1] m'ont fait du bien, et je m'arrache à moi-même autant qu'il dépend de moi, pour tromper les inquiétudes qui suivent la réflexion; mais votre confiance, mon cher Saint-Vincens, vos lettres, votre amitié, les charmeront sans effort. Ne me négligez donc pas, je vous supplie; ne vous cachez pas de moi, laissez-moi voir votre cœur; point de tours, point de mesure, point d'ouverture à demi; je n'en aurai jamais pour vous, vous lirez toujours jusqu'au fond, lorsque vous voudrez y lire, et cette communication de sentiments fera le bonheur de ma vie. Adieu, mon cher Saint-Vincens.

72. — LE MÊME AU MÊME.

[A Vauvenargues], le 3 novembre 1740.

Je suis touché et persuadé, mon cher Saint-Vincens, de l'intérêt que vous prenez à ma santé; il est vrai qu'il manquait quelque chose au plaisir que j'ai de la voir rétablir; je l'ai senti, en lisant votre lettre, et j'ai fait l'expérience de tout ce que l'amitié peut ajouter de douceur et de sensibilité aux joies les plus naturelles.

En vérité, mon cher Saint-Vincens, rien n'est parfait sans l'amitié, rien n'est entier, rien n'est sensible; je plains ceux qui la négligent, et qui ne veulent chercher leur bonheur que dans eux-mêmes. Il y a des moments de force, des moments d'élévation, de passion, et d'enthousiasme, où l'âme peut se suffire, et dédaigner tout secours, ivre de sa propre grandeur : le philosophe dont vous me parlez ne voulait tromper personne, en bravant des douleurs aiguës; son esprit, possédé du charme et

---

[1] Petite ville, de 3,000 habitants, dans le département de l'Ardèche. — G.

du goût de la vertu, ne les sentait presque pas ; il était dans une espèce de délire, qui affaiblissait le sentiment de tous ses maux, et il ne croyait pas même que c'en fussent de réels, dans le temps qu'il les surmontait, qu'il conservait son courage, et qu'il était embrasé d'un sentiment bien plus vif, bien plus pur, bien plus ardent ; mais, si on l'eût interrogé une heure après, il n'aurait peut-être pas répondu de même. Le feu de l'orgueil, de la gloire, se consume bientôt lui-même, lorsqu'il ne tire point de nourriture du dehors ; il tombe, il périt, il s'éteint ; et alors, mon cher Saint-Vincens, l'homme éprouve de la douleur ; il en reconnaît le pouvoir, et ne trouve au-dedans de lui que ce vide épouvantable que vous avez éprouvé. Les hommes, mon cher Saint-Vincens, ne font qu'une société, l'univers entier n'est qu'un tout, il n'y a dans toute la nature qu'une seule âme, un seul corps ; celui qui se retranche de ce corps fait périr la vie en lui, il se sèche, il se consume dans une affreuse langueur ; il est digne de compassion. Mais quelle bouffée de philosophie, quelle ridicule abondance !

Mon cher Saint-Vincens, je suis charmé que vous soyez revenu de vos anciennes erreurs ; vous m'avez fait grand plaisir de dissiper les fantômes que vous m'aviez présentés ; votre dernière lettre me tenait en peine ; je me réjouis, de tout mon cœur, de vous voir rendu à vous-même et à votre état naturel. Mais j'ai autre chose à vous dire, et c'est pour cela même que je vous réponds avec tant d'exactitude et de précipitation : vous savez que mon père est ici, depuis trois mois ; il y avait six ans qu'il n'y avait couché ; aujourd'hui, il s'y trouve bien, il se propose d'y passer l'hiver, il l'a dit depuis quelques jours. Cette résolution m'effraie, mon cher Saint-Vincens, et m'en a fait prendre une autre ; j'ai envie de m'en aller à Paris, et de me dérober incessamment à ce séjour solitaire. Je n'aurai pas grand plaisir à Paris ; c'est un pays que je ne connais point, et d'une grande dépense ; mais j'y ferai, si je puis, des remèdes pour mes yeux ; il y a longtemps que j'en ai envie, ils sont fort affaiblis, et ma vue m'est fort précieuse. Je ne saurais supporter, d'ailleurs, la solitude et l'ennui d'un hiver à la campagne.

Mais, comme je ne saurais faire agréer ce sentiment dans ma famille, si je demande pour Paris tout l'argent qui m'est nécessaire, je voudrais bien, mon cher Saint-Vincens, pouvoir trouver deux mille francs à emprunter, à constitution de rente, ou de quelque autre façon. Vous connaissez mieux les routes et les souterrains que moi ; vous me feriez grand plaisir de me prêter vos lumières. A qui puis-je m'adresser? quel notaire, quel marchand, quelle espèce d'homme, enfin, peut me rendre ce service? Croyez-vous que M. de La Garde[1] en soit capable? Qui pourrais-je employer auprès de lui? Par qui faire rendre une lettre? Mon cher Saint-Vincens, c'est peut-être vous demander trop, et votre amitié sera blessée que je lui demande des moyens de m'éloigner de son commerce, et [de] mettre entre nous cette longue distance : mais vous pourriez, mon cher Saint-Vincens, lever ce fâcheux obstacle.

Vous n'avez jamais été à Paris; vous devez en avoir envie; vous n'y avez pas de connaissances, et je n'en ai pas non plus; ne pourrions-nous pas à merveille faire le voyage ensemble? Nous nous tiendrions compagnie, nous ne nous quitterions pas ; nous irions beaucoup au spectacle, que vous aimez comme moi, et, enfin, nous vivrions l'un l'autre en paix et en liberté. Je ne sais si mon amitié me flatte trop là-dessus, mais j'ose espérer de la vôtre que le projet dont je parle n'aura rien qui lui déplaise, et je serai au désespoir, s'il manque par des raisons étrangères à nos désirs. Répondez-moi, je vous prie, mon cher Saint-Vincens, le plus tôt que vous pourrez; je voudrais pouvoir partir au commencement de décembre ; nous n'avons pas [de] temps à perdre, il faut un peu se presser. Mais, du secret, je vous

---

[1] Henri de Thomas, marquis de La Garde, baron de Cipières, seigneur de Villeneuve-Loubet, était un des plus riches conseillers au Parlement de Provence; il est mort sans enfants, dans la seconde moitié du 18e siècle. — G.

supplie; j'ai déjà parlé à ma mère [1] de ma résolution, mais je ne veux pas que mon père en soit instruit, si elle ne réussit pas. Ne signez pas votre lettre [2], et ne datez que du jour. Je vous embrasse de tout mon cœur.

---

73. — LE MÊME AU MÊME.

[A Vauvenargues], le 8 novembre [1740] [3].

Je n'ignore pas, mon cher Saint-Vincens, la difficulté qu'il y a de trouver de l'argent dans ma situation; je l'ai prévue : mais je suis si ardent et si opiniâtre à suivre mes caprices, et mon voyage est si bien décidé, que le défaut de finances n'en pourra peut-être pas arrêter l'exécution; enfin, je ferai tout ce que je pourrai; je me servirai de vos conseils, et je ne négligerai rien pour surmonter les obstacles. Vous, de votre côté, mon cher Saint-Vincens, vous me ferez grand plaisir d'écrire à votre notaire, et de me donner toutes les ouvertures qui s'offriront à votre esprit. Je ne connais pas une âme à Marseille; il n'y a rien à espérer par là. Peut-être que M. Carnaud [4] ne me refuserait pas, si je m'adressais à lui; vous pensez fort bien là-dessus; mais cette démarche me coûterait trop, et j'y ai une répugnance que je ne pourrais pas vaincre. Voilà donc deux voies bien fermées : nous en chercherons quelque autre, le besoin m'inspirera; mais vous vous moquez de moi, quand vous parlez des ressources que j'ai pour la persuasion. Mon cher Saint-

---

[1] Marguerite de Bermond, mariée, le 6 septembre 1713, à Joseph de Clapiers, seigneur de Vauvenargues et de Claps; elle était fille de François de Bermond, seigneur de la Galinière et de Pennafort, conseiller au Parlement de Provence. — G.

[2] Vauvenargues, pratiquant la prudence qu'il conseille à Saint-Vincens, n'a pas signé cette lettre. — G.

[3] Ici, Vauvenargues, comme il l'a recommandé à Saint-Vincens dans la lettre précédente, *ne date que du jour;* et la lettre suivante n'a ni date, ni signature. — G.

[4] Voir la 1re note de la page 119. — G.

Vincens, je ne sais si j'ai donné lieu à cette plaisanterie ; il échappe quelquefois à l'amour-propre, dans la liberté de l'amitié, des vanités bien grossières : si cela m'est arrivé, oubliez-le, je vous prie, ne me le reprochez plus, je vous en fais des excuses, je me mets entre vos mains ; vous auriez mauvaise grâce, après ce retour sincère, de ne pas me pardonner.

Mais vous-même, mon cher Saint-Vincens, n'avez-vous pas besoin de ma propre indulgence? Je vous fais part d'un projet, je vous propose d'y entrer, je vous découvre mon cœur, je me livre, je me flatte; et vous, au lieu de répondre à toutes mes espérances, vous me parlez du projet, sans dire un seul mot de vous. Dois-je prendre ce silence, mon cher Saint-Vincens, pour un refus, pour une indétermination, ou pour un consentement, au cas que j'aie le bonheur de trouver ce que je cherche? Éclaircissez-moi là-dessus ; je ne doute point de votre cœur, de votre sincère amitié; eh! le moyen d'en douter! mais il importe à ma joie et à ma tranquillité, de savoir si nous pourrons passer notre hiver ensemble, ou si cela ne se peut; vous ne me soupçonnez pas de la moindre inquiétude sur un intérêt si sensible ; vous ne répondez pas un mot ; en vérité, j'en suis blessé. Justifiez-moi tout cela ; je meurs d'impatience, mon cher Saint-Vincens, d'être instruit de vos raisons, et vous embrasse, en attendant, de tout mon cœur.

74. — LE MÊME AU MÊME.

[A Vauvenargues,... novembre 1740.]

Je suis persuadé, mon cher Saint-Vincens, que vous me rendez justice, et je reprends mes reproches ; ils n'étaient pas bien fondés ; mais je sens avec déplaisir les obstacles qui nous traversent, et qui renversent mon plan. Il m'est agréable qu'ils ne viennent pas de vous; cela flatte mon chagrin, et soutient mes espérances; le succès n'en est pas si loin, puisque vous vous y intéressez. Eh quoi ! serait-il impossible d'obtenir l'agrément de M. votre père? Ne pourrait-on pas aisément lui faire entrevoir un mariage? Il entrerait dans cette idée ; elle doit toucher sa vieillesse, et sa tendresse pour vous. Enfin, mon cher Saint-Vincens, il faut insister, tâter, se retourner en tout sens. Ne répandez pas, je vous prie, ce que je vous ai proposé ; je serais fort fâché d'annoncer mon voyage, s'il était sans exécution.

Vous trouverez, sous ce pli, une lettre pour M. Jean[1]; il vous rendra compte de celle que j'ai écrite au marquis de La Garde[2], et de son inutilité. Il faut qu'il vous communique tout ce qu'il fera, et que tout passe par vous, parce que notre commerce ne doit pas être suspect, et que le sien le serait.

Je ferai tout mon possible pour aller à Aix, à la fin de la semaine; mais j'espère que vous m'écrirez encore, et je vous écrirai aussi; il faudra que vous envoyiez vos lettres le matin, sur les onze heures, à la maison[3]; il y a une servante, qui les recevra, et qui me les fera tenir le soir, par les gens de Vauvenargues.

Il n'y a que deux lieues d'ici à Aix, mais je n'ose vous proposer de venir : la maison est pleine de monde; toute la famille s'y trouve, père, mère, frère, sœur, grand'mère; cela vous ennuierait trop. D'ailleurs, point de chambre meublée; il faudrait que vous couchassiez entre les quatre murailles, comme dans la canicule. Cependant, si vous étiez homme à ne pas craindre une mauvaise nuit et un méchant

---

[1] Notaire à Aix. — G.

[2] Voir l'avant-dernière lettre. — G.

[3] Une partie de la maison de ville des Vauvenargues, à Aix, subsiste encore, près de la place du Marché. On aura peut-être quelque peine à croire que la ville d'Aix, qui a élevé des statues à *Siméon* et à *Portalis*, n'ait pas désigné, au moins par une plaque de marbre, la maison où sont nés Vauvenargues le père, et Vauvenargues le fils, c'est-à-dire deux de ses enfants qui ont le mieux mérité d'elle, l'un par son héroïsme, l'autre par son génie, et tous les deux par leur grand caractère. (Voir la 1re note de la page 97.) — G.

souper, cela avancerait notre entrevue de quelques jours. Vous ferez tout pour le mieux.

Ce qu'il y a de plus avisé pour l'emprunt qui me regarde, c'est de battre à plusieurs portes, de savoir qui a de l'argent, et de sonder tout le monde ; pauvres, riches, domestiques, vieux prêtres, gens de métier, tout est bon, tout peut produire ; et, si l'on ne trouvait pas dans une seule bourse tout l'argent dont j'ai besoin, on pourrait le prendre en plusieurs, et cela reviendrait au même. J'ai eu quelque pensée sur M. d'Oraison[1] : il a un fils, qu'il voulait mettre au régiment du Roi ; je le défie de l'y faire entrer, à qui que ce soit qu'il s'adresse ; mais il est riche, il a des amis ; cela ne le touchera guère ; il trouvera bien à le placer. Cependant, s'il persistait à le vouloir avec nous[2], je le prendrais bien sur moi, et je lui tiendrais parole ; mais comment lui dire cela, comment même l'en persuader ? Il est encore venu dans mon esprit qu'il a des filles, et que je pourrais m'engager à en épouser une, dans deux ans, avec une dot raisonnable, s'il voulait me prêter l'argent dont j'ai besoin, et que je ne le rendisse point, au bout du terme que je prends. Mais, comme il est impossible à un fils de famille de prendre des engagements de cette force, c'est une proposition à se faire berner, et très-digne de risée[3]. Il faudra voir cependant s'il n'y a point de milieu ; et, si l'on ne peut rien tirer de tout cela, nous nous tournerons ailleurs. Adieu, mon cher Saint-Vincens[4].

[1] Ancienne famille, éteinte dans la seconde moitié du 18º siècle ; le marquisat d'Oraison a passé à la famille Fulque, qui en porte le nom et le titre. — G.

[2] On sait que Vauvenargues servait dans le régiment du Roi. — G.

[3] Dans le travail que j'ai déjà cité (voir la 4ᵉ note de la page 193), M. Émile Chasles s'étonne de cette *étrange pensée* ; il y voit *un trait de l'époque*, et un point de ressemblance entre Vauvenargues et Figaro *donnant à la demoiselle de Verte-Allure hypothèque sur sa personne.* Le rapprochement est piquant, mais n'est-il pas bien sévère ? et M. Chasles n'a-t-il pas pris trop au sérieux une idée *en l'air*, qui peut paraître simplement plaisante, et dont Vauvenargues, d'ailleurs, fait lui-même assez bon marché ? — G.

[4] Sur la lettre originale, cette phrase est suivie de la date, *20 novembre 1740*, qui paraît avoir été écrite par Vauvenargues, mais après coup, et avec une

Je change d'avis, mon cher Saint-Vincens, et ne mets point sous ce pli la lettre de Jean.

75. — LE MÊME AU MARQUIS DE VILLEVIEILLE [1].

A Aix, le 5 décembre 1740.

Je savais bien, mon cher Villevieille, lorsque vous me promîtes de m'écrire, que ce n'était là qu'un discours, et que vous n'en feriez rien ; mais vous ne saviez pas, je crois, que je vous écrirais, et que je dérangerais vos volontés paresseuses par cette importunité. Vous devinez encore moins le sujet de cette lettre : vous croyez que c'est pour écrire et pour vous dire des riens ; vous vous trompez en tout cela.

Je pars demain pour Paris ; je pars quasi sans un sol ; je me suis laissé amuser par deux notaires, à qui j'avais écrit de la campagne, et qui n'ont rien fait pour moi, et il m'est venu en pensée que vous, qui avez le malheur d'être rongé de procès, et de nager dans le dérangement par les arrangements de M. votre père, vous pourriez peut-être cependant, par quelque hasard, vous trouver en meilleur état que je ne vous ai quitté, et à même de me prêter cent pistoles, jusqu'au premier de juin. Voilà une proposition où vous ne vous attendiez pas, et qui est faite pour un banquier, ou telle autre espèce de gens ; mais je vous la fais avec confiance, mon cher Villevieille, et voici mon raisonnement : « S'il est
« en état de me prêter, ai-je dit, il le fera avec plaisir ; il
« ne faut rien perdre par sa faute ; il n'en coûte rien de
« s'éclaircir ; et, s'il n'est pas en état, il ne se fera pas une
« peine de me refuser, persuadé que je n'ai pas le cœur si
« bas, que je voulusse qu'il s'incommodât pour cela [2]. » Mon

encre différente. En tout cas, la lettre n'est pas signée, et il en est de même, pour la plupart de celles qui suivent. — G.

[1] Camarade de Vauvenargues au régiment du Roi. Son fils, bibliothécaire à Sainte-Geneviève, mort à Paris, le 11 mai 1825, dans un âge très-avancé, avait été correspondant de Voltaire, et ami de Cambacérès. — G.

[2] Rapprochez de la dernière note du 14ᵉ *Caractère* (Thyeste). — G.

raisonnement est fort juste ; je serais au désespoir que vous me soupçonnassiez d'avoir d'autres sentiments, et que mon amitié, dont vous ne faites pas déjà grand compte, vous devînt encore à charge, et s'éblouît là-dessus. Ainsi, voilà qui est tout dit.

Vous serez peut-être curieux de savoir ce que je vais faire à Paris : mon cher Villevieille, je vais m'y ennuyer, comme je fais souvent ailleurs ; car je n'y ai pas de connaissances, et j'y aurai fort peu d'argent : mais, comme je m'ennuierais beaucoup ici, je n'ai rien à perdre de ce côté-là, et j'y gagnerai peut-être, de celui de ma santé. Ce n'est pourtant pas là l'avis de mes parents ; ils disent que j'ai engraissé en Provence, que je vais perdre tout cela à Paris, et que ma santé n'est qu'un prétexte pour m'éloigner d'eux. Quoi qu'il en puisse être, mon cher Villevieille, je vis dans une inquiétude qui ne me permet pas de rester en place, et il faut absolument que je me tire d'ici. J'ai passé presque tout mon temps à la campagne, depuis que je vous ai quitté, au milieu d'une famille qui n'est pas riante, et où tout est peint en noir. Mandez-moi si vous êtes à Montpellier : je vous enverrais un état de mes infirmités, pour montrer à vos médecins[1].

Voici mon adresse à Paris, en attendant que j'y sois logé : chez M. Etienne Boyer, cul-de-sac rue Quincampoix. J'y arriverai du 15 au 20[2]. Adieu, mon cher Villevieille ; vous devinez bien mon nom[3], et mes sentiments pour vous[4].

---

[1] On sait la réputation de la Faculté et des médecins de Montpellier. — G.
[2] Il fallait alors de dix à quinze jours pour aller d'Aix à Paris. — G.
[3] En effet, cette lettre n'est pas signée. — G.
[4] Vauvenargues avait eu, avec Villevieille, une assez longue correspondance, dont il ne reste plus que quelques lettres ; le marquis de Villevieille fils en donne ainsi la raison : « Il y avait un plus grand nombre de lettres, et de beau-
« coup plus intéressantes, adressées à mon père ; mais elles furent volées, si
« l'on en croit une tradition de famille, par une espèce de bel-esprit, qui se
« faisait honneur de celui de Vauvenargues, et encadrait de ses phrases dans
« ses lettres particulières : on ne revoyait plus les autographes qu'il pillait
« ainsi. » (Voir, à ce sujet, un livre fort intéressant, l'*Esprit dans l'histoire*, par M. Edouard Fournier, 4ᵉ note de la page 231. — Paris, E. Dentu, 1857.)
— G.

76. — LE MÊME A SAINT-VINCENS.

A Paris, le 18 janvier 1741.

L'archidiacre de l'église cathédrale de Sisteron[1], mon cher Saint-Vincens, à qui j'avais demandé cent pistoles, m'a mandé qu'il ne pouvait m'offrir que cent écus, et qu'il était bien fâché que... etc.[2] Je lui réponds qu'il me fera plaisir de me prêter cette petite somme, et que je le prie de te l'envoyer. Tu retiendras là-dessus, mon cher Saint-Vincens, les cent livres que je devais t'envoyer de Paris, selon nos conventions, et tu m'enverras le reste, par la première occasion. Il ne faut pas que cet argent passe par les mains de Carnaud; tu sais là-dessus mes raisons, je ne les répéterai pas.

J'ai écrit à Gautier[3], il y a cinq ou six jours, et je lui mandais que je t'écrirais par le premier courrier; mais ma paresse, et ton exemple, m'ont mené jusqu'à ce moment; c'est un reproche qui nous touche tous les deux. Il ne m'arrivera pas, dorénavant, d'avoir des excuses à te faire sur pareille chose; mais je ne veux pas non plus avoir à me plaindre de toi. Écris-moi donc plus souvent, donne-moi de tes nouvelles, quand ce ne serait qu'un mot, et sois fortement persuadé que rien ne m'est plus sensible que ton amitié. Je t'embrasse de tout mon cœur.

Il n'est pas nécessaire que tu te presses beaucoup pour m'envoyer les deux cents livres de M. Thoinon, qui est l'archidiacre en question; et, s'il y avait espérance de trouver ailleurs une somme plus considérable, tu ferais bien de garder celle-ci, pour envoyer le tout ensemble. Cela n'aurait pas l'air si misérable.

---

[1] Petite ville du département des Basses-Alpes. — G.

[2] Ces prêts clandestins, faits par des gens d'église à des fils de famille, n'étaient pas rares alors, et, sans doute, plus l'*opération* était illicite, plus les *intérêts* en étaient élevés, et les conditions onéreuses pour l'emprunteur. — G.

[3] Voir la 3ᵉ note de la page 121. — G.

77. — LE MÊME AU MÊME.

A Paris, le 16 février 1741.

Vous n'avez pas bonne grâce, mon cher Saint-Vincens, de vous plaindre de ma paresse, étant en arrière avec moi, et vous êtes encore moins fondé à prendre mon silence pour un refroidissement; je ne puis pas croire, mon cher Saint-Vincens, que vous m'ayez fait ce tort-là; vous ne le croyez pas vous-même; consultez-vous, je suis sûr que vous n'y avez pas pensé; il n'est pas possible même qu'il soit né dans votre esprit le plus léger soupçon, et il n'y a rien de sérieux dans votre lettre. J'avouerai bien que j'ai tort de ne vous avoir point écrit; j'ai prévenu vos reproches, et je m'en suis fait moi-même; mais ces retours regardaient ma paresse; je n'en [ai] jamais eu à faire sur mon amitié : enfin, oublions tout cela, et soyons, à l'avenir, plus sincères et plus exacts.

Je suis prêt à quitter Paris. Ma santé s'y trouvait bien, du moins à plusieurs égards; j'y menais une vie douce, je m'y serais amusé, si j'y avais eu plus d'argent; mais la misère commençait à m'inquiéter et à troubler mon repos, et, enfin, elle me chasse, et je tâche de la fuir. Je m'en retourne donc à Metz; j'y serai dans quatre jours, et j'y attendrai impatiemment vos lettres et vos excuses, car vous m'en devez aussi, cela n'est pas douteux.

Vous m'avez fait grand plaisir de me mander tout le bien que l'on vous a dit de moi : c'est une marque qu'au moins l'on connaît notre amitié; et que puis-je désirer après cela? Ne suis-je pas trop heureux? Cependant, je vous assure que c'est là le moindre fruit que je puisse retirer d'une si chère amitié; elle fait tout le charme de ma vie, et rien ne pourra jamais la rendre plus considérable, ou plus précieuse, à mes yeux. Cela part du fond du cœur.

Vous avez fort bien fait de ne pas montrer ma lettre à

La Boulie¹, j'y aurais aussi du regret; vous auriez mieux fait encore de m'empêcher de prendre son laquais, car [c'est] le plus sot de tous les hommes, et j'en suis rassasié². Continuez, je vous prie, à me mander les nouvelles de notre bonne patrie : j'étais instruit du détail des morts dont vous me parlez; mais ces choses-là prennent encore un intérêt entre vos mains, et elles m'ont fait plaisir. Adieu, mon cher Saint-Vincens.

Si l'on t'a remis l'argent dont je te parlai dans ma dernière lettre, et que tu manques d'occasion pour me le faire tenir, tu n'as, mon cher Saint-Vincens, qu'à le remettre à Carnaud, lui dire que ce sont des commissions que tu m'as données ici, et lui demander une lettre de change, sur Paris, de deux cents livres, que tu m'enverras à Metz, où je trouverai des gens qui voudront bien l'acquitter.

---

78. — LE MÊME AU MÊME.

A Metz, le 27 mars 1741.

Je suis persuadé, mon cher Saint-Vincens, de l'intérêt que vous prenez à la perte que j'ai faite, et je n'en puis pas douter. Si vous aviez connu mon frère³, vous l'auriez regretté aussi, et vous comprendriez encore mieux l'excès de notre affliction; car il avait des qualités qui pouvaient le faire aimer : un sens droit, un très-bon cœur, un naturel très-sensible pour tous ceux de sa famille, et capable d'amitié et de beaucoup de vertus. Tout cela ne paraissait point : il ne savait rien affecter, il n'avait aucun des dehors qui pré-

¹ Voir la Lettre 28ᵉ. — G.
² Ce laquais n'était pas, assurément, celui de la Maxime 659ʳ. — Voir cette Maxime, et la note qui s'y rapporte. — G.
³ Antoine de Clapiers, frère puîné de Vauvenargues; il était capitaine au régiment de Flandre, et fut tué en Corse, pendant la guerre de 1741. — Le plus jeune frère de Vauvenargues, dernier marquis du nom, Nicolas-François-Xavier, mort en 1801 (voir la 1ʳᵉ note de la page 160), servit également dans le régiment de Flandre, et en sortit avec le grade de capitaine. — G.

viennent d'abord le monde; il ne s'en souciait point. On l'aurait trouvé trop simple, trop nu, trop froid, trop modeste parmi de certaines gens; mais cela venait en lui d'un fonds de modération, de bonté, de vérité, qui devait lui attacher les gens qui le connaissaient, et qui l'aurait fait estimer de tous ceux qui ont assez d'esprit pour sentir le naturel, et en connaître le prix. Enfin, mon cher Saint-Vincens, je l'aimais sensiblement, et il m'aimait bien aussi [1]; j'ai été pénétré de sa mort, et comme si je ne devais point mourir moi-même, et comme si j'eusse dû jouir de sa vie, de son amitié, et de son bon caractère, pendant une éternité. Mais c'est bien abuser, mon ami, de la bonté de votre cœur, que de vous entretenir si tristement. Je vous suis très-obligé des nouvelles que vous me donnez de ma famille, et de l'inquiétude que vous me marquez pour ma santé; elle est bien, à plusieurs égards; je n'en suis pas mécontent, et j'espère que la belle saison la remettra tout à fait. Adieu, mon cher Saint-Vincens.

79. — LE MÊME AU MÊME.

A Metz, le 17 mai 1741.

Je ne suis point surpris, mon cher Saint-Vincens, que Saint-Marc [2] ait été plus heureux que moi [3]; cela est très-naturel, et je ne comprends pas que vous pensiez que je puisse m'en plaindre. Je n'ai pas besoin d'argent, pour le présent; je dis besoin; mais comme il ne m'arrive pas de me trouver sans quelque idée de dépense, quand il se présentera des occasions d'emprunter, je ne les refuserai point, bien loin de là. A l'égard du passé, je n'y songe pas du tout, et je vous suis trop obligé, mon cher Saint-Vincens,

---

[1] En effet, on voit, à ce qui précède, que les deux frères se ressemblaient, et devaient se convenir. — G.

[2] Voir la 3e note de la page 160. — G.

[3] Sans doute, dans quelque négociation pour un emprunt. — G.

des retours que vous faites là-dessus, et sur nos mauvais succès.

Je ne suis pas moins sensible à l'inquiétude où vous êtes au sujet de ma santé : les douleurs que j'avais à Aix sont fort augmentées depuis lors ; je me suis mis au lait, pour toute nourriture, il y a trois semaines environ ; mais cela n'opère point. On m'a ordonné les eaux de Plombières, je m'y en vais ; ce voyage sera d'un mois ; et puis, je reviendrai à Metz. Vous pouvez, mon cher Saint-Vincens, m'y adresser toujours vos lettres ; on les retirera avec soin, si je ne suis pas de retour. Mandez-moi, je vous prie, ce que fait mon frère, et comment il se comporte, si vous en êtes content ; je vous demande, mon cher Saint-Vincens, votre amitié pour lui, ou, tout au moins, vos conseils. Vous n'avez point d'ami au monde qui vous soit plus tendrement attaché que je ne le suis [1].

80. — LE MÊME AU MÊME.

A Wietta [2], le 13 janvier 1742.

Il me semble, mon cher Saint-Vincens, que vous faites comme de certaines gens, qui, voyant qu'ils ont quelque tort, et n'en voulant pas convenir, commencent par se fâcher. Vous avez toujours été en arrière avec moi, et vous n'avez pas répondu à ma dernière lettre, et vous vous plaignez cependant de mon silence, comme si vous m'aviez écrit. Si vous prenez ce tour pour me le faire croire, cela n'est pas

[1] En quittant Plombières, Vauvenargues partit pour la Bohême, qui fut, on le sait, en 1741-42, le principal théâtre de la guerre dite de la *Succession d'Autriche*. — G.

[2] J'ai vainement cherché ce nom sur les cartes les plus complètes ; peut-être s'agit-il de *Vietach* sur le Regen, affluent du Danube. Prague ayant été enlevée par nos troupes, le 25 novembre 1741, dès le 28, plusieurs détachements sortirent de la ville, pour inquiéter la retraite des Impériaux ; un de ces détachements s'arrêta à Vietach, et l'on peut croire que Vauvenargues en faisait partie. — G.

bien : toutes les finesses sont mauvaises en amitié, et je croirais même qu'il n'y en peut entrer, si je ne voyais tous les jours des choses fort incompatibles, et qu'on ne saurait expliquer. Il faut glisser là-dessus, car, sur de certaines matières, on ne peut rien dire de bien ; il vaut mieux les abandonner.

Je vous suis très-obligé de l'intérêt que vous prenez à ma santé : elle n'est pas bonne, depuis quelque temps; mais il n'en faut pas parler ; cela donnerait de l'inquiétude à ma famille, et je serais fâché que l'on me sût malade, avant que je sois à portée de me rétablir ; j'espère que cela ne tardera pas. On nous fait espérer notre retour à Prague, à la fin de ce mois, et je n'y vois plus d'obstacle ; les choses tendent à leur fin. Vous savez comme elles ont été conduites jusqu'à présent ; cela me dispense de vous rendre compte de notre campagne, qui n'est pas intéressante, et sur laquelle, d'ailleurs, je ne vous crois pas curieux.

On m'a écrit, dans son temps, que vous aviez mené mon frère à la campagne ; j'en ai été fort aise, par plusieurs raisons, et vous en remercie ; vous ne sauriez m'obliger davantage que d'avoir quelque bonté et quelque amitié pour lui. Adieu, mon cher Saint-Vincens ; dès que nous serons à Prague[1], je verrai de prendre quelque arrangement pour le mois de mars[2]. Je n'ai pas été à portée de cela, jusqu'à présent ; j'espère que je le pourrai à Prague. Adieu, encore une fois ; je ne vous fais point de compliments sur la nouvelle année ; je me flatte encore que je n'en ai pas besoin, et que cela est au-dessous de notre amitié.

[1] Vauvenargues rentra à Prague le 2 mars. — Voir la Lettre suivante. — G.

[2] Au mois de mars, échéaient les intérêts de la somme dont Saint-Vincens répondait pour Vauvenargues. (Voir la Lettre 56ᵉ.) — G.

81. — LE MÊME AU MÊME.

A Prague, le 14 mars 1742.

Il m'en coûte trop, mon cher Saint-Vincens, quand j'accuse votre amitié de froideur ou de négligence, pour souhaiter de l'en convaincre : je serai toujours charmé d'avoir tort, en de semblables occasions, et vous me trouverez toujours très-disposé à vous croire. Je prends de la même manière tout ce que vous m'écrivez au sujet de ma santé ; il ne m'est pas possible, mon cher Saint-Vincens, de douter de l'intérêt que votre cœur y veut prendre, et le mien est ému de cette persuasion. N'ayez plus, mon cher ami, cette inquiétude pour moi ; je suis bien remis, grâce à Dieu ; de sorte, qu'à mes jambes près, qui méritent peu d'attention, je me porte mieux que jamais. Je n'ai reçu votre lettre que le deux de mars, qui est le jour de notre arrivée à Prague ; je ne vous dirai pas ce que nous avons fait jusqu'alors ; vous l'avez su, si vous l'avez voulu. A parler naturellement, nous n'avons rien fait de bien ; la campagne a été dure, à cause de l'hiver ; mais il est heureux que cela nous attire quelque pitié. Adieu, mon cher Saint-Vincens, je ne réponds rien à ce que vous me dites sur les intérêts de mars ; le moyen d'y répondre comme je voudrais ? Je profite du délai que vous me donnez ; mais je trouverai bientôt, j'espère, quelque arrangement, pour n'en pas abuser [1].

---

[1] Entre cette lettre et la suivante, bien des événements se passèrent qui interrompirent, forcément, la correspondance entre Vauvenargues et Saint-Vincens. Le 25 mai 1742, l'armée française avait battu le prince Lobkowitz, au combat de Sahai ; mais, abandonnée par le grand Frédéric qui, au prix de la Silésie, avait cessé sa diversion, elle avait dû renoncer à l'offensive, et se replier, une seconde fois, sous les murs de Prague, qu'elle occupait. Elle s'y maintint, avec 25,000 hommes, contre le grand-duc de Toscane, qui en avait 66,000, et qui n'en fut pas moins obligé à lever le siége, le 14 septembre 1742. Cependant, sur un ordre venu de la cour de France, le maréchal de Belle-Isle évacue Prague, le 16 décembre 1742, pour se retirer sur Egra, où il arrive le 26 ; il avait réussi à dérober sa marche au prince Lobkowitz ; mais, dans ces dix jours, il avait perdu la moitié de ses soldats, morts de fatigue ou de froid. — G.

82. — LE MÊME AU MÊME.

A Naabburg [1], le 31 janvier 1743.

Vous n'avez pas à vous plaindre, mon cher Saint-Vincens, de l'aveu que j'ai fait à mon père, l'année dernière, des marques que j'avais de votre amitié ; c'était une chose nécessaire, dans l'éloignement où nous étions [2], et qui, d'ailleurs, ne souffrait aucun inconvénient. Mon père aurait plus de raison de me reprocher le mystère que je lui en ai fait, pendant deux ou trois ans, et c'était à lui à se plaindre ; mais il n'est pas besoin d'insister là-dessus.

Je devrais aussi, à mon tour, vous faire une querelle sur le secret que vous me faites de votre santé, de vos occupations, et de vos sentiments ; mais j'aime mieux attribuer à votre paresse ce silence. Pour moi, je me porte à merveille ; je n'ai jamais été si bien. J'ai songé quelquefois, dans nos fatigues, à votre amitié pour moi, et je n'ai pas douté que vous ne prissiez part à notre situation : elle a été dure, embarrassante ; elle est bien changée à présent. Nous avons nos ordres pour partir d'ici le 4 ; on espère que nous serons en France dans le mois de mars ; c'est un point de vue agréable pour cette armée, qui a beaucoup souffert, et qui a besoin de repos. Le Rhin ne la reverra pas aussi florissante qu'à son passage ; nous laissons bien des camarades derrière nous, je n'ose pas dire des amis [3] ; il faut écarter

---

[1] Petite ville de Bavière, alliée de la France, où le bataillon de Vauvenargues fut cantonné, après la retraite de Prague à Egra. — G.

[2] Craignant pour lui-même les suites d'une campagne désastreuse, où, comme il va le dire quelques lignes plus bas, il avait *laissé bien des camarades derrière lui*, entre autres le jeune Hippolyte de Seytres, Vauvenargues avait, du moins, voulu mettre ses affaires en règle, et, quoi qu'il lui en coûtât, déclarer à son père la dette qu'il avait contractée auprès de Saint-Vincens. — G.

[3] Pour ne parler que de cette retraite de vingt lieues entre Prague et Egra, dans une lettre adressée à Seckendorff, général des Bavarois, nos alliés, le maréchal de Belle-Isle convenait qu'il avait perdu 7 à 8,000 hommes, morts de froid, ou hors d'état de suivre. « En arrivant à Egra, plusieurs moururent, pour « s'être trop tôt approchés du feu ; d'autres devinrent prodigieusement en-

des souvenirs si tristes, et se remplir autant qu'on peut de la pensée de ceux qui restent. Adieu, mon cher Saint-Vincens; vos lettres sont si courtes, que je n'ose vous écrire plus au long, et comme je le voudrais. Je vous embrasse de tout mon cœur, et vous prie d'être aussi persuadé de mon amitié, que vous voulez que je le sois de la vôtre.

83. — LE MÊME AU MÊME.

A Nancy, le 1er avril 1743.

Je viens d'écrire à mon père, mon cher Saint-Vincens, pour le prier de payer l'intérêt de notre dette; j'espère qu'il aura cette bonté, et que vous n'aurez pas à vous plaindre de moi. Je devrais avoir songé plus tôt à vous en écrire; mais depuis que je suis ici, j'ai été accablé de pensées et de soins; je n'ai pas encore respiré. Pour réparer cette petite négligence, j'écris à mon père de vous faire voir un discours que je lui envoie avec deux lettres[1], dont vous me direz votre avis : j'ai lieu de croire que cela est détestable par le succès qu'il a eu, mais j'ai encore plus droit d'attendre que vous me marquerez le plus crûment du monde ce qu'il vous en semble, et que vous voudrez bien justifier, par une franchise ingénue, une confiance qui serait l'excès du ridicule, si elle était trompée.

« flés ; il fallut couper des bras et des jambes à quelques-uns... Plusieurs
« de ceux qui étaient arrivés sains et saufs à Egra, moururent de la fièvre
« chaude à Amberg, après un long et cruel délire, qui tenait de la rage. »
(*Histoire de la guerre de Bohême*, par Mauvillon, Amsterdam, David Mortier, 1756, 2 vol. in-12.) — G.

[1] Le discours, c'est l'*Éloge funèbre* d'*Hippolyte de Seytres* (voir les *Œuvres*); mais je ne sais de quelles lettres il s'agit. — G.

84. — LE MÊME A M. DE VOLTAIRE.

A Nancy, le 4 avril 1743.

Il y a longtemps, Monsieur, que j'ai une dispute ridicule, et que je ne veux finir que par votre autorité : c'est sur une matière qui vous est connue. Je n'ai pas besoin de vous prévenir par beaucoup de paroles : je veux vous parler de deux hommes que vous honorez, de deux hommes qui ont partagé leur siècle, deux hommes que tout le monde admire, en un mot, Corneille et Racine[1]; il suffit de les nommer. Après cela, oserai-je vous dire les idées que j'en ai formées? en voici, du moins, quelques-unes.

Les héros de Corneille disent de grandes choses sans les inspirer; ceux de Racine les inspirent sans les dire; les uns parlent, et longuement, afin de se faire connaître; les autres se font connaître parce qu'ils parlent. Surtout, Corneille paraît ignorer que les hommes se caractérisent souvent davantage par les choses qu'ils ne disent pas que par celles qu'ils disent.

Lorsque Racine veut peindre Acomat, il lui fait dire ces vers :

> Quoi! tu crois, cher Osmin, que ma gloire passée
> Flatte encor leur valeur, et vit dans leur pensée?
> Crois-tu qu'ils me suivraient encore avec plaisir,
> Et qu'ils reconnaîtraient la voix de leur visir[2]?

L'on voit, dans les deux premiers vers, un général disgracié, qui s'attendrit par le souvenir de sa gloire et sur l'attachement des troupes; dans les deux derniers, un rebelle qui médite quelque dessein. Voilà comme il échappe aux hommes de se caractériser, sans aucune intention marquée. On en trouverait un million d'exemples dans Racine, plus sensibles que celui-ci; c'est là sa manière de peindre. Il

---

[1] Voir *Corneille et Racine*, dans les *Réflexions critiques sur quelques poëtes*. — G.
[2] BAJAZET, acte I, scène 1. — G.

est vrai qu'il la quitte un peu, lorsqu'il met dans la bouche du même Acomat :

> Et s'il faut que je meure,
> Mourons : moi, cher Osmin, comme un visir; et toi,
> Comme le favori d'un homme tel que moi [1].

Ces paroles ne sont peut-être pas d'un grand homme; mais je les cite, parce qu'elles semblent imitées du style de Corneille; et c'est là ce que j'appelle, en quelque sorte, parler pour se faire connaître, et dire de grandes choses sans les inspirer.

Je sais qu'on a dit de Corneille qu'il s'était attaché à peindre les hommes tels qu'ils devraient être : il est donc sûr, au moins, qu'il ne les a pas peints tels qu'ils étaient; je m'en tiens à cet aveu-là. Corneille a cru donner, sans doute, à ses héros un caractère supérieur à celui de la nature; les peintres n'ont pas eu la même présomption : quand ils ont voulu peindre les esprits célestes, ils ont pris les traits de l'enfance : c'était, néanmoins, un beau champ pour leur imagination; mais c'est qu'ils étaient persuadés que l'imagination des hommes, d'ailleurs si féconde en chimères, ne pouvait donner de la vie à ses propres inventions. Si le grand Corneille, Monsieur, avait fait encore attention que tous les panégyriques étaient froids, il en aurait trouvé la cause en ce que les orateurs voulaient accommoder les hommes à leurs idées, au lieu de former leurs idées sur les hommes.

Corneille n'avait point de goût, parce que le bon goût n'étant qu'un sentiment vif et fidèle de la belle nature, ceux qui n'ont pas un esprit naturel ne peuvent l'avoir que mauvais [2]; aussi l'a-t-il fait paraître, non-seulement dans ses ouvrages, mais encore dans le choix de ses modèles, ayant préféré les Latins et l'enflure des Espagnols aux divins génies de la Grèce.

---

[1] BAJAZET, *acte IV, scène 7.* — G.

[2] Phrase incorrecte; grammaticalement, *mauvais* devrait porter sur *esprit*, et, logiquement, il porte sur *goût*. — G.

Racine n'est pas sans défauts : quel homme en fut jamais exempt? mais qui donna, jamais, au théâtre plus de pompe et de dignité? qui éleva plus haut la parole, et y versa plus de douceur? Quelle facilité, quelle abondance, quelle poésie, quelles images, quel sublime dans Athalie! quel art dans tout ce qu'il a fait! quels caractères! Et n'est-ce pas encore une chose admirable qu'il ait su mêler aux passions, et à toute la véhémence et à la naïveté du sentiment, tout l'or de l'imagination? En un mot, il me semble aussi supérieur à Corneille par la poésie et le génie, que par l'esprit, le goût et la délicatesse. Mais l'esprit, principalement, a manqué à Corneille; et, lorsque je compare ses préceptes et ses longs raisonnements aux froides et pesantes moralités de Rousseau dans ses *Épîtres*, je ne trouve ni plus de pénétration, ni plus d'étendue d'esprit à l'un qu'à l'autre.

Cependant, les ouvrages de Corneille sont en possession d'une admiration bien constante, et cela ne me surprend pas. Y a-t-il rien qui se soutienne davantage que la passion des romans? Il y en a qu'on ne relit guère, j'en conviens; mais on court tous les ouvrages qui paraissent dans le même genre, et l'on ne s'en rebute point. L'inconstance du public n'est qu'à l'égard des auteurs, mais son goût est constamment faux. Or, la cause de cette contrariété apparente, c'est que les habiles ramènent le jugement du public; mais ils ne peuvent pas de même corriger son goût, parce que l'âme a ses inclinations indépendantes de ses opinions. Ce qu'elle ne sent pas d'abord, elle ne le sent point par degrés, comme elle fait en jugeant; et voilà ce qui fait que l'on voit des ouvrages que le public critique après les maîtres, qui ne lui en plaisent pas moins, parce que le public ne les critique que par réflexion, et les goûte par sentiment [1].

---

[1] Voir un passage semblable dans le 12ᵉ chap. de l'*Introduction à la Connaissance de l'Esprit humain*. — Voir aussi la 7ᵉ *Réflexion* (Des romans). — G.

D'expliquer pourquoi les romans meurent dans un si prompt oubli, et Corneille soutient sa gloire, c'est là l'avantage du théâtre. On y fait revivre les morts ; et, comme on se dégoûte bien plus vite de la lecture d'une action que de sa représentation, on voit jouer dix fois sans peine une tragédie très-médiocre, qu'on ne pourrait jamais relire ; enfin, les gens du métier soutiennent les ouvrages de Corneille, et c'est la plus forte objection. Mais peut-être y en a-t-il plusieurs qui se laissent emporter aux mêmes choses que le peuple ; il n'est pas sans exemple qu'avec de l'esprit on aime les fictions sans vraisemblance, et les choses hors de la nature. D'autres ont assez de modestie pour déférer, au moins, dans le public, à l'autorité du grand nombre et d'un siècle très-respectable ; mais il y en a aussi que leur génie dispense de ces égards. J'ose dire, Monsieur, que ces derniers ne se doivent qu'à la vérité : c'est à eux d'arrêter le progrès des erreurs. J'ai assez de connaissance, Monsieur, de vos ouvrages, pour connaître vos déférences, vos ménagements pour les noms consacrés par la voix publique ; mais voulez-vous, Monsieur, faire comme Despréaux, qui a loué, toute sa vie, Voiture, et qui est mort sans avoir la force de se rétracter[1] ? J'ose croire que le public ne mérite pas ce respect. Je vois que l'on parle partout d'un poëte sans enthousiasme[2], sans élévation, sans sublime ; d'un homme qui fait des odes par article, comme il disait lui-même de M. de la Motte, et qui, n'ayant point de talent que celui de fondre avec quelque force dans ses poésies des images empruntées de divers auteurs, découvre partout, ce me semble, son peu d'invention. Si j'osais vous dire, Monsieur, à côté de qui le public place un écrivain si médiocre, à qui

---

[1] Boileau n'a pas *loué, toute sa vie, Voiture*, et, avant sa mort, il s'est *rétracté*. On dirait que Voltaire lui-même répond à Vauvenargues, dans cette note de son *Temple du Goût* : « Il est vrai que Despréaux a comparé « Voiture à Horace, mais Despréaux était jeune alors. Il payait volontiers « ce tribut à la réputation de Voiture, pour attaquer celle de Chapelain, « qui passait alors pour le plus grand génie de l'Europe, et Despréaux a ré- « tracté depuis ces éloges. » — G.

[2] J.-B. Rousseau. — G.

même il se fait honneur de le préférer quelquefois ! mais il ne faut pas que cette injustice vous surprenne ni vous choque : de mille personnes qui lisent, il n'y en a peut-être pas une qui ne préfère, en secret, l'esprit de M. de Fontenelle au sublime de M. de Meaux, et l'imagination des *Lettres persanes*[1] à la perfection des *Lettres provinciales*, où l'on est étonné de voir ce que l'art a de plus profond, avec toute la véhémence et toute la naïveté de la nature. C'est que les choses ne font impression sur les hommes que selon la proportion qu'elles ont avec leur génie ; ainsi le vrai, le faux, le sublime, le bas, etc., tout glisse sur bien des esprits et ne peut aller jusqu'à eux : c'est par[2] la même raison qui fait que les choses trop petites par rapport à notre vue lui échappent, et que les trop grandes l'offusquent. D'où vient que tant de gens encore préfèrent à la profondeur méthodique de M. Locke, la mémoire féconde et décousue de M. Bayle, qui, n'ayant pas peut-être l'esprit assez vaste pour former le plan d'un ouvrage régulier, entasse, dans ses réflexions sur la comète, tant d'idées philosophiques, qui n'ont pas un rapport plus nécessaire entre elles que les fades histoires de madame de Villedieu[3] ? D'où vient cela ? Toujours du même fonds : c'est que cette demi-profondeur de M. Bayle est plus proportionnée aux hommes.

Que si l'on se trompe ainsi sur des choses de jugement, combien à plus forte raison sur des matières de goût, où il faut sentir, ce me semble, sans aucune gradation, le senti-

---

[1] On sait que cet ouvrage commença la réputation de Montesquieu. — G.

[2] *C'est par*, etc. Tel est le texte des différentes éditions, tel est celui du manuscrit. Il semble que, dans cette phrase, *par* est de trop ; elle devient très-claire en supprimant *par*, ou *qui fait*, ou, enfin, *et*. — B.

[3] Marie-Catherine Desjardins, marquise de Villedieu et de la Chasse, naquit à Alençon vers 1640 : ses œuvres ont été recueillies en 1702, 10 vol. in-12, et 1721, 12 vol. in-12. On y trouve un grand nombre de romans. Tout y est peint avec vivacité ; mais le pinceau n'est pas assez correct, ni assez discret. Elle emploie quelquefois des couleurs trop romanesques, et, dans ses *Mémoires du sérail*, il y a trop d'événements tragiques et invraisemblables. On a d'elle deux tragédies, *Manlius Torquatus* et *Nitétis*, jouées en 1663. Elle mourut en 1683, à Clinchemare, petit village du Maine. — B.

ment dépendant moins des choses, que de la vitesse avec laquelle l'esprit les pénètre!

Je parlerais encore là-dessus longtemps, si je pouvais oublier à qui je parle. Pardonnez, Monsieur, à mon âge et au métier que je fais, le ridicule de tant de décisions aussi mal exprimées que présomptueuses. J'ai souhaité toute ma vie, avec passion, d'avoir l'honneur de vous voir, et je suis charmé d'avoir dans cette lettre une occasion de vous assurer, du moins, de l'inclination naturelle et de l'admiration naïve avec laquelle, Monsieur, je suis, du fond de mon cœur,

Votre très-humble et très-obéissant serviteur.

Mon adresse est à Nancy, capitaine au régiment d'infanterie du Roi.

---

85. — LE MÊME A M. LE DUC DE BIRON.

A Nancy, le 8 avril 1743 [1].

Monsieur, je crois que vous ne pensez pas que j'aie beaucoup d'ambition [2]. Ennuyé, cependant, de servir sans espérance, avec une santé très-faible, et porté par une secrète

---

[1] Vauvenargues était alors dans un moment d'agitation et de fièvre. La malheureuse campagne de 1742 est à peine finie; celle de 1743 va bientôt commencer, et, dans ce court intervalle, mêlant les occupations les plus diverses, il règle des affaires d'intérêt avec Saint-Vincens, écrit à Voltaire de longues lettres littéraires, compose ou achève un morceau sur *les Orateurs*, *l'Éloge d'Hippolyte de Seytres*, *la Méditation sur la Foi*, et fait des démarches auprès de son colonel, M. de Biron, auprès du Roi, et du ministre Amelot, pour entrer dans la carrière diplomatique. « Sentez-vous votre esprit pressé « et à l'étroit dans votre état, dit-il lui-même, dans le 10e *Conseil à un Jeune* « *homme*, c'est une preuve que vous êtes né pour une meilleure fortune; il « faut donc sortir de vos voies, et marcher dans un champ moins limité.... « On a quelquefois dans sa main des ressources que l'on ignore... Osez prendre « un plus grand essor : un tour d'imagination un peu hardi nous ouvre sou- « vent des chemins pleins de lumière... Laissez croire à ceux qui le veulent « croire, que l'on est misérable dans les embarras des grands desseins, *etc., etc.* » On voit assez à quel moment ces lignes éloquentes ont dû être écrites. — G.

[2] Comment M. de Biron aurait-il pu soupçonner une ambition que Vauvenargues n'avait pas encore avouée, même à ses amis? — Voir les notes des Lettres 30e, 32e, 33e, 35e et 36e. — G.

inclination à une vie plus occupée[1], je prends la liberté d'écrire au Roi la lettre que j'ai l'honneur de vous envoyer. Je serais presque sûr qu'elle réussirait, si vous aviez la bonté de la mettre en des termes convenables et de l'appuyer ; mais j'espère qu'au moins, Monsieur, vous voudrez bien en ôter le ridicule, en la présentant vous-même au Roi. Je vous en supplie très-humblement, Monsieur ; vous me mortifieriez beaucoup de me refuser cette grâce. Vous en avez attiré sur le régiment de si peu ordinaires, que quand vous obtiendriez pour moi que je fusse envoyé auprès du roi de Prusse, où M. de Pezai avait placé autrefois M. de La Chétardie[2], personne n'en serait surpris ; mais toutes les places auxquelles vous me croirez propre, me paraîtront bonnes, et si vous voulez bien, Monsieur, prendre quelque intérêt à moi, je vous assure que cela m'encouragera de telle sorte, que ni ma timidité naturelle, ni le peu d'usage que j'ai du monde, ne m'empêcheront de me rendre digne de vos bontés. Enfin, je crois qu'il ne saurait y avoir d'inconvénient à présenter ma lettre au Roi, surtout si elle lui fait penser que, depuis qu'il est lui-même son premier ministre[3], cela inspire tant de confiance, qu'il n'y a plus personne aujourd'hui qui n'ose porter à ses pieds tout ce qu'il se sent de courage et de zèle pour son service. Je suis, avec un profond respect, *etc.*

Permettez-moi, Monsieur, de joindre ici un petit mémoire, qui me fera connaître plus particulièrement à vous.

MÉMOIRE.

Mon père, mon grand-père, mon bisaïeul, ont eu l'hon-

---

[1] Que disait donc Mirabeau, quand il reprochait à Vauvenargues sa *paresse* et son *inaction*? (Lettre 33e). Vauvenargues attendait seulement son jour et son heure. — G.

[2] Joachim-Jacques Trotti, marquis *de La Chétardie*, avait quitté le service militaire, pour exercer les fonctions de Ministre du Roi de France, auprès du Roi de Prusse, de 1734 à 1739. — G.

[3] Le cardinal Fleury, premier ministre, venait de mourir (29 janvier 1743), « et Louis XV, dit Voltaire, prit dès-lors la résolution de gouverner par lui- « même. » (*Édition Beuchot*, tome XXI, page 78.) — G.

neur d'être syndics de la noblesse de Provence ; mon père a eu celui de commander à Aix, pendant la peste, plus jeune que je ne suis [1] ; mon frère a été tué depuis, en Corse [2], au service de Sa Majesté.

Le nom de ma famille est Clapiers. Le premier de mes pères, connu en Provence, était gouverneur de la ville d'Hyères, et premier écuyer de Robert, roi de Naples et comte de Provence, comme il conste par son testament fait en 1330 [3], et vérifié à la chambre des Comptes ; je m'offre de faire paraître, par des titres incontestables, ma filiation jusqu'à lui. Les mêmes titres feront voir encore un évêque de Toulon [4] de ma famille, chancelier, et commissaire-général des finances du roi René. Je n'ose insister davantage sur des titres peu considérables pour monsieur le duc de Biron [5] ; mais M. Du Muy [6], qui est né en Provence, peut me faire connaître plus particulièrement, s'il veut se souvenir d'une famille qui est très-attachée à la sienne.

[1] Vauvenargues se trompe : au moment où il écrit ce *Mémoire*, il n'a pas encore 28 ans, et, au moment de la peste d'Aix, son père en avait 30 (voir la 1re note de la page 97). Il aurait pu ajouter qu'à cette occasion, en 1722, son père reçut du Roi une pension de 3,000 livres et le titre de marquis : mais on comprend, qu'en cette circonstance, Vauvenargues se souciât peu de rappeler que son marquisat était d'aussi fraîche date. — G.

[2] Voir la 3e note de la page 235. — G.

[3] Le personnage dont il s'agit s'appelait *Jean* de Clapiers, et son testament fut reçu par Dracon, notaire à Hyères, le 2 août 1330. Il avait épousé Marguerite de Castellane, et il avait un frère, *Etienne* de Clapiers, abbé de Saint-Victor. — G.

[4] *Pierre* de Clapiers, évêque de Toulon par bulles du pape Eugène IV, datées du mois d'octobre 1440, à Florence. — G.

[5] Vauvenargues, en effet, aurait pu citer, entre autres, François de Clapiers, seigneur de Pierrefeu, qui fut lieutenant-particulier au siége d'Aix, puis conseiller à la cour des Comptes (1556), enfin conseiller au Parlement (17 octobre 1571). Il a laissé un Traité de droit, fort estimé de son temps, et une chronologie des comtes de Provence. C'est par son mariage avec Marguerite de Séguiran, dame de *Vauvenargues*, que la terre de ce nom est échue à la famille. — G.

[6] Il y avait deux frères Du Muy : Joseph-Gabriel-Tancrède, né en 1707, et Louis-Nicolas-Victor, né en 1711. L'aîné, marquis Du Muy, comte de Grignan, de la Renarde, etc., devint lieutenant-général ; le second, celui, vraisemblablement, dont Vauvenargues veut parler, fut ministre de la guerre, maréchal, et mourut le 10 octobre 1775. Son oraison funèbre fut prononcée, dans l'église des Invalides, par M. de Beauvais, évêque de Senez, prédicateur, alors, en grande réputation. — G.

86. — LE MÊME AU ROI.

A Nancy, le 8 avril 1743.

Sire,

Lorsque l'on n'a plus rien à espérer de la fortune, on se tourne d'abord, bien naturellement, vers ceux qui sont au-dessus d'elle. Je sers depuis huit ans, en France, dans les emplois subalternes de la guerre, sans promesse, et sans espérance. Cette situation, insupportable à l'âge de vingt-sept ans, m'a fait naître la pensée et la hardiesse d'offrir mes services à Votre Majesté. Vous savez, Sire, qu'il est difficile qu'on n'espère pas quelque chose des hommes que le monde admire : ils élèvent nos sentiments ; nous croyons trouver dans notre âme de secrètes convenances qui la rendent digne d'eux, et notre vanité rappelle ainsi à elle tout ce qu'elle leur sacrifie.

J'ai honte, Sire, de vous laisser voir ce que je présume de moi ; mais j'ai remarqué très-souvent que les espérances les plus ridicules, et les plus hardies, avaient été presque toujours la cause des succès extraordinaires[1]. Je ne demande à Votre Majesté que d'agréer que je me donne à elle, et que je serve auprès de sa personne, n'importe dans quel emploi, et j'ose croire qu'il n'y a rien dans ma naissance, ni dans ma conduite, qui puisse m'éloigner de cet honneur : je ferai connaître l'une et l'autre à Votre Majesté, lorsqu'elle l'ordonnera, et ma vie répondra de ma sincérité.

J'espère encore, Sire, que vous me pardonnerez de m'adresser directement à Votre Majesté. Je sais combien cette hardiesse est éloignée du culte que l'on rend aux Rois ; il

---

[1] Vauvenargues a détaché cette phrase, pour la placer dans ses *Maximes*, (voir la 231ᵉ), mais la forme en est moins affirmative, car le mot *quelquefois* y est substitué à *presque toujours*. Cette lettre, d'ailleurs, ne fut pas remise au Roi : Vauvenargues apprit bientôt que son régiment allait se remettre en campagne ; il ne voulut pas quitter les drapeaux en un pareil moment, et lorsque, la campagne faite, il reprit son projet, il rédigea pour le Roi une autre lettre, que l'on trouvera sous le n° 95. — G.

n'y a que Dieu et Votre Majesté, qui puissent inspirer tant d'amour et tant de confiance, et dont l'esprit, supérieur aux usages et au gouvernement des peuples, soit toujours en état de se prêter aux pensées des particuliers malheureux.

Je suis, avec un très-profond respect, Sire, de Votre Majesté, *etc.*

87. — LE MÊME AU DUC DE BIRON.

A Nancy, le 12 avril 1743.

Monsieur, depuis la lettre que j'ai eu l'honneur de vous écrire, j'ai pensé qu'il serait peut-être nécessaire que j'écrivisse aussi à M. Amelot[1] : voilà donc encore une autre lettre[2] que j'ose vous prier de présenter, supposé qu'il faille le faire. Si j'avais été à portée d'écrire l'une et l'autre sous vos yeux, je suis persuadé que vous auriez eu la bonté de m'inspirer; j'y aurais moins de regret, Monsieur, si vous vouliez les corriger et les transcrire; mais il ne me conviendrait pas de vous demander cette grâce.

J'ai eu envie d'écrire encore à M. Dallemans, pour le prier de vous dire quelque bien de moi, et de vous encourager à m'avouer; mais j'ai pensé depuis, Monsieur, que je ne devais mettre que vous dans la confidence de mes chimères, puisqu'il n'y avait que vous qui pussiez les justifier. Ceux qui loueraient ma confiance, si vous l'appuyiez, la regarderaient comme une folie, sans votre aveu. Je ne demande pas, cependant, que l'on m'emploie, sur ma parole, à des affaires essentielles; je m'offre de servir dans les pays étrangers, sans appointement et sans caractère, jusqu'à ce que l'on me connaisse; on peut bien me mettre à l'épreuve. Que

---

[1] Jean-Joseph *Amelot de Chaillou*, né le 30 avril 1689, de l'Académie française en 1727, ministre des affaires étrangères le 22 février 1737, disgracié le 26 avril 1744, et remplacé, au mois de novembre suivant, par le marquis Voyer-d'Argenson. — G.

[2] Cette lettre n'est autre, sans doute, que la 96ᵉ (*voir plus loin*), laquelle ne fut envoyée au ministre qu'à la fin de la même année. — G.

ne suis-je aussi à portée de faire paraître le respect et l'attachement inviolable avec lequel je suis, *etc.*

---

88. — VOLTAIRE A VAUVENARGUES.

Paris, 15 avril 1743.

J'eus l'honneur de dire, hier, à M. le duc de Duras que je venais de recevoir une lettre d'un philosophe plein d'esprit, qui, d'ailleurs, était capitaine au régiment du Roi : il devina aussitôt M. de Vauvenargues. Il serait, en effet, fort difficile, Monsieur, qu'il y eût deux personnes capables d'écrire une telle lettre ; et, depuis que j'entends raisonner sur le goût, je n'ai rien vu de si fin et de si approfondi que ce que vous m'avez fait l'honneur de m'écrire.

Il n'y avait pas quatre hommes, dans le siècle passé, qui osassent s'avouer à eux-mêmes que Corneille n'était souvent qu'un déclamateur ; vous sentez, Monsieur, et vous exprimez cette vérité, en homme qui a des idées bien justes et bien lumineuses. Je ne m'étonne point qu'un esprit aussi sage et aussi fin donne la préférence à l'art de Racine, à cette sagesse toujours éloquente, toujours maîtresse du cœur, qui ne lui fait dire que ce qu'il faut, et de la manière dont il le faut ; mais, en même temps, je suis persuadé que ce même goût, qui vous a fait sentir si bien la supériorité de l'art de Racine, vous fait admirer le génie de Corneille, qui a créé la tragédie dans un siècle barbare. Les inventeurs ont le premier rang, à juste titre, dans la mémoire des hommes : Newton en savait, assurément, plus qu'Archimède ; cependant les *Équipondérants* d'Archimède seront, à jamais, un ouvrage admirable. La belle scène d'Horace et de Curiace, les deux charmantes scènes du *Cid*, une grande partie de *Cinna*, le rôle de Sévère, presque tout celui de Pauline, la moitié du dernier acte de *Rodogune*, se soutiendraient à côté d'*Athalie*, quand même ces morceaux seraient faits aujourd'hui. De quel œil devons-nous donc les regarder, quand nous songeons au temps où Corneille a écrit ? J'ai toujours dit : *Multæ sunt mansiones in domo patris mei*[1] ; Molière ne m'a point empêché d'estimer le *Glorieux* de M. Destouches ; *Rhadamiste*[2] m'a ému, même après *Phèdre*. Il appartient à un homme comme vous, Monsieur, de donner des préférences, et point d'exclusions.

---

[1] Évangile selon saint Jean, chap. XIV, 2. — G.
[2] Tragédie de Crébillon. — G.

Vous avez grande raison, je crois, de condamner le sage Despréaux d'avoir comparé Voiture à Horace¹. La réputation de Voiture a dû tomber, parce qu'il n'est presque jamais naturel, et que le peu d'agréments qu'il a sont d'un genre bien petit et bien frivole ; mais il y a des choses si sublimes dans Corneille, au milieu de ses froids raisonnements, et même des choses si touchantes, qu'il doit être respecté avec ses défauts. Ce sont des tableaux de Léonard de Vinci, qu'on aime encore à voir à côté des Paul Véronèse et des Titien. Je sais, Monsieur, que le public ne connaît pas encore assez tous les défauts de Corneille ; il y en a que l'illusion confond encore avec le petit nombre de ses rares beautés.

Il n'y a que le temps qui puisse fixer le prix de chaque chose ; le public commence toujours par être ébloui : on a d'abord été ivre des *Lettres persanes*, dont vous me parlez ; on a négligé le petit livre de la *Décadence des Romains* du même auteur ; cependant, je vois que tous les bons esprits estiment le grand sens qui règne dans ce bon livre d'abord méprisé, et font assez peu de cas de la frivole imagination des *Lettres persanes*, dont la hardiesse, en certains endroits, fait le plus grand mérite. Le grand nombre des juges décide, à la longue, d'après les voix du petit nombre éclairé ; vous me paraissez, Monsieur, fait pour être à la tête de ce petit nombre. Je suis fâché que le parti des armes, que vous avez pris, vous éloigne d'une ville où je serais à portée de m'éclairer de vos lumières² ; mais ce même esprit de justesse qui vous fait préférer l'art de Racine à l'intempérance de Corneille, et la sagesse de Locke à la profusion de Bayle, vous servira dans votre métier ; la justesse sert à tout. Je m'imagine que M. de Catinat aurait pensé comme vous.

J'ai pris la liberté de remettre au coche de Nancy un exemplaire que j'ai trouvé d'une des moins mauvaises éditions de mes faibles ouvrages ; l'envie de vous offrir ce petit témoignage de mon estime l'a emporté sur la crainte que votre goût me donne.

J'ai l'honneur d'être, avec tous les sentiments que vous méritez, Monsieur, votre, *etc.*

¹ Dans sa 9ᵉ satire. — G.
² On comprend qu'une telle phrase, écrite par Voltaire, ait pu confirmer Vauvenargues dans son projet d'abandonner *le parti des armes*. — G.

89. — VAUVENARGUES A VOLTAIRE.

A Nancy, le 22 avril 1743.

Monsieur,

Je suis au désespoir que vous me forciez à respecter Corneille : je relirai les morceaux que vous me citez ; et, si je n'y trouve pas tout le sublime que vous y sentez, je ne parlerai de ma vie de ce grand homme, afin de lui rendre, au moins par mon silence, l'hommage que je lui dérobe par mon faible goût.

Permettez-moi cependant, Monsieur, de vous répondre, sur ce que vous le comparez à Archimède, qu'il y a bien de la différence entre un philosophe qui a posé les premiers fondements des vérités géométriques, sans avoir d'autre modèle que la nature et son profond génie, et un homme qui, sachant les langues mortes, n'a pas même fait passer dans la sienne toute la perfection des maîtres qu'il a imités. Ce n'est pas créer, ce me semble, que de travailler avec des modèles, quoique dans une langue différente, quand on ne les égale pas. Newton, dont vous parlez, Monsieur, a été guidé, je l'avoue, par Archimède, et par ceux qui ont suivi Archimède ; mais il a surpassé ses guides ; partant, il est inventeur : il faudrait donc que Corneille eût aussi surpassé ses maîtres pour être au niveau de Newton, bien loin d'être au-dessus de lui. Ce n'est pas que je lui refuse d'avoir des beautés originales, je le crois ; mais Racine a le même avantage. Qui ressemble moins à Corneille que Racine ? Qui a suivi une route, je ne dis pas plus différente, mais plus opposée ? Qui est plus original que lui ? En vérité, Monsieur, si l'on peut dire que Corneille a créé le théâtre, doit-on refuser à Racine la même louange ? Ne vous semble-t-il pas même, Monsieur, que Racine, Pascal, Bossuet, et quelques autres, ont créé la langue française ? Mais, si Corneille et Racine ne peuvent prétendre à la gloire des premiers inventeurs, et qu'ils aient eu l'un et l'autre des maîtres, lequel les a mieux imités?

Que vous dirai-je, après cela, Monsieur, sur les louanges que vous me donnez? S'il était convenable d'y répondre par des admirations sincères, je le ferais de tout mon cœur; mais la gloire d'un homme comme vous est à n'être plus loué, et à dispenser les éloges. J'attends, avec toute l'impatience imaginable, le présent dont vous m'honorez : vous croyez bien, Monsieur, que ce n'est pas pour connaître davantage vos ouvrages, je les porte toujours avec moi; mais de les avoir de votre main, et de les recevoir comme une marque de votre estime, c'est une joie, Monsieur, que je ne contiens point, et que je ne puis m'empêcher de répandre sur le papier. Il faut que vous voyiez, Monsieur, toute la vanité qu'elle m'inspire : je joins ici un petit discours que j'ai fait depuis votre lettre, et je vous l'envoie avec la même confiance que j'enverrais à un autre la *Mort de César*, ou *Athalie*. Je souhaite beaucoup, Monsieur, que vous en soyez content : pour moi, je serai charmé si vous le trouvez digne de votre critique, ou que vous m'estimiez assez pour me dire qu'il ne la mérite pas, supposé qu'il en soit indigne. Ce sera alors, Monsieur, que je me permettrai d'espérer votre amitié. En attendant, je vous offre la mienne, de tout mon cœur, et suis avec passion, Monsieur, *etc.*

P. S. Quoique ce paquet soit déjà assez considérable, et qu'il soit ridicule de vous envoyer un volume par la poste, j'espère cependant, Monsieur, que vous ne trouverez pas mauvais que j'y joigne encore un petit fragment. Vous avez répondu à ce que j'ai eu l'honneur de vous écrire de deux grands poëtes[1], d'une manière si obligeante et si instructive, qu'il m'est permis d'espérer que vous ne me refuserez pas les mêmes lumières sur trois orateurs[2] si célèbres.

---

[1] Corneille et Racine. — B.

[2] Bossuet, Fénelon et Pascal. — B. — Voir le 1ᵉʳ *Fragment*, intitulé *les Orateurs*. — G.

90. — LE MÊME A SAINT-VINCENS.

A Nancy, le 13 mai 1743.

Vous avez raison, mon cher Saint-Vincens, de ne pas chercher à donner une tournure à vos louanges ; les louanges les plus simples sont les plus touchantes, lorsqu'elles sont les plus vraies ; mais il faut qu'elles soient vraies, car les fausses ne soutiennent point cette simplicité, et l'art seul les rend supportables.

Je suis bien aise que vous ayez été content de mon discours[1] ; mais j'aurais souhaité que vous me parlassiez de ses défauts avec plus d'étendue. Quand il se trouve quelque chose de moins faible que le reste dans un homme qui écrit comme je fais, personne ne manque de le relever ; mais, pour les défauts, nul n'en parle, hors les véritables amis ; car il y aurait trop à reprendre. J'ai été étonné, mon cher Saint-Vincens, que, bornant votre critique aux termes de *beaux yeux* et *d'innocente joie*[2], qui sont des épithètes, ce me semble, que l'amitié peut souffrir, vous ne parliez pas de quelques endroits beaucoup plus forts : *et je t'avais rendu mille fois, en secret, un hommage mystérieux*, et cette apostrophe même tout entière.

Une chose encore que j'ai remarquée, c'est que plusieurs personnes m'ayant parlé, comme vous, de mon discours, avec éloge, aucune ne m'a dit qu'il fût touchant[3]. Or, comme le sujet est pathétique de lui-même, il faut qu'il y ait quelque grand défaut, dans l'expression, qui refroidisse, soit accablement d'ornements, soit défaut de naïveté, soit exagération dans les pensées ; car ce n'est pas, ce me semble, faute de passion qu'il n'émeut pas, mais plutôt parce que la passion y est fardée ; néanmoins, mon cher Saint-

---

[1] Il s'agit de l'*Éloge d'Hippolyte de Seytres*. — G.
[2] Ces expressions ne se retrouvent pas dans la dernière version que Vauvenargues a laissée de ce Discours. — G.
[3] Voir la dernière note de l'*Éloge d'Hippolyte de Seytres*. — G.

Vincens, vous ne m'en dites pas un mot. Je veux bien que vous me louiez sans prendre le moindre détour, car la délicatesse même est méprisable devant l'ingénuité de l'amitié, et la finesse est hors de sa place, entre gens qui s'aiment un peu; mais il faut que vous me blâmiez avec la même franchise, quand je le mérite, au hasard même de me condamner mal à propos dans les choses un peu douteuses; sans cela, louanges, critiques, tout me deviendrait bien suspect.

Les changements dont je parle à M. de Caumont[1] sont dans la copie que vous avez vue de mon discours. Ajoutez-y, je vous prie, au lieu d'*humides tombeaux* : *Ouvrez-vous, tombeaux redoutables*[2]; c'est une épithète que j'avais changée, et qu'on m'a fait rétablir. Je tâcherai de polir ce discours, lorsque je serai plus tranquille; mais, aujourd'hui, j'ai toutes sortes d'inquiétudes et de distractions. Adieu, mon cher Saint-Vincens; comptez, pour la vie, sur mon amitié. Pourquoi voulez-vous que j'oublie les marques que j'ai de la vôtre? Je n'ai rien de plus cher au monde.

N'êtes-vous pas bien singulier de me demander de mes nouvelles, avec la crainte simulée d'être indiscret? Et lequel de nous, je vous prie, est resté toujours en arrière, depuis que nous nous écrivons?

---

91. — VOLTAIRE A VAUVENARGUES.

Paris, le 17 mai 1743.

J'ai tardé longtemps à vous remercier, Monsieur, du portrait que vous avez bien voulu m'envoyer de Bossuet, de Fénelon et de Pascal; vous êtes animé de leur esprit quand vous parlez d'eux. Je vous avoue que je suis encore plus étonné que je ne l'étais, que vous fassiez un métier, très-noble à la vérité, mais un peu barbare, et aussi propre aux

---

[1] Père du jeune de Seytres. — G.
[2] En effet, Vauvenargues a maintenu cette dernière rédaction. — G.

hommes communs et bornés qu'aux gens d'esprit. Je ne vous croyais que beaucoup de goût et de connaissances, mais je vois que vous avez encore plus de génie. Je ne sais si cette campagne vous permettra de le cultiver ; je crains même que ma lettre n'arrive au milieu de quelque marche, ou dans quelque occasion où les belles-lettres sont très-peu de saison. Je réprime mon envie de vous dire tout ce que je pense, et je me borne au plaisir de vous assurer de la singulière estime que vous m'inspirez.

Je suis, Monsieur, votre, etc.

92. — VAUVENARGUES A SAINT-VINCENS.

Au camp de......[1], le 16 juillet 1743.

Je réponds bien tard à votre dernière lettre, mon cher Saint-Vincens ; vous savez que ce n'est pas ma coutume. Je voulais vous envoyer quelque chose, non pas pour satisfaire votre curiosité, que je ne mérite point, mais pour consulter votre critique qui, trop flatteuse jusqu'à aujourd'hui, peut être forcée, par la continuité de ma confiance, à se réduire aux termes de la vérité et de l'amitié. Mais, n'ayant pas de copiste à présent, et ne pouvant vaincre ma paresse, je renvoie cela à ma première lettre.

J'ai prié mon père, après l'action de Dettingen [2], de vous donner de mes nouvelles ; je ne vous ferai pas aujourd'hui un détail de cette malheureuse affaire ; il vaudrait autant vous parler de la bataille de Platée. Tout ce qu'on peut dire là-dessus, c'est qu'on n'a jamais vu rien de pareil. M. de Montijo [3], ambassadeur d'Espagne auprès de l'Empereur, disait à quelques officiers du régiment : « Messieurs,

---

[1] Sur la lettre originale, le nom est resté en blanc. — G.

[2] Sur le Mein, près de Hanau et de Francfort. On sait que cette bataille, soutenue le 27 juin 1743, contre les Anglais et les Impériaux, fut perdue par la fougue imprudente et par une fausse manœuvre du duc de Gramont. — G.

[3] Est-il nécessaire de noter que l'Impératrice actuelle des Français a rendu ce nom définitivement historique ? — G.

« voilà une grande action : on disait, dans toute l'Europe :
« *Les Français ne veulent pas se battre, les Français ne veulent*
« *pas se battre.* Vraiment, vous leur avez fait voir le con-
« traire. Il faudra qu'on dise à présent : *Ils se battent comme*
« *des fous, ils se battent comme des fous.* » M. de Montijo
avait raison; ce qu'il dit est vrai à la lettre.

Adieu, mon cher Saint-Vincens; nous allons repasser le Rhin; je ne vous rends pas les discours que l'on tient là-dessus, ici; j'en viens de faire une grande lettre à ma mère; mais cela ne vaut pas la peine d'être répété. Adieu, encore une fois. Envoyez-moi votre adresse, lorsque vous irez à la campagne, et ne me négligez pas.

93. — LE MÊME AU MÊME.

Au cantonnement de Tetbchen, le 7 novembre 1743.

Votre critique est trop douce, mon cher Saint-Vincens, et il faut être aussi sûr de vous que je le suis, pour la croire sincère. Le peu que vous dites sur la *Méditation*[1] me paraît très-fondé : *le cœur éteint de la terre*[2], que vous reprenez dans la *Prière*, n'est pas une faute du copiste, mais de moi, supposé que cette image soit trop hardie; la réflexion que vous faites sur ces mots : *modéré jusque dans la guerre*[3], est judicieuse, et peut-être encore ce que vous me dites sur les raisonnements qui suivent la peinture de la mort d'Hippolyte; cependant, j'ai pris soin de m'interrompre à cet endroit, et de mettre une espèce de repos entre le pathétique et les raisonnements. Vous me direz : Pourquoi sortir du pathétique ? — Pour y replonger, peu après, plus profondé-

---

[1] Voir la *Méditation sur la Foi*, et la dernière note qui s'y rapporte. — G.
[2] Vauvenargues s'est rendu à la critique de Saint-Vincens, car ces mots ont disparu de la *Prière*, qui termine la *Méditation sur la Foi*. — G.
[3] En revanche, Vauvenargues a conservé cette expression dans l'*Éloge d'Hippolyte de Seytres*. — G.

ment. Voyez là-dessus ce que j'écris à Mirabeau[1], si vous êtes à portée; il m'a reproché de mettre trop de poétique dans ma prose, trop d'images, trop de passion, et des transitions trop soudaines. Je voudrais, mon cher Saint-Vincens, que vous me dissiez là-dessus votre pensée, sans fard; je mérite peut-être qu'on me parle avec sincérité.

Il faudrait que vous eussiez présentes à l'esprit les *Pensées* et les *Provinciales* de Pascal, les *Oraisons funèbres* de Bossuet, le *Télémaque* de Fénelon, et La Bruyère, pour juger du parallèle que j'en fais[2]. Lorsque vous m'aurez donné votre décision sur ces orateurs, je vous enverrai ce que je pense de nos grands poètes. Mais retranchez, je vous prie, de vos lettres tous ces discours de modestie, qui tiennent la place de quelque chose de meilleur. Personne n'est capable comme vous de bien juger; ce n'est pas parce que vous me louez que je le dis, car cela devrait, au contraire, m'empêcher de vous le dire; mais je l'ai pensé avant que vous me louassiez, et il ne m'est pas possible de changer d'idée.

Adieu, mon cher Saint-Vincens. Voilà notre campagne, bien heureusement, finie. Il y a quinze jours que cette lettre est écrite; mais j'attendais de savoir avec certitude notre destination, pour vous en faire part : adressez-moi votre première lettre à Arras, où je serai le 9 décembre, avec le régiment du Roi. J'ai fait de petits changements aux morceaux que je vous ai envoyés; je pourrai, dans la suite, vous les communiquer; je n'en ai pas aujourd'hui le loisir.

Si vous avez occasion de voir le marquis de Mirabeau, je vous prie de lui dire que le régiment du Roi va à Arras.

---

[1] On voit, ici, que Vauvenargues s'est enfin décidé à mettre Mirabeau dans son secret. (*Voir la note de la page 124.*) — G.

[2] Voir le 1er *Fragment*, intitulé : *Les Orateurs*. — G.

94. — LE MÊME AU DUC DE BIRON.

A Arras, le 12 décembre 1743.

Monsieur,

Je prends la liberté de vous envoyer une copie de deux lettres que je viens d'écrire au Roi et à M. Amelot. Vous y verrez, Monsieur, que je n'ai pas perdu de vue ce que j'ai eu l'honneur de vous communiquer l'année passée[1]. Quoique je mérite peut-être moins, depuis ce temps-là, que vous veuillez[2] vous intéresser à moi, je crois cependant pouvoir encore me confier aux sentiments que vous avez eu la bonté de me témoigner en d'autres occasions. Je vous supplie, au moins, Monsieur, d'être persuadé que je ne m'engagerais pas à une démarche que vous avez désapprouvée, et qui blesse tous les usages, si j'avais quelque chose à ménager pour ma fortune ; mais vous savez bien, Monsieur, que dans l'état où je suis, je puis suivre toute mes idées sans conséquence : c'est le malheureux avantage de ceux qui n'ont rien à perdre de pouvoir beaucoup hasarder.

Je ne puis fermer cette lettre sans vous parler encore d'une chose que j'ai fort à cœur ; il y a, dans ma compagnie, un homme de cinq pieds deux pouces, qui est toujours malade, et qui demande un congé absolu, en mettant à sa place un très-bel homme. Je voudrais pouvoir contenter ce misérable, et je crois que le bien du service s'y rencontrerait ; j'ai prié instamment M. de la Serre de s'employer pour lui auprès de vous, n'osant presque pas, Monsieur, vous demander moi-même cette grâce. Je suis avec un profond respect, *etc.*

---

[1] Vauvenargues a voulu dire *au commencement de cette année*, car ses premières lettres à M. de Biron sont du 8 et du 11 avril 1743. — G.

[2] Il faudrait : *que vous vouliez* ; le mot *veuillez* ne s'emploie qu'à l'impératif. — G.

95 — LE MÊME AU ROI.

A Arras, le 12 décembre 1743.

Sire,

Pénétré de servir, depuis neuf ans, sans espérance, dans les emplois subalternes de la guerre, avec une faible santé, je me mets aux pieds de Votre Majesté, et la supplie très-humblement de me faire passer du service des armées, où j'ai le malheur d'être inutile, à celui des affaires étrangères, où mon application peut me rendre plus propre. Je n'oserais dire à Votre Majesté ce qui m'inspire la hardiesse de lui demander cette grâce; mais peut-être est-il difficile qu'une confiance si extraordinaire se trouve dans un homme tel que moi, sans quelque mérite qui la justifie.

Il n'est pas besoin de rappeler à Votre Majesté quels hommes ont été employés, dans tous les temps, et dans les affaires les plus difficiles, avec le plus de bonheur. Votre Majesté sait que ce sont ceux-là mêmes qu'il semblait que la fortune en eût le plus éloignés [1]. Et qui doit, en effet, servir Votre Majesté avec plus de zèle qu'un gentilhomme qui, n'étant pas né à la cour, n'a rien à espérer que de son maître et de ses services? Je crois sentir, Sire, en moi-même, que je suis appelé à cet honneur, par quelque chose de plus invincible et de plus noble que l'ambition.

Monsieur le duc de Biron, sous qui j'ai l'honneur de servir, pourra faire connaître ma naissance et ma conduite à Votre Majesté, lorsqu'elle le lui ordonnera; et j'espère qu'elle ne trouvera rien, dans l'une ni dans l'autre, qui puisse me fermer l'entrée de ses grâces.

Je suis, avec un très-profond respect, etc.

---

[1] La même pensée se retrouve, presque en même termes, dans la Maxime 786ᵉ. — G.

96. — LE MÊME A M. AMELOT.

A Arras, le 12 décembre 1743.

Monseigneur,

J'ai pris la liberté d'écrire au Roi, et de lui représenter que l'état de ma santé et de ma fortune m'ôtant toute espérance de rendre à la guerre aucun service, je croyais que l'habitude que je me suis faite du travail, et le caractère de mon esprit, pouvaient me faire espérer de le servir avec plus de succès, sous l'autorité de votre emploi, dans les pays étrangers. J'ose encore, Monseigneur, vous adresser ma lettre, et vous supplie de la présenter. Je voudrais vous paraître digne de la grâce que j'y demande : mais vous n'avez pas le loisir, au milieu des affaires qui vous environnent, de lire les discours d'un homme oisif. Éprouvez, Monseigneur, s'il est possible qu'il se trouve un homme assez hardi pour tenter d'imposer à son maître, et à un ministre tel que vous.

Je me ferai connaître plus particulièrement à vous, lorsque vous le souhaiterez. Il y a neuf ans que je sers dans le régiment du Roi, et M. le duc de Biron sait quelle y a été ma conduite.

97. — LE MÊME AU DUC DE BIRON.

A Arras, le 14 janvier 1744.

Monsieur,

J'ai eu l'honneur de vous écrire, de Nancy, deux lettres [1] auxquelles vous n'avez pas jugé à propos de faire réponse, et je n'ose plus en attendre à celle que j'ai hasardée encore, il y a un mois : ce silence continué de votre part, Monsieur, m'est très-sensible, et me fait connaître de quel œil vous re-

[1] Voir les Lettres 85e et 87e. — G.

gardez mes sentiments. Je ne saurais, après cela, aimer encore mon emploi, où j'ai fait des efforts si inutiles pour mériter vos bontés, ni même conserver ailleurs aucune idée qui me flatte. Si vous, Monsieur, à qui j'ai l'honneur d'être connu, vous me traitez ainsi, que dois-je attendre de ceux qui ne me connaissent pas?

Vous me faites sentir, Monsieur, la nécessité où je suis, de quitter le service que je continue depuis neuf ans, sans espérance, contre le sentiment de ma famille, et avec des infirmités dont vous avez bien voulu vous apercevoir quelquefois. Je vous supplie, Monsieur, de nommer à mon emploi, et de recevoir cette lettre comme ma démission. Je prends la liberté d'y joindre une copie d'une autre lettre que j'écris à monsieur Amelot[1] : je crois justifier, en quelque sorte, ma conduite, lorsque j'ose vous la communiquer. J'espère, Monsieur, que je pourrai avoir l'honneur de vous voir à Paris à la fin de ce mois, et vous remercier, de vive voix, du congé absolu que vous avez eu la bonté d'accorder à M. de la Serre, pour un soldat de ma compagnie[2]. Il a été remplacé, sur-le-champ, par un très-bel homme. Je suis, avec un profond respect, *etc.*

---

98. — LE DUC DE BIRON A VAUVENARGUES.

A Arras, le 14 janvier 1744.

J'ai reçu, Monsieur, la lettre que vous m'avez écrite avec votre démission. J'envoie ordre de vous laisser partir d'Arras, quand vous le jugerez à propos.

Je suis très-parfaitement, Monsieur, *etc.*

Je serai fort aise, quand vous serez à Paris, de vous voir, et de raisonner avec vous sur les choses que vous m'avez paru désirer.

[1] Voir la Lettre 99e. — G.
[2] Voir la Lettre 94e. — G.

99. — VAUVENARGUES A AMELOT.

A Arras, le 14 janvier 1744.

Monseigneur,

Je suis sensiblement touché que la lettre que j'ai eu l'honneur de vous écrire, et celle que j'ai pris la liberté de vous adresser pour le Roi, n'aient pas pu attirer votre attention. Il n'est pas surprenant, peut-être, qu'un ministre si occupé ne trouve pas le temps d'examiner de telles lettres : mais, Monseigneur, me permettez-vous de vous dire que c'est cette impossibilité morale où se trouve un gentilhomme, qui n'a que du zèle, de parvenir jusqu'à son maître, qui fait le découragement que l'on remarque parmi la noblesse des provinces, et qui éteint toute émulation?

J'ai passé, Monseigneur, toute ma jeunesse loin des distractions du monde, pour tâcher de me rendre capable des emplois où j'ai cru que mon caractère m'appelait, et j'osais penser qu'une volonté si laborieuse me mettrait, du moins, au niveau de ceux qui attendent toute leur fortune de leurs intrigues et de leurs plaisirs. Je suis pénétré, Monseigneur, qu'une confiance, que j'avais principalement fondée sur l'amour de mon devoir, se trouve entièrement déçue. Ma santé ne me permettant plus de continuer mes services à la guerre, je viens d'écrire à M. le duc de Biron, pour le prier de nommer à mon emploi. Je n'ai pu, dans une situation si malheureuse, me refuser de vous faire connaître mon désespoir : pardonnez-moi, Monseigneur, s'il me dicte quelque expression qui ne soit pas assez mesurée. Je suis, avec le plus profond respect, *etc.*

100. — AMELOT A VAUVENARGUES.

A Marly, le 26 janvier 1744.

J'ai reçu, Monsieur, la lettre que vous avez pris la peine de m'écrire, et à laquelle vous en aviez joint une autre pour le Roi, dont j'ai fait lecture à Sa Majesté [1]. Je ne puis que louer le zèle qui vous porte à vouloir la servir dans les affaires étrangères, depuis que vous avez reconnu que la faiblesse de votre santé ne vous permettait plus de suivre le métier des armes. Je serai très-aise de trouver des occasions de proposer au Roi de faire usage de vos talents, et de vous donner des marques des sentiments avec lesquels je suis, Monsieur, plus parfaitement que personne, entièrement à vous.

---

101. — VAUVENARGUES A SAINT-VINCENS.

A Arras, le 26 janvier 1744.

J'ai quitté le régiment du Roi, mon cher Saint-Vincens, et il n'y a pas d'apparence que je trouve un autre emploi dans le service. Je vous ferai le détail de mes raisons, dès que je serai un peu tranquille; mais j'ai été saigné aujourd'hui, étant de garde, et cela ne me permet pas de vous écrire aussi longtemps que je voudrais.

Il doit y avoir à Aix, depuis six mois, un chirurgien nommé Fournier, qui a passé plusieurs années à Prague, et qui m'y avait prêté cent pistoles, que je lui ai rendues avec exactitude. Cet homme m'avait promis, en passant à Nancy, de me prêter encore deux mille francs à intérêt, et de me les envoyer à l'armée, dès qu'il aurait arrangé ses affaires. Tâchez, mon cher Saint-Vincens, de le déterrer, et, à quelque prix que ce soit, engagez-le à me tenir sa parole : je

---

[1] Il est à noter que le ministre ne fait pas la moindre allusion à la lettre précédente, qui est pourtant celle qui l'a décidé à répondre; mais on comprend qu'il lui fût commode de supposer qu'il ne l'avait pas reçue. — G.

suis perdu sans ressource, s'il me manque. Il y a longtemps que j'avais prévu que j'aurais besoin de cet argent, et, enfin, le moment est arrivé.

Je ne puis pas, aujourd'hui, vous en dire davantage ; la tête me tourne, et je ne vois pas mon papier ; je vous écrirai encore, mon cher ami, dans peu de jours, et je vous expliquerai tout. Mon dessein est d'aller à Paris, le plus tôt que je pourrai ; mais je serai peut-être arrêté ici, plus longtemps que je ne voudrais.

Adieu ; je vous enverrai mon adresse à la fin de la semaine. Travaillez, je vous prie, en attendant, à persuader M. Fournier, et à quelque prix que ce soit ; il est homme que l'on peut gagner par de grosses offres ; ne négligez rien. Adieu, encore une fois ; je ne réponds rien à votre dernière lettre ; elle est pleine de choses obligeantes, et dont je connais bien le prix.

102 — LE MÊME AU MÊME.

A Arras, le 29 janvier 1744.

Je vous ai écrit, ces jours passés, mon cher Saint-Vincens, étant malade, et hors d'état d'entrer avec vous dans des détails. Je ne saurais trop vous recommander l'affaire pour laquelle je vous ai écrit ; il n'est pas nécessaire de vous dire les raisons, vous les pénétrerez assez.

Je vous envoie une copie des lettres que j'ai écrites au Roi, au duc de Biron, et à M. Amelot, avant de quitter le service. Vous serez peut-être surpris, mon cher Saint-Vincens, de l'idée de ces lettres : je n'ai jamais compté qu'elles réussissent, mais j'espérais qu'elles attireraient quelque attention par leur singularité, et que cela me mettrait peut-être, un jour, à même de me faire connaître. Les choses ont tourné au pis : M. le duc de Biron a accepté ma démission dans une lettre assez incivile et assez sèche, et M. Amelot m'a fait une réponse vague, et qui ne décide rien[1]. Je suis touché de tout cela, comme un homme qui a de l'ambition, et qui se voit borné de tous côtés par des obstacles presque insurmontables; mais je ne me reproche rien. J'ai toujours fait ce que j'ai pu pour mériter une fortune moins obscure; je sais de quel œil on regarde l'ambition d'un homme qui se fonde sur de tels titres; mais il n'a pas été en moi d'en produire de meilleurs.

S'il y a encore, à Aix, des gens qui se souviennent de moi, et que vous jugiez à propos de leur montrer mes lettres, je vous en laisse entièrement le maître, mon cher Saint-Vincens. Tout le monde vous dira que ce n'est pas comme cela que l'on parvient; je l'avoue; mais avais-je de meilleurs moyens? Il fallait du moins, direz-vous, vous épargner un ridicule : mais il y a des ridicules qui ne nuisent point, et qui, même, réussissent quelquefois : *C'est mal connaître le public*, dit La Bruyère, *que de ne pas savoir hasarder quelquefois de grandes fadaises.*

Adieu, mon cher Saint-Vincens; adressez-moi votre première lettre à Paris, à l'adresse que l'on vous donnera dans ma famille; je vous prie de la demander à mon frère. Je compte arriver à Paris vers le 10 février. Mais vous, mon cher Saint-Vincens, voulez-vous mourir sans avoir vu la capitale?

---

103. — LE MÊME A VILLEVIEILLE.

A Arras, le 5 février 1744.

Il est décidé, mon cher baron[2], que je ne deviendrai pas capitaine de grenadiers[3] au régiment du Roi; je l'ai quitté,

---

[1] Cependant, cette réponse, quoique tardive et peu explicite, était sincère, et le ministre destinait le premier emploi vacant à Vauvenargues, vivement recommandé, d'ailleurs, par Voltaire. (Voir la Lettre 104e.) — G.

[2] C'était, sans doute, un sobriquet de régiment; car Villevieille était *marquis*, et c'est sous ce titre que Vauvenargues lui adresse toutes ses lettres. — G.

[3] Vauvenargues était déjà capitaine, depuis cinq ans; mais on sait que

et je pars demain pour Paris, où je serai aussi longtemps qu'il plaira à Dieu, car je ne vois pas encore le tour que pourra prendre ma fortune.

Il y a longtemps, mon cher Villevieille, que je vous ai dit que vous étiez fou de continuer le service : je parlais alors contre mon intérêt; maintenant, je serais inconsolable, si vous restiez après moi au régiment [1]. Je ne puis le quitter, mon cher baron, sans m'attendrir sur le souvenir de ces années que j'ai passées avec vous, dans de si utiles et si aimables entretiens; je n'oublierai jamais l'appui, la douceur, l'instruction que j'ai trouvés dans votre commerce, combien mon esprit s'est formé et fortifié avec vous, et tout ce que je vous dois. Souvenez-vous, de votre côté, mon cher baron, que la supériorité que l'âge vous donnait sur moi ne m'a jamais empêché de vous aimer comme un ami.

Je ne sais pas encore où je logerai à Paris; mais vous pouvez adresser vos lettres pour moi à Montiers [2], qui voudra bien me les faire tenir. Je vous envoie une copie des lettres que j'ai eu occasion d'écrire avant de quitter [3]; vous y verrez mes motifs, que vous connaissez déjà, et le peu de succès de mes idées. Donnez-moi promptement de vos nouvelles, mon cher Villevieille, et mandez-moi s'il m'est permis d'espérer de vous voir bientôt; vous me retrouverez toujours avec les sentiments que vous m'avez connus; la mort même ne les effacera pas, s'il y a quelque chose après elle.

l'entrée aux grenadiers, compagnie d'élite, était regardée comme un avancement. — G.

[1] On verra dans la lettre 109e, que Villevieille n'a pas tardé à suivre le conseil et l'exemple de Vauvenargues. — G.

[2] Camarade de régiment, retiré du service, à Paris. — G.

[3] Ce sont les lettres au Roi, à Amelot, et au duc de Biron, dont Vauvenargues envoyait également copie à Saint-Vincens. — G.

104. — VOLTAIRE A VAUVENARGUES.

Dimanche, 11 février 1744 [1].

Tout ce que vous aimerez, Monsieur, me sera cher, et j'aime déjà le sieur de Fléchelles. Vos recommandations sont pour moi les ordres les plus précis. Dès que je serai un peu débarrassé de *Mérope*, des imprimeurs, des Goths et Vandales qui persécutent les lettres, je chercherai mes consolations dans votre charmante société, et votre prose éloquente ranimera ma poésie. J'ai eu le plaisir de dire à M. Amelot tout ce que je pense de vous; il sait son Démosthène par cœur, il faudra qu'il sache son Vauvenargues. Comptez à jamais, Monsieur, sur la tendre estime et sur le dévouement de

VOLTAIRE.

105. — VAUVENARGUES A SAINT-VINCENS.

A Paris, le 26 février 1744.

Votre dernière lettre, mon cher Saint-Vincens, m'a fait une peine infinie : vous ne sauriez croire l'impatience que j'ai d'avoir de vos nouvelles; je ne puis souffrir de vous savoir malade, et d'ignorer la cause de votre maladie. Vous deviez me faire écrire par mon frère; quoiqu'il soit fort paresseux, je suis persuadé qu'il ne se serait pas refusé à cette occasion.

J'ai été présenté à M. Amelot, depuis que je suis dans ce pays-ci; il m'a reçu poliment; mais les dispositions de ma

---

[1] Dans les précédentes éditions de Vauvenargues, et dans la Correspondance de Voltaire (édition-Beuchot), cette lettre est datée du 10 ou du 11 février 1743, de sorte qu'elle serait antérieure, de deux mois, à celle que Vauvenargues adressait à Voltaire sur Corneille et Racine. Mais, sans parler du ton plus familier sur lequel elle est écrite, les détails même qu'elle renferme indiquent qu'elle est de 1744. Les deux lettres de Vauvenargues à Amelot, sont de décembre 1743 et de janvier 1744, et il est clair que l'intervention de Voltaire auprès du ministre est de la même date. Les éditeurs précédents se sont trompés à *Mérope* : il est vrai que cette pièce a été représentée le 20 février 1743, mais elle n'a été imprimée qu'en 1744, et Voltaire ne parle ici que des *imprimeurs*, en même temps que des *Goths et Vandales* qui persécutaient l'ouvrage, comme ils persécutent d'ordinaire, après le succès. — G.

famille ne me permettent pas de suivre mes projets, et je suis obligé de prendre de nouvelles vues [1]. Je vous rendrais compte de tous mes sentiments, si je vous savais en bonne santé ; mais l'inquiétude que j'ai de votre état m'occupe uniquement, et je ne saurais, pour cette fois, vous parler d'autre chose.

Adieu, mon cher ami ; écrivez-moi, dès que vous le pourrez, ou faites-moi, du moins, donner de vos nouvelles.

---

106. — LE MÊME AU MÊME.

A Paris, le 1er mars 1744.

Votre dernière lettre, mon cher Saint-Vincens, m'avait mis dans une grande inquiétude sur votre santé ; celle que vous avez la bonté de m'écrire, du 21, me rassure un peu, quoique vous ne m'en parliez pas, car je ne saurais croire que vous pussiez être malade, et ne pas m'en dire un seul mot.

Je suis très-sensible, mon cher Saint-Vincens, aux soins que vous vous êtes donnés pour moi ; je ne doute pas de votre amitié : qui pourrait vous obliger à m'en témoigner, si vous ne m'aimiez pas sincèrement ? Voilà l'avantage que je tire de ma situation ; comme elle ne peut pas me donner de faux amis, j'ai le plaisir de croire les miens véritables.

Je suis surpris que vous ne me répondiez pas un mot sur le projet et les lettres que je vous ai communiqués : je vous ai mandé, dans ma dernière, que j'abandonnais toutes ces vues pour en prendre de plus conformes à ma situation. Mes parents, mon cher Saint-Vincens, m'éloigneront peut-être, pour toute ma vie, de la Provence, en me faisant une nécessité d'y retourner ; ils ne veulent se prêter à rien, et croient les conjonctures favorables, pour me forcer à me dé-

---

[1] Voir la Lettre suivante, et la dernière note de la Lettre 110e. — G.

tacher de mes inclinations; je crois qu'ils se trompent, et peut-être qu'ils y auront du regret avant qu'il soit peu.

Je ne puis pas, mon ami, en confier davantage au papier, mais j'espère que je serai bientôt à même de vous écrire avec plus de liberté. Je suis au désespoir d'être réduit à un parti qui me répugne, dans le fond, autant qu'il déplaira à ma famille : si l'on avait voulu me mettre en état de demeurer, un an de suite, à Paris, pour suivre les choses que j'y avais commencées, ou j'aurais obtenu ce que je désirais, ou je me serais dégoûté, et j'aurais pris de moi-même le parti auquel on me sollicite; mais la nécessité n'a point de loi [1].

107. — VOLTAIRE A VAUVENARGUES.

Jeudi, 4 avril 1744 [2].

Aimable créature, beau génie, j'ai lu votre premier manuscrit, et j'y ai admiré cette hauteur d'une grande âme qui s'élève si fort au-dessus des petits brillants des Isocrates. Si vous étiez né quelques années plus tôt, mes ouvrages en vaudraient mieux; mais, au moins, sur la fin de ma carrière, vous m'affermissez dans la route que vous suivez. Le grand, le pathétique, le sentiment, voilà mes premiers maîtres; vous êtes le dernier; je vais vous lire encore. Je vous remercie tendrement; vous êtes la plus douce de mes consolations, dans les maux qui m'accablent.

108. — LE MÊME AU MÊME.

Ce lundi, 7 mai 1744.

En vous remerciant. Mais vous êtes trop sensible; vous pardonnez trop aux faux raisonnements en faveur de quelque éloquence. D'où

---

[1] Voir la dernière note du 60e *Caractère*. — G.
[2] Dans les éditions précédentes, cette lettre est mise à la date du 4 avril 1743; je n'aurais qu'à répéter, ici, ce que j'ai dit dans la note de la Lettre 104e, à laquelle je renvoie. — G.

vient que quelque chose est, et qu'il ne se peut pas faire que le rien soit, si ce n'est parce que l'être vaut mieux que le rien [1] ? Voilà un franc discours de Platon. Le rien n'est pas, parce qu'il est contradictoire que le rien soit, parce qu'on ne peut admettre la contradiction dans les termes ; il s'agit bien là *du meilleur !* On est toujours, dans ces hauteurs, à côté d'un abîme. Je vous embrasse, je vous aime, autant que je vous admire.

109. — VAUVENARGUES A VILLEVIEILLE.

A Aix, le 18 juin 1744.

Il y a bientôt trois semaines, mon cher Villevieille, que je suis en Provence, et je ne compte pas y faire de vieux os. Si jamais je mets le pied en Languedoc, vous pouvez vous tenir assuré que j'irai vous rendre mes hommages, dans vos terres [2]. Ce sera une grande joie pour moi de vous renouveler mon amitié, et de vous voir tranquille [3]. Je suis charmé que vous ayez résisté à tout ce qui voulait vous retenir au service : ce que vous me dites, à ce sujet, de M. de Biron, ne me surprend en aucune manière [4] ; j'espère que la cour sera plus juste, et qu'on vous fera raison. Faites-moi part de vos amusements, mon cher baron, et donnez-moi souvent de vos nouvelles, comme vous me le promettez. J'imagine que vous n'êtes pas de ceux qui regrettent le service, après l'avoir quitté : si cela vous arrivait un jour, avertissez-m'en aussitôt, et je tâcherai de vous remettre [5]

---

[1] Cette phrase ne se retrouve pas dans les œuvres de Vauvenargues, qui l'a supprimée, sans doute, d'après l'avis de Voltaire. — G.

[2] Villevieille possédait la terre de Sommières, près de Nîmes. — G.

[3] Il avait quitté le régiment du Roi, peu de temps après Vauvenargues. Voir la 1re note de la page 269.) — G.

[4] On a pu remarquer que Vauvenargues, pour son compte, n'avait pas trop à se louer de son colonel, le duc de Biron. — G.

[5] Apparemment, *remettre* est pris dans le sens de *rendre*, et Vauvenargues veut dire à Villevieille qu'il s'emploiera volontiers à le faire rentrer au service, s'il regrette de l'avoir quitté. — G.

les mauvaises nuits que nous avons passées ensemble; vous m'avez rendu ce souvenir très-cher, par mille endroits, et je ne le perdrai jamais. Adieu, jeune baron.

110. — VOLTAIRE A VAUVENARGUES.

A Versailles, le 7 janvier 1745.

Le dernier ouvrage [1] que vous avez bien voulu m'envoyer, Monsieur, est une nouvelle preuve de votre grand goût dans un siècle où tout me semble un peu petit, et où le faux bel-esprit s'est mis à la place du génie.

Je crois que si on s'est servi du terme d'*instinct* [2] pour caractériser La Fontaine, ce mot *instinct* signifiait génie. Le caractère de ce bon homme était si simple, que, dans la conversation, il n'était guère au-dessus des animaux qu'il faisait parler; mais, comme poète, il avait un instinct divin, et d'autant plus *instinct*, qu'il n'avait que ce talent. L'abeille est admirable, mais c'est dans sa ruche; hors de là, l'abeille n'est qu'une mouche.

J'aurais bien des choses à vous dire sur Boileau et sur Molière : je conviendrais, sans doute, que Molière est inégal dans ses vers; mais je ne conviendrais pas qu'il ait choisi des personnages et des sujets trop bas. Les ridicules fins et déliés, dont vous parlez, ne sont agréables que pour un petit nombre d'esprits déliés; il faut au public des traits plus marqués. De plus, ces ridicules si délicats ne peuvent guère fournir des personnages de théâtre : un défaut presque imperceptible n'est guère plaisant; il faut des ridicules forts, des impertinences dans lesquelles il entre de la passion, qui soient propres à l'intrigue; il faut un joueur, un avare, un jaloux, etc. Je suis d'autant plus frappé de cette vérité, que je suis actuellement occupé d'une fête pour le mariage de M. le Dauphin, dans laquelle il entre une comédie [3]; et je m'aperçois plus que jamais que ce délié, ce fin, ce délicat, qui font le charme de la conversation, ne conviennent guère au théâtre. C'est cette fête qui m'em-

---

[1] Les cinq premières *Réflexions critiques sur quelques poètes*. — G.
[2] Voir la 1re note de la *Réflexion* Sur La Fontaine. — G.
[3] *La Princesse de Navarre*, comédie-ballet en trois actes, représentée au château de Versailles, le 23 février 1745. — G.

pêche d'entrer avec vous, Monsieur, dans un plus long détail, et de vous soumettre mes idées; mais rien ne m'empêche de sentir le plaisir que me donnent les vôtres.

Je ne prêterai à personne le dernier manuscrit que vous avez eu la bonté de me confier. Je ne pus refuser le premier à une personne digne d'en être touchée. La singularité frappante de cet ouvrage, *en faisant des admirateurs, a fait, nécessairement, des indiscrets;* l'ouvrage a couru; il est tombé entre les mains de M. de La Bruère [1], qui, n'en connaissant pas l'auteur, a voulu, dit-on, en enrichir son *Mercure.* Ce Monsieur de La Bruère est un homme de mérite et de goût; il faudra que vous lui pardonniez; il n'aura pas toujours de pareils présents à faire au public. J'ai voulu en arrêter l'impression, mais on m'a dit qu'il n'en était plus temps. Avalez, je vous prie, ce petit dégoût, si vous haïssez la gloire.

Votre état [2] me touche à mesure que je vois les productions de votre

---

[1] Bruère (Charles Le Clerc de La) eut le privilége du *Mercure* depuis 1744 jusqu'à sa mort, arrivée en 1754, à l'âge de 39 ans. Le *Mercure,* sous lui et sous Fuzelier, son associé, ne fut point le bureau de la satire; il sut le rendre intéressant par d'autres moyens. Voltaire a fait, à l'occasion d'une pièce de cet auteur (*les Voyages de l'Amour,* opéra représenté en mai 1736), les vers suivants, que nous citons parce qu'ils sont peu connus :

« L'amour t'a prêté son flambeau;
« Quinault, son ministre fidèle,
« T'a laissé son plus doux pinceau :
« Tu vas jouir d'un sort si beau,
« Sans jamais trouver de cruelle,
« Et sans redouter un Boileau... » — B.

[2] On a vu, dans la lettre 106e, que Vauvenargues retournait malgré lui en Provence, et que sa famille *ne voulant se prêter à rien,* il renonçait à l'idée d'entrer dans la diplomatie, *pour prendre des vues plus conformes à sa situation.* Cette dernière phrase, et celles qui la suivent, montrent que, dès ce moment-là, il songeait à écrire pour le public, bien que, *dans le fond, ce parti lui répugnât.* En effet, il soumet immédiatement à l'appréciation de Voltaire (Lettres 107e et 108e) différents morceaux qu'il se proposait de publier. A la fin du mois de mai, ou dans les premiers jours du mois de juin 1744, il arrive à Aix (Lettre 109e). Là, à force d'instances, sans doute, il avait obtenu de sa famille qu'elle lui permît de reprendre ses projets diplomatiques, car Marmontel, dans une petite notice qu'il lui a consacrée (*Épître à Voltaire*), nous apprend que Vauvenargues, retiré dans sa famille, en attendant le moment d'être employé, se livrait aux études de son nouvel état, quand il fut pris d'une petite-vérole de l'espèce la plus maligne. « Défiguré, ajoute Mar-
« montel, par les traces qu'elle avait laissées, attaqué d'un mal de poitrine
« qui l'a conduit au tombeau, et presque privé de la vue, il se vit obligé de
« remercier le ministère des desseins qu'il avait sur lui. » — C'est à ce triste *état* que Voltaire fait ici allusion, et c'est alors que Vauvenargues, à bout de ressources et d'espérances, revint à ses projets littéraires, comme à la seule occupation qui lui fût désormais possible, et à la seule occasion de gloire qui lui restât. — G.

esprit si vrai, si naturel, si facile, et quelquefois si sublime. Qu'il serve à vous consoler, comme il servira à me charmer. Conservez-moi une amitié que vous devez à celle que vous m'avez inspirée. Adieu, Monsieur, je vous embrasse tendrement [1].

111. — VAUVENARGUES A VOLTAIRE.

A Aix, le 21 janvier 1745.

J'ai reçu, Monsieur, avec la plus grande confiance et la reconnaissance la plus tendre, les louanges dont vous honorez mes faibles écrits. Je ne dois pas être fâché que le premier discours que j'ai pris la liberté de vous envoyer ait vu le jour, puisqu'il a votre approbation, malgré ses défauts; j'aurais souhaité seulement le donner à M. de la Bruère dans une imperfection moins remarquable.

J'ai lu avec une grande attention ce que vous me faites l'honneur de m'écrire sur La Fontaine. Je croyais que le mot *instinct* aurait pu convenir à un auteur qui n'aurait mis que du sentiment, de l'harmonie et de l'éloquence dans ses vers, et qui, d'ailleurs, n'aurait montré ni pénétration ni réflexion; mais qu'un homme qui pense partout, dans ses *Contes*, dans ses *Préfaces*, dans ses *Fables*, dans les moindres choses, et dont le caractère même est de penser ingénieusement et avec finesse; qu'un esprit si solide soit mis dans le rang des hommes qui ne pensent point, parce qu'il n'aura pas eu dans la conversation le don de s'exprimer, défaut que les hommes, qui sont exagérateurs, ont probablement fort enflé, et qui méritait plus d'indulgence dans ce grand poëte, je vous avoue, Monsieur, que cela me surprend. Il n'appartient pas à un homme né en

[1] Cette lettre de Voltaire est, sinon moins affectueuse, du moins, plus *cérémonieuse* que les précédentes : si l'on remarque que la correspondance a été interrompue pendant près d'un an, on s'expliquera la différence de ton. — G.

Provence de connaître la juste signification des mots, et vous aurez la bonté de me pardonner les préventions que je puis avoir là-dessus.

J'ai corrigé mes pensées à l'égard de Molière, sur celles que vous avez eu la bonté de me communiquer; je les ajouterai à cette lettre; je vous prie de les relire jusqu'à la fin. Si vous êtes encore assez bon pour me faire part de vos lumières sur Boileau, je tâcherai aussi d'en profiter. J'ai le bonheur que mes sentiments sur la comédie se rapprochent beaucoup des vôtres : j'ai toujours compris que le ridicule y devait naître de quelque passion qui attachât l'esprit du spectateur, donnât de la vivacité à l'intrigue, et de la véhémence aux personnages ; je ne pensais pas que les passions des gens du monde, pour être moins naïves que celles du peuple, fussent moins propres à produire ces effets, si un auteur naïf peignait avec force leurs mœurs dépravées, leur extravagante vanité, leur esprit, sans le savoir, toujours hors de la nature, source intarissable de ridicules. J'ai vu bien souvent, avec surprise, le succès de quelques pièces du haut comique, qui n'avaient pas même l'avantage d'être bien pensées ; je disais alors : Que serait-ce si les mêmes sujets étaient traités par un homme qui sût écrire, former une intrigue, et donner de la vie à ses peintures ? C'est avec la plus sincère soumission que je vous propose mes idées ; je sais, depuis longtemps, qu'il n'y a que la pratique même des arts qui puisse nous donner, sur la composition, des idées saines. Vous les avez tous cultivés, dès votre enfance, avec une tendre attention ; et le peu de vues que j'ai sur le goût, je les dois principalement, Monsieur, à vos ouvrages.

Celui qui vous occupe présentement occupera bientôt la France. Je conçois qu'un travail si difficile et si pressé demande vos soins ; vous avez, néanmoins, trouvé le temps de me parler de mes frivoles productions, et de consoler par les assurances de votre amitié mon cœur affligé. Ces marques aimables d'humanité sont bien chères à un malheureux qui ne doit plus avoir de pensées que pour la vertu [1] ; j'espère pouvoir vous en remercier, de vive voix, à la fin de mai, si ma santé me permet de me mettre en voyage. Je serais inconsolable, si je ne vous trouvais pas à Paris dans ce temps-là. Un gros rhume que j'ai sur la poitrine, avec la fièvre depuis quinze jours, interrompt le plaisir que j'ai de m'entretenir avec vous. Continuez-moi, je vous prie, Monsieur, les témoignages de votre amitié ; je cesserai de vivre, avant de cesser de les reconnaître.

112. — LE MÊME AU MÊME.

A Aix, le 27 janvier 1745.

Je n'aurais pas été longtemps fâché, Monsieur, que mes papiers eussent vu le jour, s'ils ne l'avaient dû qu'à l'estime que vous en faisiez ; mais, puisqu'ils paraissaient sans votre aveu, et avec les défauts que vous leur connaissez, il vaut beaucoup mieux, sans doute, qu'ils soient encore à notre disposition ; je ne regrette que la peine qu'on vous a donnée pour une si grande bagatelle [2].

Mon rhume continue toujours, avec la fièvre, et d'autres incommodités qui m'affaiblissent et m'épuisent. Tous les maux m'assiégent ; je voudrais les souffrir avec patience, mais cela est bien difficile. Si je puis mériter, Monsieur, que vous m'accordiez une amitié bien sincère, j'espère qu'elle me sera grandement utile, et fera, tant que je vivrai, ma consolation et ma force.

[1] Voir la 2e note de la page 275. — G.
[2] La lettre à laquelle Vauvenargues répond, manque au recueil. Dans cette lettre, qui avait dû se croiser en route avec la précédente, Voltaire, mieux informé, lui annonçait, sans doute, contrairement à la 110e, qu'il était temps encore d'arrêter la publication des *Réflexions critiques sur quelques poetes*. — G.

113. — VOLTAIRE A VAUVENARGUES.

SUR UN ÉLOGE FUNÈBRE D'UN OFFICIER, COMPOSÉ PAR M. DE VAUVENARGUES, A PRAGUE [1].

L'état où vous m'apprenez que sont vos yeux a tiré, Monsieur, des larmes des miens, et l'*Éloge funèbre* que vous m'avez envoyé a augmenté mon amitié pour vous, en augmentant mon admiration pour cette belle éloquence avec laquelle vous êtes né. Tout ce que vous dites n'est que trop vrai, en général ; vous en exceptez, sans doute, l'amitié : c'est elle qui vous a inspiré, et qui a rempli votre âme de ces sentiments qui condamnent le genre humain. Plus les hommes sont méchants, plus la vertu est précieuse ; et l'amitié m'a toujours paru la première de toutes les vertus, parce quelle est la première de nos consolations. Voilà la première oraison funèbre que le cœur ait dictée [2] : toutes les autres sont l'ouvrage de la vanité. Vous craignez qu'il n'y ait un peu de déclamation : il est bien difficile que ce genre d'écrire se garantisse de ce défaut ; qui parle longtemps, parle trop sans doute. Je ne connais aucun discours oratoire où il n'y ait des longueurs ; tout art a son endroit faible : quelle tragédie est sans remplissage, quelle ode sans strophes inutiles ? mais, quand le bon domine, il faut être satisfait. D'ailleurs, ce n'est pas pour le public que vous avez écrit ; c'est pour vous, c'est pour le soulagement de votre cœur. Le mien est pénétré de l'état où vous êtes ; puissent les belles-lettres vous consoler ! Elles sont, en effet, le charme de la vie, quand on les cultive pour elles-mêmes, comme elles le méritent ; mais, quand on s'en sert comme d'un organe de la renommée, elles se vengent bien de ce qu'on ne leur a pas offert un culte assez pur ; elles nous suscitent des ennemis qui nous persécutent jusqu'au tombeau. Zoïle eût été capable de faire tort à Homère vivant. Je sais bien que les Zoïles sont détestés, qu'ils sont le mépris de toute la terre, et c'est là, précisément, ce qui les rend dangereux : on se trouve compromis, malgré qu'on en ait, avec un homme couvert d'opprobres.

Je voudrais, malgré ce que je vous dis là, que votre ouvrage fût public ; car, après tout, quel Zoïle pourrait médire de ce que l'amitié,

[1] Voir l'*Éloge d'Hippolyte de Seytres*. — G.
[2] Celle que Vauvenargues, à son tour, inspirera à Voltaire lui-même, sera la seconde. Voir l'*Éloge funèbre des officiers morts pendant la guerre de 1741*, composé, Voltaire le dit expressément, à l'intention de Vauvenargues. — Édition Beuchot, tome 39ᵉ, page 27. — G.

la douleur et l'éloquence ont inspiré à un jeune officier, et qui ne serait étonné de voir le génie de M. Bossuet à Prague? Adieu, Monsieur; soyez heureux, si les hommes peuvent l'être; je compterai parmi mes beaux jours celui où je pourrai vous revoir.

Je suis, avec les sentiments les plus tendres, *etc* [1].

114. — VAUVENARGUES A VOLTAIRE [2].

Je vous accable, Monsieur, de mes lettres; je sens l'indiscrétion qu'il y a à vous dérober à vous-même; mais, lorsqu'il me vient en pensée que je puis gagner quelque degré dans votre amitié ou votre estime, je ne résiste pas à cette idée. J'ai retrouvé, il y a peu de temps, quelques vers que j'ai faits dans ma jeunesse : je ne suis pas assez impudent pour montrer moi-même de telles sottises; je n'aurais jamais osé vous les lire; mais, dans l'éloignement qui nous sépare, et dans une lettre, je suis plus hardi. Le sujet des premières pièces est peu honnête; je manquais beaucoup de principes, lorsque je les ai hasardées; j'étais dans un âge où ce qui est le plus licencieux paraît trop souvent le plus aimable. Vous pardonnerez ces erreurs d'un esprit follement amoureux de la liberté, et qui ne savait pas encore que le plaisir même a ses bornes. Je n'achevai pas le morceau commencé sur la mort d'Orphée; je crus m'apercevoir que les rimes redoublées, que j'avais choisies, n'é-

---

[1] Cette lettre, qui, dans la Correspondance générale de Voltaire, se trouve sans date, a été écrite dans les derniers jours de décembre 1745. — B — J'ai en ma possession l'original de cette lettre; elle est écrite par un secrétaire, mais la signature et la suscription sont de la main de Voltaire. Il est évident qu'elle ne peut être mise à la date indiquée par M. Brière, puisque Vauvenargues en cite un passage dans le discours qu'il présenta au concours d'Éloquence de 1745, et qui a dû être composé, au plus tard, dans les premiers mois de cette année. (Voir, dans le discours *Sur l'Inégalité des richesses*, la note de la page 181.) Il est probable que cette lettre est du mois de mars 1745. — G.

[2] Cette lettre, trouvée sans date, répond à la précédente, et a dû être écrite d'Aix, vers la fin du mois de mars 1745. — G.

taient pas propres au genre terrible; je jugeai selon mes lumières; il peut arriver qu'un homme de génie fasse voir un jour le contraire.

Si mes vers n'étaient que très-faibles, je prendrais la liberté de vous demander à quel degré; mais je crois les voir tels qu'ils sont. Je n'ai pu, cependant, me refuser de vous donner ce témoignage de l'amour que j'ai eu de très-bonne heure pour la poésie; je l'aurais cultivée avec ardeur, si elle m'avait plus favorisé; mais la peine que me donna ce petit nombre de vers ridicules, me fit une loi d'y renoncer. Aimez, Monsieur, malgré cette faiblesse, un homme qui aime lui-même si passionnément tous les arts; qui vous regarde, dans leur décadence, comme leur unique soutien, et respecte votre génie autant qu'il chérit vos bontés.

Vous avez eu la bonté, Monsieur, de me faire apercevoir que le commencement de mon Éloge funèbre exagérait la méchanceté des hommes; je l'ai supprimé, et [j'ai] rétabli un ancien exorde, qui peut-être ne vaut pas mieux. J'ai fait encore quelques changements dans le reste du discours, mais je ne vous envoie que le premier. J'espère toujours avoir le plaisir de vous voir à la fin de mai. Comme ce sera probablement, ici, la dernière lettre que j'aurai l'honneur de vous écrire, je la fais sans bornes.

---

115. — VOLTAIRE A VAUVENARGUES.

A Versailles, ce 3 avril 1745.

Vous pourriez, Monsieur, me dire comme Horace,

Sic raro scribis, ut toto non quater anno [1].

Ce ne serait pas la seule ressemblance que vous auriez avec ce sage aimable : il a pensé quelquefois comme vous dans ses vers; mais il me semble que son cœur n'était pas si sensible que le vôtre. C'est cette

---

[1] Horace, *Satires*, livre II. 3. — G.

extrême sensibilité que j'aime; sans elle, vous n'auriez point fait cette belle oraison funèbre dictée par l'éloquence et la tendre amitié. La première façon dont vous l'aviez commencée me paraît sans comparaison plus touchante, plus pathétique, que la seconde; il n'y aurait seulement qu'à en adoucir quelques traits, et à ne pas comprendre tous les hommes dans le portrait funeste que vous en faites : il y a, sans doute, de belles âmes, et qui pleurent leurs amis avec des larmes véritables. N'en êtes-vous pas une preuve bien frappante, et croyez-vous être assez malheureux pour être le seul qui soyez sensible ?

Ne parlons plus de La Fontaine. Qu'importe qu'en plaisantant, on ait donné le nom d'*instinct* au talent singulier d'un homme qui avait toujours vécu à l'aventure, qui pensait et parlait en enfant sur toutes les choses de la vie, et qui était si loin d'être philosophe?

Ce qui me charme surtout de vos réflexions, Monsieur, et de tout ce que vous voulez bien me communiquer, c'est cet amour si vrai que vous témoignez pour les beaux-arts; c'est ce goût vif et délicat qui se manifeste dans toutes vos expressions. Venez donc à Paris : j'y profiterai avec assiduité de votre séjour. Vous serez peut-être étonné de recevoir une lettre de moi, datée de Versailles : la cour ne semblait guère faite pour moi; mais les grâces que le Roi m'a faites [1] m'y arrêtent, et j'y suis à présent, plus par reconnaissance, que par intérêt. Le Roi part, dit-on [2], les premiers jours du mois prochain, pour aller nous donner la paix, à force de victoires. Vous avez renoncé à ce métier, qui demande un corps plus robuste que le vôtre, et un esprit peu philosophique : c'est bien assez d'y avoir consacré vos plus belles années. Employez, Monsieur, le reste de votre vie à vous rendre heureux; et songez que vous contribuerez à mon bonheur, quand vous m'honorerez de votre commerce, dont je sens tout le prix.

---

[1] Voltaire venait d'être nommé gentilhomme ordinaire, et historiographe de France. — B.

[2] Louis XV partit de Versailles, accompagné du Dauphin, et arriva au camp de Tournay le 8 mai 1745; le 11, par l'habileté du maréchal de Saxe, il gagna, sur le duc de Cumberland, la bataille de Fontenoy. — B.

116. — VAUVENARGUES A VOLTAIRE.

A Aix, le 30 avril 1745.

Je ne vous dirai pas, Monsieur, *sic raró scribis*, etc.; mais j'irai vous demander réponse de vive voix : cela vaudra mieux. Recevez cependant, ici, mes compliments sincères sur les grâces que le Roi vous a faites; je désire, Monsieur, qu'il fasse encore beaucoup d'autres choses qui méritent d'être louées, afin que votre reconnaissance honore toujours la vérité. Vous me permettez bien de prendre cet intérêt à votre gloire.

Je suis bien aise d'avoir parlé comme Horace *pensait quelquefois;* je vous prie cependant de croire, quoique ce soit une chose honteuse à avouer, que je ne pense pas toujours comme je parle. Après cette petite précaution, je crois que je puis recevoir les louanges que vous me donnez sur l'amitié. Celle que je prends la liberté, Monsieur, d'avoir pour vous, me rendra digne un jour de votre estime.

---

117. — LE MÊME A SAINT-VINCENS.

A Paris [1], le 22 juillet 1745.

C'est à moi, mon cher Saint-Vincens, d'être fâché que vous ne veniez pas à Paris; car pour vous, les facilités et les occasions de faire ce voyage ne vous manqueront pas certainement; vous les retrouverez, quand vous voudrez. Les raisons qui vous retiennent en Provence ne peuvent qu'être extrêmement louées; mais je suis en peine de votre santé, quoique vous me marquiez qu'elle est meilleure : la

[1] Comme la lettre précédente l'annonce, Vauvenargues, dans les premiers jours du mois de mai, était parti d'Aix, qu'il ne devait plus revoir, et il avait dû arriver à Paris du 15 au 20. — G.

mienne est toujours si mauvaise, et m'oblige à tant d'attentions, que je mène une vie pénible, pleine de sujétions et de tristesse. Votre amitié, mon cher Saint-Vincens, adoucit ma situation; je vous prie de m'en continuer les témoignages; quoique je ne puisse pas douter du fond de votre cœur, je sens qu'ils me sont nécessaires. Ce serait une privation très-sensible pour moi de n'avoir pas, au moins, de temps en temps, de vos nouvelles; j'espère que vous me tiendrez à cet égard votre parole.

On nous fait espérer ici Monclar, dans peu de temps : je vous prie de lui témoigner le plaisir que cela me fait. Si vous trouvez le moment de dire un mot de moi à M. de Vence, je vous prie aussi de le faire; je n'ai pas besoin de vous dire mes sentiments pour lui; vous les connaissez. Ne m'épargnez pas, s'il y a quelque chose dans ce pays-ci pour votre service; vous devez être persuadé depuis bien des années, mon cher Saint-Vincens, que vous n'avez point d'ami plus sincère et plus passionné [1].

118. — LE MÊME AU MÊME.

A Paris, le 30 décembre 1745.

Je suis trop persuadé, mon cher Saint-Vincens, de la bonté de votre cœur, pour penser qu'une courte absence ait pu m'en ôter; votre paresse me fâche quelquefois; mais je n'ai jamais douté de votre amitié.

J'ai appris, en son temps, avec plaisir, que vous aviez fini avec M. de Jouques [2]; je désirais, beaucoup plus que

---

[1] A partir de cette lettre, Vauvenargues ne se sert plus que de pains à cacheter, au lieu de cire; faut-il croire que, depuis son retour à Paris, il était réduit à tous les genres d'économie? — G.

[2] Saint-Vincens avait succédé, récemment, comme président-à-mortier, à André-Elzéar d'Arband de Jouques, dont il avait acheté la charge. — G.

vous-même, de vous voir revêtu de cette charge, que vous honorez : il ne convenait point, qu'avec tant de vertus et de sagesse, vous ne fussiez assis qu'au second banc de la justice ; je me réjouis, mon cher ami, de vous voir au premier. Là, vous exercerez avec plus d'éclat tous vos talents, et vous serez à même de prêter à la vérité et à l'innocence un plus fort appui.

Je vous enverrai mon ouvrage dès que je trouverai une occasion [1]. Je ne doute pas que beaucoup de gens ne me condamnent de l'avoir donné au public ; on ne pardonne guère, dans le monde, cette espèce de présomption, mais j'espère de supporter avec patience le tort qu'elle pourra me faire, si on me devine [2]. C'est à des hommes plus heureux que moi qu'il appartient de craindre le ridicule ; pour moi, je suis accoutumé, depuis longtemps, à des maux beaucoup plus sensibles.

Je vous prie de faire mes très-humbles compliments à M. le marquis de Vence. Je vous souhaite, mon très-cher ami, une bonne et heureuse année, et vous embrasse de tout mon cœur.

Comment se porte le fils de M. de Lordonet [3] ? Je vous prie de l'assurer que personne au monde ne prend plus de part que moi à tout ce qui lui appartient.

---

[1] *L'Introduction à la Connaissance de l'Esprit humain, suivie de Réflexions et Maximes,* alors sous presse. — G.

[2] On sait que Vauvenargues gardait l'anonyme. — G.

[3] Les Lordonet étaient seigneurs d'Esparron de Pallières ; le dernier représentant mâle de cette famille est mort en 1790, laissant une fille unique, mariée dans la famille de Sinety. — G.

119. — VOLTAIRE A VAUVENARGUES [1].

[A la fin de février, ou au commencement de mars 1746.]

J'ai passé plusieurs fois chez vous, pour vous remercier d'avoir donné au public des pensées au-dessus de lui. Le siècle qui a produit les *Étrennes de la Saint-Jean* [2], les *Écosseuses* [3], *Misapouf* [4], ne vous méritait pas; mais enfin, il vous possède, et je bénis la nature. Il y a un an que je dis que vous êtes un grand homme, et vous avez révélé mon secret. Je n'ai lu encore que les deux tiers de votre livre; je vais dévorer la troisième partie. Je l'ai porté aux antipodes, dont je reviendrai incessamment pour embrasser l'auteur, pour lui dire combien je l'aime, et avec quel transport je m'unis à la grandeur de son âme et à la sublimité de ses réflexions, comme à l'humanité de son caractère. Il y a des choses qui ont affligé ma philosophie; ne peut-on pas adorer l'Être-Suprême, sans se faire capucin [5]? N'importe, tout le reste m'enchante; vous êtes l'homme que je n'osais espérer, et je vous conjure de m'aimer.

120. — VAUVENARGUES A SAINT-VINCENS.

A Paris, le 7 mars 1746.

Je n'ai pas trouvé encore d'occasion, mon cher Saint-Vincens, pour vous envoyer mon livre, mais vous le recevrez aussi tôt que mon frère, et je souhaite qu'il remplisse

---

[1] Cette lettre, publiée dans la Correspondance de Voltaire, n'a paru encore dans aucune édition de Vauvenargues; la date manque; mais Vauvenargues ayant donné son livre en février 1746, cette lettre a dû suivre de près. — G.

[2] Recueil de pièces de divers auteurs, entr'autres, Montesquieu, le comte de Maurepas, le comte de Caylus, et La Chaussée. C'est un volume in-12, dont la 1re édition est de 1742. — G.

[3] Autre recueil attribué à Vadé, au comte de Caylus, et à la comtesse de Verrue. — G.

[4] Par Voisenon. — G.

[5] Voltaire fait ici allusion, non pas à quelques Maximes, qui ont également *affligé sa philosophie*, mais à la *Méditation sur la foi*, car il dit précédemment qu'il n'a lu encore que les deux tiers du livre; or, dans la 1re édition, la *Méditation* est à peu près à la moitié du volume, et les *Maximes* sont à la fin. — G.

les idées que vous en avez. Je suis bien touché de la part que vous voulez prendre aux suffrages qu'il a obtenus ; mais vous estimez trop ce petit succès. Il s'en faut de beaucoup, mon cher ami, que la gloire soit attachée à si peu de chose ; vous vous moquez de moi, quand vous me parlez là-dessus, comme vous faites. Un homme, qui a un peu d'ambition, serait bien vain, s'il croyait avoir mérité de telles louanges pour avoir fait un petit livre ; ce qui me touche, mon cher Saint-Vincens, c'est qu'elles viennent de votre amitié. C'est cette amitié qui m'honore, et qui me fait aimer moi-même la vertu, afin de vous plaire toujours, et de vous faire estimer, si je puis, les sentiments que je vous ai voués jusqu'au tombeau.

Je vous prie, mon cher Saint-Vincens, de dire à mon frère que j'ai reçu avant-hier l'huile qu'il m'a envoyée, parce que je ne pourrai peut-être pas lui écrire par ce courrier. Je vous prie de l'aimer et de vivre avec lui ; outre qu'il est mon frère, il est mon plus cher ami. Il appartient peut-être à d'autres de le louer de beaucoup de choses ; mais il m'est permis, je crois, de dire, que rien n'égale la noblesse de ses sentiments et la beauté de son naturel : je vous ai dit souvent la même chose, mais vous pardonnez à l'amitié de trouver du plaisir à les redire.

Je suis fâché que vous ne me disiez jamais un mot de la Provence dans vos lettres, et que vous oubliiez même de me parler des personnes que vous savez que je considère le plus.

121. — VAUVENARGUES A VILLEVIEILLE.

A Paris, le 28 mars 1746,
à l'hôtel de Tours, rue du Paon[1],
faubourg Saint-Germain.

Quoique vous ne songiez plus à moi, mon cher baron[2], j'ai encore la folie de vous aimer, et la simplicité de vous le dire. Je me suis flatté, tout l'hiver, que vous pourriez venir à Paris, et je vous attendais, pour vous gronder selon vos mérites ; mais je commence à craindre que vous ne veuillez[3] pas vous montrer si tôt ici, avec un fils déjà trop grand, et qui vous ferait plus vieux que vous n'êtes : lorsque vous vous croirez sans conséquence, mon aimable ami, j'espère que vous me donnerez la joie de vous voir. J'ai fait imprimer, cet hiver, un petit ouvrage que je vous envoie. Il a paru au mois de février ; j'attendais le printemps, pour vous en faire part, afin de vous trouver sans fièvre, et de bonne humeur. Recevez-le donc, mon cher Villevieille, et tâchez de le lire doucement ; car je vous avertis que ce n'est pas un de ces livres qu'on entend trop vite ; il faut être un peu fait à la fatigue pour le lire, et, de temps en temps, prendre haleine.

Informez-moi, en attendant, mon cher Villevieille, de ce que vous faites, et songez un peu plus sérieusement à venir ici. Vous y viendrez trop tard pour moi, si vous différez davantage ; car je suis toujours accablé de maladies, et j'ai perdu, en quelque sorte, l'espérance de rétablir ma santé. Je vous dis cela, mon ami, afin de vous toucher par la compassion, si je ne le puis plus par l'amitié. Adieu.

---

[1] Aujourd'hui rue Larrey ; la maison où logeait Vauvenargues porte le n° 8 ; les boulevards projetés dans ce quartier de Paris, vont, prochainement, la faire disparaître. — G.

[2] Voir la 2ᵉ note de la page 268. — G.

[3] Il faudrait : *que vous ne vouliez pas*. (Voir la 2ᵉ note de la page 261.) — G.

122. — VOLTAIRE A VAUVENARGUES.

Ce samedi, avril 1746.

Je ne sais où trouver M. de Marmontel et son Pylade [1], mais je m'adresse au héros de l'amitié, pour faire passer jusqu'à eux le chagrin que me cause la petite tribulation arrivée à leurs feuilles, et l'empressement que j'aurai à les servir. Les recherches qu'on a faites par ordre de la cour chez tous les libraires, au sujet du libelle de Roy [2], sont cause de ce malheur; on cherchait des poisons, et on a saisi de bons remèdes; voilà le train de ce monde. Ce misérable Roy n'est né que pour faire du mal; mais je me flatte que cette aventure pourra servir à faire discerner ceux qui méritent la protection du gouvernement, de ceux qui méritent l'indignation du gouvernement et du public : c'est à quoi je vais travailler avec plus de chaleur qu'à mon *Discours* à l'Académie.

J'embrasse tendrement celui dont je voudrais avoir les pensées et le style, et dont j'ai les sentiments, et je prie le plus aimable des hommes de m'aimer un peu.

123. — LE MÊME AU MÊME.

Paris, lundi, 9 mai 1746 [3].

Nos amis, Monsieur, peuvent continuer leurs feuilles : M. de Boze [4] fermera les yeux; mais il faut les fermer aussi avec lui, et ignorer qu'il

---

[1] Jean-Grégoire Bauvin, ami de Vauvenargues et de Marmontel; il venait de fonder, avec ce dernier, un recueil intitulé l'*Observateur littéraire*, dont il n'a paru qu'un volume. — G.

[2] Libelle intitulé : *Discours prononcé, à la porte de l'Académie française, par M. le Directeur, à M****, composé en 1743, mais réimprimé en 1746, à l'occasion de la réception de Voltaire. — Pierre-Charles Roy, médiocre auteur d'opéras, de satires, et d'épigrammes, né à Paris en 1683, est mort le 23 octobre 1764. — G.

[3] Dans les éditions de Vauvenargues, et dans l'édition de Voltaire par Beuchot, cette lettre est à la date du *samedi 26 mai* : outre que le 26 mai 1746 n'était point un *samedi*, mais un *jeudi*, l'original de ce billet, que je possède, écrit de la main de Voltaire, est daté du *lundi, 9*; c'était le jour même de sa réception à l'Académie. — G.

[4] Claude Gros *de Boze*, était inspecteur de la librairie. Né à Lyon, en 1680,

veut ignorer cette contrebande de journal. Le chevalier de Quinsonas [1] a abandonné son *Spectateur*. Il ne s'agit plus pour les Observateurs que de trouver un libraire accommodant et honnête homme, ce qui est plus difficile que de faire un bon journal. Qu'ils se conduisent avec prudence, et tout ira bien. Je vous attends à deux heures et demie [2].

124. — LE MÊME AU MÊME.

Mai 1746.

Quoi ! la maladie m'empêche d'aller voir le plus aimable de tous les hommes, et ne m'empêche pas d'aller à Versailles ! Je rougis et je gémis de cette cruelle contradiction, et je ne peux me consoler qu'en me plaignant à vous de moi-même. Vous m'avez laissé des choses admirables, dans lesquelles je vois que vous m'aimez [3]; je vous jure que je vous le rends bien.: je sens combien il est doux d'être aimé d'un génie tel que le vôtre. Je vous supplie, Monsieur, si vous voyez MM. les *Observateurs*, de leur dire que je viens de m'apercevoir d'une faute énorme du copiste dans la petite lettre au roi de Prusse. *Comme un carré long est une contradiction*; il faut : *Comme un carré plus long que large est une contradiction* [4].

Adieu. Que j'ai de choses à vous dire et à entendre !

antiquaire et numismatiste, il fut élu, dès 1706, secrétaire-perpétuel de l'Académie des Inscriptions et belles-Lettres, et, en 1715, nommé membre de l'Académie française, à la place de Fénelon ; enfin, il joignait à ses autres fonctions le titre de *Garde du cabinet des Médailles*. Il est mort le 10 septembre 1753. — G.

[1] Chevalier de Malte, né en 1719. Il était collaborateur de Favier au *Spectateur littéraire*, et il avait composé un poème sur l'*Univers*, dont Voltaire parle dans une lettre au Roi de Prusse. (Voir édition Beuchot, lettre 1747e.) — G.

[2] Sans doute pour assister à la séance de réception. — G.

[3] Il s'agit, vraisemblablement, du morceau intitulé : *Sur quelques ouvrages de M. de Voltaire*, que Vauvenargues venait d'achever, et qui ne parut que dans sa seconde édition. (Voir les *Réflexions critiques sur quelques poètes*.) — G.

[4] Voir dans la Correspondance de Voltaire (édition-Beuchot), la Lettre 613e, datée du 23 janvier 1738. — G.

125. — LE MÊME AU MÊME.

Versailles, vendredi au soir, 13 mai 1746.

J'ai usé, mon très-aimable philosophe, de la permission que vous m'avez donnée; j'ai crayonné un des meilleurs livres que nous ayons en notre langue, après l'avoir relu avec un extrême recueillement. J'y ai admiré de nouveau cette belle âme si sublime, si éloquente et si vraie ; cette foule d'idées neuves, ou rendues d'une manière si hardie, si précise; ces coups de pinceau si fiers et si tendres. Il ne tient qu'à vous de séparer cette profusion de diamants de quelques pierres fausses ou enchâssées d'une manière étrangère à notre langue ; il faut que ce livre soit excellent d'un bout à l'autre ; je vous conjure de faire cet honneur à notre nation et à vous-même, et de rendre ce service à l'esprit humain. Je me garde bien d'insister sur mes critiques; je les soumets à votre raison, à votre goût, et j'exclus l'amour-propre de notre tribunal. J'ai la plus grande impatience de vous embrasser. Je vous supplie de dire à notre ami Marmontel qu'il m'envoie, sur-le-champ, ce qu'il sait bien ; il n'a qu'à l'adresser, par la poste, chez M. d'Argenson, ministre des affaires étrangères, à Versailles. Il faut deux enveloppes, la première à moi, la dernière à M. d'Argenson.

Adieu, belle âme et beau génie.

126. — LE MÊME AU MÊME.

Ce samedi au soir, 14 mai 1746.

J'ai apporté à Paris, Monsieur, la lettre que je vous avais écrite à Versailles; elle ne vous en sera que plus tôt rendue. J'y ajoute que la Reine veut vous lire, qu'elle en a l'empressement que vous devez inspirer, et que si vous avez un exemplaire que vous vouliez bien m'envoyer, il lui sera rendu, demain matin, de votre part. Je ne doute pas qu'ayant lu l'ouvrage, elle n'ait autant d'envie de connaître l'auteur que j'en ai d'être honoré de son amitié.

127. — VAUVENARGUES A VOLTAIRE.

A Paris, dimanche matin, (15) mai 1746.

Je ne mérite aucune des louanges dont vous m'honorez ; mon livre est rempli d'impertinences et de choses ridicules ; je vais cependant travailler à le rendre moins méprisable [1], puisque vous voulez bien m'aider à le refaire. Dès que vous m'aurez donné vos corrections [2], je mettrai la main à l'œuvre. J'avais le plus grand dégoût pour cet ouvrage ; vos bontés réveillent mon amour-propre ; je sens vivement le prix de votre amitié ; je veux, du moins, faire tout ce qui dépend de moi pour la mériter. J'ai dit à M. Marmontel ce que vous me chargiez de lui dire. J'attends impatiemment votre retour, et vous remercie tendrement.

[1] Vauvenargues préparait alors une édition de l'*Introduction à la connaissance de l'esprit humain*, suivie de *Réflexions et Maximes*, seuls ouvrages qu'il publia, et dont l'impression, commencée sous ses yeux, ne fut terminée qu'après sa mort. — B. — C'est une *seconde* édition que Vauvenargues annonce ici ; elle n'a paru, en effet, qu'après sa mort ; mais la première avait été donnée par lui, et c'est à ce propos même que Voltaire lui fait compliment, dans les lettres qui précèdent. — G.

[2] Les corrections dont parle Vauvenargues, écrites à la marge du manuscrit, sont les notes de Voltaire qui se trouvent dans cette édition. — B. — Il y a, ici, confusion : les notes de Voltaire, que l'édition Brière a reproduites d'après l'édition-Suard, avaient été trouvées à la marge, non pas du *manuscrit* de Vauvenargues, mais d'un exemplaire de *la seconde édition*, et, dans sa Préface, Suard a pris soin d'en avertir le lecteur. Ces notes sont donc postérieures à celles dont il est question dans la présente lettre, puisqu'elles sont postérieures à Vauvenargues lui-même, la seconde édition de son livre n'ayant paru qu'un mois ou deux après sa mort. Les notes dont Vauvenargues parle, et qu'il attend, pour préparer sa *seconde* édition, ne pouvaient se trouver que sur l'exemplaire de la *première* qu'il avait adressé à Voltaire, que celui-ci a reçu (Lettre 119e), et qu'il a *crayonné* (Lettre 125e). Or, cet exemplaire n'est autre que celui de la bibliothèque d'Aix, et les notes que j'y ai recueillies paraissent pour la première fois. (Voir l'*Avertissement* du volume des OEuvres, pages v-vii.) — G.

128. — VOLTAIRE A VAUVENARGUES.

(22) Mai 1746.

La plupart de vos pensées me paraissent dignes de votre âme, et du petit nombre d'hommes de goût et de génie qui restent encore dans Paris, et qui méritent de vous lire; mais, plus j'admire cet esprit de profondeur et de sentiment qui domine en vous, plus je suis affligé que vous me refusiez vos lumières. Vous avez lu superficiellement une tragédie [1] pleine de fautes de copiste, sans daigner même vous informer de ce qui pouvait être à la place de vingt sottises inintelligibles qui étaient dans le manuscrit; vous ne m'avez fait aucune critique. J'en suis d'autant plus fâché contre vous, que je le suis contre moi-même, et que je crains d'avoir fait un ouvrage indigne d'être jugé par vous. Cependant, je méritais vos avis, et par le cas infini que j'en fais, et par mon amour pour la vérité, et par une envie de me corriger, qui ne craint jamais le travail, et, enfin, par ma tendre amitié pour vous.

---

129. — VAUVENARGUES A VOLTAIRE.

A Paris, lundi matin, (23) mai 1746.

Vous me soutenez, mon cher maître, contre l'extrême découragement que m'inspire le sentiment de mes défauts. Je vous suis sensiblement obligé d'avoir lu sitôt mes *Réflexions*. Si vous êtes chez vous ce soir, ou demain, ou après-demain, j'irai vous remercier.

Je n'ai pas répondu hier à votre lettre, parce que celui qui l'a apportée l'a laissée chez le portier, et s'en était allé avant qu'on me la rendît. Je vous écrirais et je vous verrais tous les jours de ma vie, si vous n'étiez pas responsable au monde de la vôtre. Ce qui a fait que je vous ai si peu parlé de votre tragédie, c'est que mes yeux souffraient extrêmement lorsque je l'ai lue, et que j'en au-

---

[1] *Sémiramis*, qui ne fut représentée que deux ans plus tard, le 29 septembre 1748. — B.

rais mal jugé, après une lecture si mal faite. Elle m'a paru pleine de beautés sublimes. Vos ennemis répandent dans le monde qu'il n'y a que votre premier acte qui soit supportable, et que le reste est mal conduit et mal écrit. On n'a jamais été si horriblement déchaîné contre vous, qu'on l'est depuis quatre mois. Vous devez vous attendre que la plupart des gens de lettres de Paris feront les derniers efforts pour faire tomber votre pièce. Le succès médiocre de la *Princesse de Navarre*, et du *Temple de la Gloire*, leur fait déjà dire que vous n'avez plus de génie. Je suis si choqué de ces impertinences, qu'elles me dégoûtent, non-seulement des gens de lettres, mais des lettres même. Je vous conjure, mon cher maître, de polir si bien votre ouvrage, qu'il ne reste à l'envie aucun prétexte pour l'attaquer; je m'intéresse tendrement à votre gloire, et j'espère que vous pardonnerez au zèle de l'amitié ce conseil, dont vous n'avez pas besoin.

130. — VOLTAIRE A VAUVENARGUES.

Ce lundi, 23 mai 1746.

J'ai peur d'être né dans le temps de la décadence des lettres et du goût; mais vous êtes venu empêcher la prescription, et vous me tiendrez lieu du siècle qui me manque. Bonjour, homme aimable, et homme de génie; vous me ranimez, et je vous en ai bien de l'obligation. Je vous soumettrai mes sentiments et mes ouvrages. Votre société m'est aussi chère que votre goût m'est précieux.

131. — LE MÊME AU MÊME.

Mai 1746.

Je vais lire vos portraits [1]. Si jamais je veux faire celui du génie le plus naturel, de l'homme du plus grand goût, de l'âme la plus haute et la plus simple, je mettrai votre nom au bas. Je vous embrasse tendrement.

[1] Voir les *Caractères*. — G.

132. — VAUVENARGUES A SAINT-VINCENS.

A Paris, le 30 mai 1746.

J'ai appris avec la plus grande joie, mon cher Saint-Vincens, votre mariage avec Mlle de Vence[1]. Voilà l'établissement le plus décent, et le plus agréable que vous pussiez faire : un grand nom, beaucoup de bien, le plus aimable et le plus respectable de tous les hommes pour beau-père. Quoique je ne sois plus fait pour paraître à aucune fête, je suis fâché, mon cher Saint-Vincens, de voir celle-ci de si loin ; je voudrais être témoin de votre joie, et de celle de vos amis. La mienne est égale aux sentiments que vous me témoignez ; rien ne m'est plus cher que votre amitié ; elle est la plus douce de mes consolations dans les maux qui m'accablent. Soyez toujours heureux, mon cher ami, autant que vous méritez de l'être, et n'oubliez jamais un philosophe, qui gémit d'être obligé de vous écrire, quand il voudrait pouvoir passer sa vie auprès de vous, et vous embrasser mille fois.

Je m'en vais écrire tout à l'heure à M. le marquis de Vence[2]. Vous connaissez mes sentiments pour lui : je suis vraiment touché des preuves qu'il vous donne de son amitié ; elles justifient les idées que j'ai toujours eues de son esprit et de son cœur.

133. — LE MÊME AU MÊME.

A Paris, le 20 juillet 1746.

Je prends beaucoup de part, mon cher Saint-Vincens, à la perte que vous venez de faire[3]. Je ne doute pas que votre

---

[1] Julie de Villeneuve-Vence, petite-fille de Mme de Simiane, petite-fille elle-même de Mme de Sévigné. — G.
[2] Voir la 3e note de la page 105. — G.
[3] La mère de Saint-Vincens était morte le 6 juillet. — G.

affliction ne soit grande : les nœuds les moins chers de la vie se font regretter, quand ils se rompent. Les charmes de la société sont tous fondés sur ses liens ; nous ne sentons souvent que le poids de nos chaînes, quand nous les portons ; mais, sitôt qu'elles sont brisées, nous plions sous la pesanteur de notre propre faiblesse, qu'elles soutenaient ; nous sommes comme les enfants, qui ne peuvent marcher seuls et sans lisières. Les attachements de notre cœur le pressent quelquefois ; mais ils le fortifient, et l'étaient ; nous ne sommes pas assez forts pour nous soutenir sans maillot.

Je n'entreprends pas de vous consoler ; le temps le fera ; il emporte d'une égale rapidité nos afflictions et nos joies. Puisse-t-il n'affaiblir jamais, mon cher ami, les tendres sentiments qui nous attachent ! C'est un bien que j'espère de votre solidité, et de la bonté de votre cœur ; pour moi, je cesserai plutôt de vivre, que de vous aimer.

Je vous prie de cultiver pour moi l'amitié et l'estime de M. le marquis de Vence, que vous savez m'être bien chères. J'ai reçu, il n'y a pas longtemps, une lettre de lui pleine de bonté ; je vous la montrerai peut-être quelque jour [1], car elle mérite d'être conservée et d'être lue.

---

134. — LE MÊME AU MÊME.

A Paris, le 23 août 1746.

Je ne crois pas, mon cher ami, que je retourne en Provence, cet hiver : ma santé est meilleure qu'elle n'a été depuis deux ans ; et je veux, si je puis, la fortifier encore avant de quitter ce pays-ci.

Je suis enchanté que madame de Saint-Vincens ait daigné lire mon livre : il n'appartenait pas à un philosophe d'espérer un suffrage si aimable et si flatteur ; si j'avais

---

[1] Vauvenargues ne devait plus revoir son ami. — G.

osé écrire pour un tel lecteur, mon ouvrage aurait été certainement plus supportable; je l'aurais travaillé, du moins, avec plus de soin et plus de vivacité. Vous m'auriez fait grand plaisir, si vous aviez ajouté quelques critiques générales aux louanges que vous me donnez. Je ne mérite ni les unes ni les autres, mais je puis exiger d'une amitié comme la vôtre qu'elle me fasse connaître mes défauts. Vous connaissiez la plus grande partie de mon ouvrage : avez-vous été plus ou moins content de ce que vous ne connaissiez pas?

Vous me demandez si je continue à travailler : il y a longtemps que je ne fais rien ou peu de chose; je n'ai point de copiste, et n'en ai pas besoin. Si je faisais, dans la suite, quelque niaiserie dont je fusse content, je la ferais transcrire, et je vous l'enverrais; je ne désire rien tant, mon cher ami, que de vous entretenir de moi et de vous empêcher de m'oublier. Je vous prie de faire ma cour à M. le marquis de Vence, et de me parler de lui quand vous m'écrivez. Je l'aimais pour ses rares qualités; je l'aime et l'honore encore plus, depuis qu'il a contribué à votre bonheur. Je prends un intérêt bien tendre, mon cher Saint-Vincens, aux agréments infinis de votre établissement; ce sont des sentiments que je vous dois, et que je ne perdrai qu'avec la vie.

Que dites-vous de nos affaires d'Italie? Ne craignez-vous pas de voir en Provence le duc de Savoie [1]?

---

135. — LE MÊME AU MÊME.

A Paris, le 24 novembre 1746.

J'ai besoin de votre amitié, mon cher Saint-Vincens : toute la Provence est armée, et je suis ici bien tranquille-

---

[1] Vauvenargues avait deviné juste : deux mois après (28 octobre), les Piémontais et les Impériaux passaient le Var, et envahissaient la Provence. (Voir Voltaire, *Siècle de Louis XV*, chap. XIX et XX.) — G.

ment au coin de mon feu ; le mauvais état de mes yeux et de ma santé ne me justifie point assez, et je devrais être où sont tous les gentilshommes de la province. Mandez-moi donc, je vous prie, incessamment, s'il reste encore de l'emploi dans nos troupes, nouvellement levées [1], et si je serais sûr d'être employé, en me rendant en Provence. Si je m'étais trouvé à Aix, lorsque le Parlement a fait son régiment, j'aurais peut-être eu la témérité de le demander. Je sais combien il y a de gentilshommes en Provence, qui, par leur naissance et par leur mérite, sont beaucoup plus dignes que moi d'obtenir cet honneur ; mais vous, mon cher Saint-Vincens, Monclar, le marquis de Vence, m'auriez peut-être aidé de votre recommandation, et cela m'aurait tenu lieu de toutes les qualités qui me manquent. Je ne vous dis pas à quel point j'aurais été flatté d'être compté parmi ceux qui serviront la province dans ces circonstances ; je crois que vous ne doutez pas de mes sentiments. Je vous remets, mon cher ami, la disposition de tout ce qui me regarde : offrez mes services, pour quelque emploi que ce soit, si vous le jugez convenable, et n'attendez point ma réponse pour agir ; je me tiendrai heureux et honoré de tout ce que vous ferez pour moi et en mon nom. Je n'ai pas besoin de vous en dire davantage ; vous connaissez ma tendre amitié pour vous, et je crois pouvoir toujours compter sur la vôtre.

---

136. — LE MÊME AU MÊME.

A Paris, le 8 décembre 1746.

Est-il possible, mon cher Saint-Vincens, que vous m'écriviez d'Aix, du 30 novembre, et que vous ne me disiez pas

---

[1] Il s'agit des troupes que la province elle-même avait mises sur pied, en attendant des renforts. L'armée royale n'avait pas plus de onze mille hommes à opposer aux quarante mille Austro-Sardes, depuis que les Espagnols, nos alliés, nous avaient abandonnés, pour aller couvrir la Savoie, dont ils étaient maîtres encore. — G.

un mot des mouvements des ennemis, du passage du Var, de la conduite singulière des Espagnols¹, et de tout le reste? On est, ici, dans une violente inquiétude depuis deux jours : la mienne doit être plus vive que celle des autres ; elle l'est aussi, mon cher Saint-Vincens, et vous en savez les raisons.

Le maréchal de Belle-Isle ayant refusé nos troupes, je crois que je puis être dispensé de faire un voyage en Provence, qui ne me paraît plus aujourd'hui si nécessaire, et qui, certainement, nuirait beaucoup à ma santé et à mes yeux ; mais je suis tourmenté des réflexions que je fais sur les misères de notre province, sur la position de ma famille et de mes amis, et sur ma propre situation. Je vous serai sensiblement obligé, si vous voulez m'écrire quelquefois, jusqu'à ce que mon frère soit à Aix ; vous comprenez, mon cher ami, combien je dois être occupé de vous et de la Provence, en de telles circonstances. Je ne vous dis pas à quel point je vous suis attaché ; vous le savez. Je vous aime, et vous embrasse bien tendrement.

137. — LE MÊME AU MÊME.

A Paris, le 27 décembre 1746.

Je suis très-sensiblement touché, mon cher Saint-Vincens, des misères de notre province. Il y a bien des gens ici, comme à Aix, qui blâment la conduite de M. le maréchal de Belle-Isle² ; mais il est difficile de juger, lorsqu'on n'est pas sur les lieux, et qu'on n'a pas une connaissance exacte

---

¹ Voir la note précédente. — G.

² Le maréchal de Belle-Isle « était, dit Voltaire, sans armée et sans argent... « Il eut beaucoup de peine à emprunter, en son nom, cinquante mille écus, « pour subvenir aux plus pressants besoins. » Il était donc réduit à se tenir sur la défensive, et à laisser ravager, presque impunément, les villes et les campagnes ; mais, bien que son inaction fût forcée, les habitants ne s'en plaignaient pas moins vivement. — G.

du pays, des troupes, des subsistances, des véritables forces de l'ennemi, de celles des places, et, enfin, des projets du général. Vos lettres sont ma consolation dans les inquiétudes continuelles que j'ai pour notre patrie. La nouvelle de Gênes [1] ne nous a apporté qu'une joie très-courte: on commence beaucoup à craindre que cette sédition du peuple n'ait fini à son grand désavantage. Au milieu de toutes ces craintes, on voit toujours, à Paris, le même faste, les mêmes plaisirs, la même dissipation; toujours même jeu, toujours bonne chère, les rendez-vous aussi fréquents, et les spectacles aussi suivis qu'à l'ordinaire [2]. Mais ceux qui savent qu'ils sont à la veille d'être ruinés pour la vie, qui savent leurs parents et leurs amis dans la même situation, ne peuvent prendre aucune part à ces plaisirs. Adieu, mon cher ami; je vous remercie mille fois de vos lettres, et vous embrasse tendrement.

138. — LE MÊME AU MÊME.

A Paris, le 18 janvier 1747.

J'ai tardé longtemps, mon cher Saint-Vincens, à vous remercier des nouvelles que vous avez pris la peine de me donner de notre province. Un mal au pied, qui m'empêche, depuis longtemps, de me tenir vis-à-vis de ma table pour écrire, a été cause, en partie, de mon silence; j'ai écrit quelques lettres nécessaires, mais je me suis relâché, avec mes amis, de l'exactitude que je leur devais.

Je suis touché, au-delà de toute expression, des peintures que vous m'avez faites de la misère de notre pays; il se ressentira longtemps des désordres de la guerre. Je vois

---

[1] Les Génois qui, sans coup férir, s'étaient rendus aux Impériaux, le 7 septembre, regrettèrent bientôt leur soumission. Le 5 décembre, une révolte éclata, qui força les Autrichiens à quitter la ville. — G.

[2] Voir la 32e *Réflexion*. — G.

que ces désordres augmentent, et que l'on s'est trop tôt flatté d'en voir la fin. Je ne doute pas, cependant, que les ennemis ne soient enfin obligés de se retirer, si leur petite armée d'Italie ne peut pas se rouvrir les chemins de Gênes[1]; mais il faut que la cour de Vienne ait d'abord perdu cette espérance, et qu'ensuite, elle envoie des ordres en Provence, pour rappeler ses troupes; cela demande du temps, et ce temps nous apporte de grands dommages.

Je vous prie, mon cher ami, de continuer à m'écrire quelquefois, et, en parlant de nos misères communes, de ne point oublier les incommodités personnelles que la guerre vous apporte. J'ai pris beaucoup de part aux désordres qu'on a faits à Vence[2] : la Cour y aura peut-être égard; il me semble que ce serait une chose très-convenable, si on donnait un régiment, qui ne coûtât rien, au fils de M. le marquis de Vence. Le zèle qu'il a témoigné pour les intérêts du Roi et de la province mériterait bien cette grâce, indépendamment de ce qu'il souffre de la guerre; c'est une distinction qu'on a accordée à des gens qui ne portent pas un si beau nom, et pour de moindres sujets. Je vous prie de me rappeler dans son souvenir, et dans celui de M. le procureur-général[3]; c'est à vous, mon cher Saint-Vincens, qui êtes le plus ancien de mes amis, à cultiver pour moi les vôtres. Je vous suis inviolablement et tendrement attaché.

[1] Ici encore, Vauvenargues avait deviné juste; les Austro-Sardes, ayant épuisé le pays, et ne pouvant plus tirer leurs approvisionnements de Gênes reçurent bientôt l'ordre de se retirer devant le maréchal de Belle-Isle, qui, d'ailleurs, avait obtenu des secours en hommes et en argent, et avait pu reprendre l'offensive. Dans le mois même où Vauvenargues écrivait cette lettre, ils commencèrent leur mouvement de retraite. — G.

[2] Les villes de Vence et de Grasse avaient été livrées au pillage. — G.

[3] Monclar. — G.

139. — LE MÊME AU MÊME.

A Paris, le 11 février 1747.

Je me réjouis avec vous, mon cher Saint-Vincens, et avec tous les bons citoyens, de l'expulsion des ennemis, et du soulagement que leur retraite apporte à nos misères. J'ai été pénétré, autant que vous, de tout ce que la province a souffert ; le tort particulier que vous craigniez de recevoir de la continuation de la guerre me touchait comme vous-même. Je veux espérer que le crédit de la province se rétablira, et que vous conserverez votre revenu ; vous me donnerez une grande marque d'amitié en m'instruisant là-dessus comme je le puis désirer.

Vos lettres ont été ma consolation depuis que je garde ma chambre. Je ne me flatte pas encore de sortir de si tôt, car il n'y a aucun changement à mon engelure[1] ; la plaie est toujours de même, et l'os fort gonflé. Le défaut d'exercice influe sur ma santé ; je ne digère point, et je suis plein d'humeurs qui se portent sur ma poitrine, et irritent ma toux : je vous entretiens de toutes ces bagatelles, parce que je sais que vous m'aimez.

Je vous prie de remercier MM. de Monclar et de Vence de leur souvenir ; je regrette souvent de ne pouvoir cultiver moi-même leurs bontés et leur estime. Adieu, mon cher ami, je vous embrasse tendrement, et vous suis dévoué pour toute ma vie.

---

[1] Vauvenargues avait eu les jambes gelées, pendant la désastreuse retraite de Prague à Egra, et, à la suite de la petite-vérole, *l'engelure* avait dégénéré en plaie. — G.

140. — LE MÊME AU MÊME.

A Paris, le 10 mars 1747.

Je vous adresse, mon très-cher ami, une petite lettre pour mon frère, que je vous prie de lui rendre, en mains propres, lorsque vous le rencontrerez. Il y a longtemps que vous me privez des témoignages aimables de votre souvenir, et je suis bien aise d'avoir cette occasion de vous en faire un petit reproche.

Il y a deux mois et demi que je garde ma chambre, avec des infirmités que cette vie trop sédentaire ne soulage point; je n'ai pas besoin, mon cher ami, de tant d'ennui et de solitude, pour songer à vous; mais je vous regrette souvent, et je voudrais bien être à portée de vous demander du secours contre la tristesse de mes rêveries. Rendez-moi compte d'une vie qui m'est chère, et qui est plus heureuse que la mienne; vous écarterez les chagrins qui me surmontent. Vous savez si je suis sensible aux charmes de votre amitié et de votre conversation : un enchaînement malheureux de plusieurs causes me fait passer ma vie éloigné de vous; cela changera, si je vis, et vous me tiendrez lieu des pertes que j'ai faites, et de la santé qui me manque[1].

---

[1] Vauvenargues est mort deux mois et dix-huit jours après cette lettre, le 28 mai 1747; le 6 du mois d'août suivant, il aurait eu 32 ans. — G.

TABLE

DES MATIÈRES

CONTENUES DANS CE VOLUME.

Avertissement sur ce volume.

DIALOGUES.

1. Alexandre et Despréaux..................................... 1
2. Fénelon et Bossuet.. 4
3. Démosthènes et Isocrate..................................... 8
4. Les mêmes.. 12
5. Pascal et Fénelon.. 18
6. Montaigne et Charron....................................... 21
7. Un Américain et un Portugais............................... 24
8. Philippe II et Comines..................................... 27
9. César et Brutus.. 30
10. Molière et un Jeune homme................................. 32
11. Racine et Bossuet... 36
12. Le cardinal de Richelieu et le grand Corneille............ 40
13. Richelieu et Mazarin...................................... 42
14. Fénelon et Richelieu...................................... 44
15. Brutus et un Jeune Romain................................. 47
16. Catilina et Sénécion...................................... 50
17. Renaud et Jaffier, conjurés............................... 55
18. Platon et Denys le Tyran.................................. 58

FRAGMENTS.

1. Extraits d'un Discours sur l'éloquence.................. 61
2. Sur les Conversations du monde....................... 65
3. Sur le Luxe... 67
4. Plan d'un Livre de philosophie. 69

CRITIQUE
DE QUELQUES MAXIMES DU DUC DE LA ROCHEFOUCAULD... 75

CORRESPONDANCE.

1. Le marquis de Mirabeau au marquis de Vauvenargues.......... 87
2. Vauvenargues à Mirabeau............................. 89
3. Mirabeau à Vauvenargues............................. 91
4. Vauvenargues à Mirabeau............................. *Ib.*
5. Mirabeau à Vauvenargues............................. 93
6. Vauvenargues à Mirabeau............................. 94
7. Mirabeau à Vauvenargues............................. 95
8. Vauvenargues à Mirabeau............................. 96
9. Mirabeau à Vauvenargues............................. *Ib.*
10. Le même au même.................................. 97
11. Le même au même.................................. 98
12. Le même au même.................................. 99
13. Le même au même.................................. 100
14. Vauvenargues à Mirabeau........................... *Ib.*
15. Mirabeau à Vauvenargues........................... 101
16. Vauvenargues à Mirabeau........................... 102
17. Mirabeau à Vauvenargues........................... 103
18. Vauvenargues à Mirabeau........................... 104
19. Le même au même .... *Ib.*
20. Le même au même.................................. 106
21. Le même au même.................................. 108
22. Le même au même.................................. 110
23. Mirabeau à Vauvenargues 113
24. Vauvenargues à Mirabeau........................... 114
25. Vauvenargues à Saint-Vincens 116
26. Le même au même.................................. 117
27. Mirabeau à Vauvenargues........................... 119
28. Vauvenargues à Saint-Vincens...................... 120
29. Le même à Mirabeau................................ 122

30. Mirabeau à Vauvenargues	124
31. Vauvenargues à Saint-Vincens	126
32. Vauvenargues à Mirabeau	127
33. Mirabeau à Vauvenargues	131
34. Vauvenargues à Mirabeau	133
35. Mirabeau à Vauvenargues	136
36. Vauvenargues à Mirabeau	138
37. Le même au même	141
38. Le même à Saint-Vincens	142
39. Mirabeau à Vauvenargues	143
40. Vauvenargues à Saint-Vincens	145
41. Le même à Mirabeau	148
42. Mirabeau à Vauvenargues	149
43. Vauvenargues à Mirabeau	150
44. Mirabeau à Vauvenargues	153
45. Vauvenargues à Saint-Vincens	154
46. Mirabeau à Vauvenargues	156
47. Vauvenargues à Mirabeau	Ib.
48. Le même à Saint-Vincens	158
49. Mirabeau à Vauvenargues	161
50. Vauvenargues à Mirabeau	162
51. Mirabeau à Vauvenargues	171
52. Vauvenargues à Mirabeau	175
53. Mirabeau à Vauvenargues	180
54. Vauvenargues à Mirabeau	182
55. Le même au même	188
56. Vauvenargues à Saint-Vincens	195
57. Mirabeau à Vauvenargues	198
58. Vauvenargues à Mirabeau	199
59. Mirabeau à Vauvenargues	203
60. Vauvenargues à Saint-Vincens	204
61. Le même à Mirabeau	206
62. Mirabeau à Vauvenargues	208
63 Vauvenargues à Mirabeau	210
64. Le même à Saint-Vincens	213
65. Mirabeau à Vauvenargues	214
66. Vauvenargues à Mirabeau	216
67. Le même au même	217
68. Mirabeau à Vauvenargues	219
69. Vauvenargues à Mirabeau	220
70. Mirabeau à Vauvenargues	222
71. Vauvenargues à Saint-Vincens	223
72. Le même au même	224
73. Le même au même	227
74. Le même au même	228
75. Le même au marquis de Villevieille	231
76. Le même à Saint-Vincens	233

77. Le même au même.	234
78. Le même au même.	235
79. Le même au même.	236
80. Le même au même.	237
81. Le même au même.	239
82. Le même au même.	240
83. Le même au même.	241
84. Le même à M. de Voltaire.	242
85. Le même à M. le duc de Biron.	247
86. Le même au Roi.	250
87. Le même au duc de Biron.	251
88. Voltaire à Vauvenargues.	252
89. Vauvenargues à Voltaire.	254
90. Le même à Saint-Vincens.	256
91. Voltaire à Vauvenargues.	257
92. Vauvenargues à Saint-Vincens.	258
93. Le même au même.	259
94. Le même au duc de Biron.	261
95. Le même au Roi.	262
96. Le même à M. Amelot.	263
97. Le même au duc de Biron.	Ib.
98. Le duc de Biron à Vauvenargues.	264
99. Vauvenargues à Amelot.	265
100. Amelot à Vauvenargues.	266
101. Vauvenargues à Saint-Vincens.	Ib.
102. Le même au même.	267
103. Le même à Villevieille.	268
104. Voltaire à Vauvenargues.	270
105. Vauvenargues à Saint-Vincens.	Ib.
106. Le même au même.	271
107. Voltaire à Vauvenargues.	272
108. Le même au même.	Ib.
109. Vauvenargues à Villevieille.	273
110. Voltaire à Vauvenargues.	274
111. Vauvenargues à Voltaire.	276
112. Le même au même.	278
113. Voltaire à Vauvenargues.	279
114. Vauvenargues à Voltaire.	280
115. Voltaire à Vauvenargues.	281
116. Vauvenargues à Voltaire.	283
117. Le même à Saint-Vincens.	Ib.
118. Le même au même.	284
119. Voltaire à Vauvenargues.	286
120. Vauvenargues à Saint-Vincens.	Ib.
121. Le même à Villevieille.	288
122. Voltaire à Vauvenargues.	289
123. Le même au même.	Ib.

124. Le même au même	290
125. Le même au même	291
126. Le même au même	Ib.
127. Vauvenargues à Voltaire	292
128. Voltaire à Vauvenargues	293
129. Vauvenargues à Voltaire	Ib.
130. Voltaire à Vauvenargues	294
131. Le même au même	Ib.
132. Vauvenargues à Saint-Vincens	295
133. Le même au même	Ib.
134. Le même au même	296
135. Le même au même	297
136. Le même au même	298
137. Le même au même	299
138. Le même au même	300
139. Le même au même	302
140. Le même au même	303

INDEX ALPHABÉTIQUE

La lettre *s*, placée à la suite du chiffre indicatif des pages, renvoie au volume des œuvres posthumes et inédites de Vauvenargues.

A

Abattement de l'âme (l') donne un extérieur languissant, 25.

ABNER, personnage de la tragédie d'Athalie, 251, note.

Abus (les) inévitables sont des lois de la nature, 376.

Académie française (l') met au concours la question de l'inégalité des richesses (1745), XXIV; fait examiner les ouvrages de Vauvenargues, II, note; met son Éloge au concours pour le prix d'Éloquence (1856). Discours qui a remporté le prix, par M. Gilbert, IX. Critique des discours académiques, XXV, 424.

Accessible. Quels sont ceux qui ne le sont pas, 383, 480.

Aceste, ou *l'amour ingénu*, 300.

ACHILLE, 100.

ACOMAT, personnage de la tragédie de Bajazet, 240, 241, note, 251, 266, 242,*s*.

Action. Nulle jouissance sans action, 67. Elle est nécessaire à l'homme, 95. Elle n'est que le mode de la volonté, *ibid*, note. Tout vit par elle, 394.

Actions. Il y en a peu qui mènent à une fin utile, 99. Dieu est le principe de toutes les nôtres, 196. Elles ne sont ni si bonnes ni si vicieuses que nos volontés, 420. Il faut les juger selon les temps, 432. Nous n'avons pas assez de temps pour les réfléchir toutes, 446. Nous jugeons très-mal des actions d'autrui, 4,*s*.

Activité. Elle porte les hommes à la vertu et à la gloire, 33. Elle naît d'une force inquiète, 62. Son pouvoir, 74. On ne peut la condamner sans accuser l'ordre de la nature, 94. Il est vrai qu'elle a ses dégoûts et ses périls, 136. Portrait d'un homme actif, 318. L'activité fait plus de fortunes que la prudence,

392. Qui la condamne, condamne la fécondité, 457. Elle ne supporte pas l'ennui, 492. Ce qu'elle fait, 45,*s*.

Admiration. C'est une surprise pleine de respect, 47. Elle marque le terme de nos connaissances, 395.

Adresse. On ne peut jamais dominer par elle seule, 383. Comparée au mensonge, 469.

Adversité. Il y a des lumières qu'elle ne peut éteindre, 84. Elle ne doit pas compter sur la pitié des autres, 92. Elle est, en quelque sorte, enchaînée à la honte, 434. Elle fait beaucoup de coupables et d'imprudents, 482. Elle est comblée par la mort, 485.

Affectation. C'est le dehors de la contrainte et du mensonge, 60.

Afflictions. Quelle est la plus amère de toutes? 485. Elles durent peu, 490.

Affligés. Il y en a peu qui sachent feindre le temps qu'il faut, 491.

Affronts. Le lâche en a moins à dévorer que l'ambitieux, 490. On les oublie, et on s'en attire d'autres, *ibid*.

AGAMEMNON, personnage d'Iphigénie, tragédie de Racine, 251.

Age. A mesure qu'il multiplie les besoins de la nature, il resserre ceux de l'imagination, 479. Peut-il donner droit de gouverner la raison? 481.

AGÉSILAS, 193,*s*.

Agitations. On ne connaît pas l'attrait de celles qui sont violentes, 377.

Agréments. Des auteurs sublimes ne les ont pas négligés, 406.

AGRIPPINE, personnage de la tragédie de Britannicus, 243, 244, 247, 251, 266, 55,*s*.

AGUT (madame d'), femme d'un conseiller au parlement. Anecdote qui la concerne, 109,*s*.

Aigreur, l'amour-propre la produit, 40. Quels sont les gens les plus aigres? 379.

ALCIBIADE, 369, 183,*s*, 193,*s*.

Alcippe, caractère inconstant, 309.

ALEMBERT (d'). *V*. DALEMBERT.

ALEXANDRE *le Grand*, XVI, 136,*s*. Il ne voulait plus vivre après avoir tué Clitus, 125. Son éloge, 259. Excusé de s'être fait rendre des honneurs divins, 432. La plupart des gens de lettres aiment mieux sa statue que sa générosité, 440. Son dialogue avec Despréaux, 1,*s*. Comparé par Boileau à Louis XIV, *ibid*., note.

Alexandre, tragédie de Racine, 250, note, 251.

Allemands, ils n'ont pas la férocité des Germains, 167.

Alzire, tragédie de Voltaire, 263, 267.

Amabilité. Elle est rarement la compagne du vice, 385.

Ambition. Sa définition, 32. Elle exile les plaisirs dès la jeunesse, XV, 375, II,*s*. La fortune ne l'assouvit pas, 381, note. Les malheurs des autres ne nous en détournent pas, 404. Fénelon a tort de la craindre, 430. Ses avantages, *ibid*. Seule, elle peut conserver la considération et le crédit des grands, *ibid*. Pourquoi on la dissimule, 452. Ce qui peut la borner, 453. Qu'importe à l'ambitieux déçu de mourir plus pauvre? 455. Celle d'un seul homme agite et ravage un empire jusqu'à ce que tout soit détruit, 459. Elle se fait sentir aux enfants comme l'amour, 460. Combien d'affronts elle fait dévorer, 490. Elle fait la grandeur des États, 45,*s*. Tous les hommes en apportent le germe avec la vie; elle est l'âme du monde, 46,*s*.

AMBOISE (le cardinal d'), 368.

Ame. C'est d'elle que dépend l'étendue de l'esprit, 14. Son influence sur le caractère, 24. On confond ses qualités avec celles de l'esprit, *ibid*. Tous les sentiments en proviennent, 32. Est-elle incapable d'un sentiment désintéressé? 43. Difficulté de vaincre ses défauts, 48. Sa définition, 69. S'élève et se soutient par les grandes occupations, 75. Les âmes égales sont souvent médiocres, 317. Comment on juge de l'âme, 389. Puise sa force dans les passions, *ibid*. Les biens et les maux ne se font pas sentir aux âmes médiocres, 405. L'âme règle la force ou la faiblesse de notre créance, 420. L'espérance trompe les plus grandes, 428. Rappelle à la vie ses pensées éteintes dans le sommeil, 433. Idée que les âmes faibles attachent à la destruction, 435. Ce qui est le propre des âmes fortes et pénétrantes, 444. Quelle est sa plus grande perfection, 451. Ce qui constitue une âme forte, 456. S'endurcit avec le corps, 459. A quoi on peut la juger, 463. Comment elle influe sur nos discours, 487, 16,*s*. Caractère d'une grande âme, 29,*s*. L'est surtout par ses pensées et par ses propres sentiments, 178,*s*.

Ame éternelle du monde (l'), 433.

AMELOT, ministre des affaires étrangères, XVIII, 449, note, 1,*s*. Notice, 251,*s*. Voltaire lui recommande Vauvenargues, 270,*s*. Réception qu'il fait à ce dernier, 270,*s*. Lettres qui lui sont adressées, 263,*s*, 265,*s*. Sa réponse, 266,*s*.

AMELOT DE LA HOUSSAYE. Sur son commentaire des Maximes de La Rochefoucauld, 134,*s*.

Américain (l') *et le Portugais*. Dialogue, 24,*s*.

Amis, n'y comptez pas dans le malheur, 119. Comment on les attache, 120. Ne leur demandons pas la perfection qu'ils exigent de nous, 121. Nous ne savons aucun gré à ceux qui s'aperçoivent de nos défauts, 392, 14,*s*. Ne tiennent pas compte des services qu'ils se rendent mutuellement, 392. On n'en fait plus dans la vieillesse, 450.

Amitié. Sa définition, 39. De celle que l'on a pour les bêtes, 38. Ce qui la distingue de l'amour, 42. Fait beaucoup d'ingrats, 455. Est aussi volage que la haine, 482. Le respect l'affaiblit, 31,*s*. Va plus loin que la vertu, 32,*s*.

Amour (l'), sa définition, 29, 41. Opposé à l'amitié, 42. Les sentiments que le désir allume sont mêlés d'amour ou de haine, 44. Fait entrer la bonté dans un cœur ingénu et sensible, 301. L'amour est le premier auteur du genre humain, 442. Comparé à l'ambition, 460. Est plus violent que l'amour-propre, 468; mais n'est pas si délicat, 487. Ses faiblesses sont pardonnables, 477. Est plus tendre que la pitié, 482. Prend le caractère des cœurs qu'il surmonte, 80,*s*.

Amour de la gloire (de l'), 33, 95, 471.

Amour des sciences et des lettres (de l'), 34.

Amour filial et fraternel, 37.

Amour de la patrie (l') est regardé, dans le temps présent, comme un préjugé, 104. Quand il fut le plus vif chez les Romains, 433.

Amour des objets sensibles (de l'), 47.

Amour du monde (de l'), 32. Il renferme la source de presque toutes les passions, 33.

Amour paternel (l') ne diffère pas de l'amour-propre, 37.

Amour-propre et *Amour de nous-mêmes*, 29. Ce qui les caractérise, 31, 416. L'amour-propre n'est pas toujours un vice, 416. Il est moins violent que l'amour, 468. Et plus délicat, 487. Comment on l'éprouve, 480. L'amour-propre est ce qu'il y a de plus durable dans le cœur de l'homme, 58,*s*. Le plus habile fait beaucoup de fautes contre ses intérêts, 76,*s*. N'empêche pas qu'il n'y ait, en toutes choses, un bon et un mauvais goût, 79,*s*.

Amuser (s'). On ne s'amuse pas longtemps de l'esprit d'autrui, 384.

AMYOT, 39, note.

ANAXARQUE, 3,*s*, note.

Anciens. Leur imitation est fort trompeuse, 103. Ils n'attachaient pas la même idée que nous au nom de Dieu, 432. Ont traité plus utilement et plus habilement que nous la morale, 450.

Andromaque, tragédie de Racine, 158, 252, note.

ANGERVILLIERS, secrétaire d'État à la guerre, 174,*s*.

Anglais. Leur estime pour Shakespeare, 159. Sont depuis longtemps accoutumés à piller nos anciens écrivains, 38,*s*, note.

Animaux. De l'amitié que l'on a pour eux, 38. Ont-ils été faits pour nous? 393.

ANNIBAL, son éloge, 260.

Anselme, 350.

ANTHOINE-VENEL (d'), fils d'un conseiller à la cour des comptes de Provence, 107,*s*.

Antipathie. Est une haine violente qui ne raisonne pas, 44.

Antipodes. On n'y croyait pas autrefois, 154.

Antiquité (l'). Ses erreurs ne doivent pas nous étonner, 421.

ANTOINE, 248. Sa jalousie contre Auguste, 77,*s*.

Apologue (l'), 474.

Apparences, en imposent toujours, 460.

ARBAUD DE JOUQUES (André-Élzéar d'), président au parlement de Provence. Sur le duel de son fils avec M. Pepin, 107,*s*, 109,*s*. Cède sa charge à Saint-Vincens, 284.*s*.

ARCHIMÈDE, 252,*s*, 254,*s*.

Argent. Ceux qui l'aiment pour la dépense ne sont pas avares, 35.

ARGENS (Alexandre-Jean-Baptiste de Boyer-d'Aguilles d'), président au parlement de Provence, notice, 156,*s*.

ARGENS (marquis d'), frère du précédent, auteur des Lettres juives, etc., 156,*s*.

ARGENSON (A.-L. Voyer d'), ministre des affaires étrangères, 291,*s*.

ARISTOPHANE, 159, note.

ARISTOTE, 1, note, 61,*s*, note, 136,*s*.

Armes. Il n'y a pas de gloire achevée sans celle des armes, XVI, 446. Le métier des armes fait moins de fortunes qu'il n'en détruit, 458.

Armées. Ce qu'on trouve dans les armées modernes, 104, 471.

Arrogance (l') dans les faibles est élévation dans les forts, xvi, 381.

Art (l') est nécessaire pour faire fleurir les talents, 35. Contre l'abus qu'on en fait, 107. On lui attribue trop, 156. Ses chefs-d'œuvre ne durent pas tant que les caprices de la nature, 383.

Art de plaire, 470.

Art poétique (l') de Boileau, 256.

Arts. Leur utilité, 34, et leur inutilité, 156, 161.

Ascendant. Celui qu'on a sur les hommes vaut mieux que la richesse, 455.

ATALIDE, personnage de la tragédie de Bajazet, 241.

Athalie, tragédie de Racine. Éloge de cette pièce, 247 et suiv. Voltaire n'a pas prétendu l'attaquer, 266. Citée 367.

Athéniens (les) pouvaient parler de la gloire, 103.

Attachements (les) se rapportent généralement à l'amour-propre, 29. De celui que l'on a pour les animaux, 38.

ATTILA. Ce qu'en dit J.-B. Rousseau, 258.

Augures. Ceux qui s'en moquent n'ont pas toujours plus d'esprit que ceux qui y croient, 420.

AUGUSTE, xxvii. Son courage, 59. Corneille ne le représente pas comme Suétone, 243. Cause de ses cruautés, 245, note. Comment Corneille le fait parler à Cinna, 247, note. Sa jalousie contre Antoine, 77, s.

Aumône (l') égale le pauvre au riche, 175.

Austérité (l') est une haine des plaisirs, 62.

Auteurs. Les meilleurs parlent trop, 384. Sont souvent mal jugés, 406, 467. Ce qu'il faut faire pour les apprécier, 407. On ne doit pas leur demander une trop grande perfection, *ibid.* Ceux qui se distinguent par le tour et la délicatesse sont plus tôt usés que les autres, 439. Les auteurs médiocres ont plus d'admirateurs que d'envieux, 446. Les plus ridicules trouvent des partisans, *ibid.* Il y en a peu qui aient été contents de leur siècle, 447. Comment ils montrent leur faiblesse, 448. De ceux qui pèchent dans le détail et de ceux qui se trompent dans le plan, 468. Pourquoi sommes-nous plutôt disposés à les critiquer? 493. Ceux qui se sont décriés et avilis eux-mêmes, 71, s.

Autorité. Ses effets sur les âmes faibles, 46. s.

Autriche (maison d'). Sa supériorité dans les négociations, 419.

Autrui. On tire peu de fruit de l'expérience et des lumières d'autrui, 458.

Avare. Ce caractère convient au théâtre, 274, s.

Avares. Comment ils repoussent la pitié, 382. Pourquoi ils ne se piquent pas ordinairement de beaucoup de choses, 480 et note.

Avarice (de l'), 35. D'où elle naît, 59. Est une prévoyance hors de sa place, 69. Ne s'assouvit pas par les richesses, 381. Est la dernière et la plus absolue de nos passions, 479.

Avenir (l'). Si nous sommes bien fous de nous en tant inquiéter, 388.

Aymar (d'), lieutenant viguier chargé de la police à Aix, 107,*s*.

B

Bacchus, comparé à Alexandre, 432.

Bachaumont, ses mémoires cités, 105,*s*.

Bagatelles. Ceux qui les aiment, 396, 464.

Bajazet, tragédie de Racine. Opinion sur quelques passages de cette pièce, 240 et suiv., 251, 242,*s*. Critiquée par Voltaire, 266.

Ballon, d'une famille parlementaire d'Aix, camarade de Vauvenargues, 160,*s*.

Balzac, fonde un prix d'éloquence à l'Académie française, 182.

Banque de Law, 69,*s*.

Barbare. La pure nature ne l'est pas, 157.

Barbarie, ne consiste pas uniquement dans l'ignorance; choses auxquelles il faut appliquer ce nom, 156, 157.

Barbier (L.), de la bibliothèque du Louvre, ii.

Bas-fonds de la société (les), 349.

Bassesse. Comment elle se décèle, 40. C'est la préférence de l'intérêt à l'honneur, 60. Ce qui la produit, 443.

Bathylle ou l'Auteur frivole, 364.

Baudrillart (M.), cité, 220, note, 307, note, 400, note.

Bauvin (Jean-Grégoire), fonde avec Marmontel l'*Observateur littéraire*, 289,*s*.

Bayard, comparé aux héros d'Homère, 467.

Bayle, 352, 360, 481. Comparé à Locke, 246,*s*, 253,*s*.

Beau (du), 62.

Beauté. Ses avantages, 469. Ses effets; ses sujets ne la connaissent pas, 477.

Beaurecueil (madame de), femme d'un conseiller au parlement d'Aix, aimée de M. de Villars, 110,*s*.

Beauvais (de), évêque de Senez, 249,*s*.

Beauvilliers (duc de), gouverneur du Dauphin, petit-fils de Louis XIV, 5,*s*, note.

Beaux-arts. Des règles à observer dans leur pratique, 440.

Beaux-esprits (les) se vengent du dédain des riches sur ceux qui n'ont encore que du mérite, 459. Leur rang dans la bonne compagnie, 478.

Bel-esprit. Ce que c'est, 100.

Bélier (le), conte d'Hamilton, 37,*s*.

Bellegarde (le maréchal de), 101.

Belle-Isle (le maréchal de), 145. Ses campagnes de 1742 et de 1746, 239,*s*, 240,*s*, 299,*s*.

Benserade, 465.

Bérénice, tragédie de Racine, 251.

Bermond (Marguerite de), mère de Vauvenargues, 227,*s*.

BERNINI (le Bernin), peintre, sculpteur et architecte, 443, 64,*s*.

Besoin. Il est rare d'obtenir beaucoup des gens dont on a besoin, 382.

Besoins. L'âge les multiplie, 479.

Bêtes. De l'amitié que l'on a pour elles, 38.

BEUCHOT, 231, 99,*s*, note, 105,*s*, note, 279,*s*.

Bibliothèque du Louvre, à propos des manuscrits de Vauvenargues, IV, I,*s*.

Bibliothèque Méjanes, à Aix, à propos d'un exemplaire de la première édition de Vauvenargues, chargé de notes manuscrites, V, 292,*s*, note.

Bien. Du bien et du mal moral, 50. Dire du bien de tout le monde n'est pas d'une bonne politique, 490.

Biens. Nous ne renonçons pas à ceux que nous nous sentons capables d'acquérir, 448.

Bienfait. Il faut toujours s'en montrer reconnaissant, 490.

Bienfaiteur. On ne manque jamais de raisons pour l'oublier, lorsqu'on a fait fortune, 490.

BIRON (duc de), colonel du régiment de Vauvenargues, XVII, 349, I,*s*, 92,*s*, 140,*s*,141,*s*,199,*s*, 207,*s*, 212,*s*, 273,*s*. Lettres qui lui sont adressées, 247,*s*, 251,*s*, 261,*s*, 263,*s*. Sa réponse, 264,*s*.

Blâme. Personne ne nous blâme si sévèrement que nous nous condamnons souvent nous-mêmes, 487.

BLANC (l'abbé), 109,*s*.

BOILEAU-DESPRÉAUX, XVI, 361. Opinion sur ses ouvrages, 234. Avait plus de génie que de profondeur d'esprit, 236, 460. Est supérieur à J.-B. Rousseau, 255, 256. Son jugement sur Quinault, 254. Et sur Pascal, 273, 19,*s*. Son éloge, 256, 412, 460. Vauvenargues le défend contre Voltaire, 269, note. Ne doit pas aller de pair avec Racine, 397. Son Dialogue avec Alexandre, 1,*s*. Attaqué par Fontenelle, 35,*s*, 245,*s*, 253,*s*, 277,*s*.

Bon (du), 62. Il n'y a rien qui ne puisse être bon ou mauvais, selon les circonstances, 468.

Bonheur. Il dépend du caractère, 83. N'est pas à regretter, lorsqu'il est sans gloire et sans génie, 381. Il n'existerait pas, s'il appartenait à autrui de décider de nos occupations et de nos plaisirs, 385. Celui d'autrui ne nous suffit pas, 450.

BONNAC (madame de), 349.

Bonne chère, ses avantages, 442. Est le premier lien de la bonne compagnie, 443. Ses effets, *ibid*.

Bonne compagnie (la), 139, 443, 464. On croit toujours ceux qui s'en disent, 380. Place qu'elle réserve aux beaux esprits, 478.

Bonne foi, fidélité sans défiance et sans artifice, 61.

Bonnes œuvres, nécessité d'en faire, 209.

BONNEVAL (madame de), 349.

Bons exemples. Tous les temps ne permettent pas de les suivre, 442.

Bon sens. En quoi il consiste, 11. Beaucoup d'esprit ne vaut pas un peu de bon sens, 480.

Bonté (la) est un goût à faire du bien et à pardonner le mal, 60.

Bon ton (le), 475. Quel est le vrai? 445.

Bornes. Celles des talents sont inébranlables, 410.

Bose, trésorier des troupes, 116,*s*, 119,*s*.

Bossuet, XXII, XXXVII. Il a imité les prophètes, 22. Ses sublimes hardiesses, 66. Il a surpassé les orateurs de l'antiquité, 182. Vauvenargues a-t-il voulu contrefaire la majesté et l'enthousiasme de Bossuet? 231. Comment on prouverait que Bossuet est le plus grand poète de la terre, 238. L'opinion de Voltaire sur Bossuet critiquée par Vauvenargues, 266, 267. Comparé à Pascal, 269. A Fénelon, 270. A La Bruyère, 272. A Fléchier, 352. Son éloge, 269, 273, 274, 411,20,*s*, 21,*s*, 39,*s*. Était né pour être un grand ministre, sous un roi ambitieux; plaisante fortune pour lui d'être chapelain de Versailles, 431, 7.*s*. Ses études, 7,*s*. Il n'y a point de faiseur de stances qui ne croie lui être supérieur, 483. Comment il y a des hommes qui le traitent de petit esprit, 486. Il croyait Jésus-Christ, 492. Il rend justice au caractère d'Alexandre, 3,*s*. Son dialogue avec Fénelon, 4,*s*. Son dialogue avec Racine, 36,*s*. On lit plus Démosthènes que Bossuet, 65,*s*. La Rochefoucauld n'a pas sa magnificence, 76,*s*. L'éloquence des *Oraisons funèbres* est divine, 148,*s*. Bossuet n'est pas, peut-être, sans erreurs, 212,*s*. On préfère l'esprit de Fontenelle au sublime de Bossuet, 246,*s*. Il a créé, avec quelques autres, la langue française, 254,*s*.

Boulainvilliers (Henri, comte de), historien. Opinion sur ses ouvrages, 220,*s*, 221,*s*.

Bourdaloue, 212,*s*, 213,*s*.

Bourgeoisie (la). Ses ridicules, 348.

Boyer d'Aguilles, marquis d'Argens. V. Argens (d').

Boyer (Étienne), hôte de Vauvenargues, à Paris, rue Quincampoix, 232,*s*.

Boze (de), inspecteur de la librairie. Notice, 289,*s*.

Bras (le chevalier de), ses bons mots, 107,*s*. Son nom cité, 213,*s*.

Briasson, libraire, à Paris, 1, 1,*s*.

Brière, libraire, publie une nouvelle édition des œuvres de Vauvenargues, II, VII, III,*s*, 280,*s*, 292,*s*.

Bristol (M.), Anglais, 213,*s*.

Britannicus, tragédie de Racine. Opinion sur cette pièce, 244, 247, 251, 266.

Broglie (le maréchal de), sa rivalité avec le comte de Feckendorff compromet le succès de la campagne de 1741, 296, note.

Broglio (madame de), 109,*s*.

Bruère (Charles Le Clerc de la), rédacteur du Mercure. Ce qu'en dit Voltaire, 275,*s*.

Brutalité (la) est une disposition à la colère et à la grossièreté, 61.

Brutus, 59, 246, 308, 356. Son dialogue avec César, 30,*s*. Influence de la philosophie de Caton sur son caractère, 32,*s*. Son dialogue avec un jeune Romain, 47,*s*. Comparé à César, 183,*s*. Ses lettres à Cicéron, 193,*s*.

Buffon, 35,*s*, note.

Buisson (Joseph), assesseur du consul d'Aix. Sa conduite pendant la peste de 1720, 97,*s*, note.

Burrhus, personnage de la tragédie de Britannicus, 251, 266.

But (le) ennoblit les moyens, 93.

C

Cabris (madame de), fille du marquis de Mirabeau, 150,*s*.

Caligula, ses folies, 432.

Callisthènes, philosophe grec, 3.*s*, note.

Callisthène ou *l'Homme froid et ennuyé*, 308.

Calvin, 152.

Campagnes. Le luxe des villes les dépeuple, 67,*s*.

Candeur (la) est une sincérité douce, 60.

Capitaine, qualités qu'il doit posséder, 21.

Caractère individuel, ce qui le constitue, 24. La physionomie l'exprime, 42. Il ne faut pas sortir de son caractère, 73. Les passions le forment, 452.

Caractères, difficulté de les peindre, 284. La Bruyère n'a pas osé en faire de grands, 285. Ses Portraits comparés à ceux de Télémaque et des Oraisons funèbres, *ibid*. Vauvenargues imite les Caractères de Théophraste et de La Bruyère, 287. Il n'y en a point de si petits qu'on ne puisse rendre agréables par le coloris, 438.

Caravanes (faire ses), ce que c'était, et ce qu'on entend aujourd'hui par cette expression, 201,*s*.

Carités ou *le Grammairien*, 355.

Carnaud (M.), commerçant d'Aix, 119,*s*, 227,*s*, 233,*s*, 235,*s*.

Castellane (le chevalier de) 142,*s*.

Catherine de Médicis, 475.

Catilina, xvi, 184,*s*. Son caractère, 57, 58, note, 428, 432, 55,*s*, note. Son dialogue avec Sénécion, 80,*s*.

Catinat, 132, 253,*s*.

Caton (le Censeur), 184,*s*, 185,*s*, 186,*s*, 193,*s*.

Caton (d'Utique), 308, 343, 32,*s*. Ce qu'il pensait de l'inaction, 137,*s*. Son caractère, 186,*s*.

Caumont (M. de), père du jeune de Seytres, 257,*s*.

Cause occulte de Newton, ses effets, 111, 112.

Cause universelle. Si les êtres physiques dépendent d'une cause universelle, 457.

Caylus (le comte de), 286,*s*.

Certitude. Celle des principes est niée quelquefois, 68, 440, 441.

César (Jules), 105, 318, 356, 422. Son éloge, 58, 461. Est attaqué par Brutus, 59. Lui est comparé, 183,*s*. Son rôle dans les tragédies de Corneille et de Voltaire, 242, 245, 248. Son dialogue avec Brutus, 30,*s*. Ne pouvait retenir ses larmes en lisant la vie d'Alexandre, 136,*s*. Ce qu'il serait de notre temps, 186,*s*.

Chagrins. Ceux que cause la fortune se taisent à la voix de la nature, 405, note.

Chalampé (combat de), 189.

CHAMBONA (de), colonel au régiment du Maine, 89,*s*.

CHAMBRY (M.), II, note, 1,*s*.

CHAPELAIN, 257, note, 41,*s*.

CHAPELLE, note sur cet écrivain, 352.

Charité (la) est un zèle religieux pour le prochain, 62.

Charlatans de la morale. Ils ne proposent que des difficultés, 415.

CHARLES-ALBERT, duc de Bavière, empereur d'Allemagne (1742), 146, note.

CHARLES DE LORRAINE, battu par Frédéric le Grand (1745), 351, note.

CHARLEMAGNE, 176, note.

CHARLES LE GROS, roi de France; sa fin malheureuse, 176, note.

CHARLES LE TÉMÉRAIRE, 30,*s*, note.

CHARLES QUINT, 23,*s*.

CHARLES VI, empereur d'Allemagne, 145, 187.

CHARLES VII, empereur d'Allemagne, notice, 177.

CHARLES VII, roi de France, 185,*s*.

CHARLES XII, roi de Suède, 267, 1,*s*, note.

CHARRON (Pierre), son dialogue avec Montaigne, 21.*s*.

Chasse (la), 37.

Chasteté, la solitude la tente puissamment, 442.

CHASLES (Émile). Comment il compare Vauvenargues à J.-J. Rousseau, 193,*s*. Ce qu'il pense d'une lettre de Vauvenargues, 230,*s*.

CHATEAUROUX (duchesse de), sa liaison avec Louis XV, 186, 99,*s*, note.

CHATELET (madame DU), 267, 181,*s*, note.

CHAULIEU (l'abbé de), 364, son éloge, 236, 254.

Chefs-d'œuvre, comment ils se produisent, 20.

Chinois, 156.

CHÉNIER (André), 346, note.

CHÉTARDIE (de la), quitte le service militaire pour la diplomatie, 248,*s*.

Choses. Il est plus aisé d'en dire de nouvelles que de concilier celles qui ont été dites, 374. Il y en a beaucoup que nous savons mal, 435. Les meilleures sont les plus communes, 457. Si les anciens philosophes en disaient toujours de nouvelles, 62,*s*.

CICÉRON, 73, note, 243, 313, 343, 427, 434, 61,*s*, note, 65,*s*, 184,*s*, 193,*s*.

Cid (le), tragédie de Corneille. Opinion sur cette pièce, 241.

Cinna, tragédie de Corneille. Opinion sur cette pièce, 246, 247, note.

Circonstances, leur empire, 468.

CLAPIERS (Jean de), gouverneur d'Hyères (1330), aïeul de Vauvenargues. — (Etienne de), frère du précédent. — (Pierre de), évêque de Toulon (1449). — (François de) (1556), acquiert, par son mariage, la terre de Vauvenargues (V. ce nom), 249,*s*.

CLAPIERS (Jacques-Auguste-Michel-Marie de), seigneur de Collongues et de Montfort, est adopté par le dernier marquis de Vauvenargues, frère du moraliste; son fils périt misérablement, 160,*s*.

Clarté (la) orne les pensées profondes, 374.

Clazomène ou la Vertu malheureuse. 288.

Clémence (la) est une bonté envers nos ennemis, 60. Vaut mieux que la justice, 391.

Cléon ou *la Folle ambition*, 340.

Cléopatre, personnage de *Rodogune*. tragédie de Corneille, 366.

Clitus, sa mort regrettée par Alexandre, 125, 3,*s*.

Clodius ou *le Séditieux*, 342.

Clogenson, ce qu'il rapporte des derniers moments de Vauvenargues refuté, 231, note.

Clytemnestre, personnage d'*Iphigénie*, tragédie de Racine, 251.

Cœur. Ses qualités, réunies à celles de l'esprit, forment le génie, 21. Les maximes des hommes décèlent leur cœur, xi, 384. La raison ne connaît pas ses intérêts, 385. Les grandes pensées en viennent, 386, iii,*s*. La fatuité dédommage du défaut de cœur, 490. La conviction de l'esprit n'entraîne pas toujours celle du cœur, 492.

Colère (la) est une aversion subite et violente, avec un désir aveugle de vengeance, 44.

Coligny (l'amiral), 77.

Colletet, poète, 152, 41,*s*, note, 222,*s*.

Comédie. Le ridicule y doit naitre de quelque passion, 274,*s*, 277,*s*.

Comines (Philippe de), son dialogue avec Philippe II, 27,*s*.

Commerce (le). Ce qui le fait prospérer, 53. Ce qui le ferait languir, 68,*s*. 69,*s*. A été négligé par les Romains, 156. Est l'école de la tromperie, 419.

Commerce du monde (le) n'est fondé que sur la politesse et la flatterie, 96. Son but, 482.

Compassion (sur la), 97.

Complaisance. Celle qu'on a dans soi-même caractérise l'amour-propre, 31. C'est une volonté flexible, 61. Les esprits légers y sont disposés, 384.

Concilier. Ce qui nous manque pour tout concilier, 415.

Condé (le Grand), 132, 313, 492, 41,*s*, note. Ce qu'il dit au maréchal de Gassion, 184,*s*.

Condillac publie son *Essai sur l'origine des connaissances humaines*, 1.

Condition des grands, avantages qu'elle leur procure, 88.

Conditions. Leur inégalité nécessaire, xxiv, 172, 401, 67,*s*. Chacune a ses erreurs, ses lumières, 447, et ses devoirs, 451.

Condorcet. Publie le premier l'anecdote du jésuite se présentant chez Vauvenargues mourant, 231, note.

Conduite (la). Peu de choses en dépendent, 488.

Connaissance de soi-même, 384.

Connaissances. Il faut se borner à un petit nombre, 35. Combien il est difficile de les bien posséder, 408. Pourquoi elles ne sont jamais approfondies, 461.

Conquérants. Leur gloire a toujours été respectée, 401.

Conscience (la) est la plus changeante des règles, 386. La fausse ne se connaît pas, *ibid*. Est l'organe du sentiment qui nous domine et des opinions qui nous gouvernent, 387. Celle des mourants calomnie leur vie, 373, 387.

Conseil (le) fait faire peu de grandes choses, 386.

Conseils. Injustice de ceux qui en donnent, 390. La générosité en donne moins que de secours, 446. Les plus faciles à pratiquer sont les plus utiles, 481, 485. Nous ne nous défions pas des nôtres, 481. Fruit qu'on en peut tirer, 485.

Conseils à un jeune homme, 114.

Consolations (les) sont une flatterie envers les affligés, 491.

Constance (la) est une fermeté raisonnable dans nos sentiments, 62. Est la chimère de l'amour, 477, 81,*s*, note. Celle des sages peut être fondée sur le sentiment qu'ils ont de leurs ressources, 78,*s*.

Contentement (le) n'est pas la marque du mérite, 380.

Conter est la ressource de ceux qui n'imaginent pas, 384.

Continence. Tous ceux qui sont continents ne le sont pas par raison, 77,*s*.

Contradictions. Celles de l'esprit humain, 152. Il n'y en a pas dans la nature, 415. On parle et l'on écrit rarement comme l'on pense, 451. Vauvenargues explique ses contradictions, 462. Nous sommes bien plus appliqués à noter celles d'un auteur qu'à profiter de ses vues, 493.

Conversation (la) lasse l'oreille d'un homme passionné, 484. Est la manière la plus courte de s'exercer à l'éloquence, 16,*s*. Sur les conversations du monde, 65,*s*.

Conversations frivoles. Dégoût qu'elles inspirent, 24, note.

Conviction. Celle de l'esprit n'entraîne pas celle du cœur, 492.

Coquette. C'est un mauvais parti pour une femme, 472.

CORNEILLE (Pierre). Sur le jugement qu'en a porté Vauvenargues, XXVI, XXVII. A imité Lucain et Sénèque, 22, 425. Opinion sur ses ouvrages, 241. Défauts qu'on leur reproche, 265, 484. Son éloge, 37,*s*. Son caractère, 41,*s*. Jugement qu'en porte Vauvenargues, 242,*s*. Comparé à Racine, *ibid.*, 252,*s*. Dialogue avec Richelieu, 40,*s*. Son nom cité, 185, 366, 144,*s*, 159,*s*, 171,*s*.

CORNÉLIE, personnage de la *Mort de Pompée*, tragédie de Corneille, 242, 243, 244.

Corps politiques (les) ont des défauts inévitables, 476.

Corruption. Celle des principes est cause de la corruption des mœurs, 169.

Cotin ou *la Fausse grandeur*, 365.

Cour (la) est le centre du goût, de la politesse; où tout aboutit et fermente, d'où le bien et le mal se répandent partout, 163,*s*.

Courage (le). Il y en a de plusieurs sortes, 59. Surmonte tout, 78. Il a plus de ressources contre les disgrâces que la raison, 375. Il agrandit l'esprit; est la lumière de l'adversité, *ibid.*, note. Doit régler la vie, 441. Quel en est le terme, 484. Ses effets, 45,*s*.

COUSIN (Victor), II, I, *s*.

Coutume (la). Ce qui fait sa force, 65, 68, 377. Plus puissante que la raison même pour le bien des hommes, 26,*s*. Le bonheur, la vérité même dépendent d'elle, *ibid.*

Crainte (la). Son empire, 1532, 23, note.

CRASSUS, époux de Cornélie, 242.

CRÉBILLON (Prosper Jolyot de), 263, 252,*s*.

ALPHABÉTIQUE.

CRÉBILLON fils, auteur du *Sopha*, 354.

CRILLON-MAHON, né en 1718, mort en 1796, commandant général des royaumes de Valence et de Murcie. Son portrait par Mirabeau, 95,*s*. Il obtient de l'avancement, 97,*s*.

Crime. Si l'éclat ou l'excès du crime le rendent innocent ou glorieux? 82,*s*.

Critique (la). Vauvenargues apprécié comme critique, XXVI. But de la critique de Vauvenargues, 253, note. La critique est plus facile à faire qu'une juste appréciation, 406, 427. Critique éclairée et impartiale, 436. Il faut savoir la souffrir, *ibid*.

CROMWELL, 53, note, 128, 368, 486, 82,*s*.

CROUZAS, ce qu'il dit du *beau*, 62.

Croyance. Sa force ou sa faiblesse dépend plus de notre âme que de notre esprit, 420. Celle des choses extraordinaires, 482. Quelle était celle de Vauvenargues, XXXVI, 150, note, 155, note, 174, 208, note, 229, note, 231, note, 146,*s*, 147,*s*.

Cruauté. Insensibilité mêlée de plaisir, 60.

Culture de l'Esprit, 491.

CURIACE, personnage de la tragédie d'*Horace*, 246.

Cyrus ou *l'Esprit agité*, 330.

D

DACIER (M. et madame), traducteurs d'Homère, 485.

DAILLOT, obtient en 1745 le prix d'éloquence sur la question de l'inégalité des richesses, proposée par l'Académie française, 183, note.

DALEMBERT, 413, note.

DALLEMANS, 251,*s*.

DANCOURT, auteur comique, 368.

Dardanus, opéra de Rameau, 353, note.

DAVID, roi des Juifs, 221.

Dauphin (le), fils de Louis XV. Son mariage, 274,*s*. Accompagne le roi à l'armée (1745), 282,*s*.

Débauché (portrait d'un), 297.

Décadence des Romains (la), par Montesquieu. Éloge de ce livre, 253,*s*.

Décider de nos actions n'appartient pas à autrui, 385.

Déclamateurs. Étaient nombreux au temps de Démosthènes, 9,*s*. Leur défaut, 12,*s*.

Découverte. Ce qu'est souvent une pensée qui s'offre à nous comme une profonde découverte, 374.

Défaut de la plupart des choses, 69. Tout ce que nous prenons dans la morale pour défaut n'est pas tel, 483.

Défiance extrême, est souvent nuisible, 383.

Dégoût, sa définition, 44, 394, note. L'espérance est le seul bien qu'il respecte, 470.

Dehors (les) nous imposent, 405.

DELANCE, libraire à Paris, I.

Délicatesse (la) vient essentiellement de l'âme, 12. Cache sous le voile des paroles ce qu'il y a dans les choses de rebutant, 18. Est méprisable devant l'ingénuité de l'amitié, 257,*s*.

DÉMOCRITE, philosophe grec, 314.

Démonstration (la) n'est que l'évidence obtenue par le raisonnement, 444.

DÉMOSTHÈNES, 103, 360, 362, 368. Ses dialogues avec Isocrate, 8,*s*, 11,*s*. Qualités qu'il exige dans un orateur, 10,*s*, 15,*s*. Comparé à Pascal, 19,*s*. Est plus lu que lui, 65,*s*.

DENTU, libraire à Paris, I, note, I,*s*.

DENYS LE TYRAN. Son dialogue avec Platon, 58,*s*.

Dents postiches. On ne mâche point avec elles, 106.

Dépendance (la) est née de la société, 393.

Déroger. Il vaut mieux déroger à sa qualité qu'à son génie, xx, 478.

DESCARTES, XXIX, 22, 132, note, 169, 274, 361, note, 411.

Désespoir (le) est la plus grande de nos erreurs, XIX, 89, note, 485. Engendre les partis violents, 119. Comble notre faiblesse, 404. Est plus trompeur que l'espérance, 443.

DESFONTAINES (l'abbé), 352.

Désir (le) est une espèce de mésaise que le goût du bien-être met en nous, 46.

DESMARETS, 1,*s*, note, 41,*s*, note.

DESPRÉAUX. *Voyez* BOILEAU.

Désertion, 471.

Desseins. Pourquoi on méprise les grands desseins, 382.

DESTOUCHES, auteur comique, 252,*s*.

Dettingen (bataille de), 189, 258,*s*.

Devoirs. Ceux des hommes fondés sur leur faiblesse réciproque, 434. On ne les pratique guère que par nécessité ou par habitude, 471.

Dévots de profession. Pourquoi ils ne sont pas aimés, 403.

Dialogues: Alexandre et Despréaux, 1,*s*. Fénelon et Bossuet, 4,*s*. Démosthènes et Isocrate, 8,*s*, 11,*s*. Pascal et Fénelon, 18,*s*. Montaigne et Charron, 21,*s*. Un Américain et un Portugais, 24,*s*. Philippe II et Comines, 27,*s*. César et Brutus, 30,*s*. Molière et un jeune homme, 32,*s*. Racine et Bossuet, 36,*s*. Le cardinal de Richelieu et le grand Corneille, 40,*s*. Richelieu et Mazarin, 42,*s*. Fénelon et Richelieu, 44,*s*. Brutus et un jeune homme, 47,*s*. Catilina et Sénécion, 50,*s*. Renaud et Jaffier, conjurés, 55,*s*. Platon et Denys le Tyran, 58,*s*.

DIDEROT. Publication de ses *Pensées philosophiques*, I.

Diète (la) est au corps ce que la solitude est à l'esprit, XXX, 442.

DIEU. Peut tout, 49, 171, 190. Ses œuvres merveilleuses, 178, 179. Serait imparfait sans la dépendance des hommes, 195. Principe des actions humaines, 195, 196. Sa main toujours étendue sur l'homme, 207. Ne peut être vicieux, 209. Ne dépend que de lui, 211. Sa bonté, sa puissance, 212. Est d'autant plus parfait qu'il ne peut être imparfait, 214. Sa justice, 217. C'est entreprendre sur sa clémence que de punir sans nécessité, 391.

Dieux. Les anciens n'attachaient pas

à ce nom la même idée que nous ; ils en admettaient plusieurs, tous fort imparfaits, 432. Les hommes sont nés pour en croire, 154, note. Le premier qui s'est fait des dieux avait l'imagination plus grande que ceux qui les ont rejetés, *ibid.*

Dignité royale. Sur quoi elle se fonde, 429.

Digressions. Leur effet quand elles sont trop longues, 397.

Discours, ce qui l'affaiblit, 397. Critique des discours académiques, xxv, 424.

Discours sur la gloire, 128.

Discours sur les plaisirs, 138.

Discours sur les caractères des différents siècles, 151.

Discours sur les mœurs du siècle, 163.

Discours sur l'inégalité des richesses, 171.

Discours sur l'éloquence (fragments), 61,*s.*

Discrétion (la). Sa définition, 96.

Disgrâces, 40.

Disputes. D'où naissent les disputes frivoles, 23. Celles qu'on doit éviter, 74, 75. Comment on y fait régner l'honnêteté, 483.

Dissimulation. C'est une imposture réfléchie, 60. C'est un effort de la raison, 448.

Distraction. Du sérieux qui lui est propre, 25. Comparée aux rêves du sommeil, 26.

Dons. Ceux de la nature, 401. Les dons intéressés sont importuns, 480.

Douceur. D'où elle procède, 28, 61.

Douleur. Est, comme le plaisir, l'essence et le fond des passions, 27.

Doute universel, 63, 421, 441.

Droits. Les lois les fixent et les protégent, 51, 429. Ceux des enfans, 37, 429.

Droiture (la) est une habitude de la vertu, 60.

DUBOIS (le cardinal), 209,*s.*

DUCLOS, moraliste et historien, 30,*s* note.

Duel. Idée qu'en avaient nos pères, 160. Son apologie, 462.

DUMOULIN (Molin), médecin célèbre, 312, note.

Dupe. On ne peut l'être de la vertu, 76. Il n'est pas habile de faire des dupes, 383. Ce qui arrive cependant dès que l'on peut faire du bien, 420. Les hommes semblent nés pour en faire et pour l'être d'eux-mêmes, 448. L'espérance en fait plus que l'habileté, 449. Personne ne veut l'être, 473.

Duplicité, imposture qui a deux faces, 60. Contre la duplicité dans la conduite, 450.

DURAS (duc de), 174,*s*, 252.*s.*

Dureté, insensibilité à la vue du malheur, 60, 92.

DURFORT (duc de). Son séjour à Besançon, 89,*s*, 93,*s.* Son caractère, 95,*s*, 217,*s*, 218,*s.*

DURFORT (mademoiselle de), 99,*s.*

E

Économes. On leur fait mal sa cour par des présents, 446.

Économie (l') peut s'allier avec la profusion, 378. Celui qui sait rendre son dérangement utile est au-dessus d'elle, *ibid.*, note. Fait plus de dupes que la profusion, 478.

Écrire. Ce que bien des gens appellent écrire pesamment, 425. Il faut écrire avec simplicité, 61,*s*.

Écrivains. Ceux du dix-huitième siècle plus soucieux de la destinée du genre humain que de celle de l'individu, xxxv, 98. Sur les mauvais écrivains, 277. Ce qui fait souvent leur mécompte, 374. Qualités qu'ils doivent avoir, 397. Ce que les écrivains médiocres doivent éviter, 438. Ce qui les réduirait à ne point écrire, 440. Il n'y en a pas de si ridicule que quelqu'un n'ait traité d'excellent, 446. Ce qu'on exige des écrivains, 447, 448. Se pillent les uns les autres, 458. Les anciens écrivains travaillaient sans modèles et en servent aujourd'hui, 472. Ce qui distingue les écrivains de génie de la foule des imitateurs, 12,*s*.

Éducation. Elle ne peut suppléer le génie, 35. Celle des enfants et des princes, 428, 429, 470, 471, 5,*s*.

Effronterie (l') est estimée des femmes, 475.

Égalité dans l'inégalité, 51. Ne peut exister parmi les hommes, 172. N'est pas une loi de la nature, 401. Est chimérique, 451. Par conséquent, impossible, 67,*s*.

Égée, ou *le bon esprit*, 368.

Égisthe, personnage de la tragédie de *Mérope*, 264.

Église (l'). Son autorité invoquée, 209, 214.

Égyptiens. Leur religion, 153.

Électre, tragédie de Voltaire, imprimée sous le nom d'*Oreste*, 263.

Élégance dans le langage. Ce qui la constitue, 19. Qualité essentielle pour un orateur, 10,*s*.

Élévation. Ce qui la distingue de l'arrogance, xvi, 381.

Élisabeth, reine d'Angleterre, 23,*s*.

Éloge de Vauvenargues, ix.

Éloge d'Hippolyte de Seytres, 141. Opinions sur cet ouvrage, xxii, 150, 256,*s*, 279,*s*.

Éloquence (l'). Ce qui la constitue, 19. Sa définition, 281 et suiv., 284, 10,*s*, 11,*s*. Est bannie des écrits modernes, 103. Portrait de *Lysias*, ou *la fausse éloquence*, 338. Les plus grands hommes ont été les plus éloquents, 410. Rien n'en est si loin que le jargon de l'esprit, 445. Son empire, 461. Vaut mieux que le savoir, 492. Ce qu'elle était au temps de Démosthènes, 9,*s*. Tous les sujets en sont susceptibles, 12,*s*. Ce qu'elle doit être, 13,*s*. De la manière de s'y exercer, 16,*s*. Ce qu'on doit trouver dans un ouvrage d'éloquence, 38,s. Ses règles sont peu observées, 61,s.

Emplois. Sur le choix de ceux qu'on y destine, 471. Il n'y a rien de plus rare que le mérite des emplois, 473. Il n'est pas vrai qu'il soit plus aisé d'en paraître digne que de les bien remplir, 493.

Enfants. Leurs rapports avec leurs parents, 37. Avantages qu'ils retirent de la condition de ces derniers, 88. Leur ingratitude, 391. Vices de l'éducation qu'on leur donne, 428. Ce qu'il faudrait faire pour eux, *ibid.* Leur droit à la succession de leur père, 429. Leur amour du désordre, 435. Leur premier soupir est pour la liberté, 477.

Énigmes. Puérilité de leur étude, 9.

Enjouement. Ce qui le fait naître, 28. Les personnes enjouées sont recherchées dans le monde, 8.

Ennui (l') vient du sentiment de notre vide, 46. Naît souvent de la vanité, 445.

Ennuyeux. Moyen de ne pas l'être, 451,s.

Enrichir (s'). Moyens opposés pour y parvenir, 449.

Enthousiasme. Est indispensable pour s'élever aux grandes vérités, 423.

Envie (l'). Sa définition, 43. Ne saurait se cacher, 414. Accuse et juge sans preuves, *ibid.* Un honnête homme n'envie pas la fortune de ceux qui en sont indignes, 432.

Envieux. Il ne faut pas tâcher de les contenter, 479.

ÉPICHARIS, 55,s, note.

ÉPICTÈTE, 61, note.

Épisodes (les) sont la ressource des écrivains médiocres, 398.

Épithètes. N'ajoutent rien à la valeur des hommes, 448.

Épître aux Muses, de J.-B. Rousseau, 261.

Équité. En quoi elle consiste, 51, 52. Sa définition, 60.

Équivoques. Pourquoi on les dissimule dans les traités, 454.

Érasme, ou *l'Esprit présomptueux,* 307.

Ergaste, ou *l'Officieux par vanité,* 329.

Érox, ou *le Fat,* 320.

Erreurs. Il en est que la prudence ne veut pas qu'on approfondisse, 68. L'erreur est le partage de l'esprit humain, 155. Périssent d'elles-mêmes quand elles sont rendues clairement, 374. Personne ne veut être plaint des siennes, 377. Comment les grands hommes sont la cause des erreurs des faibles, 400. Ce qui nous y conduit, 403. Ajoutées à la vérité, ne l'augmentent pas, 409. Celles de l'antiquité ne doivent pas nous étonner, 421. Sont la nuit des esprits et le piège de l'innocence, 476. Les demi-philosophes, en louant l'erreur, font les honneurs de la vérité, *ibid.* Quelle est la plus grande de nos erreurs, 485.

Érudition. Quelle est celle des gens du monde, 462.

ESCULAPE, 391.

Espérance (l') est le sentiment d'un bien prochain, 46. Il n'y a rien qu'elle ne puisse persuader aux hommes, 153, 223, note. Il ne faut pas se reposer inconsidérément sur ses promesses, 175. Anime le sage et leurre le présomptueux, 375. Trompe les plus grandes âmes, 428. Mais trompe moins que le désespoir, 443. Fait plus de dupes que l'habileté, 449. C'est le seul bien que le dégoût respecte, 470. C'est le plus utile ou le plus pernicieux des biens, 476. Les espérances les plus ridicules et les plus hardies ont été la cause de succès extraordinaires, 402, 250,s.

ESPRIT (l'abbé) révisait les maximes de La Rochefoucauld, xxxii.

Esprit (de l') en général, 5. Sa définition, 398. Ce qu'il ne pénètre qu'avec peine ne va pas souvent jusqu'au cœur, 15, 16. En quoi il diffère du génie, 20. Est compris dans le caractère, 24. Imperfection de l'esprit de l'homme, 64. Sa sujétion, 75. L'esprit naturel et le simple, 82. Il y en a plus aujourd'hui qu'autrefois parmi les hommes, 102. Sur l'esprit d'emprunt, 106. Ses bornes, 111. Celui d'autrui n'est pas à notre usage, 152, note. Les esprits mûrs et modérés ne forcent point l'avenir, 290. Caractères de l'*esprit présomptueux*, 307. De l'*esprit extrême*, 330. De l'*esprit moyen*, 331. De l'*esprit profond*, 332. Du *bel esprit*, 36,s. Du *bon esprit*, 368. Celui de l'homme est plus pénétrant que conséquent, 374. De l'*esprit faux*, 384. Léger, *ibid*. L'esprit est l'œil de l'âme, non sa force, 389. L'admiration en est la mesure, 395. Avantages de l'avoir juste, 396. Il est naturellement sérieux, *ibid*. Comment on juge ses productions, *ibid*. Ce qui prouve son étendue, 399. De ceux qui n'ont que de l'esprit, 402. Différence qu'il met entre les hommes, 403. Ses effets, *ibid*, note.

Comment on le fait valoir, 406. Ce qui parait aux uns étendue d'esprit, n'est pour les autres que mémoire et légèreté, *ibid*. Pourquoi les esprits subalternes n'ont point d'erreurs en leur privé nom, 412. L'esprit n'atteint au grand que par saillies, 424. Tous ceux qui l'ont conséquent ne l'ont pas juste, 426. C'est en lui, et non dans les objets extérieurs, que nous apercevons la plupart des choses, 429. Ses avantages sont presque aussi fragiles que ceux de la fortune, 443. Il ne tient pas lieu de savoir, 445. Quand il est vrai et solide, il prend sa source dans le cœur, *ibid*. Il ne fait presque jamais le sel de la conversation, *ibid*. Son plus grand effort est de se tenir à la hauteur de la fortune, 455. Pourquoi il est aujourd'hui à si bas prix, 459. Un peu de bon sens en ferait évanouir beaucoup, 480. Il ne vaut qu'avec le jugement, *ibid*. Caractère du faux esprit, *ibid*. Il a besoin d'être occupé, 481. Il développe les simplicités du sentiment pour s'en attribuer l'honneur, 482. Il est borné jusque dans l'erreur, 483. Ce qui l'épuise, 484. Il ne fait pas connaitre la vertu, *ibid*. Aucun homme n'en a assez pour n'être jamais ennuyeux, *ibid*. Les passions le rendent inutile, 485. Il ne suffit pas pour plaire, *ibid*. Ne nous garantit pas des sottises de notre humeur, *ibid*. Ce qui le fait paraitre étendu, 486. La méchanceté en tient lieu, 490. Sa faiblesse nous console plus promptement que sa force, 491. La conviction de l'esprit n'entraîne pas toujours celle du cœur, 492. Ce qui le fait préférer au savoir, 493. Il est faux de dire que sa force et sa faiblesse dépendent de nos organes, 79,s.

Esprit (l') de manége, 328.

Esprits systématiques. Ramènent tout à leurs principes, 19,*s.*

Esprits faux et superficiels, 62,*s.*

Essai sur quelques caractères, 286.

Esther, tragédie de Racine, 251.

Estimable. Quelle idée aura-t-on de soi-même, si l'on ignore ce qui est estimable ? 2.

Estime (l') est un aveu intérieur du mérite, 44. Moyen de gagner celle d'autrui, 45. Elle s'use, comme l'amour, 378. Nous en voulons toujours plus qu'on ne nous en accorde, 380. Ce que les femmes estiment dans les hommes, *ibid.* On nous estime à proportion que nous nous estimons nous-mêmes, 443. Nous serions moins avides d'estime si nous en méritions davantage, 446. On serait bien étonné d'apprendre ce qui en fait accorder à quelques hommes, 459.

Estomacs. Il y en a peu de bons, mais beaucoup de bons aliments, 458.

État. Il faut avoir les talents de son état, ou le quitter, 126.

États. Il n'y a point de puérilités et de fantaisies qui ne se produisent et ne trouvent des partisans dans les États populaires, 409. Les changements nécessaires s'y font presque toujours d'eux-mêmes, 442. Leur grandeur ou leur décadence dépend de l'ambition des grands hommes, 45,*s.*

Étendue d'esprit, 13. N'est aux yeux de quelques-uns que mémoire et légèreté, 406.

Éternité des corps, 433.

Étonnement (l') est une surprise longue et accablante, 46.

Étourdi (l'), 309.

Être. Ce qui le constitue, 64.

Étude. Celle des sciences agrandit l'esprit, 113. De deux études importantes, 284.

Eumolpe, ou le Mauvais poète, 362.

EURIPIDE, 34,*s.*

Europe (sur l'équilibre de l'), 489.

Eurymaque, ou le Fourbe, 334.

Événements (*les*) nous trompent aussi souvent que nos passions, 89.

Exercices. De la passion des exercices, 36. Ils sont nécessaires à l'esprit comme au corps, 461.

Existence (l'), mélange de peines et de plaisirs, 27.

Expérience (l'). On tire peu de fruit de celle d'autrui, 458. La nôtre nous instruit rarement, 485. Elle justifie notre défiance, 81,*s.*

Expression (l') répond à la nature des idées, 18. Il faut en faire cas dans le style, 284. Marque d'une expression parfaite, 475.

Extérieur (l') distingue les divers caractères, 24.

F

Fables. Ont été inventées pour faire recevoir la vérité aux enfants, 103, 155. On doit leur apprendre celles de notre pays, 463.

Factieux (le). Son portrait, 294.

Faible. Portrait d'un homme faible, 323. Nul ne l'est par choix, 391. La modération du faible n'est que paresse et vanité, 381. Quel est son intérêt? 393, note.

Faiblesse de l'esprit humain, 54, 55. Le sentiment qu'on en a ne doit point nous abattre, 116. Est incompatible avec la raison et la liberté, 376. Nos faiblesses nous attachent les uns aux autres autant que pourrait le faire la vertu, 392. Il y a plus de faiblesse que de raison à être humilié de ce qui nous manque, 443. Celles de l'amour sont pardonnables, 477. Il y a des faiblesses inséparables de notre nature, 484. Nous en tirons vanité, 486.

Familiarité (la). Ses avantages, 77, 117. Est l'apprentissage des esprits, 384, 16.*s.* Fait beaucoup d'ingrats, 455.

Fantaisies. Un homme vain et paresseux cède à toutes les siennes, 80.

FARET, 41,*s.*

Fat (le). Son portrait, 320. Se croit toujours beau, 402, note. Est naturellement insolent, 246, 467.

Fatuité (la) est aussi difficile à contrefaire que la véritable vertu, 116. Égalise les conditions, 443. Dédommage du défaut de cœur, 490.

Fausseté (la) est une imposture naturelle, 60. Ce qui nous la fait mépriser et haïr, 472. Le faux présenté avec art nous surprend et nous éblouit, 487.

Fautes. Nécessité d'en faire, 78, 210, 404. Personne n'est sujet à plus de fautes que ceux qui n'agissent que par réflexion, 386. Celles que nos malheurs nous font commettre sont pardonnables, 482. Ce qu'on appelle fautes de jugement dans un auteur dramatique, 468.

Faveur. Celle des rois est le plus court chemin pour faire fortune, 431.

FAVIER. Un des collaborateurs du Spectateur littéraire, 290,*s.*

Fécondité. Sa définition, 7.

Femmes. Qualités ou défauts qui les font aimer, 41. Ce qu'elles appellent un homme aimable, 115. Ne séparent point leur estime de leurs goûts, 377. Ne doivent pas se piquer d'esprit, 428. Parti que doivent prendre celles qui ne sont plus jeunes, 443. Pourquoi la laideur les rend méchantes, 469. Ont plus de vanité que de tempérament, et plus de tempérament que de vertu, *ibid.* Ne peuvent comprendre qu'il y ait des hommes désintéressés à leur égard, 475. N'aiment ordinairement un jeune homme que lorsqu'elles en ont fait un fat, *ibid.* N'estiment dans les hommes que l'effronterie, *ibid.* Leurs erreurs sur leur ajustement, *ibid.* Quand on ne peut plus leur plaire, on s'en corrige, 477. Les faiblesses de l'amour leur sont pardonnables, *ibid.*

Fénelon, 77. Son jugement sur Molière, 237. Sur les Romains, 243. Vauvenargues le défend contre Voltaire, 266, 269, note. Son éloge, 270, 274, 467, 61,*s*, note, 63,*s*, note. Comparé à La Bruyère, 272. Est imité par Vauvenargues, xxv, 297, note. Rend justice au caractère d'Alexandre, 3,*s*. Ses Dialogues avec Bossuet, 4,*s*. Avec Pascal, 18,*s*. Avec Richelieu, 44,*s*. Son nom cité, xxii, xxxi, xxxvii, 21, note, 132, note, 182, 431, 492, 39,*s*, note, 76,*s*, 260,*s*.

Fermeté. Avantages qu'on en retire dans la conduite de la vie, 93. Portrait de l'homme ferme, 326. Il est bon d'être ferme par tempérament, et flexible par réflexion, 393.

Ferney (le Patriarche de). V. *Voltaire.*

Férocité (la). Ce qui la décèle, 378, 433.

Ferrare (duc de). Sa conduite envers le Tasse, 34,*s*.

Fidélité. Respect pour nos engagements, 60.

Fierté. Est l'orgueil du courage, 31. Est une passion fort théâtrale, 246, 467.

Figure. Idée que chacun se forme de la sienne, 402, 188,*s*.

Fils. Si l'on n'est homme de bien, il est rare qu'on soit bon fils, 38.

Finesse. Est une sorte de sagacité sur les choses de sentiment, 13. Son langage laisse beaucoup à entendre, 18. Il faut mépriser les petites finesses, 122. La finesse ne doit point dominer dans un ouvrage; quand elle est permise, 466.

Flatterie (la) est le lien du monde, 96. Caractérise un mauvais règne, 184. Ceux qu'il est facile de flatter, 449. Sans elle, point de société, 491.

Flatteur (le) *insipide,* 354.

Flechelles (de), 270,*s*.

Fléchier, 352, 21,*s*.

Fleuriste (le). Caractère par La Bruyère, 439.

Fleury, cardinal et ministre de Louis XV, 185, 161,*s*, 174,*s*. Sa mort, 248,*s*.

Flexible. Il est bon de l'être par réflexion, 393.

Foi (la) admet l'expérience et le raisonnement, 206. Est la consolation des misérables et la terreur des heureux, 421, 146,*s*.

Foi (Méditation sur la), 225. En quelle circonstance elle fut composée, xxxvii, 230.

Folie (la) s'allie souvent à la sagesse, 11. Il y a moins de fous qu'on ne croit, 492.

Fontenelle. Son éloge, i, 276. Ce qu'il dit de la poésie et de l'éloquence, 281. Comparé à Socrate, 481. Son nom cité, xxii, xxvi, 352, 413, 35,*s*, note, 41,*s*, note, 222,*s*, 246,*s*.

Fontenoi (bataille de), 176, 186, note.

Force. Définition de la force d'esprit, 13, 61. Sang-froid qu'elle donne, 25. Force de l'habitude, 65. On ne peut résister à celle de la nature, 94. Le sentiment de nos forces les augmente, 381. Ce n'est pas un vice que d'avoir ce sentiment, 443. La force a fait les partages de la terre, 438, note. Elle peut tout entreprendre contre les habiles, 383.

Fortia d'Urban, éditeur de Vauvenargues (1797), i, vii, note, 166, note.

Fortune. Son utilité, 67,*s.* Son autorité, 453. Avantages qu'elle procure, 71, 72. Ils sont bien fragiles, 443. Il faut savoir en jouir, 379. Elle exige des soins, xix, 379. Difficulté de l'acquérir, 452. Ses hasards, 89. Il ne faut pas toujours s'en prendre à elle, 91. Elle est plus partiale qu'injuste, 473. Elle est partiale et injuste, 50,*s.* Elle ne peut rien sans la nature, 455. Ses caprices, 487. Ses dons ne sont pas si rares que l'art d'en jouir, 470. Elle est presque inutile sans mérite, 478. Moins on veut la mériter, plus elle donne de peine, *ibid.* Pourquoi les fortunes promptes sont les moins solides, 375. La bonne fortune ne fait qu'irriter les désirs des esprits immodérés, 77,*s.* Ni ses dons ni ses coups n'égalent ceux de la nature, 405. Elle ne sert qu'à augmenter tous les vices, 50,*s.* Il n'y a d'heureux que ceux qu'elle a mis à leur place, 381.

Fourbe (le). Son portrait, 334.

Fourberie (la) est une imposture qui veut nuire, 60.

FOURNIER, chirurgien. Prête de l'argent à Vauvenargues, 266,*s.*

FOURNIER (Édouard), auteur de l'*Esprit dans l'histoire*. Ce qu'il rapporte sur la perte de la correspondance de Vauvenargues avec le marquis de Villevieille, 232.

Fous. Il y en a moins qu'on ne croit, 492.

Français. Leur caractère, 167, 469.

Franchise. Sa définition, 60.

FRANÇOIS, Étienne de Lorraine, gendre de l'empereur Charles VI, 146, note.

FRANKLIN. Objet de sa morale, xxxiv.

FRÉDÉRIC le Grand, 351, note, 239,*s.*

Frères. Quel est le nœud de leur amitié, 38.

Frivolité (la). Réflexions sur celle du monde, 98, 66,*s.* Anéantit ceux qui s'y attachent, 139.

Froideur. Ce qui la produit entre amis, 40.

G

GAILLARD (le chevalier de), note sur sa famille, 126,*s.*

Gain. De ceux qui y sont plus sensibles qu'à l'honneur, 378.

Gaîté (la). Avantages qu'elle nous procure, 29. Elle est la mère des saillies, 480. Elle est, selon Mirabeau, le fondement du bonheur, 113,*s.*

Galant. Les grands hommes ne l'ont point été, 405. L'homme du monde est tenu de l'être, 475.

GALILÉE, 162, note.

GARAT, membre de la commission chargée, par l'Académie française, de l'examen des ouvrages de Vauvenargues, II.

GASSION (le maréchal de), réponse que lui fait le grand Condé, 184,*s.*

GAUTIER, ami de Vauvenargues. Notes sur deux familles de ce nom, 121,*s*, 233,*s*.

Géants, 163.

Générosité (la). C'est le sacrifice de l'amour-propre, 60. Elle souffre des maux d'autrui, comme si elle en était responsable, 391. Elle donne moins de conseils que de secours, 446.

Génie. Son caractère, 22, 439, 440. Tient à l'étendue de l'esprit, 14. Du génie et de l'esprit, 20. C'est l'aptitude à exceller dans un art, 24, note. Comparé au caractère, *ibid*. L'éducation ne peut le suppléer, 35. Ce qu'on entend par un grand génie, 55. Génie des poètes, 235. Les hommes de génie sont souvent négligés par ceux qui gouvernent, 92. Différent génie, différent goût, 396. Moyen de le développer, 414. L'invention en est l'unique preuve, 450, 16,*s*. L'esprit et la vanité ne le donnent pas, 475. Il ne faut point y déroger, 478. On ne peut le contrefaire, 487. Mirabeau assure que Vauvenargues a une grande étendue de génie, 137,*s*.

GÉNONVILLE, 267.

Genre humain. L'amour est son premier auteur, 442.

Gens de lettres. De leurs rapports avec les grands, 86, 52,*s*. Leurs jalousies, 87. Ils estiment beaucoup les arts et nullement la vertu, 440. Pourquoi ils dissimulent les qualités qu'ils se reconnaissent les uns aux autres, 460. Opinion de Vauvenargues sur leur compte, 128,*s*. Vauvenargues dégoûté des gens de lettres, 294,*s*.

Gens d'esprit (les) sont quelquefois plus éclairés que d'assez beaux génies, 21. Pourquoi ils parlent et agissent souvent mal à propos, 106.

Gens du monde. Leur esprit, 15. En quoi ils diffèrent du peuple, 405. Leur vanité, 427. L'intérêt les domine, 449. Leur genre d'érudition, 462.

Gens en place (les) craignent plus que les autres hommes ceux qu'ils ne pourraient dominer, 452.

Germains. En quoi les anciens Germains diffèrent des Allemands d'aujourd'hui, 167.

GIAC (Pierre de), ministre de Charles VII, 184,*s*.

Gloire (la). Elle nous excite au travail et à la vertu, 33. La passion de la gloire comparée à celle des sciences, 34. Le mérite seul peut y conduire, 379. L'amour de la gloire fait les grandes fortunes entre les peuples, *ibid*. Pourquoi nous trouvons ridicule de l'aimer, *ibid*. S'ils ne l'avaient pas aimée, les hommes n'avaient ni assez d'esprit ni assez de vertu pour la mériter, 389. Ce n'est pas par paresse qu'on la néglige, 402. C'est par la vertu qu'il faut la rechercher, 416. Son incertitude, 446. Elle remplit le monde de vertus, *ibid*. Embellit les héros, *ibid*. Ce que prouve le désir de la gloire, *ibid*. Elle est difficile à acquérir, 452. Peu de gens la méprisent, 473. Rien n'est si doux que ses premiers regards, 477. C'est la preuve de la vertu, *ibid*. La gloire et la stupidité cachent la mort, sans triompher d'elle, 484. Elle fait des héros, 487.

Glorieux (le), comédie de Destouches, 253,*s*.

GORGIAS, orateur grec, 8,*s*, note.

Goût (le). En quoi il consiste, 15. Le bon goût est un sentiment de la belle nature, 16. Celui du plus grand nombre n'est pas juste, 17. Les femmes et les jeunes gens ne séparent point leur estime de leurs goûts, 377. Différent génie, différent goût, 396. Il est inconstant, 399. n'est pas toujours si difficile à contenter que l'esprit, 408. Comment il est quelquefois malade, 466.

Gouvernement. Comment il doit se régler quand il est sage, 441.

Gouverner sans la force est le terme de l'habileté, 383. On ne peut gouverner les hommes sans les tromper, 43,*s.*

Grâce. Sa définition, 62. La vertu la donne, 477.

GRACCHUS (les), 136, 193,*s.*

Grammairien (le). Son portrait, 355.

GRAMONT (le duc de) cause la perte de la bataille de Dettingen (1743), 258,*s.*

Grand. Rien de grand ne comporte la médiocrité, 448.

Grandes choses. Pourquoi elles sont entreprises, 382. Leur exécution, 388. Ce qui en ôte le sentiment, 402.

Grandeur d'âme (la) est un instinct élevé qui porte les hommes au bien ou au mal, selon leurs passions, 57. Ce qui la distingue de l'ostentation, 484.

Grands (les). Leur ignorance, 166, 54,*s.* Leurs défauts, 346, 347, 410, 411. Le plaisir et l'ostentation l'emportent dans leur cœur sur l'intérêt, 418. Ils doivent être ambitieux, 430. Comment on fait fortune auprès d'eux, 446. Ils vendent trop cher leur protection pour mériter la reconnaissance, 449. Ils n'estiment pas assez les autres hommes, *ibid.* Quels sont les gens qu'ils craignent le plus, 452. Comment ils savent honorer le génie, 34,*s.*

Grands hommes. Injustice des contemporains à leur égard, 85, 464. Ils parlent simplement, 439. Ils dogmatisent et le peuple croit, *ibid.* Sont quelquefois grands jusque dans les petites choses, 451. Ils sont rares dans tous les genres, 39,*s.* Qu'appelle-t-on de grands hommes? *ibid.* Leur ambition fait la grandeur des États, 45,*s.*

Grands génies (les) agissent souvent mal parce qu'ils ne pensent rien de simple et de trivial, 211.

Gravité, 25.

GRÉCOURT, 234, note.

Grecs anciens (les) ne se battaient pas en duel, 160. Leur caractère, 169. Ils passaient en simplicité les peuples modernes, 447. Leurs conquêtes étaient faciles, 489.

Grecs modernes, comparés aux anciens, 168.

Guerre (la) n'est pas si onéreuse que la servitude, 376. Comment elle se fait de nos jours, 454, 471.

GUY-JOLY, conseiller au Châtelet, 78, note.

H

Habiles (les) ne rebutent personne, 383. La force peut tout entreprendre contre eux, *ibid.* Quel est l'homme vraiment habile? 411. Comment on peut les tromper, 421. Ce qui nous les fait redouter, 449. La folie de ceux qui vont à leurs fins est de se croire habiles, 480. Les gens vains ne peuvent l'être, 488. Il faut beaucoup d'acquit pour le paraître, *ibid.* On n'est pas habile pour connaître le prix des choses, si l'on n'y joint l'art de les acquérir, 82,*s.*

Habileté (l'). En quoi elle consiste, 334. On gagne peu par elle, 382. Quel est son terme, 383. Elle fait moins de dupes que l'espérance, 449.

Habitude. Sa force, 65.

Haine (de la), 43. Elle rabaisse ceux qui en sont l'objet, 45. Ce qui souvent la fait naître, 378. Est plus vive que l'amitié, moins que l'amour, 392. Celle des faibles n'est pas si dangereuse que leur amitié, 482. N'est pas moins volage que l'amitié, *ibid.*

HALLENCOURT DE DROMESNIL, évêque de Verdun, 158,*s.*

Harmonie (l'). Qualité essentielle dans un orateur, 10,*s.* Il en faut dans la bonne prose, 38,*s.*

Hasard (le) dispose de tout, 473.

Hauteur d'âme (la) affectée est puérile, 474. Quand elle est à un certain point, peu de choses sont de niveau, 191,*s.*

HECTOR. Son courage comparé à celui de Bayard, 467.

Hégésippe ou *l'Enthousiaste*, 316.

HELVÉTIUS, XXXVII. Exagère les théories de La Rochefoucaud, 29, note. Ce qu'il dit de l'intérêt personnel, 43, note.

HENRI IV, roi de France. Son éloge, 184, 82,*s.*

Henriade (la), par Voltaire, 263.

HERCULE. Comparé à Alexandre, 432.

Hermas ou *la Sotte ambition*, 339.

HÉRODE, personnage de la tragédie de *Mariamne*, 263.

Héroïsme (l') est incompatible avec la vanité, 78,*s.*

Héros. A quoi ils attachent la gloire, 401. La gloire les embellit, 446. Ce qui les rend supérieurs aux autres hommes, 78,*s.*

HIPPOLYTE, personnage de la tragédie de *Phèdre*, 266.

Histoire. Pourquoi celle des hommes illustres trompe la jeunesse, 84. On trouve dans la vie d'un seul homme celle de tout le genre humain, 390. Pourquoi l'histoire ancienne mérite d'être respectée, 447.

Histoire de Charles XII, par Voltaire, 267.

Histoire universelle (*Discours sur l'*) de Bossuet. — *des Variations*, par le même; éloge du premier de ces deux ouvrages et critique du second, 20,*s*.

Historiens. Faute dans laquelle ils tombent tous, 84.

HOLBACH (d'), xxxvii, 400, note.

HOMÈRE, 85, 236, 268, note, 291, note, 467, 485, note, 486, note, 34,*s*, 279,*s*.

Homme d'esprit. Ce qui le distingue de l'homme de génie, 21.

Homme (portrait de l') sans principes, 304. De l'homme pesant, 319. De l'homme faible, 323. De l'homme inconséquent, 325. De l'homme ferme, 326. De l'homme petit, 352.

Homme du monde (l'). Son portrait, 310. Doit-il se mêler d'écrire? 472.

Hommes. Vauvenargues ne compte qu'avec eux, xxxv, 3. Ceux que les sens dominent ne sont pas sujets aux passions sérieuses, 47. L'homme vertueux dépeint par son génie, 83. Les hommes se croient obligés aux vices de leur profession, 104. Ils ne souffrent d'injures que par faiblesse, 160. Sur leur inconstance, 350. L'homme est sur la terre un atome presque invisible, 395. Il possède autant de bonnes qualités que de mauvaises, 399. Est en disgrâce chez les philosophes, 400, note. Peu d'hommes ont le sentiment des grandes choses, 402. Ce qui les distingue les uns des autres, 403. Comment il faut les juger, 106, 407. Le progrès de la vérité ne les empêche pas de raisonner faux, 408. Ils sont naturellement envieux, 413. La raison appartient à l'homme, ainsi que la vertu, 417. Inconséquence des hommes, 418. Ils sont clairvoyants sur leurs intérêts, 419. Comment ils en usent dans les affaires humaines, *ibid.* Ils se défient moins de la coutume que de leur raison, 420. La crainte et l'espérance leur persuadent tout, 421. Ils aiment à tout farder, 423. Sont mus par la vanité, 427. Les hommes médiocres trouvent peu de choses en eux-mêmes, 430, note. Ils ne sont pas nés pour aimer les grandes choses, 432. A qui l'homme ressemble lorsqu'il est de sang-froid, 433. Ceux qui font du mal aux autres hommes les haïssent, 435. Un seul est quelquefois plus difficile à gouverner qu'un grand peuple, 437. Ceux qui tentent de les réformer entreprennent sur les droits de Dieu, 442. Il en est qui vivent heureux sans le savoir, 445. Tous naissent sincères et meurent trompeurs, 448. L'intérêt les rend durs et intraitables, 449. Ils cachent volontiers leurs qualités dominantes, 452. Quel est le plus grand mal que la fortune puisse leur faire, 453. Quand ils sont médiocres, ils craignent les grandes places, *ibid.* Ceux qui ont le plus de vertu ne peuvent se défendre de respecter les dons de la fortune, mais ils s'en cachent, *ibid.* Les hommes ne se contentent pas des connaissances dont ils ont besoin, 461. Quand un homme est engoué de la raison, on peut dire qu'il n'est pas raisonnable, 462. Ce qui rend les hommes plus sociables, 466. Ce dont il faut les instruire avant tout, *ibid.* Ils ne savent pas estimer en même temps plusieurs choses, 470. Ils sont ennemis nés les uns des autres, 490. Il y en a moins de fous qu'on ne croit, 492. Les hommes actifs supportent plus impatiemment l'ennui que le travail, *ibid.* Ceux qui méprisent l'homme ne sont pas de grands hommes, 493. Ils désirent qu'on leur dise la vérité, tout en n'aimant pas à l'entendre, 14,*s*. Si l'on peut les gouverner sans les tromper, 43,*s*.

N'estiment guère que les qualités qu'ils possèdent, 44,*s*. Leur esprit est-il incapable de démêler la vérité? 70,*s*. Pourquoi ils oublient également les bienfaits et les injures, 77,*s*. La plupart naissent sérieux, 396, note.

Honnête homme (l') n'envie pas la fortune de ceux qu'il ne croit pas la mériter, 432. S'il n'y a que le vrai honnête homme qui ne se pique de rien? 118, note, 82,*s*.

Honnêtes gens. Ceux qui prétendent l'être ne sont pas ceux qui, dans tous les métiers, gagnent le moins, 449.

Honneur. Le trafic qu'on en fait n'enrichit pas, 378.

Honte (la). Sa définition, 46. Est la compagne de la pauvreté, 434.

HORACE, poète latin, 257, 268, 279, 364, 368, note, 398, note, 440, 2,*s*, 36,*s*, note, 181,*s*, 253,*s*, 281,*s*, 283,*s*.

HORACE, personnage de la tragédie de Corneille, 246.

Horace, ou l'Enthousiaste, 315.

Hôtel de Rambouillet, 101.

HUET, évêque d'Avranches, 462.

Humain. On ne peut être juste si on n'est humain, 376.

Humanité (l') est la première des vertus, 442. C'est y manquer que de se montrer sévère pour les vices de la société, 6,*s*.

Humeur (l') est aux passions ce que les saillies sont à l'esprit, 14. C'est une inégalité qui dispose à l'impatience, 61. L'esprit ne nous garantit pas des sottises de notre humeur, 485.

Humiliations. On les oublie plutôt qu'on ne s'en console, 403.

Humilité. Sentiment de notre bassesse devant Dieu, 62.

I

Idées. Ce sont nos idées actuelles qui déterminent nos sentiments et nos actions, 102. Aucune n'est *innée*, dans le sens des Cartésiens, 444. La netteté leur sert de preuve, 475. Elles sont plus imparfaites que la langue, 480.

Ignorance. Ses simplicités sont moins éloignées de la vérité que les subtilités de la science, 156.

Iliade (l'), 157.

Illusions. Celles de l'impie, 222. Les hommes en ont assez pour être heureux, 476.

Imagination (l'). Sa définition, 6. N'est jamais échauffée sans passionner l'âme, 280. Fait commettre de très-grandes fautes, 463. Celle d'un grand orateur doit être vaste, 11,*s*.

Immodération. Ses dangers, 61.

Immortalité. Sur la terre, XXVI, 129. Celle de l'âme n'était pas un dogme de foi chez les Juifs, 222.

Imperfection (l'). Est le principe nécessaire de tout vice, 469.

Impertinence. Il y en a à faire croire qu'on n'a pas assez d'illusions pour être heureux, 476.

Impertinent (l'). Son portrait, 293.

Impie (l'). Ses illusions, 222. Reproche qu'il fait à Dieu, 480. Ce qu'il pourrait dire de Pascal, de Bossuet et de Bourdaloue, 212,*s.*

Imposer. Comment quelques hommes imposent aux autres, 485. Celui qui s'impose à soi-même impose à d'autres, 490.

Imposture (l') est le masque de la vérité, 60. Autres définitions, *ibid.*

Impôts. S'il est possible de les diminuer, 68,*s.*

Imprudence. Sa définition, 62.

Imprudents. L'adversité en fait beaucoup, 482.

Inaction (l') est le plus grand des crimes, 137,*s.*

Incapacité. Celle des lecteurs, 101.

Incertitude. Sa définition, 61.

Inclinations. Pourquoi on dissimule quelquefois les plus vertueuses, 422.

Inconséquence. Portrait d'un homme inconséquent, 325.

Inconstance, 28. D'où elle naît, 59. Sur celle des hommes, 350.

Inconvénients. Il y en a d'inévitables en toutes choses, 24,*s.*

Incrédule. Ce qui doit le troubler, 421.

Incrédulité. Elle a ses enthousiastes, 486.

Indépendance (l') est une servitude volontaire, 161. Les hommes ne sont pas faits pour elle, 392.

Indes galantes (les), opéra de Rameau, 353.

Indigence. Elle borne nos désirs en les contrariant, 445. La libéralité de l'indigent est nommée profusion, 478.

Indignation. Sentiment mêlé de colère et de mépris, 44.

Indolence (l'). Elle est le sommeil des esprits, 477.

Indulgence. Nous la réservons pour les parfaits, 391. Sur qui l'exercer, 414, note. N'est souvent que juste, 435.

Inégalité du caractère, 24. Des fortunes et des conditions, 51, 174, 401, 451, 67,*s.*

Infidélité. Sa définition, 60.

Ingénuité (l') est une sincérité innocente, 60.

Ingratitude. Quelle est la plus odieuse et la plus commune, 391. Source de celle des jeunes gens, 31,*s.*

Injures. On ne les souffre que par faiblesse, 160. Il en est qu'il faut dissimuler, 393. On les pardonne quand on s'est vengé, 490. On en souffre peu par bonté, 491.

Injuste. Tout ce qui l'est nous blesse lorsqu'il ne nous profite pas, 448. On l'est moins envers ses ennemis qu'envers ses proches, 482.

Injustice. Envers les grands hommes, 85. Comment on la colore dans le service militaire, 458.

Innocence (l') est une pureté sans tache, 60. Celle des jeunes gens, 477.

Innovation. N'est pas nécessaire quand elle est trop difficile à établir, 442.

Inquiétude (l'). D'où elle procède, 28. Est un désir sans objet, 46.

Insensibilité, 60.

Instinct. N'a pas besoin de la raison :

mais il la donne, 386. Il en faut pour tous les métiers, 487. Doit être assujetti à certaines règles pour le bien de la société, 24,*s*. Emploi de ce mot pour caractériser La Fontaine, 274,*s*, 276,*s*, 282,*s*.

Instruire. Il est plus aisé de gouverner les hommes que de les instruire, 437.

Insubordination. Celle des enfants comparée à celle des soldats, 435.

Intégrité. Sa définition, 60.

Intelligence. Ce qui la décèle, 465.

Intempérance (l'). Excès dans les plaisirs, 61. La volupté ne l'assouvit pas, 381, note.

Intérêt (l') est la fin de l'amour-propre, 60. Change le caractère, 379. Fait peu de fortunes, *ibid.* Quel est celui du faible? 393, note. N'est que secondaire dans le cœur des grands, 418. Est la règle de la prudence, 441. Est l'âme des gens du monde, 449. Nous console de la mort de nos proches, *ibid.* Quand il faut compter sur celui des autres, 473.

Intraitable. Quand on le devient, 382.

Intrigue. Signification de ce mot au temps de Vauvenargues, 48,*s*, 56,*s*.

Inutile. Un homme inutile a bien de la peine à tromper personne, 420.

Inventeurs. Les esprits subalternes ne le sont pas, 412. Ce qui leur est propre, 472. Ont le premier rang dans la mémoire des hommes, 252,*s*.

Invention (de l'), 19, 467. Elle est la preuve du génie, 450.

Inventions. Nous avons hérité de celles de tous les siècles, 151.

Iphigénie, tragédie de Racine, 252, note.

Irrésolution (l') est une timidité à entreprendre, 61.

Isoard (les d'), possesseurs actuels de la terre de Vauvenargues, 160,*s*.

Isocrate, orateur grec. Ses dialogues avec Démosthènes, 8,*s*, 11,*s*.

Isocrate, ou le Bel-esprit moderne, 355.

Ivresse. Ses saillies, 459.

J

Jacques Ier, roi d'Angleterre, 176, note.

Jaffier, conjuré. Son dialogue avec Renaud, 55,*s*.

Jalousie entre les esprits vifs et les esprits profonds, 12. Ce n'est pas toujours par jalousie que réciproquement on se rabaisse, 396.

Jaloux (le). Caractère propre au théâtre, 274,*s*.

Jean, notaire à Aix, 227,*s*.

Jélyotte, 353.

Jephté, opéra de l'abbé Pellegrin, musique de Montéclair, 426.

Jésus-Christ, 183, 204, 209, 213, 222, 228, 229. Les plus grands esprits l'ont cru, 492.

Jeu (de l'esprit du), 26. Pourquoi il n'y a point de passion plus commune que celle du jeu, 36. Peut conduire à la fortune, 90.

Jeûne (le) consume les humeurs, 492.

Jeune femme. Elle a moins de complaisants qu'un homme riche qui fait bonne chère, 442.

Jeunes gens. Sont en général très-confiants, très-sensibles; mais la vivacité de leurs passions les rend volages, 40. Abus qu'ils font de la vie, 299. Connaissent plus tôt l'amour que la beauté, 377, 460. Ne séparent point leur estime de leurs goûts, *ibid*. Souffrent de la prudence des vieillards, 390. Leurs qualités les plus aimables deviennent un opprobre dans la vieillesse, 470. Grâce de leur vertu naissante, 477. Ne sont pas bien venus auprès des femmes, si elles n'en ont fait des fats, 475. Pourquoi on les oblige à ménager leurs biens, 479. Source de leur ingratitude, 31,*s*.

Jeunesse (la). Ses illusions, 290. Ses orages sont environnés de jours brillants, 377. Inspire l'amitié, 31,*s*.

JOAD, personnage d'*Athalie*, tragédie de Racine, 247, 251, 266.

JOAS, personnage d'*Athalie*, tragédie de Racine, 247.

Joconde, conte de La Fontaine, 37,*s*.

Joies. Les grandes durent peu et nous épuisent, 29. Celles que cause la fortune se taisent à la voix de la nature, 405, note. Ne durent pas plus que les afflictions, 490.

JOUBERT. N'aimait pas la liberté. Pourquoi? XXXI.

Joueurs. Pourquoi il y en a tant, 36. Ont le pas sur les gens d'esprit; pourquoi? 380. Leur caractère propre au théâtre, 274,*s*.

Jouissance. Il n'y en a pas sans action, 67.

Jugement (du). Sa définition, 10. Comparé au bon sens, 11. Combien lui sert l'étendue de l'esprit, 13. Subit l'influence des passions, 45. Pourquoi il fait faire moins de fautes que les passions, 386.

Jugement faux, 124, 424, 480.

Juger. Qualités qu'il faut avoir pour bien juger des ouvrages d'art ou d'esprit, 380. On ne juge pas si diversement des autres que de soi-même, 381. Comment il faut juger les hommes, 407. Il y a peu de choses dont nous jugions bien, 487.

Juifs. Leur isolement parmi les peuples, 222. N'admettaient pas le dogme de l'immortalité de l'âme, *ibid*.

Justesse (de la), 9. Elle est une condition nécessaire de l'étendue de l'esprit, 398. Sans elle, plus on a d'esprit, moins on est raisonnable, 480.

Justice (la) est une équité pratique, 60. Ce qui n'est pas de son ressort, 391. Ce qui a forcé les hommes à s'y soumettre, 392. Ne doit pas être inexorable, 435. Elle maintient les lois de la violence, 438.

Justice divine (la) ne ressemble pas à la justice humaine, 211, 217.

JUVÉNAL, 1,*s*, note.

L

La Boulie. Sa liaison avec Vauvenargues, 121,*s*, 235,*s*.

La Bruyère. Imité par Vauvenargues, 287. Lui est comparé, xxv. Ce dernier ne lui rend pas assez justice, xxvii. Fait le tableau des faiblesses humaines sans conclure, xxxi. Comparé à Molière, 237. Son éloge, 271, 274, 21,*s*. N'a pas osé faire de grands caractères, pourquoi? 285. Était peintre et n'était peut-être pas philosophe, 424. Cité, x, 97, note, 158, note, 288, 297, note, 328, note, 352, 438, note, 439, 18,*s*, note, 64,*s*, note, 76,*s*, 131,*s*, 260,*s*, 268,*s*.

La Chaussée, 286,*s*.

Lâche (le) a moins d'affronts à dévorer que l'ambitieux, 490.

Lacon ou *le Petit homme*, 352.

Lafayette (madame de), xxxii.

La Fontaine. N'eut que l'invention de détail, 22. Examen de ses ouvrages, 233. Comparé à Boileau, 235. Sa naïveté, 253, note. Vauvenargues le défend contre Voltaire, 269, note. Son génie, 412, 274,*s*, 276.*s*, 282,*s*. Importance qu'il attachait à l'apologue, 474. Cité, 488, 222,*s*.

La Fosse, auteur de la tragédie de *Manlius*, 488, note.

La Garde (de), conseiller au parlement de Provence, 226,*s*, 229,*s*.

Lagrolet, major, 89,*s*.

La Harpe. Ses notes sur les œuvres de Vauvenargues, v, vii. Attribue à Condorcet l'histoire du jésuite se présentant chez Vauvenargues mourant, 230. Cité, 215,*s*, note.

Laideur (la). Rend les femmes méchantes, 469.

Lambert (madame de). Citée, 386, note.

Lamettrie, 400, note.

La Motte. Épître de J.-B. Rousseau contre lui, 261. Voltaire écrit contre lui sa préface d'Œdipe, 267. Cité, 352, 34,*s*, 35,*s*, note, 245,*s*.

Langage (du), 18. Expressions inusitées qui pourraient être rajeunies avec succès, 39,*s*, note.

Langueur (la) est un témoignage de notre faiblesse, 46.

Laquais. Comment se révèle l'intelligence de celui de Vauvenargues, 465, 235,*s*, note.

La Rochefoucauld. Ce qui le rend impitoyable pour l'espèce humaine, xxx. Comparé à Pascal, xxxii. Comment il composa ses Maximes, *ibid*. Comparé à Vauvenargues, xxxiii. Son sentiment sur la pitié, 43, note. Ce qu'en pensait le cardinal de Retz, 108, note. Était philosophe et n'était pas peintre, 424. Critique de ses Maximes, 75,*s*. Cité, 8, 29, 118, 122, note, 162, 400, 414, note, 417, 65,*s*, note, 129,*s*, note, 131,*s*.

Laserre (M. de), 261,*s*, 264,*s*.

Laugier de Beaurecueil, conseiller au parlement, 110,*s*.

LAURAGUAIS (madame de), maîtresse de Louis XV, 99,*s*.

LAW, 69,*s*, note.

LE COUVREUR (Adrienne). Épître de Voltaire sur sa mort, 267.

Lecteurs. Sur leur incapacité, 101.

LE FRANC DE POMPIGNAN. 362. Sa liaison avec le marquis de Mirabeau, 215,*s*, 216,*s*, 218,*s*, 223,*s*.

Légèreté. D'où elle naît, 59. Sa définition, 62. Ses marques, 63,*s*.

Législateurs. Est-ce une nécessité pour eux d'être sévères ? 96.

L'ENFANT, ami de Vauvenargues, 126,*s*, 160,*s*, 196,*s*, 204,*s*.

Lentulus ou *le Factieux*, 294.

LENTULUS, complice de Catilina, 434.

LÉONARD DE VINCI, 253,*s*.

LESDIGUIÈRES (madame de), 99,*s*.

Lettres (les) honorées comme la religion et la vertu, 34. Règles à observer dans leur pratique, 440. Pourquoi les hommes les méprisent ? 457.

Lettres persanes (les), par Montesquieu. Jugées, 253,*s*.

Libéralité (la). Sa définition, 60, 61. Avantages qu'on en retire, 79. Portrait d'un homme libéral, 321. Multiplie les avantages des richesses, 378. Ne ruine personne ; celle de l'indigent est nommée profusion, 478.

Liberté (la). En quoi elle consiste, 198. Elle est incompatible avec la faiblesse, 376. Celle de son propre esprit difficile à conserver, 439, note. Le premier soupir de l'enfance est pour elle, 477.

Libre-Arbitre (*Traité sur le*), 190. Sur cet ouvrage, VII, XIV, 125,*s*, note.

Licence (la) étend toutes les vertus et tous les vices, 477.

Lipse ou *l'Homme sans principes*, 304.

Livres. Les bons livres sont l'essence des meilleurs esprits, 34. Fruit qu'on peut en tirer, *ibid*. Défauts de ceux du dix-huitième siècle, 100. Un livre bien neuf et bien original serait celui qui ferait aimer de vieilles vérités, 435. Qualités qu'ils doivent avoir, 466. Pourquoi ceux de morale sont en général si insipides, 417. Changement qui s'y opérerait si on n'écrivait plus que ce qu'on pense, 451.

LOBKOWITZ (le prince). Battu par les Français en 1742, 239,*s*.

LOCKE, 206, 208, 413, 424, 133,*s*, 246,*s*, 253,*s*.

Loi de l'humanité. Est la seule juste, 435.

Lois. Leur origine, 51. Font naître les guerres qu'elles avaient pour but de prévenir, 161. Quelle est la plus ancienne loi de la nature, 393. Ne peuvent assurer le repos des peuples sans diminuer leur liberté, 418. Doivent être respectées, 429. Leur insuffisance, 437. Les meilleures peuvent paraître ignorantes et barbares, *ibid*. Gouvernent la faiblesse humaine, 456. Différentes, selon les pays, et quelquefois peu conformes à l'équité naturelle, 22,*s*. Il vaut mieux en souffrir de mauvaises, que d'en changer souvent, *ibid*.

LONGIN, 61,*s*, note.

LONGO (le marquis de), Milanais, 149,*s*.

LORDONET (M. de), 285,*s*.

Louanges. Celles qui offensent les hommes, 380. Nous les aimons toutes, 402. C'est pendant leur vie qu'il faut louer les hommes, 414. Comment les femmes et les auteurs médiocres se louent, 475. Les louanges se donnent souvent avant d'être méritées, 476, 479.

Louis, dauphin, fils du grand dauphin. Son éloge, 5,*s*.

Louis XI, roi de France. Son portrait, 27,*s*.

Louis XII, roi de France, 23,*s*.

Louis XIII, roi de France, 101, 432, 7,*s*, note.

Louis XIV, roi de France. Grands écrivains de son siècle, 274. Loué comme un tyran, 184. Suites de son ambition, 188. Son caractère, 431. Comparé à Alexandre, 1,*s*, note. Son nom cité, 167, 186, 297, note, 21,*s*, 42,*s*, note.

Louis XV, roi de France. Gagne la bataille de Fontenoi, 176, 186. Fait couronner l'empereur Charles VII, 177. Son éloge, 184. Acquiert la Lorraine, 489, note. Lettres qui lui sont adressées, 250,*s*, 262,*s*. Son départ pour l'armée, 282,*s*.

Lucain, 22, 425, 55,*s*, note.

Lucas-Montigny, éditeur des *Mémoires de Mirabeau*. Citations tirées de ces *Mémoires*, 88,*s*, 92,*s*, 215,*s*. Il fait rebâtir le château de Mirabeau, 216,*s*.

Lucas-Montigny (M. Gabriel), fils du précédent. Découvre la correspondance entre Mirabeau et Vauvenargues, II,*s*. La cède à l'éditeur, II, 1,*s*. Ses remarques sur cette correspondance, 89,*s*, 112,*s*, 150,*s*. Fait rebâtir le château de Mirabeau, 216,*s*.

Lulli, 254, 361.

Lumière. Pourquoi elle est le premier fruit de la naissance, 444.

Lumières. L'adversité ne peut les éteindre, 84. On tire peu de fruit de celles d'autrui, 458.

Luther, 152.

Luxe. Son utilité, 157, note. Ses inconvénients et ses avantages, 67,*s*.

Luxembourg (le maréchal de), 132.

Luynes (le connétable de), 101, 431.

Lycas ou *l'Homme ferme*, 326.

Lysias ou *la Fausse éloquence*, 358.

M

Magnanimité. Elle ne doit pas compte à la prudence de ses motifs, 80, 386. Elle est l'esprit des rois, 430.

Mahomet, tragédie de Voltaire, 263.

Mailly (madame de), maîtresse de Louis XV; sa famille, 99,*s*.

Maître. Il y en a un partout, 395.

Maîtres. Quels sont les vrais maîtres en politique et en morale, 441.

Mal. On peut en penser beaucoup de ses amis, 392, note.

Mal moral (du), 50.

Malade. Il ne faut pas trop exiger d'un malade, 387. Les malades sont plus humains et moins dédaigneux que d'autres hommes, 466. Tout le monde empiète sur un malade, 479. On l'accuse toujours de sa maladie, 482.

Maladies. La fermeté ou la faiblesse de la mort dépend de la dernière maladie, 387. Effets de la maladie, *ibid.* Elles suspendent nos vertus et nos vices, 492.

MALEBRANCHE, XXIX, 10, 208.

MALHERBE. Ses héritiers, 156,*s.*

Malheur (le) a ses charmes, XIX, 291, note. Les malheurs sont toujours plus grands que les vices, 435. Ils augmentent la réputation, 53,*s.*

Malheureux (les) ont toujours tort, 89. Notre injustice à leur égard, 391. Pourquoi nous les querellons, *ibid.*

Malignité. Est une méchanceté cachée, 60.

Manlius, tragédie de La Fosse, 488, note.

Manlius Torquatus, tragédie de madame de Villedieu, 246,*s.*

MARC-AURÈLE, 221, 415, note.

Mariage. Ce qu'en pensait Vauvenargues, 147,*s.*

MARIE DE BOURGOGNE, femme de l'empereur Maximilien, 30, note.

MARIE-THÉRÈSE, archiduchesse d'Autriche, 145.

MARIUS, 105, 308, 315, 343.

MARMONTEL. Ses *Mémoires* cités, I, XIV, 74, 329, note, 372, 275,*s,* 291,*s,* 292,*s.* Ce qu'il pensait des opinions religieuses de Vauvenargues, 232. Est inquiété à l'occasion d'un libelle de Roy, 289,*s.*

MAROT (Clément), 22, 260, 365.

Masis, portrait de l'homme absolu et étroitement sévère, 305.

Masques (les) peuvent donner l'idée du monde, 423.

MATHAN, personnage d'*Athalie,* tragédie de Racine, 251.

MAUREL, ou MOREL VILLENEUVE DE MONS, conseiller au parlement de Provence, 90,*s,* 91,*s.*

MAUREL, ou MOREL DE MONS, pair de France, archevêque d'Avignon, 90,*s.*

MAUPERTUIS. Notice et anecdote qui le concernent, 181,*s.*

MAUREPAS (le comte de), ministre sous Louis XV, 99,*s,* note, 286,*s,* note.

MAUVILLON. Son *Histoire de la guerre de Bohême* citée, 241,*s.*

Maux. La nécessité empoisonne ceux qu'elle ne peut guérir, 404. On pardonne aisément ceux qui sont passés, 452.

MAXIME, personnage de la tragédie de *Cinna,* 246.

Maximes. Les bonnes sont difficiles à appliquer, 1, et sujettes à devenir triviales, 440. Tous les temps ne permettent pas de les suivre, 442. Explication d'une maxime de Pascal, 81. Celles des hommes décèlent leur cœur, IX, 384. Il en est peu de vraies à tous égards, 384. Celles qui ont besoin de preuves ne sont pas bien rendues, 458.

MAXIMILIEN, empereur d'Allemagne, 30,*s,* note.

MAZARIN (le cardinal de), notice, 42,*s.* Son dialogue avec Richelieu, 42,*s.* Son caractère, 44,*s.*

MAZARIN (madame de), 99,*s.*

Méchanceté (la). Elle suppose un goût à faire du mal, 60. Pourquoi une femme laide est souvent méchante, 469. La méchanceté tient lieu d'esprit, 490.

Méchants. Ce qui les surprend toujours, 383. Veulent passer pour bons, 393. La vertu ne peut faire leur bonheur, 442.

Médecine. Les remèdes sont souvent pires que les maux, 161, note.

Médecins. Comparés aux moralistes, 391.

Médiocrité. Les hommes médiocres ne le sont pas toujours complétement, 20. Faiblesses qu'elle traîne avec elle, 71. Ce qui la caractérise, 375. Rien de grand ne la comporte, 448.

Médisant (le) nuit rarement, 460.

Méditation (la) remplit l'âme de l'objet qu'elle a en vue, 26.

Méditation sur la foi, 225. Anecdotes sur la composition de ce morceau, 230, note. Réponse de Vauvenargues aux observations de Saint-Vincens, 259,*s*.

Mélancolie. Naît du sentiment de notre imperfection, 28. Caractère des mélancoliques, 29. Tient de la haine, 44.

Mémoire (la). Son utilité n'est pas contestée, 6. Est l'occasion et non le principe de nos pensées, 7, note. Agit souvent trop tôt ou trop tard, 414.

MÉNAGE, 462.

Ménalque, ou *l'Esprit moyen*, 331.

Mensonge (le) doit se cacher avec soin, 411. Celui qui a besoin d'un motif pour être engagé à mentir n'est pas né menteur, 448. Est la grossièreté des hommes faux, 469. On se persuade ceux qu'on fait, 491. L'aversion du mensonge est plus souvent celle d'être trompé, 80,*s*. N'est pas dans la nature, 177,*s*. Il n'y a rien de si bas et de si inutile, 191,*s*. Il est la plus vicieuse de toutes les grossièretés, *ibid*.

Menteurs (les) sont bas et glorieux, 384. Un menteur est un homme qui ne sait pas tromper, 411.

Mépris. Difficulté de le soutenir, 33. Est un sentiment mêlé de haine et d'orgueil, 46, qui engendre la raillerie, *ibid*. Du mépris des choses humaines, 95. Celui des sots offense peu, 380. Pourquoi nous méprisons beaucoup de choses, 394. Le mépris comble les disgrâces des malheureux, 465. Pourquoi on ne dédaigne pas celui d'autrui, 487. Personne ne peut se vanter de n'avoir jamais été méprisé, 488. Celui des imbéciles est ordinairement le sceau de l'estime publique, 173,*s*.

Mercure (le), journal, 275,*s*.

Mérite. Son impuissance, lorsqu'il est isolé, 87, 404. On peut cependant aller à la gloire par lui seul, 379, note. S'il donnait une partie de l'autorité qui est attachée à la fortune, il n'y a personne qui ne lui accordât la préférence, 453. Donne la réputation, 477. Ne met pas toujours les hommes au niveau des grands, 7,*s*. Inspire du respect, 31,*s*.

Mérope, tragédie de Voltaire. Éloge de cette pièce, 264. Représentation et publication de cette pièce, 270,*s*.

Mémoires du sérail, par madame de Villedieu, 246,*s*.

Merveilleux (le). Pourquoi nous l'aimons, 102.

Métiers. Celui d'écrivain et de philosophe est le plus borné de tous, 109, 110. Ceux qu'il est difficile de faire sans intérêt, 449. Les hommes jugent des lettres, comme des métiers, par leur utilité pour la fortune, 458. Le métier des armes fait moins de fortunes qu'il n'en détruit, *ibid.* Ceux qui font des métiers infâmes s'en font gloire, 473.

MEYRONNET, officier dans le régiment de Vauvenargues, 92,*s*, 117,*s*, 130,*s*, 139,*s*, 141,*s*, 160,*s*, 203,*s*, 215,*s*, 217,*s*. Note sur sa famille, 92,*s*.

MICHEL-ANGE, 64,*s*.

Midas, ou *le Sot qui est glorieux*, 351.

MILLIN. Son voyage dans le midi de la France, cité, 116,*s*.

MILTON, 271, 282, 368, 133,*s*.

Ministres. La présence d'esprit leur est moins nécessaire qu'à un négociateur, 453. Dans quel cas on peut les blâmer, 454. Veulent être l'âme de tout, *ibid.* Du choix qu'on en fait dépend le bonheur ou le malheur des peuples, 470. Les plus grands étaient nés loin du ministère, 479, 262,*s*.

MIRABEAU (Jean-Antoine, marquis de). Sa mort, 88,*s*, note. Il avait été sévère pour ses enfants, mais pas autant que le fut l'*Ami des hommes* pour les siens, 187,*s*.

MIRABEAU (Victor *de Riquetti*, marquis de), dit l'*Ami des hommes*, XXIII, note. Sa famille, son mariage; se sépare de sa femme; sa maîtresse, ses démêlés avec son fils, ses nombreux écrits, sa mort, son portrait, 87,*s*, note. Rupture avec une maîtresse, 88,*s*. Déceptions qu'il éprouve dans sa carrière militaire, 98,*s*, 174,*s*. Ses projets de mariage avec mademoiselle de Nesle, 99,*s*, 100,*s*. Sa liaison avec Montesquieu, 109,*s*. Ses amours avec une coquette, 111,*s*, 113,*s*. Autres amours, 125,*s*, 150,*s*, 153,*s*. En quoi son caractère différait de celui de Vauvenargues, 129,*s*. Conseils qu'il lui donne, 120,*s*, 131,*s*, 161,*s*. Compose une comédie, 135,*s*, 137,*s*. Ce qu'il pense des gens de qualité, 144,*s*. Sa haine pour les gens de finances, 161,*s*. Son opinion sur Voltaire, 173,*s*. Opinion de Voltaire sur Mirabeau, *ibid.*, note. Sa correspondance avec Vauvenargues, 87,*s*. Caractère des deux correspondants, III,*s*. Lettres qu'il adresse à Vauvenargues, 87,*s*, 91,*s*, 93,*s*, 95,*s*, 96,*s*, 97,*s*, 98,*s*, 99,*s*, 100,*s*, 101,*s*, 103,*s*, 113,*s*, 119,*s*, 124,*s*, 131,*s*, 136,*s*, 143,*s*, 149,*s*, 153,*s*, 156,*s*, 161,*s*, 171,*s*, 180,*s*, 198,*s*, 203,*s*, 208,*s*, 214,*s*, 219,*s*, 222,*s*. Réponses de ce dernier, 89,*s*, 91,*s*, 94,*s*, 96,*s*, 100,*s*, 102,*s*, 104,*s*, 106,*s*, 108,*s*, 110,*s*, 114,*s*, 122,*s*, 127,*s*, 133,*s*, 138,*s*, 141,*s*, 148,*s*, 150,*s*, 156,*s*, 162,*s*, 175,*s*, 182,*s*, 188,*s*, 198,*s*, 206,*s*, 210,*s*, 216,*s*, 217,*s*, 220,*s*.

MIRABEAU (Jean-Antoine-Joseph-Charles-Elzéar, chevalier, puis bailli de), frère du précédent, gouverneur de la Guadeloupe, notice, 115,*s*, note. Ce qu'il pensait du marquis de Saint-Georges, 102,*s*. Fragments des lettres qui lui sont adressées par son frère le marquis de Mirabeau, 95,*s*, 174,*s*.

MIRABEAU (Louis-Alexandre), frère des précédents. Note sur sa vie, 92,*s*. Injustices qu'il éprouve dans sa carrière, 139,*s*, 141,*s*. Son éloge, 157,*s*, 189,*s*. Conseils qu'il reçoit de Vauvenargues, *ibid.* Ce que pense le marquis de son caractère, 203,*s*, 209,*s*. Mentionné, 101,*s*, 105,*s*, 123,*s*, 125,*s*, 130,*s*, 179,*s*, 199,*s*, 215,*s*, 220,*s*. 221.

MIRABEAU (Gabriel-Honoré, comte de), XIII, note, XXIII, note.

Mirame, tragédie du cardinal de Richelieu, 41,*s*, note.

Misérables. Nous n'avons pas droit de rendre misérables ceux que nous ne pouvons rendre bons, 376.

Misère. Sur les misères cachées, 97. La misère doit être un objet de pitié, *ibid.*, 433, 434. Elle est la source de toute bassesse, 443.

MISÈRE (M. de), officier au régiment du roi, 101,*s*.

Mithridate, tragédie de Racine, 251, 266.

Mode (la). Reflexions sur le ton à la mode, 100, 101. Portrait des gens à la mode, 311. Il faut qu'elle ait son cours, 357. Excède toujours la nature, 377. Son empire, 425, 456, 461. Son inconstance, 470. Les modes vieillissent vite, 475.

Modération. Ce qui la fait naître, 28. Est l'état d'une âme qui se possède, 61. Celle des grands hommes ne borne que leurs vices, 381. Celle des faibles est médiocrité, *ibid.* Il y a une modération de tempérament où la réflexion n'a point de part, 77,*s*.

Modernes (*sur les*), 103.

Mœurs. Discours sur celles du siècle, 165. Causes de leur corruption, 168. Se gâtent plus facilement qu'elles ne se redressent, 442. C'est entreprendre sur les droits de Dieu que de vouloir les réformer, *ibid.* La science des mœurs ne donne pas celle des hommes, 450.

Moïse, 221.

MOLIÈRE. Sur le jugement qu'en a porté Vauvenargues, XXVII. Sa générosité envers Racine, 105. Réflexions sur ses ouvrages, 237. Caractère de son talent, 253, note, 282, 412. Ses dénouements peu estimés, 264. Son dialogue avec un jeune homme, 32,*s*. Jugé par Voltaire, 274,*s*. Mentionné, 83, note, 360, note, 369, 130,*s*, 168,*s*, 252,*s*, 277,*s*.

Mollesse (la) est une paresse voluptueuse, 62.

MONCLAR (Jean-Pierre-François *de Rissert*, baron de), conseiller, puis procureur général au parlement de Provence. Sa famille, ses écrits, sa mort, 90,*s*, note. Son éloge, 95. Mentionné, XXII, note, 121,*s*, 166,*s*, 223,*s*, 284,*s*, 298,*s*, 301,*s*, 302,*s*.

MONCLAR, fils du précédent. Sa mort, 90,*s*, note.

Monde (le). Effets qu'il produit, 19. L'usage du monde fait penser naturellement, 35. Ce qu'il ne faut pas confondre avec le monde, 115. Est comme un vieillard qui conserve les désirs de la jeunesse, 422. Idée qu'on peut s'en faire, 423. Ce qui nous y attire, 469. Il ne faut pas y entrer trop tard, 469, 201,*s*. Sur les conversations qu'on y entend, 16,*s*, 65,*s*. Ce qu'il faut faire pour y réussir, 201,*s*.

MONTAIGNE. Mis en parallèle avec Vauvenargues, X. Relève les faiblesses humaines et s'en accommode, XXXI. Jugement sur cet écrivain, 22, 274. Reproche qu'il fait à Cicéron, 427. Son dialogue avec Charron, 21,*s*. Loin de le dissiper, avait accru son héritage, 114,*s*. Craignait d'oublier son nom, 144,*s*. Doit une partie de ses beautés à ses citations, 150,*s*. Mentionné, XXII, XXXII, note, 73, 75, 76, 360, 38,*s*, note, 39,*s*, note.

MONTAZET (M. de), 106,*s*.

MONTÉCLAIR, musicien, 426.

MONTESQUIEU, XXXIII, 30,*s*, note, 35,*s*, note. Sa liaison avec le marquis de Mirabeau, 109.*s*. Son goût pour les sciences, 114,*s*. Mentionné, 246,*s*, 286,*s*.

MONTIJO. Ambassadeur d'Espagne à Vienne. Son mot sur la bataille de Dettingen, 2,58*s*.

MONTMERCI (Leclerc de). En quels termes Voltaire lui annonce la mort de Vauvenargues, 372.

MONTMORENCY (le connétable de). Sur son caractère, 185,*s*.

MONVILLE (l'abbé de). Sa liaison avec le marquis de Mirabeau, 215,*s*, 216,*s*, 222,*s*.

MOREL DE MONS. *Voyez* MAUREL.

Moral. Caractère du bien et du mal moral, 50.

Morale (la) consiste dans les devoirs des hommes rassemblés en société, 3. Ses avantages sur les sciences physiques, 110. Comment elle est traitée par certains auteurs, 376. De nos erreurs en morale, *ibid*. La morale austère ressemble à la science des médecins, 391. Pourquoi les livres de morale sont si insipides, 417. Est la plus fardée de toutes les sciences, *ibid*., note. D'où vient l'indifférence qu'elle nous inspire, 420. A été plus habilement traitée par les anciens que par les modernes, 450.

Moraliste. Qualités qu'il doit avoir, XXIX.

MOREAU, maître de chapelle à Langres, 426, note.

MORELLET, membre de la commission chargée par l'Académie de l'examen des ouvrages de Vauvenargues, II. Ses annotations conservées dans la présente édition, VII.

Mort (la) nous ravit tout, 129. La conscience des mourants calomnie leur vie, 373, 387. La pensée de la mort nous fait oublier de vivre, 388. Le sommeil en est l'image, 433. Pourquoi on la craint, 484. Comble l'adversité, 485. De ceux qui affectent de la braver, 492. Alarmes qu'elle doit causer, *ibid*. Celui qui la craint n'est pas digne de vivre, 57,*s*. Est la seule chose qui inspire de la terreur à l'esprit humain, 37,*s*.

Mort de César (la), tragédie de Voltaire, 263, 255,*s*.

MORTEMART. Quitte la cour. Pourquoi? 172,*s*.

Motifs. Usage que l'on doit faire des mauvais, 53, note, 481.

MOUAN, sous-bibliothécaire à Aix, VIII.

Mourants. Leur conscience calomnie leur vie, 373, 387. Leur faiblesse, 474.

Mourir est la plus amère de nos afflictions, 485. Qu'il est difficile de se résoudre à mourir! 472, 37,*s*.

MOURET, musicien, 353.

MURER, acteur de l'Opéra, 48, 353.

Musique. Éloge de celle de Montéclair, 426.

MUY (DU), lieutenant-général, 249,*s*.

MUY (DU), frère du précédent, 249,*s*.

Mystère (le) fait plus de tort que l'indiscrétion, 473. Celui qui flatte, 483.

N

Nains, 163.

Naïveté. Ses avantages, 423. Peu d'esprits en connaissent le prix, *ibid.*

Narcisse, personnage de la tragédie de *Britannicus*, 251.

Nation. Ne doit pas devenir trop savante, 409. Ce qui arrive lorsque l'esprit de raisonnement s'y répand, 409, note. Se divise en deux parts, les riches et les pauvres, 418.

Nature (la) doit être le modèle de nos inventions, 20. La nature seule ne donne pas le génie, 21. Sur la nature et la coutume, 65. A fait aux hommes un cœur dur pour alléger les misères de leur condition, 92. La pure nature n'est pas barbare, 157. La raison ne répare pas tous les vices de la nature, 376. Les abus inévitables sont des lois de la nature, *ibid.* Le secret de ses moindres plaisirs passe la raison, 377. Ses caprices ne sont pas si frêles que les chefs-d'œuvre de l'art, 383. La raison trompe plus souvent qu'elle, 385. Elle s'épuise par la douleur, 387. On est forcé de respecter ses dons, 401. Différence qu'elle a mise entre les hommes, *ibid.*, note. Elle passe la fortune en rigueur comme en bonté, 405. Peu de chose lui suffit, 427. Elle a ébauché beaucoup de talents qu'elle n'a pas daigné finir, 436. Ses caprices et ses jeux, 438. Sa simplicité, 439. Ne se gouverne pas par une même loi, 457. Est l'image de la vie, 460. Ses dons ne sont pas si rares que l'art d'en jouir, 470. Le mépris de notre nature est une erreur de notre raison, 479. Préside aux passions des hommes et sauve presque toujours leur cœur des contradictions de leur esprit, 83,*s.*

Nécessité. Sur la nécessité de faire des fautes, 78. Elle console dans le malheur, 89. Sa définition, 198. Nécessité de faire de bonnes œuvres, 209. Ses conséquences, 214. N'a point de loi, 371, note, 272,*s.* Modère plus de peines que la raison, 404. Comble les maux qu'elle ne peut soulager, *ibid.* Il n'y a pas de situation désespérée pour celui qui la combat avec courage, 443. Nous délivre de l'embarras du choix, 456. Celle de mourir est la plus amère de nos afflictions, 485.

Négociateur (le) n'a pas besoin d'un long apprentissage, 453. Latitude qu'on doit lui laisser, 454. Conduite qu'il doit tenir, 488.

Néron, personnage de la tragédie de *Britannicus*, 244, 266.

Néron, empereur romain, 52,*s*, 53,*s*, 110,*s.*

Nesle (mademoiselle de) refuse d'épouser le marquis de Mirabeau, 99,*s*, 100,*s.*

Netteté (la) naît de l'ordre des idées, 9. Tous ceux qui ont l'esprit net ne l'ont pas juste, *ibid.* Ses différents caractères, 10. Est le vernis des maîtres, 475. Elle sert de preuve aux idées, *ibid.*

Newton. Comment il explique les phénomènes de la nature, 111, 112. Son nom cité, XXXVII, 169, 235, 360, 362, 492, 252,*s*, 254,*s*.

NICOLE, 352.

Nitétis, tragédie de madame de Villedieu, 246,*s*.

NOAILLES (le cardinal de), 208,*s*.

Noblesse. Ce qui caractérise celle du langage, 18. Noblesse du caractère, 60. Sur la noblesse, 71, 166. A quel titre elle se perpétue dans les familles, 429. Est un monument de la vertu, 484.

Noirceur (la) est une méchanceté profonde, 60.

Noms. Quels sont les plus révérés, 448.

Nonchalance (la) ne peut rendre la vie heureuse, 388.

Nourriture (la) est aussi nécessaire à l'esprit qu'au corps, 394.

Nouveautés (les). En quoi elles gâtent le goût, 409, 12,*s*. Seront toujours en grande estime parmi les hommes, 457. Il est plus aisé de dire des choses nouvelles que de concilier celles qui ont été dites, 374.

Nul. Nul n'est faible par choix, 391. Nul n'est ambitieux par raison ni vicieux par défaut d'esprit, 419. Nul n'est content de son état, 453. Nul traité qui ne soit comme un monument de la mauvaise foi des souverains, 454. N'avoir nulle vertu ou nul défaut est sans exemple, 455.

O

Obéissance. Celui qui serait né pour obéir, obéirait jusque sur le trône, 392.

Objets sensibles (de l'amour des), 47.

Obscur. L'auteur d'un livre qu'on trouve obscur ne doit pas le défendre, 424.

Obscurité (l') est le royaume de l'erreur, 374.

Observateur littéraire (l'). Recueil fondé par Marmontel et Bauvin, 289,*s*.

Occupations (les) élèvent ou abaissent l'âme, selon leur nature, 75. Celles d'un homme qui se croit occupé, 384. Doivent toujours avoir un but, 137,*s*.

Ode. Sa définition, 256. Ce genre n'a pas encore atteint sa perfection, 279.

Œdipe, tragédie de Voltaire, 267.

Officieux (l') *par vanité*, 329.

Oisiveté (l'). Lasse plutôt que le travail, 67. Fait souffrir la vertu, 124. Qui fait des promesses plus trompeuses qu'elle ! 135. Elle ne peut faire le bonheur, 174. N'assouvit pas la paresse, 381. Incommode le paresseux, 481.

OLIVAREZ (le duc d'), 23,*s*.

OLIVET (l'abbé d'), 355.

Opiniâtreté (l') est une fermeté déraisonnable, 62. C'est le défaut des hommes pesants, 480. Il faut s'en corriger, 199,*s*.

Opinions. Causes de leur diversité, 23. Leur puissance, 160. Sont comme les générations humaines, bonnes et vicieuses tour à tour, 377. Comment elles se succèdent, 400. Preuves de leur extravagance et de leur barbarie, 465. De ceux qui les suivent toutes, 484. Il ne faut pas ridiculiser celles qui sont respectées, 486. Leur inconséquence, 83,*s*. Rien ne suffit à l'opinion, 427; elle ne gouverne que les faibles, 428.

Opprobre (l') est une loi de la pauvreté, 434. On le souffre dans la grandeur, 455.

Opulence. Apporte toujours plus d'erreurs que la pauvreté, 151. Ses effets, 445.

Oracle. Peuple qui le consulte pour s'empêcher de rire dans ses délibérations, 425.

Oracles (histoire des), par Fontenelle, 276.

ORAISON (M. d'). Vauvenargues songe à lui pour un emprunt, 230,*s*.

Oraisons funèbres de Bossuet, 285, 37,*s*.

Orateur de la vertu (l').

Orateurs (les), 269. Effet que produisent les mauvais orateurs, 9,*s*. Qualités nécessaires à l'orateur, 11,*s*, 15,*s*, 38,*s*.

Ordre naturel (l') est fondé sur la violence, 393. Ce que l'ordre prouve, 394.

Ordres de l'État, 429, 209,*s*, note.

Orgueil (l'). Ce qui le produit, 31. Cède à la nécessité, 456. Est le consolateur des faibles, 459. N'est pas égal dans tous les hommes, 79,*s*. Est un effet de l'amour-propre, 82,*s*. C'est un orgueil misérable que de se croire sans vices, 185,*s*.

Origine des fables (l'), par Fontenelle, 276.

Originaux. Ouvrages qui le paraissent toujours, 439.

Oronte ou *le Vieux fou*, 296.

Oser. Qui sait tout souffrir peut tout oser, 393. Quiconque ose de grandes choses risque inévitablement sa réputation, 452.

OSMIN, personnage de la tragédie de *Bajazet*, 240.

OSSAT (Arnaud, cardinal d'), 108, 132.

Othon ou *le Débauché*, 297.

Ouvrages. On juge souvent mal de ceux de l'esprit, 17, 396. Ceux du goût se jugent par sentiment, 94. On parle peu de ceux qui intéressent peu de personnes, 375. Le même mérite qui les fait copier les fait vieillir, 439. De ceux qui sont trop longs, 460. De ceux qu'il faut abréger, 474.

OXENSTIERN, chancelier de Suède, 23,*s*.

P

PAILLY (madame de), maîtresse du marquis de Mirabeau, 87,*s*, note.

Paix (la). Moyen de l'obtenir dans le monde, 117. Elle est le prix du travail, 131. Comment on l'aurait pour toujours, 401. N'est jamais durable, 438, 489. Ses effets, 442, 477.

Panégyriques. Sont tous froids, 244.

Panégyristes. Pourquoi ils sont ennuyeux, 451.

Papon, auteur de l'*Histoire de Provence*, 116,*s*.

Paradis (le) est le plus grand bien connu parmi les hommes, 201, note.

Paresse (la). Naît d'impuissance, 46, 62. L'oisiveté ne l'assouvit pas, 381, note. Ce qui la nourrit, 384. Anéantit les promesses, quelquefois sincères, de la vanité, 480. Introduit l'honnêteté dans la dispute, 483.

Paresseux (le), 319, 320, note. Ce qui le caractérise, 481.

Parlement de Paris. De ses condamnations contre les sorciers, 152, note.

Parler. Sur les différentes manières de parler, 396. Moins on a de pensées, plus on parle, 481. Pourquoi l'on est taciturne dans sa famille, 65,*s*. Celui qui ne sait que parler est souvent dans l'embarras, 190,*s*.

Parménion, 3,*s*, note.

Parole. Celui qui la donne légèrement y manque de même, 449. V. *Éloquence*.

Parti. Celui qu'il est plus facile de former, 382, ou de détruire, 383.

Particuliers (les) négocient, comme les rois et les peuples, 490. Leurs procès durent quelquefois plus que les querelles des nations, 161, note.

Pascal. Souffre et s'irrite des faiblesses humaines, xxxi. Ses pensées citées 75, 76. Explication d'une de ses Maximes, 81. Imitation de sa manière, 220. Est mal jugé par Voltaire, 266, 269, note. Sa profondeur, 269. Comparé à La Rochefoucauld, xxxii, à Bossuet, 269, à Montaigne, 275. On voudrait penser comme lui, 270. Jugé par Despréaux et Vauvenargues, 273. Son éloge, 274. Vivacité de son esprit, 354. Son imagination, 411. Son dialogue avec Fénelon, 18,*s*. Mentionné, ix, x, xxii, xxxii, note, xxxvi, xxxvii, 33, note, 65, 75, 76, 111, 162, 249, note, 352, 354, 361, 362, 385, 394, note, 395, note, 414, note, 415, note, 448, note, 457, 486, 490, note, 492, 21,*s*, note, 56,*s*, note, 65,*s*, 76,*s*, 131,*s*, 138,*s*, 212,*s*, 213,*s*, 254,*s*, 260,*s*.

Passions. L'éloquence se joue d'elles, 19. Rendent l'homme sérieux, 24. Sur leur essence, 27. S'opposent les unes aux autres, 48. Instinct qui leur est supérieur, 60. Comment il faut les juger, 94. Sont amorties par le travail, 174. Percent toujours le voile dont on les couvre, 303. Il y en a peu de constantes, 377. Pourquoi elles font plus de fautes que le jugement, 386. Leurs avantages, 389. Fertilisent l'esprit, 390, note. Se règlent ordinairement sur nos besoins, 418. Se tempèrent avec l'âge, 422. Naissent de la vanité, 427. Sont insatiables, *ibid*. Sont autant de chemins ouverts pour aller aux hommes, 445. Plus on en a de prépondérantes, moins on est propre à primer, en quelque genre que ce soit, 456. Quelles sont les plus vives, 477. Quelle est la dernière et la plus absolue, 479. L'intérêt d'une seule maîtrise toutes les autres, 483. Elles nous dominent tour à tour, 484. Nous séparent quelquefois de la société, 485. Le silence et la réflexion les épuisent, 492. Celles d'un grand orateur doivent être véhémentes, 11,*s*. Dépendent beaucoup de nos vues, 177,*s*.

Patience (la) est l'art d'espérer, 404. Peut tout obtenir, 480.

Patru (Olivier), 352.

Paul (saint), xxxii, 208, 217.

Paul-Émile, 260.

PAULINE, personnage de la tragédie de Polyeucte, 252,*s*.

Pauvre (le) est occupé de ses besoins, 451. Le pauvre et le riche se sont rencontrés ; le Seigneur a fait l'un et l'autre, 171.

Pauvreté (la) apporte moins d'erreurs que l'opulence, 151. Ne rend pas les hommes meilleurs, 381. Fait plus d'opprobres que le vice, 434. Humilie les hommes jusqu'à les faire rougir de leurs vertus, *ibid.* Ne peut avilir les âmes fortes, 455. Ceux qui échappent à ses misères, n'échappent pas à celles de l'orgueil, 459.

Paysans (les) aiment leurs hameaux, 432.

Péché originel, 211, 213, 214, note.

Pêcheur à la ligne, 37.

PECQUET, auteur de l'art de négocier, 490, note.

Pédant, 100. Ceux qu'on appelait ainsi autrefois, 436, 462.

Peintres. Ne doivent pas charger la nature, 436.

Peintures. Pourquoi les petites sont plus estimées que les grandes, 440. Toute peinture vraie nous charme, 492.

PEIRESC. Saint-Vincens élève un monument à sa mémoire, 116,*s*, note.

PELLEGRIN (l'abbé), 426.

PELLISSON, 352.

Pénétration (la) diffère de la vivacité, 5. Est une qualité attachée comme les autres à notre organisation, 9, 15. Elle se manifeste en raison de l'étendue de l'esprit, 14. Diffère du jugement, 106. Quand nous en manquons, 415. N'est pas une vertu de tous les moments, 467.

Pensée (la) doit être claire et concise ; elle s'énerve dans le fatras du langage, 137,*s*.

Pensées. Toutes sont mortelles, 94, 433. Marque pour les faire rejeter, 374. La clarté orne les pensées profondes, *ibid.* On n'approfondit pas celles des autres, 375. Celles qui intéressent peu de personnes sont peu applaudies, 375. Les grandes pensées viennent du cœur, 386, III,*s*. Celle de la mort nous fait oublier de vivre, 388. Ce qu'on appelle une pensée brillante, 409. Toute pensée est neuve, quand l'auteur l'exprime d'une manière qui est à lui, 435. Le faux absolu se rencontre rarement dans les pensées, 444. Il y en a peu d'exactes, 447. La netteté leur tient lieu de preuves, 475. Comment savoir si une pensée est nouvelle, 476. Il y en a peu de synonymes, *ibid.* Quand elles sont fausses, *ibid.* Comment on les tourne, 483. Si les grandes pensées nous trompent, elles nous amusent, *ibid.*

Penser. On parle et l'on écrit rarement comme l'on pense, 451. Nous ne pensons pas si bien que nous agissons, 451, 459. Nécessité de penser, 475. Le bien penser est la source du bien écrire, 36,*s*, note. L'homme qui pense le mieux n'obtient pas toujours justice, 190,*s*.

PÉPIN (M.), 94,*s*, 132.*s*. Anecdotes qui le concernent 105,*s*, 109,*s*.

Père. Son amour pour ses enfants, 37. Ingratitude de ces derniers, 391. Comment il devrait les élever, 428, 429.

Perfection (la) n'obtient pas seule nos suffrages, 392, 408. Est incommunicable, 469.

Perfidie. Est une infidélité couverte et criminelle. 61.

Perplexité. Est une irrésolution inquiète, 61.

Persuasion. Est impossible sans la conviction, 384, 9,*s*. Il y a des esprits qu'on ne persuade qu'en cédant, 190,*s*.

Perte. On ne regrette pas celle de tous ceux qu'on aime, 449. Comment on ressent celle d'une femme aimée, 491.

Pesanteur de l'esprit, 25. Portrait d'un homme pesant, 319.

Petitesse. Est une source de vices, 59. Ce qui prouve celle de l'esprit, 378.

Peuple (le) souffre toujours de la gloire des conquérants, 401. N'a pas les mêmes vertus ni les mêmes vices que les grands, 418. Ceux qui ne croient pas en être, 421. Comprend très-peu ce qu'il croit, 439. Les grands ne le connaissent pas, 444, 470. Respecte les dons de la fortune, 453.

Peuples barbares. Nous ne sommes pas plus vertueux ni plus heureux ; mais nous nous croyons beaucoup plus sages qu'eux, 447.

Peur (la) est un témoignage de faiblesse, 55. Ce qui la fait naître, 448, 492.

PEZAI (marquis de), 248,*s*.

Phalante ou *le Scélérat*, 302, 303.

Phébus. Ce qu'on entend par ce mot dans le langage, 19.

Phèdre, tragédie de Racine, 252,*s*.

Phérécide, ou *l'Ambition trompée*, 290.

PHILIPPE, roi de Macédoine, 3,*s*, note.

PHILIPPE II, roi d'Espagne. Son Dialogue avec Philippe de Comines, 27,*s*.

PHILIPPE D'ORLÉANS, régent. N'admettait ni vices ni vertus, 203,*s*, 207,*s*, 208,*s*. Son caractère, 209,*s*.

Philosophes. Les anciens opposés aux modernes, 162. Leur vanité, 223. Des faux philosophes, 388, 415. Ce qui en fait le plus, 419. Sur ceux qui se croient philosophes, 421. Comparés aux politiques, 437. Ont quelquefois nié les choses les plus claires, 440. Comment ils plaisantent, 459. Leur caractère, 464. Les grands philosophes sont les génies de la raison, 475. Pourquoi on les goûte médiocrement, 483. Enseignement des anciens, 62,*s*. Se décrient eux-mêmes, 71,*s*.

Philosophie. Quelle est la plus fausse de toutes, 388. Elle a ses modes, 400. De ceux qui l'affectent, 446. Plan d'un livre de philosophie, 69,*s*.

PHILOTAS, 3,*s*, note.

Phocas, ou *la Fausse singularité*, 312.

Physionomie (la) est l'expression du caractère et celle du tempérament, 42.

Physique. Réflexions sur la physique, 110. En quoi elle est incertaine, 111.

Pièces de théâtre. Comment il faut les juger, 485.

PINDARE, 257, 268, note, 279, 280, note.

PIOLENC (le chevalier de). Note sur sa famille, 126,*s*.

Pison, ou *l'Impertinent*, 293.

Pitié (la) est un sentiment mêlé de tristesse et d'amour, 43. Ne pas compter sur celle des autres, 92. Suit l'amour, 301. Est moins tendre que lui, 482.

Places. Ceux qui en sont dignes, 382, 470, 471. Les grandes instruisent promptement les grands esprits, XXIII, 453, et dispensent quelquefois des moindres talents, *ibid.* S'il y a du mérite à les négliger, il y en a encore plus à les bien remplir, 483. Ce qu'elles ont de plus utile, 488.

Plaire. L'art de plaire est l'art de tromper, 422. L'esprit ne suffit pas pour plaire, 485.

Plaisanterie. Celle des philosophes est si mesurée, qu'on ne la distingue pas de la raison, 459. Une petite peut abattre une grande présomption, 479. Ne persuade jamais, 486.

Plaisants. Peu d'hommes sont très-plaisants, 396. Il y a des plaisants de génie, mais en petit nombre, *ibid,* note. Leurs meilleures saillies ne valent pas toujours celles de l'ivresse, 459. Sont insipides, 469.

Plaisir. Nous l'éprouvons en naissant, 27. Est le prix du travail, 131, 394. N'est pas inconciliable avec la vertu et la gloire, 138. Est né avec la nature, 161, note. Ses impressions sont plus pénétrantes que le parfum d'une fleur qu'on vient de cueillir, 203. Quel est celui des âmes vaines, 415, note, 451.

Plaisirs. Nous épuisent quand nous croyons les avoir épuisés, 394. Comment il faut jouir des véritables, 409, note. Ceux qu'il faut éviter, 450. Quels sont les plus vifs plaisirs de l'âme, 451. Discours sur les plaisirs, 138.

Plan d'un livre de philosophie, 69,*s.*

PLATON. Son dialogue avec Denys le tyran, 58,*s,* cité, 61,*s,* note.

Pluralité des mondes (la), par Fontenelle, 276.

PLUTARQUE, 243, 192,*s,* 193,*s,* 199,*s.*

Poème. Un poème doit être un tableau vrai et passionné de la nature, 464.

Poésie (la). Son véritable objet, 279. Réflexions sur la poésie, 281. Est incompatible avec l'esprit des affaires, 410. On trouve beaucoup de versificateurs, et peu de poètes, 425. Ne consiste pas seulement dans la rime, 463, 178,*s,* 179,*s.* Ses caractères, *ibid.* Sa définition, 39,*s.*

Poètes. Qualités qu'ils doivent avoir, 21. Réflexions critiques sur quelques poètes, 233. Racine en a été le plus éloquent, 249. Leur défaut ordinaire, 279. But des poètes tragiques, 408. Se servent tous des expressions de Racine, 425. Prétention des mauvais poètes, 483. Qu'est-ce qu'un grand poète? 34,*s.*

POIRIER, acteur de l'Opéra, 353.

POISSON (mademoiselle). V. POMPADOUR.

Polidore, ou *l'Homme faible,* 329.

Politesse (la) est le lien de toute société, 96. Qu'est-ce que la nôtre? 157.

Politique (la). En quoi elle consiste, 3. Ses effets, 418, 437, 441. Son utilité, 489.

Politiques (les). Connaissent mieux les hommes que les philosophes, 437.

POMPADOUR (madame de), 166, note, 186. Son opinion sur les Mirabeau, 189,*s.*

POMPÉE, 137.

Pompée, tragédie de Corneille, 242, 243.

POPE, 1,*s,* note.

PORTALIS (le comte). Sa statue à Aix, 229,*s.*

Portugais. Dialogue entre un Portugais et un Américain, 24,*s.*

Possession (la) est le seul titre des choses humaines, 429.

Poulets sacrés, 421.

Pourceaugnac, comédie de Molière, 158.

Poussin (Nicolas), 360.

Pouvoir (le). D'où il tire sa force et son utilité, 453.

Port-Royal, 208.

Pradon, 1,*s,* note.

Prague. Sur le climat de cette ville, 145, note. Prise d'assaut, en 1741, *ibid.*

Prat (madame Du). Ce qu'elle dit à M. de Villars, 107,*s.*

Préceptes. Corrigent peu, 109. Nous en avons d'assez bons, mais peu de bons maîtres, 458.

Préfaces. Leur inutilité, 460, 474.

Préférences. Pouvons-nous les expliquer ? 464.

Préjugés. Ce qui nous y rend dociles, 491.

Présence d'esprit (la) est une aptitude à profiter des occasions pour parler ou pour agir, 25. Est plus nécessaire à un négociateur qu'à un ministre, 453.

Présomption. Quand on peut la supporter, 16. C'est une confiance aveugle dans nos forces, 31. Comment on l'abat, 479, 81,*s.*

Présomptueux (le). L'espérance le leurre, 375.

Prétentions. Les hommes en ont de grandes et de petits projets, 382. On ne laisse paraître que celles qui peuvent réussir, 452.

Preuves. Doivent être faites sans digressions, 397, note.

Prévost (l'abbé), 339.

Prévost-Paradol, vi. Ses leçons sur Vauvenargues, 208, note, 220, note.

Prévoyance. Ne peut rendre notre vie heureuse, 388.

Prière (la) a été enseignée par J.-C., 204. Sur celle qu'a composée Vauvenargues, 228, 230.

Princes. Les plaisirs leur apprennent à se familiariser avec les hommes, 378. Pourquoi ils font beaucoup d'ingrats, 392. Comment ils reçoivent la cour qu'on leur fait, 402. Conseil timide que leur donne Fénelon, 430. Ils doivent avoir les vertus d'un roi, et les faiblesses d'un particulier, 431. Affectent toutes les formalités de la justice pour mieux la violer, 459. Comment ils devraient être élevés, 470, 471, 5,*s.*

Princesse de Navarre (la), opéra de Voltaire. Sur la composition de cette pièce, et sur son succès, 274,*s,* 294,*s.*

Principes. Il n'en existe pas sans contradiction, 2. Les prouve-t-on ? *ibid.* Nécessité de les bien manier, 25. Principe de notre estime, 44. Leur certitude, 68. La corruption des principes est cause de celle des mœurs, 169. Les vieux principes de la philosophie, 62,*s.*

Probité (la) est un attachement à toutes les vertus civiles, 60. Il en faut dans les plaisirs comme dans les affaires, 378. Ne s'achète pas, *ibid.* Est un moyen de réussir pour les habiles, 383.

Procès. Ceux des particuliers durent quelquefois plus que les querelles des nations, 161, note.

Proches. On n'est pas toujours si injuste envers ses ennemis qu'avec ses proches, 482.

PRODICUS, orateur grec, 8,*s*, note.

Prodigalité. C'est ainsi qu'on appelle la libéralité de l'indigent, 478.

Productions de l'esprit. Comment on les juge, 17, 396.

Professions. On les prend au hasard, 90. Il faut savoir abandonner celles qu'on ne peut remplir, 126. Voyez *Places.*

Profondeur. Le caractère de la profondeur est le terme de la réflexion, 11. Portrait d'un esprit profond, 332. La clarté orne les pensées profondes, 374.

Profusion (la) est une générosité mal placée, 69. Celle qui est utile, 378. Fait moins de dupes que l'économie, 478. Avilit ceux qu'elle n'illustre pas, *ibid.*

Projets. On n'a pas toujours la force ni les occasions de les exécuter, 419. Il faut savoir en prévenir les difficultés, 479.

Promesses. On promet beaucoup, pour se dispenser de donner peu, 479. Ce qui anéantit celles de la vanité, 480.

Prose (la) méprisée par les versificateurs, 483.

Prospérité (la) fait peu d'amis, 375. N'est pas durable, *ibid.* Celle des mauvais rois ruine la liberté des peuples, 376. Illumine la prudence, 441. N'est qu'un écueil pour les âmes faibles, 44,*s.*

Protection. Celle des femmes est infaillible, 90. Les grands la vendent trop cher, 449.

Providence. Sa sagesse, 171, 176. Nous l'accusons sans cesse, 178. L'excès des misères prouve-t-il son injustice? 179, 218.

Provinciaux. Pourquoi leurs défauts sont supérieurs à leurs bonnes qualités, 151,*s.*

Prudence (la) est une prévoyance raisonnable, 62. Ses fruits sont tardifs, 375. Fait moins de fortunes que l'activité, 393. Les vertus règnent plus glorieusement qu'elle, 430. La prospérité l'illumine, 441. L'intérêt est sa règle, *ibid.*

Public (le). Quand ses jugements deviennent infaillibles, 17. Son goût insatiable pour les nouveautés et les bagatelles, 90.

Pudeur (la) est un sentiment de la difformité du vice, 62.

Pureté (la). Qualité essentielle de l'orateur, 10,*s.*

Puissant. Moins on l'est, plus on peut commettre des fautes impunément, 404.

Pyrrhonisme (sur le), 63, 356, note. Il sape par le fondement toutes les sciences, 153, note. Quels sont les hommes qui s'y rangent, 439. Est né de l'impuissance de l'esprit, 70,*s.*

Q

Qualités. Celles du cœur, unies à celles de l'esprit, forment le génie, 21. Sur celles qui sont nécessaires à l'orateur, 11,*s*, 15,*s*, 38,*s*,

Querelles. Le peuple en vient aux mains pour peu de chose, 462. Celles des nations sont moins durables que les procès des particuliers, 161.

Quinault. Réflexions critiques sur ses ouvrages, 253. Son éloge, 426. Son nom cité, 361.

Quinsonas (le chevalier de). Notice, 117,*s*, 280,*s*.

Quintilien, 61,*s*, note.

R

Racine. A imité les Grecs et Virgile, 22. Obligation qu'il avait à Molière, 105. Lui est comparé, 237, 238, et lui est supérieur comme poète, 238. Est également supérieur à Boileau, 397. Mis en parallèle avec Corneille, 239 et suiv., 242,*s*, et suiv. 252,*s*, 254,*s*. Est le seul de son temps qui ait fait des caractères, 266. Jugement qu'en porte Vauvenargues, 242,*s*. N'est pas sans défaut, 244,*s*. Est critiqué par Voltaire, 266. L'abbé d'Olivet a compté ses fautes, 355. Son éloge, 252, 406, 412. Ne se répète jamais, 425. Son dialogue avec Bossuet, 36,*s*. Son nom cité, xxii, xxvii, 367, 492, 35,*s*, note, 41,*s*, note, 168,*s*.

Raillerie (la). Naît d'un mépris content, 46. Est l'épreuve de l'amour-propre, 480.

Raison (la). Est un don de la nature, 52. Quoique débile, elle sauve l'homme de bien des erreurs, 194. Le courage a plus de ressources qu'elle, 375. Est incompatible avec la faiblesse, 376. Elle ne peut réparer tous les vices de la nature, *ibid.* Elle rougit des penchants dont elle ne peut rendre compte, 377. Elle nous trompe plus souvent que la nature, 385, 177,*s*, note. Elle ne connaît pas les intérêts du cœur, 385. Ce qui nous la donne, 386. Le sentiment la supplée, 389. Les passions nous ont appris la raison, *ibid.* Elle modère moins de peines que la nécessité, 404. Elle se perfectionne sans agrandir les qualités du cœur, 409, note. Ce qui lui fait perdre son lustre et le mérite de la nouveauté, 439. On ne peut en avoir beaucoup et peu d'esprit, 458. Elle fait des philosophes, 487. Le faux esprit ne paraît qu'à ses dépens, 480. Ne doit pas régler, mais suppléer la vertu, 481. L'expérience que nous avons de ses bornes ouvre l'esprit à la peur, 491. Les images l'embellissent, et le sentiment la persuade, 492. Sa définition, 24,*s*, 25,*s*. Elle est toujours la production de la nature la plus forte et la plus heureuse, 177,*s*.

ALPHABÉTIQUE. 359

Raison d'être. Tout a sa raison d'être, 428.

RAMEAU, musicien, 353.

RAPHAEL, peintre, 360, 369.

RAVAILLAC, assassin d'Henri IV. L'énormité de son crime n'a servi qu'à le rendre plus infâme, 82,*s.*

Rechutes. Les nôtres nous consternent, 404.

Reconnaissance. Ce qui la fait naître, 46.

Réflexion (la) est le grand principe du raisonnement, du jugement, etc., 6. Passions qu'elle engendre, 28. Elle les épuise, 492. Son insuffisance, 389. Le sentiment la précède et l'instruit, 390. Elle sert à rectifier les écarts du génie, 16,*s.*

Réflexions (les). Elles nous fuient ou nous obsèdent, selon que nous les appelons ou voulons les chasser, 484. Comment elles peuvent être utiles aux autres, 487.

Réformation. Sur celle des mœurs et des coutumes, 442.

Règles (les). Paraissent inutiles en littérature, 284. Celles du théâtre ne sont exécutées que faiblement, 485. Sont utiles pour conjurer les écarts du génie, 16,*s.*

Regret. En quoi il consiste, 46. Ce qui le distingue du repentir, *ibid.* On ne regrette pas la perte de tous ceux qu'on aime, 449, 491.

Religion. En quoi elle consiste, 3. Elle répare le vice des choses humaines, 50, et établit la vertu, 56. Sur ceux qui l'attaquent, 132. Ce qui distingue la religion chrétienne du stoïcisme, 221. Elle a rendu les Juifs odieux parmi les peuples, 222. Elle est la consolation des misérables, et la terreur des heureux, 421, 146,*s.* Celle des Romains ne s'offensait pas des temples élevés par les empereurs à leurs amis, 432. Elle borne l'ambition, 453. Sur ceux qui la respectent et sur ceux qui la méprisent, 486. Elle fournit de grandes ressources contre la mort, 146,*s.* Vauvenargues n'a jamais été contre elle, XXXVI, 232, 154,*s.*

RÉMOND DE SAINT-MARD, 355.

Remords. Ce qui le fait naître, 46.

Remplissage. Quelle est la tragédie sans remplissage? 181, 279,*s.* Est la ressource des écrivains sans génie, 277.

RENAUD, conjuré. Son dialogue avec Jaffier, 55,*s.*

RENOUARD, libraire à Paris, 230, note.

Rentes viagères. S'il faut s'en faire, 478.

Repentir. Ce qui le distingue du remords et du regret, 46.

Repos (le) est le prix du travail, 131.

République. Une république sage devrait être celle des lettres; pourquoi? 468.

Réputation. Comment on diminue celle de son esprit, 406. On la risque inévitablement en osant de grandes choses, 452. Les réputations mal acquises se changent en mépris, 476. C'est la fortune qui la fait, et c'est le mérite qui la donne, 477. Elle impose au vulgaire, 485, 128,*s.*

Respect (le). C'est le sentiment de la supériorité d'autrui, 44. Comment on s'attire celui du monde, 466. Le respect affaiblit l'amitié, 31,*s.*

Respect des lois, 429.

Ressource. Quelle est celle des mauvais écrivains, 277.

RETZ (cardinal de), 73, note, 78, 108, 118.

Riche (le). Avantages qu'il possède, 378. Le désordre des malheureux est toujours le crime de sa dureté, 307. La vanité est son premier intérêt et son premier plaisir, 451.

RICHELIEU (cardinal de), notice, 7,*s*. Ses controverses et son testament politique, 108. Préféré à Milton, 271, note. Son éloge, 460. Sa politique, 23,*s*. Ses dialogues avec Corneille, 40,*s*; avec Mazarin, 42,*s*; avec Fénelon, 44,*s*. Son nom cité, XVI, 77, 85, 132, 185, 186, note, 250, 271, note, 369, 41,*s*, note, 129,*s*, note.

RICHELIEU (duc de), 107,*s*.

RICHEMONT (Anne de), connétable de Bretagne, sous Charles VII. Son caractère, 185,*s*.

Richesses. Discours sur leur inégalité, 171. La libéralité en augmente le prix ; la vertu en est une, 378, note. Ne peuvent élever les âmes basses, 455.

Ridicules. Ce qui les fait naître, 452, 427. Quand l'éloquence devient ridicule, 12,*s*. Des ridicules propres au théâtre, 274,*s*.

Rieur (le), 314. Vauvenargues n'aimait pas les rieurs, XXVII.

RIGAULT (M.), professeur au Collège de France, 34,*s*, note.

RISSÉ (M. de), officier au régiment d'infanterie du Roi, 140,*s*.

ROCHEFORT (comtesse de). Extrait d'une lettre que lui adresse le marquis de Mirabeau, 87,*s*, note.

ROCHEBILIÈRE, de la bibliothèque Sainte-Geneviève, II, note.

Rodogune, tragédie de Corneille, 366, 252,*s*.

Roi. La prospérité d'un mauvais roi devient fatale à ses peuples, 376. Un roi ne doit pas se piquer d'éloquence, 428. La magnanimité est l'esprit des rois, 430. Un grand roi ne craint pas ses sujets, *ibid*, 6,*s*. Il les aime, 431. Pourquoi ils n'emploient pas les grands écrivains, *ibid*. Ce que l'on doit aux mauvais rois, 473. Les regards affables ornent le visage des rois, 476.

ROLLIN, 352, 467.

Romains. Ils honoraient la gloire, 136, 447. Négligeaient le commerce, 157. Sur leur culte, *ibid*. Ne se battaient pas en duel, 160. Étaient un peuple raisonneur et éclairé, 169. En quoi les Italiens d'aujourd'hui en diffèrent, 167. Leur décadence, *ibid*., 170. Leur caractère, 243. Sur leurs conquêtes, 489.

Romans (réflexions sur les), 70. Pourquoi ils sont promptement oubliés, 245. La Rochefoucauld leur emprunte le ton de quelques-unes de ses maximes, 80,*s*.

ROTTEMBOURG, général prussien, 351.

ROUARD, bibliothécaire de la ville d'Aix, II, note, VII.

ROUSSEAU J.-B.) a imité Marot, 22. Réflexions sur ses ouvrages, 255, 262, 279, 461, 244,*s*, 245,*s*. Simplicité et richesse de sa poésie ; n'avait cependant ni chaleur ni enthousiasme, 280, mentionné XVI, XXVI, 157, 354, 364, 365.

ROUSSEAU (J.-J.) réfuté d'avance par Vauvenargues, XXIII. Il pleurait de joie à la lecture de Plutarque, 193,*s*, note. Son nom cité XXIX, XXXIV, 77. note, 387, note, 415, note, 465.

note, 487, note, 27,s, note, 35,s, note.

Roux-Alpheran, iii,s.

Roy (Pierre-Charles), notice, 289,s.

Roxane, personnage de la tragédie de *Bajazet*, 241, 247.

S

Sabbot (le). On n'y croit plus, 152.

Sablé (madame de), xxxii.

Sade (le chevalier de), oncle du fameux marquis, 140,s.

Sagacité. Sur ceux qui en manquent, 449. Si elle est fondée sur la disposition de nos organes, 79,s.

Sages. Ils se trompent souvent sur l'effet des passions, 48. La fortune seule les fait, 487. Comment elle les humilie, 404.

Sagesse (la) est la connaissance et l'affection du vrai bien, 62. Elle rapproche toutes les conditions et tous les âges, 185. N'a ni la vigueur ni l'ardeur de l'indépendance, 318. Est le tyran des faibles, 476.

Saillant (madame du). Ce que lui écrit le marquis de Mirabeau, 150,s.

Saillies. Leur définition et leur caractère, 14, 15. La gaîté les fait naître, 480. Sur celles de l'ivresse, 459, et celles des philosophes, 480.

Saint-Florentin (comte de), ministre sous Louis XV, 99,s.

Saint-Georges (marquis de). Son éloge, 102,s, 103,s, 104,s, 114,s, 158,s, 161,s. 165, s. Son opinion sur une lettre de Vauvenargues, 171,s, 166,s.

Saint Jean, évangéliste, 252,s.

Saint-Just, 346, note.

Saint-Marc, frère cadet de Meyronnet de Saint-Marc, ami de Vauvenargues, 160,s, 236,s.

Saint-Réal, 488, note, 55,s, note, 57,s, note.

Saint-Simon. Ce qui le rend si impitoyable pour l'homme, xxx.

Saint-Tropez. Son portrait, 95,s.

Saint-Vincens (Jules Fauris de), ami de Vauvenargues, vi, xvii, 80, note, 92, note, 104, note, 149, note, 150, note, 227, note, 332, note, 371, note, 421, note. Son mariage, 105,s, note, 295,s. Notice sur sa vie, 116,s. Service qu'il rend à Vauvenargues, *ibid*, 119,s. Sa maladie, 142,s, 145,s. Lettres qui lui sont adressées, 116,s, 117,s, 120,s, 126,s, 142,s, 145,s, 154,s, 158,s, 195,s, 204,s, 213,s, 223,s, 224,s, 227,s, 228,s, 233,s, 234,s, 235,s, 236,s, 237,s, 239,s, 240,s, 241,s, 256,s, 258,s, 259,s, 266,s, 267,s, 270,s, 271,s, 283,s, 284,s, 286,s, 295,s, 296,s, 297,s, 298,s, 299,s, 300,s, 301,s, 302,s, 303,s.

Sainte-Beuve (M.). Son opinion sur Vauvenargues, 84, 149, 346, 371, note.

Salluste, 346, note, 55,s, note.

Sang-froid (le). D'où il vient, 25. Ne pèse pas les choses avec les mêmes balances que la passion, 94. Il

26

discute et n'invente pas, 423, 9,*s.* Ce que les hommes appellent juger de sang-froid, 433.

Santé (la) donne la tranquillité d'esprit, 380.

Satiété. Pourquoi nous disons que rien ne peut remplir le cœur de l'homme, 394.

Sauvages. En quoi ils diffèrent de nous, 447.

Savants. Qualités qu'ils doivent avoir, 398, 399.

Savoir (le). Le moraliste peut s'en passer, xxix. Il n'est pas indispensable, 398, 409. Savoir un peu de tout, c'est savoir inutilement, 398. Il ne prouve pas le génie, 399. L'esprit n'en tient pas lieu, 445. Il faut juger des hommes par ce qu'ils savent, et par la manière dont ils le savent, 407. Combien il est rare, 475. Ce qu'on sait le mieux, 482. Comment on s'approprie celui d'autrui, 488. Celui qui a un grand sens sait beaucoup, *ibid.*

SAXE (le maréchal de). Sa réponse à l'ambassadeur Hollandais au sujet du traité de 1745, 177, note. Gagne la bataille de Fontenoi, 282,*s.*

Scélérat (le), 302, 303.

Sciences. Il n'y en a aucune qui n'ait un côté utile, 2. D'où vient la passion qu'on a pour elles, 34. Leur étude agrandit l'esprit, 113. La politique est la plus grande de toutes, 437. Celle des mœurs ne donne pas celle des hommes, 450. De la science universelle, 462.

SCIPION (les), 136, 242, 308.

SECKENDORFF, général des Bavarois, alliés de la France en 1742, 296, note, 240,*s.*

Secret (du). Il n'en faut pas trop garder sur nos affaires, 384.

Séditieux (le). Son portrait, 342.

SÉGUY (l'abbé). Surveille, avec l'abbé Trublet, la publication des œuvres de Vauvenargues (1747) I, 225, note, 403, note.

Sémiramis, tragédie de Voltaire, 353, note, 293,*s.*

Sénat romain (le). Fait grâce aux complices de Catilina, 434.

SÉNÉCION. Son dialogue avec Catilina, 50,*s.*

SÉNÈQUE, 22, 425, 55,*s*, note, 193,*s.*

Sénèque, ou *l'Orateur de la vertu*, 369.

Sens (les). Sont les organes de nos biens et de nos maux, 27. Tous les objets des sens nous affectent malgré nous, 191.

Sens commun. Tient lieu du savoir, 488.

Sentences (les) sont les saillies des philosophes, 480.

Sentiment (le). Peut-on rendre raison des matières de sentiment? 17, 18. Il s'assoupit dans le malheur, 387. Supplée la raison, 389. Précède la réflexion, 390. Il n'y a rien contre lui, 428. Il ne nous est pas suspect de fausseté, 430.

Sérieux (le). Ses différents caractères, 24. La plupart des hommes naissent sérieux, 396. Le sérieux impose à beaucoup de gens, 467.

Service. On en tire peu des vieillards, 381. On veut rendre service jusqu'à ce qu'on le puisse, 382.

Service militaire. Il fait moins de fortunes qu'il n'en détruit, 458. Injustices qui s'y commettent, *ibid.*

Servitude (la) est plus onéreuse que la guerre, 376. Elle abaisse les hommes jusqu'à s'en faire aimer, *ibid*. Ce qu'il faut faire pour l'éviter, 390. La moindre de toutes est celle des lois, 456.

SÉVÈRE, personnage de la tragédie de *Polyeucte*, 252,*s*.

Sévérité. Ce que c'est, 62. N'est pas utile, 434. La nécessité seule la rend innocente, 473. Il y en a plus que de justice, 482.

SÉVIGNÉ (madame de), 192,*s*, 295,*s*, note.

SEYTRES (Hippolyte de). Sur son *Éloge* par Vauvenargues, XXIII. Conseils qui lui sont adressés, 114. Son *Éloge*, 141. Notice sur sa vie, *ibid*, note.

S'GRAVESANDE. Son traité des syllogismes cité, 65.

SHAKESPEARE, 159, 282, 408, note, 486.

Siècles. Sur le caractère des différents siècles, 151. Comparés au nôtre, 156. Sur les mœurs du siècle, 165. Les siècles savants ne l'emportent guère sur les autres, 446. Devraient être comparés entre eux, 72,*s*.

Silence (le), joint à la réflexion, épuise les passions, 492.

SIMIANE (madame de), 295,*s*, note.

SIMÉON (Joseph-Jérôme). Comte et pair de France. Sa statue à Aix, 229,*s*, note.

Simplicité (la) nous présente l'image de la vérité et de la liberté, 60. C'est la perfection de l'esprit naturel, 82. Son éloge, 107. Elle délasse des grandes occupations, 447.

Sincérité. Ce que c'est, 60. Difficulté de la pratiquer, 402.

Singularité. Portrait de la fausse, 312.

SIXTE-QUINT, pape, 23,*s*.

Société. Ce qui la constitue, 50. Ses différentes classes : les grands, 346, la bourgeoisie, 348, les bas-fonds, 349. Elle est infectée de petits défauts, 440. Ce qui est nécessaire au maintien d'une société d'hommes faibles, 473. Du fondement de la société, 208,*s*, 209,*s*.

SOCRATE, XXII, 137, 221, 259, 481, 61,*s*, note.

Soldats, 401, 425. Pourquoi ils s'irritent contre ceux chez qui ils font la guere, 435. Leur caractère, 471.

Solidité d'esprit, 62.

Solitude (la) est nécessaire au moraliste, XXIX. Elle tente puissamment la chasteté, 442. Elle est à l'esprit ce que la diète est au corps, XXX, 442.

Sommeil. Est l'image de la mort, 433.

Sopha (le), roman de Crébillon fils, 354.

Sophistes. Leurs défauts, 412. Ce qu'ils valent, 415. Florissaient déjà au temps de Démosthènes, 9,*s*.

SOPHOCLE, 236.

Sorciers. On n'y croit plus, 152.

Sots (les). Pourquoi ils possèdent l'esprit du jeu, 26, 36. Ne comprennent pas les gens d'esprit, et croient pouvoir les duper, 379. Se piquent d'avoir de l'esprit, 380. Ne sont pas sots par leur faute, 391. Sur ceux qui ont de la mémoire, 398. Font diète en bonne compagnie, 405. Sont comme le peuple, qui se croit riche de peu, *ibid*. Causes de leur ignorance, 429. Leurs louanges sont toujours ridicules, 443. Ce qu'ils pensent de la poésie, 463. Quel est le plus sot de tous les hommes, *ibid*. Portrait du sot glorieux, 351.

Spectateur (le), journal, 290,*s*.

Spectateurs. Ce qu'il faut pour captiver leur attention, 468.

Spéculations abstraites. Leur inutilité, 466.

SPINOZA, XXIX, 208, 362.

STANISLAS-LECZINSKI, roi de Pologne, 146, note, 176, note, 187, note.

Stoïcisme. Ce qui le distingue du christianisme, 221.

Stupidité (la). Cache la mort sans triompher d'elle, 484.

Style. Sur celui de Vauvenargues, XXVII. Sur l'expression dans le style, 284.

SUARD, membre de la commission chargée par l'Académie de l'examen des ouvrages de Vauvenargues, II. En publie une nouvelle édition, I. Ses notes sont conservées dans la présente édition, VII, III,*s*. Attribue la composition de la *Prière* de Vauvenargues à un défi, 231.

Sublime (le). Ce que c'est, 18.

Succession. D'où les enfants tiennent leurs droits à celle de leur père, 429.

SUÉTONE, 243.

Suffisance (la) se rencontre plus particulièrement dans les grandes villes, 17.

Sujétion de l'esprit de l'homme, 75.

Sujets (les). Font leur cour avec bien plus de goût que les princes ne la reçoivent, 402. Ne sont point à craindre pour un bon roi, 430, 6,*s*.

SULLY. Son éloge, 185.

Superficiels (hommes), 18.

Superstition. En quoi elle est excusable, 153. Comment Fontenelle en parle, 276. Elle a ses enthousiastes, 486.

Surprise. Sa définition, 46.

SYLLA, 105, 137, 246, 258, 315, 343.

Sympathie. Ce qui la fait naître, 38.

Synonymes. Il y a peu de pensées qui le soient, 476.

Système de l'univers. Comment il peut être dérangé, 457.

T

TACITE, 54,*s*, note.

Talents. Pourquoi les talents médiocres font plus tôt fortune, 92. Les talents ne sont pas donnés à tous, 133. Il faut se consoler de n'en point avoir, 380. Ils sont nos plus sûrs protecteurs, 382. Un talent médiocre n'empêche pas une grande fortune; mais il ne la procure ni ne la mérite, 432. La nature en a ébauché beaucoup qu'elle n'a pas daigné finir, 436. Il y en a moins que de grandes fortunes, 453. Ils ne sont pas toujours indispensables dans les grandes places, *ibid*. Avantages qu'ils procurent, 478. Leur diversité, 480.

Tancrède, opéra, 353.

TASSE (LE), 34,*s*.

ALPHABÉTIQUE.

Télémaque, de Fénelon, 266, 273, 285, 18,*s*.

Témérité (la) est une valeur hors de sa place, 69.

Tempérament. La physionomie en est l'expression, 42. C'est la nature qui le donne, 52. Un tempérament robuste a bien des inconvénients, 147,*s*.

Tempérance (la) est la modération dans les plaisirs, 61.

TEMPLE (le chevalier), 108.

Temple du Goût (le), par Voltaire, 40,*s*, note.

Temps (le). Il en faut tout attendre et tout craindre, 383, et surtout en connaître le prix, 392.

TÉRENCE, 237, 301, note.

Termosiris ou *le Scélérat timide*, 303.

Théâtre (le) a été créé par Corneille, 250. Difficultés de ses règles, 485.

Thébaïde (la), tragédie de Racine, 250, note, 251.

THÉMISTOCLE, 137.

Théobalde, ou *le Grimaud*, 363.

Théophile, ou *l'Esprit profond*, 332.

THÉOPHRASTE. Imité par Vauvenargues, xxv, 287, 297, note. Comparé à La Bruyère, 287.

THERSITE, 100, 291.

THEVENARD, 353.

THOINON, archidiacre à Sisteron. Prête de l'argent à Vauvenargues, 233,*s*.

Thrasille, ou *les Gens à la mode*, 311.

Thyeste, caractère d'un homme indigent, 306.

TIBÈRE, 49,*s*.

Timogène, ou *la Fausse singularité*, 312, note.

Timidité. Le sérieux d'un homme timide n'a presque jamais de maintien, 25. Comparée à la honte, 46. Ses inconvénients dans l'exécution des projets, 479.

Tirynthiens (les) consultent l'oracle pour s'empêcher de rire dans les délibérations publiques, 425.

TITE-LIVE, 243, 346, note.

TITIEN (le), peintre, 253,*s*.

Titus, ou *l'Activité*, 318.

Tolérance (la). Ses bienfaits, 96, 3,*s*.

Ton. Réflexions sur le ton à la mode, 100, 101. Sur ceux qui le donnent, 413, note.

TOURNEFORT, naturaliste, 89,*s*, note.

TOURNELLE (madame de la), maîtresse de Louis XV, 186, 99,*s*.

TRACY (DESTUTT DE), membre de la commission chargée par l'Académie de l'examen des ouvrages de Vauvenargues, II.

Traités. Sont ordinairement la loi du plus fort, 419, et un monument de la mauvaise foi des souverains, 454. Sont ennuyeux à lire, 489.

TRAJAN, empereur romain, 221.

Tranquillité. Celle de l'esprit n'est pas une preuve de la vertu, 380.

Travail (le) lasse moins que l'oisiveté, 67. Amortit les passions, 174. Le fruit du travail est le plus doux des plaisirs, 131, 394. Il consume les humeurs, 492.

Treize à table, 421.

Trivialité. Les bonnes maximes deviennent triviales, 440.

Tromper. Ceux qui veulent toujours tromper ne trompent point, 383, 411, 10,*s*. Comment on peut tromper les plus habiles, 421, 445. Si l'on est bien aise d'être trompé par soi-même, 81,*s*.

Tromperie. Rien ne peut la justifier, 81,*s*.

Tryphon. Caractère d'un esprit borné, 326.

Tristesse (la) vient du sentiment de notre misère, 46.

Trublet (l'abbé) surveille, avec l'abbé Séguy, la publication des œuvres de Vauvenargues (1747), I, 225, note, 403, note.

Turenne, 77, 85, 132, 250, 308, 313, 486.

Turnus, ou *le Chef de parti*, 335.

Tyran. Quand on le devient, 391. Aucune loi ne peut le contenir, 401. Quel est le tyran des faibles, 476.

U

Univers. Ses merveilles, 111, 218. Un rien en dérange tout le système, 457. Comment il est gouverné, 460.

Usurpation (l') s'autorise toujours de quelque loi, 437, 438.

V

Vadé, 286,*s*.

Vains. Les gens vains ne peuvent être habiles, 488.

Valbelle (madame de). Sa famille, 98,*s*.

Vanité. D'où elle naît, 29, 59. C'est un orgueil qui s'attache à de petites choses, 31, une hauteur hors de sa place, 69, et le sceau de la médiocrité, 73. Ce qui la caractérise, 427. Elle enfante tous les ridicules, *ibid*. Elle est le premier intérêt et le premier plaisir des riches, 451. Elle est moins aisée à abattre que la vertu, 456. Ce qui en anéantit les promesses, 480. On parlerait peu, si la vanité ne faisait parler, 65,*s*. Elle est incompatible avec l'héroïsme, 78,*s*.

Varillas, historien, 57,*s*, note.

Varus, ou *la Libéralité*, 321.

Vassan (Marie-Geneviève de), femme du marquis de Mirabeau, 87,*s*, note.

Vauban, 308, 368.

Vauvenargues (Luc de *Clapiers*, marquis de). Sa naissance, XII, 431, note. Son éducation, XII. Il entre au service dans le régiment du Roi, infanterie, *ibid*. Il y entame sa fortune, XIII, note, 105, 458, note. Sa conduite parmi ses camarades, XII et suivantes. Quel surnom ils lui donnent, *ibid.*, 74, note. Son ambition, xv, 11,*s*. Son respect pour la gloire, xv. Son aventure dans un bain public, 104. Ses observations à Plombières, 466. Comparé au marquis de Mirabeau, son ami, 11,*s*, 89 *s*, note. Sa liaison avec M. de Saint-Georges, 102,*s*. Ce qui l'a rendu philosophe, 115,*s*. Il se justifie de vivre au jour le jour, 122,*s*. Il repousse les louanges qu'on lui donne, 126,*s*, 133,*s*. Son goût pour la lecture, 148,*s*. Son antipathie pour le jeu et pour les femmes, 188,*s*. Il pleurait de joie en lisant Plutarque, 193,*s*. Son séjour à Mirabeau, 223,*s*. Ses embarras d'argent, 371, 116,*s*, 226,*s*, 227,*s*, 230,*s*, 266,*s*. Ses regrets sur la mort de son frère Antoine, 235,*s*. Il renonce à la carrière des armes, xvi, xviii, 266,*s*, 267,*s*. Son goût pour la diplomatie, xvi. Ses démarches pour y obtenir un emploi, xvii, 48, note, 453, note, 248,*s*, 261,*s*. Ce qui l'oblige à y renoncer xix, 42, note. Comment il devient écrivain, xix, 120, note. Il s'établit à Paris, xxi, 371, note, 283,*s*. Sa liaison avec Voltaire, xxi, 242,*s*. Il concourt, en 1745, pour le prix d'éloquence proposé par l'Académie française, xxiv, 183. Il veut reprendre du service pour défendre la Provence envahie, xx, 298,*s*. Il publie sa première édition de l'*Introduction à la Connaissance de l'Esprit humain, suivie de Réflexions et Maximes*, i. Il prépare la seconde, sans pouvoir l'achever, *ibid.* Sa mort, 371, note, 303,*s*. Anecdotes apocryphes sur ses derniers moments, 230, note. Notice sur sa famille éteinte en 1801, 160,*s*. Il s'est peint dans ses écrits, viii, xi, 84, note, 89, note, 143, note, 239, note, 289, note, 291, note, 307, note, 323, note, 328, note, 339, note, 342, note, 386, note, 452, note, 482, note, 47,*s*, note, 58,*s*, note. Son caractère, xii et suiv., 3, note, 295, note, 488, note, 113,*s*, note, 133,*s*, 164,*s*, 165,*s*, 181,*s*, note, 191,*s*, note, 194,*s*, note, 195,*s*, note, 205,*s*, 214,*s*, note. Il est aussi dédaigneux pour la prudence que pour la raison, 385, note, 441, note. Son attachement pour la noblesse, 72, 429. Il ne croit pas à l'égalité, xxiv, 401, 451. Son goût pour les voyages, 332, note, 213,*s* ; pour la libéralité, xiii, 323, note. De ses idées religieuses, xxxvi, xxxvii, 155, note, 230, note, 420, note. De ses idées sur la vie future, xxxvi, 129, 134, 174, 229. Il conteste la liberté humaine, xxix, 208. Ses contradictions, vii, xxxv, 208, 462, 177,*s*, note. But de ses études et de ses écrits, 3. Comment il se justifie d'écrire, 108, 109. Pourquoi il étudie le monde, 113, note. Appréciation de ses divers ouvrages, xxii et suiv. De sa critique, xxvi. De son style, xxvii, 8, note. De sa morale, xxix et suiv. Comparé à Montaigne, x, à La Bruyère, xxv, 287, à Pascal, xxxi, à La Rochefoucauld, xxxiii.

Vauvenargues (Joseph de *Clapiers*, seigneur, puis marquis de), père du moraliste ; premier consul de la ville d'Aix (1720-1721). Sa conduite pendant la peste, 97,*s*, note, 249, note.

Vauvenargues (Antoine de *Clapiers*), frère du moraliste, tué en Corse, pendant la guerre de 1741, 160,*s*, note, 235,*s*, note, 249,*s*.

Vauvenargues (Nicolas-François-Xavier de *Clapiers*, dernier marquis de), frère du moraliste, 160,*s*, note, 235,*s*, note.

Voltaire. Son amitié pour Vauvenargues, XXI. Il sollicite en sa faveur, XVIII, 270,*s*. Ses reproches au sujet de la *Méditation sur la Foi*, XXXVII. Action de Vauvenargues sur Voltaire, *ibid*. On lui attribue à tort certaine anecdote apocryphe sur les derniers moments de Vauvenargues, 230. Discute avec ce dernier au sujet de Corneille et de Molière, 238, note, 252,*s*, 254,*s*. Revient souvent aux idées de Vauvenargues après les avoir combattues, 245, note. Louanges qui lui sont données, 216, 262, 407, 489, 168,*s*. Son opinion sur Bossuet, 274. Comment il qualifie la poésie, 281, 39,*s*. Il a fait retrancher à Vauvenargues quelques-unes de ses plus belles maximes, 390, note. Ses annotations sur l'*exemplaire d'Aix*, VI, 292,*s*. Sa correspondance citée au sujet du duc de Villars, 110,*s*. Sa critique des pensées de Pascal citée, 134,*s*. Son opinion sur le marquis de Mirabeau, 173,*s*, note. Ses observations sur l'Éloge du jeune de Seytres, 279,*s*. Il compose à l'intention de Vauvenargues l'éloge des officiers morts pendant la guerre de 1741, *ibid*, note. Lettres qu'il adresse à Vauvenargues, 252,*s*, 257,*s*, 270,*s*, 272,*s*, 274,*s*, 279,*s*, 281,*s*, 286 *s*, 289,*s*, 290,*s*, 291,*s*, 293,*s*, 294,*s*. Lettres qu'il en reçoit, 242,*s*, 254,*s*, 276,*s*, 278,*s*, 280,*s*, 283,*s*, 292,*s*, 293,*s*. Son nom cité, I, V, VII, XVI, 329, note, 351, 368, 371, note, 373, note, 376, note, 387, note, 395, note, 467, 1,*s*, 35,*s*, note, 40,*s*, note, 297,*s*.

VENCE (le marquis de), 105,*s*, 284,*s*, 295,*s*, 296,*s*, 297,*s*, 298,*s*, 301,*s*. 302,*s*.

VENCE (Julie de Villeneuve-), fille du précédent, épouse Saint-Vincens, 295,*s*.

Vengeance (la) est l'ouvrage de la réflexion, 160.

VERGNIAUD. Son opinion sur l'immortalité, XXXV.

Vérité (la). Son emploi en littérature, 16. Quelle en est l'expression, 60. Elle dispose bien la vie, 284. Rien ne l'efface, 356, note. Elle peut être matière d'erreur, 377. Causes de l'indifférence qu'on montre pour elle, 420, 70,*s*. Sa puissance, 411. Sa durée; elle n'est pas si usée que le langage, 444. Les vérités doivent être sans cesse répétées, 435, 472. Comment les demi-philosophes en font les honneurs, 476. Elle est inépuisable, 480. Respect que lui portaient nos pères, 491. Elle est le soleil des intelligences, *ib.*, Elle est indépendante des opinions et des intérêts des hommes, 18,*s*.

VÉRONÈSE (Paul), peintre, 253,*s*.

VERRUE (la comtesse de), 286,*s*.

Versificateur (le) ne connaît pas de juge de ses écrits, 483.

Vertu. Règle sûre pour la bien distinguer du vice, 52. Elle ne nous satisfait pas complétement, 53. L'irréligion ne peut l'anéantir, 54. On n'en peut nier la réalité, 56, ni en être dupe, 76. Il est des vertus qui sont indépendantes du bonheur, 84. La vertu est plus chère que le bonheur, 91. On peut en rougir, 104. Il faut la préférer à tout, 123. L'oisiveté la fait souffrir, 124. Sa définition, 54, 162, 163, note. Il n'y a point de siècle ni de peuple qui n'aient établi des vertus imaginaires, 185. Ce que Vauvenargues entend par ce mot, 369, note. Comment la rendre facile, 376. Rien n'est si aimable qu'elle, 378, note. Elle n'est pas un trafic, mais une richesse, *ibid*. Sur ceux qui la servent par réflexion, 416. De la véritable vertu, *ibid.*, 417. Les vertus règnent plus glorieusement que la prudence, 430. Les gens de lettres ne l'estiment pas, 440. L'humanité est la première de toutes, 442. Elle ne s'inspire pas par la violence, *ibid.* Ne peut faire le bonheur des méchants, *ibid.* Les grandes vertus excitent les grandes jalousies, 455. Elle ne peut se suffire à elle-même, 455. Elle est plus aisée à abattre que la vanité, 456. Éclat de celle qui triomphe d'une longue et envieuse persécution, 460. Celles qu'il faut inspirer aux princes, 471. La licence étend toutes les vertus, 476. Utilité de la vertu, 477. La gloire en est la preuve, *ibid.* On en admet peu, 483. L'esprit ne la fait pas connaître, 484. Pourquoi on en dépouille l'espèce humaine, 486. Seule, elle fait des sages, 487. Combien de vertus sont sans conséquence! 488.

Vertu malheureuse (Clazomène ou la), 288.

Vice. Ce que c'est, 52, 54. En quoi les vices peuvent concourir au bien public, 53, 390. Il y a des vices qui n'excluent pas les grandes qualités, 58, 434. Le vice n'obtient jamais d'hommage réel, 128. Plus il est nécessaire, plus il est vice, 215. On doit le traiter comme une maladie, *ibid.* Il n'y a pas de société ni de peuple qui n'aient établi des vices imaginaires, 385. La science de l'homme est de les faire servir à la vertu, 390. La licence les étend, 476. Le vice, sans esprit, est toujours nuisible, 478. Combien sont sans conséquence! 488.

Vie (la) est un combat, 88. Comment on peut la juger, 387. Du mépris de la vie, 388. Celui qui la compte pour quelque chose ne doit pas prétendre à la gloire, 370. Celle du soldat opposée à celle du contemplateur, 401. Abus qu'on en fait, 419. Ressemble à un jeu, 419, note. Sa courte durée, 421. Il n'appartient qu'au courage de la régler, 441. Est une pratique non interrompue d'artifices et d'intérêts, 453. Est l'image de la nature, 460. Pourquoi nous l'aimons, 471, 484. Ce qui arriverait si elle n'avait pas de fin, 485. Quand elle est sans passions, elle ressemble à la mort, 129, *s.*

Vie future, 129, 134, 174.

Vieillards. Le besoin les rapproche, 40. On en tire peu de services, 381. Ne font plus d'amis, 450. Ne devraient jamais devenir amoureux, 468, 469. Doivent se parer, 479. La plupart des voluptés ne sont plus pour eux, 130, *s.*

Vieillesse. Froideur de ses conseils, 390. Ses avantages, 403. Elle ne peut couvrir sa nudité que par la véritable gloire, 470. La mort seule la garantit des infirmités, 476.

Vigueur. Il faut entretenir celle du corps pour conserver celle de l'esprit, 381.

Villars (maréchal de). Son goût pour la déclamation, 110, *s*, note.

Villars (Honoré-Armand, duc de), fils du maréchal, gouverneur de Provence. Notice, 105, *s.* Anecdotes qui le concernent, 106, *s,* 107, *s,* 110, *s.*

Villedieu (madame de). Notice, 246, *s.*

Villemain, cité, 84, note.

Villes. Le luxe y attire le peuple des campagnes, 67, *s.*

Villevieille (marquis de). Camarade de Vauvenargues au régiment du Roi. Lettres qui lui sont adressées, 231, *s,* 268, *s,* 273, *s,* 288, *s.*

VILLEVIEILLE (M. de), fils du précédent, bibliothécaire à Sainte-Geneviève, 231,s.

VINCI (Léonard de), peintre, 253,s.

VINET, cité, 81.

VINTIMILLE (madame de), maîtresse de Louis XV, 99,s.

Violence (la) est la règle de l'univers, 393. Elle ne peut inspirer la vertu, 442. Elle s'autorise toujours de quelque loi, 437, 438.

VIRGILE, 22, 85, 236, 268, note, 282, 364, 368, note, 34,s.

Vivacité. Sa définition, 8.

VOISENON, 286,s.

VOITURE, 101, 465, 253,s.

Volonté. Ce qui la produit, 193. Quand elle est un principe indépendant, 192, 217.

Volupté. Toujours suivie de dégoût, 131.

Voyages de l'amour (les), opéra de La Bruère, 275,s.

Vrai. Il le faut être pour peindre avec hardiesse, 436.

X

XÉNOPHON, 156.

XIPHARÈS, personnage de la tragédie de *Mithridate*, 251, 266.

Z

Zaïre, tragédie de Voltaire, 263.

Zélés. Pourquoi certains zélés ne sont pas aimés, 403.

ZOÏLE. Eût été capable de faire tort à Homère vivant, 279,s.

IMPRIMERIE RENOU ET MAULDE, RUE DE RIVOLI, 144.

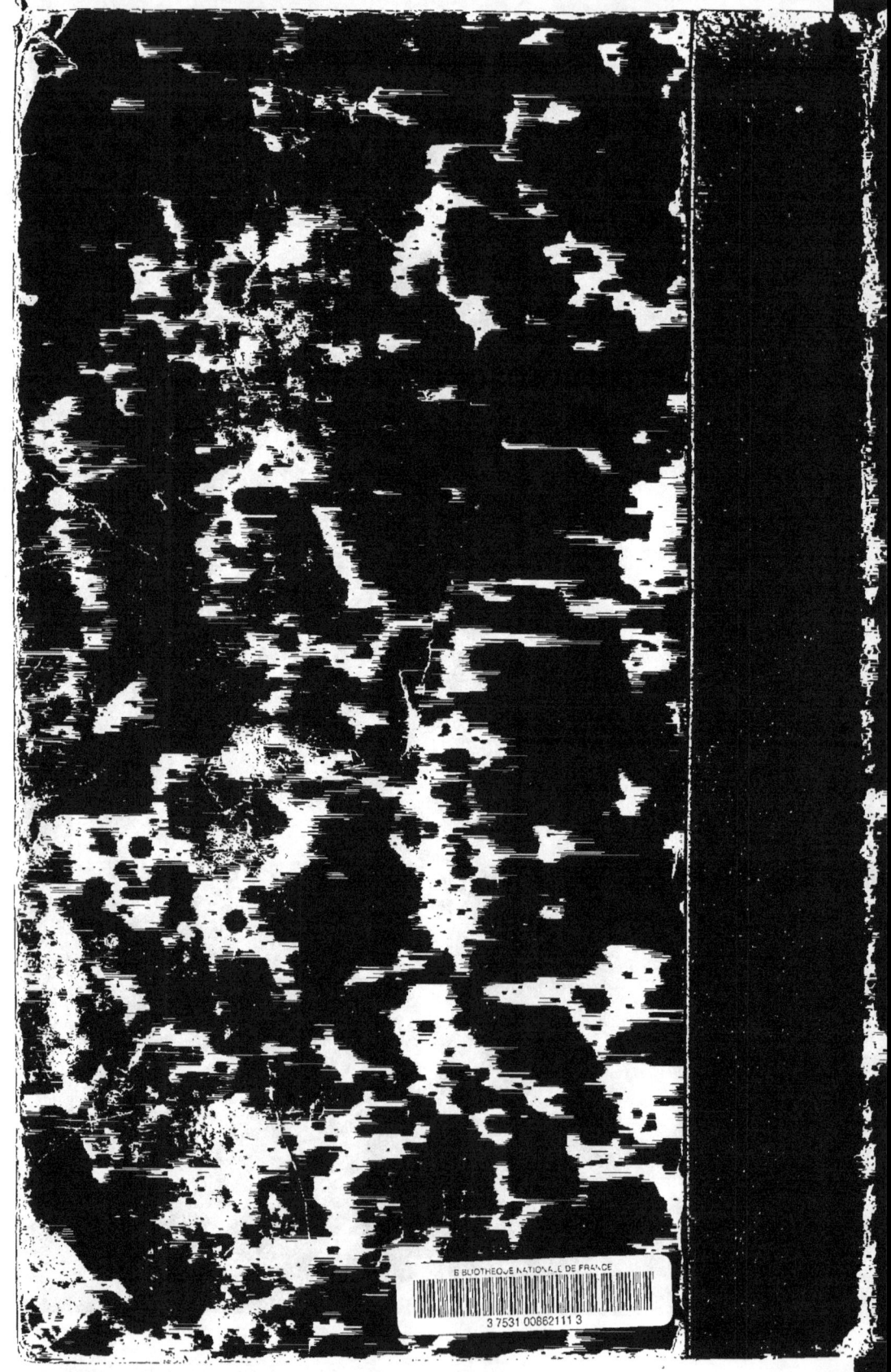

www.ingramcontent.com/pod-product-compliance
Lightning Source LLC
Chambersburg PA
CBHW060556170426
43201CB00009B/800